WHAT IS RIGHT ACTION?

THE COLLECTED WORKS OF
J.KRISHNAMURTI

什么是正确的行动

克里希那穆提 著
桑靖宇 程悦 译

九州出版社
全国百佳图书出版单位

图书在版编目（CIP）数据

什么是正确的行动 /（印）克里希那穆提著；桑靖宇，程悦译. —北京：九州出版社，2013.11（2022.4重印）
（克里希那穆提集）
书名原文：What is right action?
ISBN 978-7-5108-2482-1

Ⅰ. ①什… Ⅱ. ①克… ②桑… ③程… Ⅲ. ①克里希那穆提，J.（1895～1986）－演讲－文集 Ⅳ. ①B351.5-53

中国版本图书馆CIP数据核字（2013）第279959号

Copyright © 1991-1992 Krishnamurti Foundation of America
Krishnamurti Foundation of America,
P.O.Box 1560, Ojia, California 93024 USA
E-mail: kfa@kfa.org. Website: www.kfa.org
For more information about J.Krishnamurti, please visit: www.jkrishnamurti.org

著作权合同登记号：图字 01-2013-7997

什么是正确的行动

作　　者	（印）克里希那穆提 著　桑靖宇　程悦　译
责任编辑	李文君
出版发行	九州出版社
地　　址	北京市西城区阜外大街甲35号（100037）
发行电话	(010)68992190/3/5/6
网　　址	www.jiuzhoupress.com
印　　刷	三河市东方印刷有限公司
开　　本	880毫米×1230毫米　32开
印　　张	14
字　　数	359千字
版　　次	2014年3月第1版
印　　次	2022年4月第4次印刷
书　　号	ISBN 978-7-5108-2482-1
定　　价	58.00元

★版权所有　侵权必究★

出版前言

《克里希那穆提集》英文版由美国克里希那穆提基金会编辑出版，收录了克里希那穆提1933年至1967年间（38岁至72岁）在世界各地的重要演说和现场答问等内容，按时间顺序结集为17册，并根据相关内容为每一册拟定了书名。

1933年至1967年这35年间，是克里希那穆提思想丰富展现的重要阶段，因此，可以说这套作品集是克氏最具代表性的系列著作，已经包括了他的全部思想，对于了解和研究他的思想历程和内涵，具有十分重要的价值。为此，九州出版社将之引进翻译出版。

英文版编者只是拟了书名，中文版编者又根据讲话内容，为每一篇原文拟定了标题。同时，对于英文版编者所拟的书名，有的也作出了适当的调整，以便读者更好地把握讲话的主旨。

克里希那穆提系列作品得到台湾著名作家胡因梦女士倾情推荐，在此谨表谢忱。

需要了解更多克氏相关信息的读者可登录www.jkrishnamurti.

org，或"克里希那穆提冥思坊"的微博：http://weibo.com/jkmeditationstudio，以及微信公众账号"克里希那穆提冥思坊"，微信号：Krishnamurti_KMS。

九州出版社

英文版序言

克里希那穆提1895年出生于印度南部的一个婆罗门家庭。十四岁时，他被时为"通神学会"主席的安妮·贝赞特宣称为即将到来的"世界导师"。通神学会是强调全世界宗教统一的一个国际组织。贝赞特夫人收养了这个男孩，并把他带到英国，他在那里接受教育，并为他即将承担的角色做准备。1911年，一个新的世界性组织成立了，克里希那穆提成为其首脑，这个组织的唯一目的是为了让其会员做好准备，以迎接世界导师的到来。在对他自己以及加诸其身的使命质疑了多年之后，1929年，克里希那穆提解散了这个组织，并且说：

真理是无路之国，无论通过任何道路，借助任何宗教、任何派别，你都不可能接近真理。真理是无限的、无条件的，通过任何一条道路都无法趋近，它不能被组织；我们也不应该建立任何组织，来带领或强迫人们走哪一条特定的道路。我只关心使人类绝对地、无条件地自由。

克里希那穆提走遍世界，以私人身份进行演讲，一直持续到他九十岁高龄，走到生命的尽头为止。他摒弃所有的精神和心理权威，包括他自己，这是他演讲的基调。他主要关注的内容之一，是社会结构及其对个体的制约作用。他的讲话和著作，重点关注阻挡清晰洞察的心理障碍。在关系的镜子中，我们每个人都可以了解自身意识的内容，这个意识为全人类所共有。我们可以做到这一点，不是通过分析，而是以一种直接的方式，在这一点上克里希那穆提有详尽的阐述。在观察这个内容的过程中，我们发现自己内心存在着观察者和被观察之物的划分。他指出，这种划分阻碍了直接的洞察，而这正是人类冲突的根源所在。

克里希那穆提的核心观点，自1929年之后从未动摇，但是他毕生都在努力使自己的语言更加简洁和清晰。他的阐述中有一种变化。每年他都会为他的主题使用新的词语和新的方法，并引入有着细微变化的不同含义。

由于他讲话的主题无所不包，这套《选集》具有引人入胜的吸引力。任何一年的讲话，都无法涵盖他视野的整个范围，但是从这些选集中，你可以发现若干特定主题都有相当详尽的阐述。他在这些讲话中，为日后若干年内使用的许多概念打下了基础。

《选集》收录了克里希那穆提中年及以后出版的讲话、讨论、对某些问题的回答和著作，涵盖的时间范围从1933年直到1967年。这套选集是他教诲的真实记录，取自逐字逐句的速记报告和录音资料。

美国克里希那穆提基金会，作为加利福尼亚的一个慈善基金会，其使命包括出版和发布克里希那穆提的著作、影片、录像带和录音资料。《选集》的出版即是其中的活动之一。

目录

出版前言 / 1
英文版序言 / 3

新西兰 1934 年

把生活当做一个整体来对待 / 3
不能坐等世界改变,而不改变自己 / 14
一味服从的心灵,无法实现领悟 / 27
当你怀有真爱,就不存在所谓的宽容 / 39
探明痛苦的原因何在 / 60
只有行动才能获得智慧 / 75
只要存在剥削就无法拥有幸福 / 86

美国 1934 年

"我"究竟是什么? / 103
寻求解决冲突只会加剧冲突 / 110
心灵便是智慧,应当摆脱自我约束 / 120
记忆是智慧的绊脚石 / 129

恐惧的根源 / 137
心灵的不完整导致强迫 / 145
人被囚禁在自设的监牢中 / 153
充分地活在当下 / 162
心灵的智慧是不带价值观的自发自然的行动 / 171
要理解真理，就要做到思想简单 / 180
幸福是富有创造力的思考 / 189
只有通过觉知，才能迎来永恒 / 199

美国 1935 年

我们怎样制造出了愚昧 / 209
在行动中实现充分的觉知 / 218
愚昧的本质在于通过价值观念逃避冲突 / 228

巴西 1935 年

认识真理需要一个人自己展开觉知 / 241
不憧憬来世，就能达致永恒 / 246
是什么欲望推动我们与死去者的灵魂交流 / 253
只要存在既得利益，就会出现剥削 / 258
行动，是指不受阻碍的智慧的运作 / 265
探明正确的行动，将实现真正的圆满 / 272
宗教是对当下的逃避 / 280

乌拉圭 1935 年

渴望安全就会出现权威 / 289

权威是洞察实相的最大障碍 / 296
争斗与痛苦的根源何在 / 308
实现个体的觉醒 / 318

阿根廷 1935 年

价值观念是囚禁我们的监牢 / 325
如何兼顾集体的工作和个体的圆满 / 332
通过表面的反应去行动将会引发混乱 / 341
环境是有益的还是有害的 / 350
职业和个人生活的划分妨碍了圆满 / 359
个体觉醒便会迎来集体的幸福 / 366

智利 1935 年

只有行动才能解决障碍达到圆满 / 381
从受限制的齿轮转变成真正圆满的个人 / 388
什么是横在圆满之路上的障碍 / 395
权威对智慧产生了破坏性的影响 / 404

墨西哥 1935 年

靠清晰的思考和睿智的行动，穿越痛苦和悲伤的河流 / 413
唤醒智慧，就可以带来真正的幸福 / 419
没有强制的自发的行动，才让人富有智慧 / 426
教育，是训练孩子遵从模式，还是唤醒其智慧 / 431

PART 01

新西兰1934年

把生活当做一个整体来对待

朋友们：

  我认为，每一个人，要么为某个宗教问题所困，要么因社会争斗或是经济上的冲突而烦恼不已。由于缺乏对这些问题的认知，所以大家都备感痛苦。我们试图单独去解决这些问题中的某一个。也就是说，假如你存在某个宗教上的问题，你会觉得，只要把经济的或社会的问题撇在一边，完全以宗教问题为中心，就可以将问题迎刃而解了；又或者让你心烦的是经济上的问题，于是你以为，只要把整个身心全都放在某个特殊的冲突上面，便能处理好经济上的难题了。然而我要说的是，除非你懂得了宗教的、社会的和经济的问题之间的相互联系，否则你无法单独地去解决这些问题，无法单独地解决宗教的问题或是经济的、社会的问题。

  我们所说的问题，仅仅是一些症状，它们之所以会不断增加，是因为我们没有把生活当做一个整体来对待，而是将其划分为了经济的、社会的或宗教的问题。如果去审视给各种不同疾病开出的所有药方，你会发现它们全都是把问题放在了一个个防水的间隔舱里、拆分开来进行处理，而没有把宗教的、社会的和经济的问题视为一个整体来看待。我的意图是想指出，只要我们单独地去处理这些问题，那么就只会让误解变得越来越多，进而导致冲突、苦难和痛苦。但倘若我们把社会的、宗教的和经济的问题当做一个完整的整体来对待，而不是划分开来，就能发现，我们所谓的宗教、社会或经济领域的问题，这三者之间其实存在着微妙而隐蔽的关联——除非你明白了这种真实的关联，明白了它们之间存在的紧密而微妙的联系，否则，无论你所面临的是何种问题，你都不可能去解决它，而是只会让争斗变得越来越多。尽管我们或许会认为自己已经解决了某个问题，但那个问题会以不同形式再次出现。因此，倘若我们没有充分地理解生活的涵义，那么我们就会把宝贵的一生全都浪费在解决一个又一个的问题、一个又一个的争斗上面。

所以，若想认识我们所说的宗教、社会和经济问题之间的紧密联系，就得彻底地重新定位我们的思想——也就是说，每个人都必须不再是社会或宗教结构上的一个齿轮、一部机器。你将发现，大部分人都是奴隶，都只是这部机器上的一个齿轮。他们并非是真正的人，而仅仅是对既定的环境做出反应，因此并不存在真正的个体的行动与思想。要想探明我们所有行为之间的紧密关系，无论是宗教的、政治的还是社会的行为，那么，作为个体的你就必须展开思考，而不是作为一个群体或是一个集体的组成部分去思考。要做到这一点是极为困难的，因为个体必须走出社会或宗教的结构，必须以批判的眼光去审视它，去探明该结构中哪些是错误的、哪些是正确的。尔后你将看到，你不再是关注于某个症状，你会努力去探明问题的原因本身，而非仅仅去应对那些症状。

在我的讲演结束的时候，你们当中或许有些人会抱怨说，我并没有给你们提供任何积极的建议，以便你们能够以此为基础去展开明确的行动，会觉得我并没有提供给你们某个可以遵循的方法。我觉得，体系、方法都是有害的东西，原因在于，它们或许可以暂时的让问题得到缓解，但如果你仅仅去遵循某个方法，那么你将会沦为它的奴隶。你不过是用新的方法取代了旧的，这么做并不会带来觉知。若想获得觉知，就不能够去寻找某个新的方法，而是应该凭借自己的力量，应该作为一个个体而非一部集体的机器，去探明现存的体制当中哪些是错的、哪些是对的，而不是用新的体制去替代旧的。

对于任何一个有思想的人来说，首要的基本要求，便是有去批判、去质疑的能力，如此一来他才可以开始去探明现存的制度里面哪些是正确的、哪些是错误的，而这种思考又会带来行动，而不是仅仅去认同。因此，在这场演说的过程中，如果你理解我将要说的，就应该有所批判。批判是必需的，质疑是正确之举。可惜我们已经被训练为不去进行质疑和批判，而是只会做出反对。例如，倘若我要说些会让你不喜欢的话——我希望我的确能够如此——你很自然地就会开始去反对，因为反对要比探明我的话里面是否含有价值容易得多。假使你发现我所说的有价值，那么你便会有所行动，如此一来你就不得不改变自己对于生活的整个理念了。由于我们并不准备这么去做，所以便发展出了一种聪明的反对的技巧。也就是说，假如我说了让你反感的话，你就会调动起自己所有根深蒂固的偏见和阻碍，假如我说了任何可能会伤害到你的话抑或可能让你情绪上感到不快的话，你就会在这些偏见、这些传统、这一背景后面寻求庇护。你所做出的反应均源于这一背景，你将这种反应称作为批判。在我看来，这根本就不是什么批判，而仅仅是聪明的反对，毫无价值可言。

如果你们全都是基督徒——假设你们皆为基督徒——或许我要说的话你们可能并不理解，于是你们便会立刻躲在传统以及那些根深蒂固的偏见、既定秩序的权威后面寻求庇护，将它们当做防御的堡垒，对我展开攻击，而不是努力去弄懂我想要传达的思想。在我看来，这种做法并非是批判，而是一种聪明的伎俩，以便不去有所行动，以便逃避充分的、完整的行动。

倘若你们愿意去理解我将要说的，那么我将要求你们做到真正的批判，而非仅仅是聪明地表示反对。做出评判，需要拥有相当的智慧。所谓评判，既不是去怀疑，也不是去接受，后者与前者同样愚蠢。假若你只是说："嗯，我对你的话表示怀疑，"那么这样做跟单纯的认可一样的愚蠢。然而，真正的批评，不在于去提供价值，而在于努力去探明真正的价值所在。难道不是这样吗？如果你赋予事物价值，如果头脑去提供价值，那么你便无法发现事物的内在价值了。我们大部分人的头脑都被训练着去赋予价值。以金钱为例好了，从抽象上来说，金钱并不具有任何价值。也就是说，假若你渴望金钱所带来的权力，那么你就是在利用金钱去获得权力，因此你就是把价值赋予给了某种本身并不具有价值的事物。同样的道理，如果你想要去领悟、理解我要说的话，你就必须具有这种判断力。只要你渴望去探明、去发现，那么这就会成为轻而易举的事情。但倘若你声称："嗯，我不想受到攻击。我会采取防御的姿态。我已经拥有了想要的一切，我已经心满意足了"，你便很难拥有批判的能力，抱持这样的态度简直是毫无希望可言。你来到这里，若仅仅出于好奇——或许大多数人都是如此——那么我将要说的话便会毫无意义，于是你会说我的谈话是消极的，没有任何建设性，毫无积极性。

所以，请记住，今晚，我们将要一起去探明、去思考现存的社会与宗教环境当中哪些是错的、哪些是对的，而为了实现这一目标，需要你们不去抱持任何的偏见，无论你是基督徒还是属于其他的教派，而是应该对我即将说的话以及生活里的一切都怀着一种理性的、批判的态度。这意味着说不再去寻求新的体系、方法，因为新的理论体系、社会制度一旦被发现，就会再一次遭到滥用，最终走向败坏和腐化。当我们探明了现存的社会、宗教和经济体制中哪些是错的、哪些是对的——对的、错的方面，全都是我们自己制造出来的——一旦懂得了这些，我们就能够让自己的心智不去制造出可能会使心灵再次困于其中的错误的环境了。

你们大多数人都在寻求一种新的思想体系、新的经济制度、新的宗教哲学的理论。你为什么要寻找新的体系呢？你会说："我对旧的深感不满,"假若你正在寻求的话。我认为,不要去寻找新的体系、方法,而是应当去审视你正被困于其中的那一体系、方法,尔后你将懂得,没有任何一种体系、方法可以带来那富有创造力的智慧。这种智慧,对于认识真理或神而言是至关重要的。这意味着,不去遵循任何体系方法,你便可以发现那永恒的实相。不过,只有当作为个体的你们开始去理解你们经由无数个世纪所建立起来的那一体制,并且探明了该体制中哪些是正确的、哪些是错误的,方能发现实相。

因此,请牢记——我并不打算提供某种新的哲学体系。我认为,这些体系犹如牢笼,会将心灵囚禁其中,它们对人类毫无帮助,只会起到阻碍的负面作用。这些体系、方法,是一种剥削的手段。但如果作为个体的你们能够开始去进行质疑的话,就将领悟到,在质疑的过程中,你们会制造出冲突,通过冲突,你们将能实现觉知——单纯的去接受、去认可某种新的体系,无法带来觉知。新的体系,仅仅是又一剂催眠药,会让你昏昏欲睡,将你变成另一部机器。

所以,让我们去探明现存的宗教和社会制度中哪些是错误的、哪些是正确的。若想揭示对错,我们就得懂得宗教是以什么作为基础的。我将把宗教当做成形化的思想形式来谈论,它已成为了社会的最高理想。我希望你们完全遵循以下的教诲去做,也就是说,按照宗教本来的样子去加以对待,而不要将其视为你们所希望的模样。它们是以什么作为基础的?它们的根基为何?当你明白的时候,当你展开审视并且真正对其展开批判性的思考时——不是搬出你的希冀和偏见,而是当你真的对其进行思考的时候——便会懂得,它们是建立在慰藉的基础之上的,在你遭受痛苦之时给予你慰藉。这也就是说,人类的心灵不断地寻求着安全感,寻求一种确定性,要么是在某种信仰之中,要么在某个理想或概念里面,所以你始终在寻求着某种确定性、安全感,心灵在其中寻求庇护,获得慰藉。当你不停地寻求安全感、确定性的时候,会发生怎样的情形呢?

把生活当做一个整体来对待 7

这么做自然会制造出恐惧，只要存在着恐惧，就必定会有遵从。我没有时间展开详述，我在自己的许多场演说中都做过详细的阐释，不过在这场讲演中我希望说得简明扼要一些。假如你们感兴趣的话，可以对该问题做一番仔细的思考，然后我们能够在问答会谈的时候再去进行讨论。

因此，所谓的宗教，给因为恐惧而去寻求安全感和慰藉的心灵提供了遵从的模式。只要寻求慰藉，就不会拥有觉知。纵观整个世界，我们的各个宗教都渴望去提供慰藉，都渴望带领你走向某种模式，渴望去塑造你，向你提供各种模式、安全感。它们将这一切美其名曰为信仰，这便是它们要求的事情之———信仰。请不要产生误解，不要对我的话仓促下判断。它们要求信仰，你之所以接受信仰，是因为它给你提供了庇护，使你暂时地得以逃离每日生活中的冲突与纷争，逃离那永无休止的争斗、焦虑、痛苦和悲伤。于是，在这种势必教条化的信仰之上，教会得以产生出来，既定的理念、信念得以产生出来。

对我而言——请将此牢记于心——我希望你们去批判，而不是去接受——在我眼里，所有的信仰、理想全都是绊脚石，因为它们妨碍了你去认识当下。你声称信仰、理想、信念是必需的，它们犹如灯塔一般，能够指引着身处生活混乱之中的你前行。也就是说，你更加感兴趣的是信仰、传统、理想和信念，而不是去认识混乱本身。若想认识混乱，你就不可以抱持任何信仰、偏见，你必须充分地、全面地看待生活的混乱，用一颗崭新的心灵、一颗未受影响的心灵去看待它，不要让你的心灵因为某种打着理想的幌子的成见而变得存有偏见。所以，只要你寻求慰藉、寻求安全感，你就一定会逃避到某个模式中去求得庇护，于是我们便开始去预先构想出神应该是怎样的、真理应该是怎样的。

对我来说，存在的只有鲜活的实相。有某种事物，它永远都处于一种"变成"的状态，它是根本性的、真实的、永久的，然而它无法被预先构想出来。这要求你不去抱持任何信仰，要求心灵不要如某个被系在柱子上的动物那样为某种理念所束缚。相反的，这需要心灵不断地去运动，去体验，永不停留。我认为存在着鲜活的实相，你可以将其称作为神、真理，你爱怎么称呼都成，名称并不重要——若想认识实相，需要至高的智慧，所以不可以有任何的遵从，而是应该去质疑那些将心灵困于其中的对和错。你会发现，你们当中那些有宗教倾向的人，绝大多数都在探寻真理。这种探寻，表明你试图去逃避当前的冲突，又或者你对于目前的状况不甚满意，于是你便努力去探明何为实相。也就是说，你把制造出了冲突的现状环境置于一旁不管，然后跑开，试图去发现什么是神、什么是真理。结果你的探寻也就成为了对真理的排拒，因为你跑开了——因为你在逃避，你渴望获得慰藉与安全。所以，只要宗教是以提供安全感为基础的，就必然会有剥削和利用。在我看来，宗教正是靠一系列的剥削、利用为生的。我们所谓的媒介人，即在我们当前的冲突与那假定的实相之间充当中介的人，已经变成了我们的剥削者，而这些人便是神职人员、大师、导师、拯救者。原因在于，我认为，只有通过理解当前的冲突及其所有的涵义和微妙之处——唯有如此，你才能够探明何为实相，才能够领悟到，没有任何人可以指引你达至实相。

　　如果探询者与老师都懂得何为真理的话，那么你们就都可以朝其迈进了。然而那位弟子并不知道什么是真理，因此他对真理的探询只能在冲突中展开，而不是远离冲突。所以，在我看来，若哪位老师描述说什么是真理、什么是神，那他就是在排拒那一事物，因为那一无法度量的事物是不可能用言语展现出来的。言语的幻觉，无法拥有它；言语的桥梁，无法带领你达至它。只有当作为个体的你们开始在巨大的冲突中意识到冲突的原因及其虚幻性，才能探明何为真理。永恒的幸福与智慧，只存在于这种探明之中，而非在那被唤作灵性的虚幻之物里。所谓灵性，只是一种因为恐惧而在权威驱使下的遵从。我认为，存在着某种事物，它是完美的、真实的、无限的。然而若想发现它，一个人就必须不再是一部模仿的机器,可我们的宗教正是只会模仿的机器而已。此外,纵观全世界,我们的各个宗教都在人与人之间制造着界分。也就是说,你们怀着自身的那些偏见,将自己称作为基督徒,而印度人则带着他们特殊的信仰,将自己唤作印度教教徒,你们与他们是永远都不会有交集的。你们的信仰令你们分离,你们的宗教令你们隔绝。"但是,"你说道,"假若印度人可以改宗为基督徒的话,那么我们便将团结为一体了。"又或者印度人会说:"让他们全都皈依印度教好了。"即使真到了那个时候,也依然会有界分存在,因为信仰使得界分必然会出现,于是也就会有剥削、利用以及不同阶级之间持续不断的争斗。

我们主张各个宗教的团结,然而情形却正好相反。看一看吧,世界被分裂成了一个个狭隘的小团体,他们彼此争斗,以便增加自己的人员数目、财产、地位和权威,他们全都认为只有自己才代表着真理。真理只有一个,但你无法通过任何团体、任何宗教去达至真理之域。若想探明宗教里面哪些是正确的、哪些是虚幻的,你就不能够是一部机器,你就不能够对它们所倡导的一切照单全收。如果你满足于此,你就会对宗教全盘接受;如果你满足于此,你就不会去聆听我的话,我的演讲将毫无用处。但倘若你并不满足于此,那么我便可以帮助你去展开正确的质疑,通过质疑,你将探明何为真理。活在不断的争斗之中,为了你自己的安全而去对抗一切,你把这种做法称为美德,殊不知这么做并不能让你懂得怎样过一种充实而喜悦的人生,只有当你踏上探明真理的旅程,才会洞彻这一切。

在你寻求安全感的时候,你的心中会滋生出恐惧,而这种恐惧又会在社会中去寻求庇护。所谓社会,其实就是无数个个体的体现。毕竟,社会并非是某种神秘的事物,它就是你自己。它压迫、控制、统治、扭曲着个体。社会,便是个体的体现。这个社会,通过传统提供着安全,我们将其称作为舆论、民意。也就是说,公众意见认为,占有、拥有财富,是完全合乎道德的，能够让你在世上出人头地，能够给予你荣耀，使你成为伟人，这便是传统所认可的，这便是作为个体的你们所创造出来的观念，因为你也正寻求着这个。你们全都想要出人头地，成为某某爵士或阁下，全都渴望这种身份及其所包含的一切，而这些则是建立在财富、占有的基础之上的，你们认为这么做便会成为道德的、正确的、善良的、完美的基督徒或印度教教徒。这其实是一回事。我们将其称作为道德，我们所谓的道德，就是让你自己去适应某种模式。我并不是在鼓吹它的反面，而是在向你们指明它的错误之处。假若你想要去探明，你就会有所行动，而不是去寻求其对立面。也就是说，你认为占有，无论是占有你的妻子、孩子还是财富，都是极为道德的。假设出现了另外一种社会，在那里，占有是罪恶的，在那里，占有的观念从道德伦理上来说是受到禁止的——这种看法被深深地烙印在你的心智中，就像如今占有的观念因为环境、教育和舆论被印刻在你的头脑里一样，于是道德便失去了一切意义，尔后道德就将只是一种便利而已。不是去正确地感知事物，而是聪明地去适应环境——这就是你所谓的道德。假设作为个体的你们希望不去占有、不去获取，那么看一看你们必须要跟什么作战吧！我们的整个社会制度，不是别的，就是占有。如果你想要获得觉知，而不是被环境即所谓的道德驱使，那么，作为个体的你们就必须开始自觉地去冲破那一体制，而不应该如羔羊一般被驱使着去接受不去占有的道德观。

你是被驱使的，无论你喜欢与否，无论你认为这么做健全与否，你都受到了你所创造出来的环境的驱使。原因在于，你依然存在着占有欲。或许将会出现另外一种体制，推动着你走向其对立面——即不去占有。显然这并非是道德，而仅仅是一种驯服、顺从，在环境的驱使之下去占有或不去占有。不过在我看来，真正的道德，便是能够充分地认识到占有的荒谬性，并且自动地与其抗争，而不是被驱使着去占有或不去占有。

假若你审视一下，会发现这个社会是建立在阶级意识之上的，这种意识又会成为安全感的意识。正如信仰发展为了宗教，占有欲也逐渐演变、表现为了国家主义。正如信仰把人们划分开来，对其进行了限定，将他们分裂成了不同的阵营，占有欲则表现为了阶级意识，并且发展成为了国家主义，将人们分隔开来。这也就是说，一切国家主义的基础，都是少数人为了自身的利益，通过掌握生产资料去剥削、利用多数人。这种国家主义，经由爱国主义这一工具，成为了一种战争的手段。所有的民族、一切享有主权的政府，都必定紧锣密鼓地展开着备战，这是他们的职责。你一方面标榜自己是和平主义者，但同时又在高谈阔论所谓的爱国主义，这么做是毫无用处的。你不可能先是谈论着兄弟友爱，然后又去宣扬基督教精神，因为后者实际上否定了前者。印度或其他任何国家的情形也是一样的，在印度，他们可以宣扬印度教，声称我们是一家人，所有人类都是一体的，这些不过只是嘴上说说罢了——只是伪善。

因此，所有的国家主义都是一种战争的手段。当我在印度举行演讲的时候，他们告诉我说（印度人民现在正经历着国家主义这一疾病）："我们还是首先顾好自己的国家吧，因为这里有如此多的食不果腹的人，然后我们才能够去谈论人类的团结、统一。"这种论调同你们在这里所说的如出一辙。"让我们先保护好自己吧，尔后再去谈论人类的团结、友爱以及其他的一切。"假如印度真的关注饥饿的问题，又或者假如你真的关心失业的问题，你就不会仅仅是去处理新西兰的失业问题了，因为它是人类共同的困境，而不是某个被叫做新西兰人的群体单独所面对的难题。你不能够把饥饿的问题仅仅看做是印度或中国的问题去解决，不能够把失业的问题仅仅看做是英国、德国、美国或澳大利亚的问题，而是必须将其视为一个整体去应对。只有当你不再高举国家主义的大旗，只有当你不再被所谓的爱国主义利用的时候，你才可以把它当做一个整体去对待。每天早上当你醒来的时候，你不再是名爱国主义分子。当报纸声称你必须得是个爱国者的时候，你才会如此，原因在于你必须去战胜你的邻里。所以是我们成为了野蛮人，而不是那些入侵你的国家的人。爱国主义分子是野蛮的人，因为对他来说，国家要比人道更为重要。我认为，只要你给自己贴上了新西兰人这一标签的话，你就无法去解决你的那些难题，无法去解决这一经济的和国家的问题。只有当你成为了一个真正的人，只有当你摆脱了所有国家主义的偏见，当你不再想要去占有，当你的心灵不再被信仰弄得四分五裂的时候，你才能够将问题解决，尔后才会出现真正的人类的团结，饥饿、失业、战争等问题，才会消失不见，因为你把人类视为了一个整体去对待，而不是当成了某个想要去剥削他人的民族。

所以，你懂得了是什么在导致人类的界分，是什么在摧毁生活的真正荣耀。单单在这种荣耀之中，你便能够发现那鲜活的实相，你便能够领悟不朽，体会极喜之境。然而若想有所发现，你就得开始去理解，进而展开行动，去探明现存制度中哪些是错误的。尔后，作为个体的你们就将汇聚成一个核心。你无法改变大众。什么是大众呢？大众，就是无数个你自己。我们等待大众去做出行动，指望着在某个奇迹的作用之下，一夜之间便会出现翻天覆地的转变，因为我们没有去思考，因为我们不想去展开行动。只要这种守株待兔的态度继续存在下去，就必然会出现越来越严重的争斗，越来越多的痛苦，人与人之间就必然会缺乏理解，生活将变成一场悲剧，毫无价值可言。但倘若作为个体的你们能够自觉自愿地展开行动，因为你们渴望去了解、去探明，那么你们就会变得富有责任感，你就不会再是一名改革者，就能出现彻底的变革。这一变革的基础，不会再是占有欲、界分，而是真正的人道。这种人道里面有慈爱，有关怀。尔后，你便会感受到生命的极喜了。

（在奥克兰市政厅的第一场演说，1934年3月28日）

不能坐等世界改变，而不改变自己

朋友们：

在这样一个晴朗的上午，我们却必须得去谈论自己每天都在承受着的各种压迫和残忍，谈论在我们周围有意或无意上演着的各种剥削与利用，这似乎相当令人遗憾。不过我们依然笑对所有这一切，努力去忍受，我们过着一种分外可怕而又丑陋的生活，试图去承受住摆在每个人面前的日常生活里的烦忧跟不幸。

如果你去思考一下正在发生的情形，就会发现，尽管存在着这种压迫、残忍以及严重的剥削，但我们却依然不断地寻求获得满足。作为个体的你们，要么满足于忍受所有这些事情，要么打算去改变它们。在直接接触到这些事情的时候，我们偶尔会生出极为强烈的渴望，想要去改变，想要把旧的连根拔起，过一种正派、文明而充实的生活。而当这种直接接触伴随着生活的苦痛被带走的时候，我们又会退回到满足的状态。所以，假如你仅仅满足于此的话，也就是说，假如你满足于世上的这些外物，那就没有什么好说的了。我是认真的。当世界上有着如此之多的腐败、剥削、残忍与真正的恐怖，倘若你真的满足于继续保持自己目前的状态，满足于这些琐碎之物，要是你真的满足于此，我担心，我的演说将会是一场徒劳。但如果作为人类的你们想要去改变，如果你们觉得我们应当拥有一种不同的状态、不同的环境，不单单只是为了少数人，而且还是为了整个人类，那么就让我们一起来思考一下这个问题吧。我并不想要采取教条化的方式，抑或逼迫你们朝某个方向去走，或者影响你们按照某种模式去做，而是说，通过我们大家一同展开思索，自然就会得出某个结论来，然后从这一结论出发，必然就会有所行动了。因此，有两件事情是对每一个个体都开放的：要么做些修补、拼凑的活儿，去进行所谓的改良；要么进行一场彻底的思想的重新定位、一场根本的变革。

我所说的干些修修补补的事儿，指的是在现存的思想体系中不停地去进行修改，但却保持着其根基的完好无损。这便是拼凑、修补，不是吗？这么做，并没有从根本上予以改变，只是解决了一些表面的困难，暂时地缓解了一下痛苦，而不是去处理那些根本性的问题。我把基于这种观念之上的工作、想法叫做修补或改良。这就犹如改善城市里的贫民区一样，不是说改善贫民区不好，而是说，真正的问题，在于认为应当有贫民区存在，应当有剥削者存在，应当有这种阶级划分、阶级差别存在，而不是你能够在多大程度上去加以改善。除非我们认识到了这一点，否则，只要不出现彻底的根本性的变革，那么仅仅去处理一些表面的症状将会是一番徒劳。

所以，我在这个上午想要阐明的是，只要思想与行动是以这种自我扩张、自我增长的观念或不断受限的自我意识为基础的，那么这种受限的意识就必然会滋生出许多的问题来。也就是说，无论你做了哪种社会的变革或改良，若思想体系是建立在占有、安全、所有权之上的话，就一定会出现诸多的问题，我们只能从表面上解决一下这些问题，无法将其彻底根除。意思就是说，先生们，假设财产制度上出现了变革，但你们依旧还是会认为自己应当拥有一小块土地、其他人应当拥有其他的土地是绝对正确的。这也就是说，你希望保持你的那些财产，让其他人拥有他们的财产。然而在我看来，财产的观念必定会导致你与邻里的冲突，必定会导致诸如国家主义、阶级意识、势力等一系列的界分。假若你去改革你该拥有多少或者不该拥有多少，那么你就只是在做些表面的功夫，只是解决了表面的症状，而非从根本上去着手。这就仿佛去看一位医生，而他只处理症状却不解决病因。

让我们再举一个例子好了。所谓处理症状，指的是认为你可以坚持你的宗教信仰，而我则坚守我的，让我们和平共处、宽容相待。正如我在另外一个夜晚的演讲中所解释的那样，依我之见，一个宗教的整个基础，是因为拥护某种信仰或教义而产生的。你声称自己是个虔诚之人，是名基督徒，原因在于你怀有某些信仰、理想、教条。你告诉自己说，当世上的所有人都跟你一样抱持同样的信仰，抑或都去遵从你的那套思想模式，便会出现一个完美的世界了。我们努力去修补或改良这种宗教观。在我看来，真正的改变、真正的革新，真正根本性的思想的变革，并非是进行宗教改良这种修修补补的工作，而是应该领悟到宗教的荒谬性。只要你怀有信仰，就必然会存在界分。只要你抱持某种思想模式，你自然便会与我隔离开来，结果也就不会存在人与人之间的接触。于是只会有各种偏见的狭路相逢，而不会有人与人之间真正的相互理解。

若你仅仅是想要去改良，即仅仅是想要去对现存的思想体系、文化制度、财产制度做出一些改变，那么，哪怕你或许能够让痛苦得到暂时地缓解，能够解决滋生出来的无数难题，你也只是把根本问题暂时地搁置起来罢了。而这一根本的问题便是，一个社会或文明，是否应当建立在自我扩张、占有和剥削的基础之上。

因此，作为个体的你们，必须要弄清楚自己打算怎么做，弄清楚你是应该隶属于一个以自我扩张及其所有微妙之处为基础的社会或思想体系，还是应当领悟到，只要有国家存在，就必然会有战争，必然会有残忍，必然会有剥削。于是作为个体的你们就会准备着去进行彻底的变革，而不是仅仅做些表面功夫。作为个体,我们面临着这一困境。带着这个难题,我们是该处理那些表面的症状,做些修补的工作呢,还是应当带来思想领域的彻底变革,使其不再以占有和妄自尊大为基础呢?这样一种态度,势必会逐渐产生出一个新的社会、新的国家、新的意识,尔后不会再有剥削,不会再仅仅为生存而展开永无休止的争斗了。只有当你真正去思考的时候,当你真正去关心这一问题的时候,当你真的遭受痛苦的时候,而不是仅仅坐下来展开理性的讨论、从理论上去观察,你才能够应对这一问题。所以,你们要凭借理性、继而用行动去决定,作为个体的你们,是该营造出一种人与人之间彼此理解的充满人性的氛围呢,还是该继续这种没有止境的争斗呢?

我被询问了一些问题,我将一一作答。这也是我每天想要去做的事情。

问:我的一些朋友评论说,尽管他们觉得您的言论极为有趣,但他们宁可去服务于社会,而不是过多地去思索有关真理的问题。您对此有何高见呢?

克:先生,你所说的服务,指的是什么意思?每个人都想要助上一臂之力,那些认为自己正在给世界效力的人们便是如此呼喊的。他们总是高谈阔论什么帮助世人,尤其是那些教派人士。这是他们患有的一种疾病,因为他们觉得,只要做些什么,具体是什么无关紧要,便将起到帮助作用了,只要服务他人,便将有所帮助了。谁想说一说何为服务呢?假如一个人在军队里服役,准备去杀死那些入侵自己国家的野蛮人,那么他会说自己正在为国效力。一个屠夫则会说他正在给社会大众效劳。一个手里垄断着生产资料的剥削者,会声称自己是在服务公众。一个利用信仰的人,比如神职人员,会说他在服务国家、效力社会。由谁来决定什么是真正的服务呢?

抑或，我们是否应当从不同角度来审视这一问题呢？你认为一朵花、一朵玫瑰会觉得，由于自己如此的娇艳欲滴，于是它的存在便是在服务人类、帮助世界吗？相反，因为它是这般的美丽、可爱，完全没有意识到自身的华美，所以它才是真正的有助于世人，而不像某个正打算叫嚷着自己在效力于世界的人那样。也就是说，每个人都想用自己的方法或理念去剥削、利用世人，而不是使其获得自由。就个人而言，这完全不是我的看法，假如你不想误解我的意思的话。我并不想去帮助世人，随便你怎么称呼好了。我不会去刻意地帮助，它自然会发生，这才是真正的服务。我不想让其他人去遵从我的信仰，或是要他们步入我的思想牢笼，因为我认为，怀有信仰，实际上是一种局限。

若想真正服务社会，一个人就得彻底摆脱那受限的意识，即我们所说的"我"、自我、自我中心的意识。只要有这些东西存在，你就不可能真为公众效力。除非你去展开真正的思考，否则你便无法弄明白自己是否真的是在帮助世人。要想实现真正的思考，心灵必须不受某种信仰的羁绊。这是相当简单的道理，不是吗？要做到真正深刻、公正、彻底的思考，你的心灵就不能够为偏见、信仰、恐惧或是预先构想出来的理念所困。要想展开思索，心灵必须获得新生，而不能背负着传统的背景。因为，一切传统，只有当它有助于你去思考的时候，才是有价值的，而不是当它用其权力去制约你、凌驾于你之上的时候。

让我换种方式来表述一下。我们全都想要帮助世人。当你目睹了这世上的苦难，便会生出一股强烈的渴望，想要去助他人一臂之力。然而若要真正地帮助别人，你就得触及到事物的根本原因所在。你必须探明痛苦的根源，若你希望展开深刻的思考，你就只能这么做。这种思考，并不仅仅是智力上的愉悦，可只有当你将这种思考付诸行动的时候，才会获得智力上的巨大愉悦。

问：在这里可以肯定地说，世界上只有一两个人能够有希望去领悟您这番教诲的重要涵义。因此，现代通神论的间接教义便是极为必要的，它可以作为拯救世界的一种替代品。您对此有何看法呢？

克：先生，首先你必须弄懂我要说的，然后才可以声称它是不可能的。这便是我想要表达的。我们的整个思想、行动和生活的体系，都是建立在以牺牲他人为代价的个体的扩张与增长之上的。这是一个不争的事实，不是吗？只要这种情况在世界上存在下去，就必然会有痛苦，必然会有剥削，必然会有阶级划分。没有哪种宗教能够带来和平，原因在于它们正是人类欲望的产物，它们便是剥削的手段。我认为，存在着一种鲜活的实相——你可以把它唤作为神、真理或其他名称，随你喜欢——我认为，我已经意识到存在着至高的智慧，你只有摆脱了因寻求安全感和慰藉而制出来的种种障碍——宗教的安全以及占有财富所制造出来的人为的安全感——方能去发现这一智慧。

显然，要理解我的话并不是太过困难。真正的困难，在于把我的话付诸行动。而将其付诸行动，需要的并非是勇气，而是觉知。我们大部分人都只是坐等着世界去发生改变，而不是着手去改变自己。我们等待着世界体制去改变这种财富观，而不是努力去弄清楚作为个体的我们能否真正挣脱财富、占有欲的束缚。要想理解这一点，要想不受财富的制约，一个人必须理性地去探明自己究竟有哪些需求。你知道，一旦你明白了自己的需要是什么，你就不会想要去占有了。假若每个人都能理性地着手这一问题，他便将知道自己的所需了。然而，只要一个人的心灵为占有欲、贪婪、剥削所困，他就无法去探明自己究竟需要什么。所以，一旦你懂得了自己的所需，你便不会向你的需求和以占有为基础的世界环境妥协。我希望我可以阐释清楚这一点。

我想说的是，只要心智因为恐惧而裹足不前，就不可能会出现充满生机的人际关系或心怀喜悦地过一种充实的人生——在我看来，这些才是真正的永恒。为了克服那一恐惧,我们制造出了无数的障碍,比如宗教、信仰、财产、安全。于是,作为个体的我们不断地制造出痛苦,不断地增加着争斗,让世界变得更加的混乱与无序。这显然是一个极为简单的道理,如果你对该问题进行思考的话。

若你真的想理解我将要说的话,那就请你好好去审视、探究一下我所提出的某个理念,并且将其付诸行动。尔后你将发现该理念确实是实用的,而不是模糊的、理论上的、无法领悟的,于是你便不会想要任何二手的、间接的教义了。

你知道,认为人们没有觉知,所以你必须向他们提供某些他们能够理解的东西,这种观念实际上是一种十分聪明的利用方式,是资产阶级的想法,是拥有许多财富的人持有的态度。也就是说,他想要供养世人、指引世人,想要引导他人。然而我所渴望的则是去唤醒他人,以便他能够凭借自己的力量展开行动。倘若我可以将他自身的力量、觉知、责任感与行动给唤醒,那么我便能够摧毁所谓的阶级差别,尔后我就不会让他像个被困在托儿所里的孩子那样被某个所谓知晓更多的人利用了。这便是宗教的整个观念,即你永远无法明白何为真理——只有一两个人可以探明——因此让我作为中介去帮助你,于是我就变成了利用你的人。这便是宗教的全部过程,它是一种格外聪明的利用、剥削的方式,无情地让人们处于受制的状态中,这就跟资产阶级所采取的手段是同样的——一个阶级属于精神性的国度,另一个阶级则属于凡尘俗世。但如果你去审视一下,会发现这两者皆为无情的剥削。(*同意!同意!*)

先生们,请不要打断我的话,说什么:"同意、同意。"重要的是行动,而不是理性上对我表示认同,这么做毫无价值。认同,只能够出现在行动之中。这就意味着说,当你声称:"同意,同意"的时候,你必须独自站出来与社会对抗,与你的邻居们、与你的家庭、与社会经过数代人所建立起来的一切相对抗。而这需要的是巨大的领悟和觉知,而不是单纯的勇气,不是这种对待生活的英雄主义态度,需要的是对实相直接的、深刻的感知与领悟。

依我之见,生活,并非是一所学校。生活,不是某种你去向其学习的东西,而是指去经历、去生存——去过一种理性的、崇高的、庄严的人生。但如果你让生活沦为了一场不断的战争、争斗,不断的努力,那么它就会变得面目可憎。你已经令生活成为如此模样了,因为你的整个思想是一种自我增长、自我扩张、自我膨胀,只要这种状态持续存在,生活就会演变成一场可怕的争斗。

所以,这就是我想要说的。显然,这是很容易明白的道理,从某种意义上来说很容易理解。一个人或许无法马上领悟其全部的涵义,但他可以明白它的旨向。若想改变一个人的观念,必定会出现巨大的痛苦,而不是满足,必定会产生巨大的、强烈的冲突。这种冲突将会迫使你去发现,上天知道,我们每天都会面临着各种冲突,但我们训练着自己的心灵变得狡诈,以便毫不费力地忽略掉这些冲突,逃避它们。结果我们便将面临一个接一个的冲突,一个又一个的问题。我们的心灵已经学会了诡诈,从而去逃避这一切。

问: 能否麻烦您更加详细地解释一下您的那句"你的老师们便是你的破坏者"究竟是何意思?一个牧师,倘若其意图是诚实的,那么他怎么会成为破坏者呢?

克: 先生,你为什么想要一位牧师去让你保持道德上的正确性呢?是不是这个目的?又或者指引你达至真理,抑或是在神与你之间扮演阐释者的角色,要么仅仅是主持某个仪式,比如主持婚丧或者周日早上的典礼?你干吗想要一个牧师呢?一旦我们弄明白了自己为什么需要他们,就将发现他们的的确确是破坏者。

如果你认为牧师是极为必要的,他可以帮助你保持道德上的正确性,那么你显然就不再是道德的了,哪怕这位牧师可以强迫你保持德行。因为,在我看来,道德绝非一种强迫,而应是自觉自愿的行为。

道德并非源自于恐惧,并非为环境所限制。真正的道德,是自发的觉知,进而自觉自愿地去行动。所以,我的观点是,没有必要得有一位牧师去帮助你维系你的诚实和正直。又或者假如你声称牧师是必要的,他可以担负起中介者、阐释者的角色,带领你达至真理,那么我会说,你与牧师都必须知道何为真理。若要被带领到某个地方,你就得知道自己要去往何处,而那位引领者也必须晓得他将走向何方。倘若你知道真理在哪里,你就不会想要某个牧师来指引自己了。这并不是在玩弄小聪明,而是事实。

然而我们都做了些什么呢?我们预先构想出了什么是真理,它同我们的本来面目形成了一种对照的、相反的关系。我们声称真理是安宁、是智慧。因为我们并不是这样子的,我们渴望有人能够帮助自己达至该状态。这究竟是何意思呢?意思就是渴望有人帮助你去逃离这种冲突,带领你走向你所假设出来的某种真实。所以说,牧师便是在帮助你去逃避事实、逃避现实。

某天,我同一位牧师交谈,他告诉我说他之所以维持自己的教堂,是因为有太多人失业。他说道:"您知道,失业者没有家,没有美,没有生活,没有音乐,没有光,没有色彩,一无所有——有的只是可怕的、恐怖的人生。如果他们每周上一次教堂,至少那儿是美的,是宁静的,那儿有芳香,他们在一周中的其他时间都远离了安慰,所以到教堂里能够获得些许平静。"这难道不是最严重的利用吗?也就是说,这位牧师努力想要去抚慰他们,使其获得宁静,换句话说就是麻醉他们,如此一来他们便不会努力去发现失业的真正原因了。

如果你认为需要有牧师来主持基督教的仪式、典礼,那么让我们来探究一下那些仪式和典礼是否是必需的吧。它们有必要吗?我并不曾参加过，所以无法作答。它们于我而言毫无价值，但对你们这些参加过的人来说有用吗？你从中获得了什么益处呢？你在周日早上去教堂参加这些仪式、典礼，感受到无比的虔诚，感觉获得了净化和提升，无论什么都好。但在这一周余下的时间里，你要么被利用，要么去利用、剥削他人，因此残忍以及与之相关的一切依然存在着。所以，牧师的价值、必要性到底在哪里呢？

倘若你声称这是一种谋生的手段，那么让我们一起从另外一个范畴来谈谈这个问题吧。如果你仅仅将其看作是一种职业，就像从事法律、加入海军、部队或任何其他的职业一样，那就完全是另外一回事了。大部分的宗教及其神职人员，都只是职业罢了———种自古便有的极为久远的职业。

所以，假如你求助于一位牧师，将其视为指引你的老师，那么我要说，他只是你的破坏者或利用你的人。请记住，我无意反对基督教的牧师或是印度教的神职人员——在我看来，他们并无二致。我认为，他们对于人类而言并不是必需的。请不要把我的话作为终极权威或是教条化的言论去接受，而是你自己要好好审视一下、思考思考。如果你接受了我所说的，我就会变成你的牧师，于是也就成为了利用你的人。但倘若你对这一切展开一番真正的思索，只要你的思考是彻底的而不是转瞬即逝的，那么你将发现，宗教及其各个教派的导师们，实际上令人类相互界分、隔离开来，他们让战争的恐怖、阶级差别、国家主义与日俱增。结果所有这一切导致了战争以及更为严重的剥削，在这里面，没有真正的慈悲、友爱与关怀。

问：是否有来生呢？

克：你真的对这一问题感兴趣吗？我认为你一定对此颇有兴趣，否则你不会提出这个问题来的。请稍等一下。你为什么会询问是否存在来世呢？只是出于好玩或者好奇，还是因为你现在很害怕，所以你想要弄清楚何为来世,抑或仅仅是为了获得相关的讯息呢?你知道,当代有些科学家、某些极为知名的科学家,声称存在着所谓的来生。他们认为,通过灵媒,一个人可以凭借自己的力量去发现人死后是有来世的。好吧,让我们把这视为当然好了。即使有来世又如何呢?发现有来世存在,你又会怎样呢?你并不会更加快乐,并不会拥有更多的智慧,并不会变得更有人性、对他人更加关怀与友善。你不过重返来时路罢了。你所学到的全部,是另外一个事实——即死后有来生。这或许是一种安慰,但即使那样又如何呢?你说道:"这让我有了一种确定性,知道我在来世还会活着。"那又怎样呢?哪怕它给了你这种确定性,让你认为自己还有来生,可就算真的有来世,你依然还是会面临同样的问题、同样的麻烦、同样短暂的欢愉。然而在我看来,尽管这可能真的是事实,但丝毫也不重要。先生,永生不是在将来,不朽或永恒,你爱怎么叫都成,只在当下。只有心灵挣脱了时间的束缚,你才能够认识当下。

恐怕我必须得有点儿形而上了,但我希望你们不会介意,这并非是真的形而上。只要心灵屈从于时间,就必然会产生出对于死亡的恐惧,必然会希望有来生,必然会不断地去询问这一问题。也就是说,只要有恐惧,便会有缓慢的衰退、死亡,哪怕你可能还活着。询问是否有来世,表明你已经在走向衰亡了。要想活得充实,要想完全活在当下、活在永恒之中,心灵就得不再受制于时间。难道不是这样子的吗?我所说的时间,并非是指我们通常所说的涵义,比如赶一艘船或赶火车,赶时间去赴下个约会,诸如此类——我所说的"时间"一词,指的是记忆。假如每个早上你都犹如重生一般,都是全新的,没有背负关于昨天的一切记忆,没有背负所有过去的重担,那么每一天都将是崭新的、简单的。而要想能够活在这种状态里,你就必须挣脱时间的巨网。也就是说,心灵已经变成了一座记忆的仓库,为过去所折磨着,因为背负着我们无数的经验而举步维艰。

请记住，我希望你们同我一起来思考一下这个问题，否则你们将难以很好地理解。因此，我们是带着过去的重负、背负着无数的记忆去迎接、面对每一个经历的——崭新的体验、全新的思想、新的环境、新的一天——我们背负着过去的背景去迎接现在。难道不是这样吗？倘若你是名基督徒，那么你的背景就会是满脑子有关基督教的教义、信条和传统，你带着这些观念去迎接生活。又或者假如你是个社会主义者，抑或任何其他人，你便会怀有某些偏见、某些想法、某些明确的教条，于是你背负着这一背景去迎接生活。结果，你始终是带着过去的背景迎接现在，因此你也就无法认识现在。存在着一种不断误解的过程，该过程制造出了记忆，于是这种记忆不断累积着、重复着，于是你便会渴望知道是否有来生。然而只要你能够以全新的姿态，用一颗未受污染和影响的心灵，用一颗没有背负过去的所有或未来的记忆的心灵去迎接一切，你就将发现不会再存在诸如死亡这样的事物，不会再有恐惧。于是生活将会永远沉浸在一片极喜的氛围之中，而不会再是一场恐惧的、可怕的争斗了。而这需要你的心智、思想在当下保持警觉与敏锐。

我担心这位提问者将会感到失望。他希望知道究竟有没有来世——希望得到一个"是"或"否"的绝对的回答。我恐怕无法给出这样一个绝对的答复。要当心这种"是"或"否"的绝对的回答。懂得如何生活，难道不比弄清楚死亡降临之时会发生什么更加重要吗？只有一个已经开始衰亡的人——而非鲜活的人，才会想知道死后将发生什么。所以让我们去探寻、探明一下自己是否可以活得充实、文明、崇高，而不是去搞明白此生结束之后是什么。一旦你懂得了如何怀着至高的智慧去生活，你也就能够知道此生之外是什么了。这种探明，并非是一种理论上的事情，而是一个事实。你将发现它无甚重要，因为并不存在所谓的"之外"。生活是一个完整的整体，既无开始，也无终结。那种极喜、那种智慧，会带来当下生活的充实与完整。

问：英国会加入法西斯的阵营吗？这是否是一种进步的运动呢？

克：没有哪种以占有为基础的运动，没有哪种导致阶级差别、滋生恐惧的运动，会是一种进步的或正确的运动。我曾经阅读过一些法西斯主义方面的书籍，这些书谈论了占有、阶级差别、国家主义以及疆界限制的神圣权力。很明显，这不可能成为一场人性化的运动。然而，一场正确的运动，应该是去摧毁这些谬误，应该是能够帮助人们去觉知和思考的，显然，这才是真正的运动、精神性的运动、人性化的运动。你知道，正是由像你自己这样的个体鼓励或阻碍着这些运动的。假若它们满足了你的需求或占有欲，保卫了你的据点，保卫了你自己的投资、无论是精神的还是尘世的，你就会予以鼓励。而对于那些试图去贬低这些的，你则会去阻挠，你还会去帮助破坏那些指出占有是错误的运动。在我看来，不存在出于本能的人类的占有。一切占有都是人为的东西，都是被一个人为的、错误的社会创造出来的。从本性上来说，人类并非有着很强的占有欲。他们已经被自己创造出来的环境所训练。因此，法西斯主义究竟是不是一场进步的运动，这根本不重要。重要的是作为个体的你们，是否领悟到了，只要这个世界及其各个政府，只要世上存在着这种持续不断的自我扩张，无论是有意识的还是无意识的、隐蔽的，只要在精神领域或俗世领域还存在着这种妄自尊大，就必然会有悲伤，必然会有痛苦的哭喊，必然会有战争和剥削，真爱之花将会无处开放。因此，作为个体的你们，应当以全新的角度去进行思考，应当去发现、去探明你的整个思想和行动的基础，是否是建立在这种有限的自我意识之上的。

（在奥克兰瓦桑塔校园的第一场演说，1934年3月30日）

一味服从的心灵，无法实现领悟

朋友们：

多数人，只要还有些思想，都会想要去探明是否存在着某种更为持久的事物，在它里面，生活会更加的充实和完整。他们将那一实相描绘为神、真理或者生活本身。依我之见，存在着诸如实相这样的事物，存在着某种持久、完整、永恒的事物。不过，正如我在最近的两次演讲里面一直阐明的那样，找寻真理，正是在否定真理，原因在于，实相应该是被发现的，而不是被追寻的。我希望你们能够明白这二者之间的差别。假如我们去追逐真理，追逐那一实相，你就必须得知道它究竟是什么，必须拥有感知和理解。但倘若你开始去探明它、发现它，那么这种探明便是真实的，而不是对真理的找寻。所以在今天上午这场简短的演说中，我想要帮助你们去发现它，而不是去追逐它。

首先，真理或者实相，无法通过追逐而被发现。原因是，当我们去寻求某种事物的时候，这就表明我们的心灵、我们的整个存在，都是在试图去逃避那个正使得心智困于其中的冲突。但如果我们能够有所察觉，能够意识到那些我们因恐惧而制造出来的诸多障碍，尔后让心灵挣脱恐惧的束缚，摆脱那些障碍，那么我们就将领悟到什么是永恒的生活了。意即，让我们去探明在恐惧的驱使下我们制造出了哪些障碍，而不是努力去搞清楚何为真理。一旦认识到了恐惧的根源及其诸多的障碍，我们便能明白那一无法描述的事物究竟为何了。

对一个囚犯、对一个身陷囹圄的人谈论自由是毫无用处的，在他出狱的那一刻，他才会懂得什么是自由。然而，我们大多数人还没有理解监狱是什么，就想要去弄明白何为自由。只要我们仅仅是去寻求自由、实相、生活的充实，就无法获得觉知。它必定是想象出来的，不真实的，是由一个受限的、觉察的心灵所塑造出来的。但倘若我们能够懂得那些将心灵困于其中的监狱的高墙究竟是什么，继而让心灵摆脱其阻碍，那么，很显然，我们便可以洞彻到实相了。

因此，那些被我们制造出来的障碍究竟是什么呢？头一个障碍，难道不就是那源于恐惧的权威吗？心灵为某种权威所困，被某种外在的权威驱使、塑造，要么是宗教的权威，抑或是社会的权威，又或者你发展起了某种内在的权威。你知道，一个人首先会去接受外部的权威，因为我们没有能力凭借自身的力量去行动、去思考、去感受，结果便确立起了某种外在的权威，比如宗教的权威、导师的权威、社会制度的权威。尔后我们以为自己抵制了外部的权威，发展出了某种内在的权威、内在的法则，殊不知，它们不过是来自于外部的反应罢了。也就是说，我们并没有去探明我们确立起来以引导自身的外在权威究竟是什么，而是去抵制那一权威，认为自己必须要独立地去发现某个法则，并因此按照该法则来生活。这就是大部分人所做的。存在着某种外在的、客观的权威，他们对该权威或抵制或理解，并且发展了某种内在的、主观的权威。

照我看来，无论是客观的还是主观的权威，都是一样的。因为权威便意味着塑形，意味着一种模仿、控制与限定，不管它是由外部所施加的，还是通过内在的努力和运作。所以，依我之见，权威，便是第一个障碍。一个实现了觉知的人，是不会需要权威的。存在的只有感知与领悟，而感知并不需要去对权威进行仿效。我希望你们能够明白所有这一切。首先,一个人屈从于社会的权威、宗教的权威。通过冲突、麻烦,你逐渐发展出了你所谓的主观的权威。你说道:"我就是这么理解的。我应该遵从我凭借自身力量发现到的法则。"然而心灵仅仅是服从的工具,很显然,这样的心灵无法实现觉知。觉知、理解,是感知,是领悟,而不是外在的或内在的强加。

让我再次换种方式来重复一下这个问题。我们怀有外在的理念,这些理念是通过教育、通过政治、通过社会影响、环境强加到我们身上的。于是我们感觉到它们在限定、限制、控制、统治着我们每个人的思想,所以我们便发展出了自己的理念——我们觉得我们培养起了自己的理念、信仰,并且努力去遵从它们。这就是我们所做的。我们抵制了那些外在的理念,服从于那些我们凭借自己的力量建起来的内在的理念,我们以为自己取得了非凡的进步。可惜我们所做的,仅仅是抵制了外部的理念,确立起了自己的信仰。我们努力去模仿、去遵从那些信仰。

在我看来,这种去遵从、去模仿、被引导、被控制的观念,正是当我们迈向充分而完美的觉知时会遇到的第一块绊脚石,它妨碍了我们去清楚地感知任何一种体验。因为,当我们去遵从的时候,我们的整个心灵就会被这种渴望有所得的观念、这种贪欲控制和操纵。我们是从累积的层面去理解智慧、觉知、完整,而没有认识到它们具有无限、永恒的柔韧性与适应力。具有柔韧性、具有适应力的事物才会是持久的,而那背负着重担,源于诸多累积的事物,则是不具有免疫力的,因而是转瞬即逝的,无法实现觉知。

从你们的脸上我可以看得出来,恐怕大家并没有怎么理解我的这番话。先生们,请稍等一下。我担心,通过听一两场演讲,你们并不能领悟我所说的。单纯的聆听,而非试图在行动中去完成,是无法带来觉知的。

所以,让我换种方式来表述好了。心智是环境的产物,因此你的环境便控制了你的思想与感受的方式。不要说什么:"就这些吗?——只有心灵吗？必定存在着其他的事物，某种更为持久的事物。"我是指要去探明，让我们从已知的事物开始着手吧，以此为起点——而不要从某种我们并不知晓、只能去想象的神秘事物开始。所以头脑和心灵，思想和感受，皆为环境的产物，只要你听命于环境，就不可能实现觉知，尔后你便无法去主宰环境。若想控制环境，你得首先认识它。

这就是说，环境即社会体制，我们把该体制称为宗教，它是由许多的教义、信仰、教条，由无数的偏见所组成的。心灵沦为了这种环境的奴仆。打个比方，假如你依赖自己的心智过活，就像大多数人所做的那样，就像每个人必须得做的那样，你就会在最大程度上被你所抱持的信仰控制。假设你是个罗马天主教教徒，你想要在新教教徒的地盘上谋到一个职位，又或者假如你是名新教教徒，渴望在罗马天主教的机构里寻到一份差事，若他们发现了你所怀有的信仰，那么要找到一份工作可能就不会那么容易了。于是你暂时地抛开了自己的信仰，抑或去接受他人的言论，因为你必须得挣钱糊口。由于外部的环境，你在心智上受到了控制，所以你的信仰仅仅是环境的产物罢了，是受制于环境的。只要你没有摧毁那一错误的社会和宗教的环境，你的信仰与理想就是毫无价值的，原因在于，它们只不过是源于恐惧的环境的产物。

因此，若想认识那一持久而永恒的事物，个体同环境之间就必然会爆发冲突，只有在这种冲突之中，你才能够去冲破那一堵堵局限的高墙。我们在不假思索或没有意识的情况下接受了如此多的由社会或宗教所施加的限定，把它们当做了真实、正确的事物去接受。从传统层面来说，我们的心灵被驱赶进了某种模式之中，我们无知无觉地接受了这些东西。只有通过不断的质疑和觉察，我们才可以让心灵挣脱环境的羁绊，从而成为它的主宰者。

问：在您的教诲当中，美德似乎并没有被置于格外突出的地位。为什么会这样呢？具有德行的生活，在实现真理的过程中，只起到了如此小的作用吗？

克：你所说的美德是何意思呢？你所谓的美德，指的是罪恶的对照物吗？也就是说，你把勇气、无畏，称作为同恐惧形成对比的美德吗？首先，一个人感到害怕，你认为自己必须提出勇气的概念，因此你便去追逐勇气，意即，你正在逃离恐惧，你把这种逃离恐惧的行为叫做勇敢、勇气，将其视为美德。在我看来，一个追逐美德人，就不再是有德行的了。但如果你开始着手去探明是什么导致了恐惧，而不是用你所认为的勇敢的理念去把恐惧给掩盖起来，那么，当你认识到了恐惧的原因，你就既不是勇敢的，也不是害怕的，这两个对立面，你全都摆脱掉了。

毕竟，美德仅仅是一个错误而虚幻的环境的产物，不是吗？若想抵制、对抗环境，那么你现在就得拥有强大的个性，至少是所谓的个性吧。也就是说，社会制造出了这一切，或者更为确切地说，我们帮助着制造出了一个社会，在它里面，不去占有被看做是一种重要的德行。我们建立起了一个社会，在那里，占有，便意味着不断地同你的邻居交战，意味着有意或无意的永无止息的争斗，意味着自作主张与骄横，意味着始终去剥削别人。你把一个不愿意做这些事情的人，称为是一个崇高的有德之人。依我之见，这跟崇高或美德压根儿就没有任何关系。如果环境被改变了，如果社会状况变化了，那么占有或不去占有就是一回事了，于是你既不会把占有欲称为美德，也不会将其视为邪恶。但由于社会已被确立起来，于是冲破这些错误的标准，要么就会被看做是一种美德，要么则会被视为是一种罪恶。但倘若我们开始着手去改变这一将心智困于其中的环境，那么这整个的关于美德与罪恶的概念，便将具有不同的意义了。因为，照我看来，美德并不是被求得的，你无法去获得美德，你也无法去逃离邪恶，抑或去憎恨邪恶——无论这种恶指的是什么。

所以，我的观点是，自然地生活，而不是过一种野蛮、残忍、不假思索、原始的生活，需要拥有相当多的智慧——当我使用"自然"一词的时候，我所指的并不是那个意思。只有当你认识到了那些对的和错的社会标准，并且脱离了它们的束缚，你才能够过一种自然的人生，才能够活得充实、自然、富有生机和睿智，因为你理解了它们的涵义，于是你便不再去追逐这种被我们唤做美德的对立面了，不会再为其所束缚了。

让我说得简短明了一些好了。当你感到害怕的时候，你就会去追求勇气，我们把这种勇气称作为美德，但你真正在做的是什么呢？你是在逃避恐惧，你在试图用某个被你称为勇气的概念把恐惧给掩盖起来。因此，你或许可以暂时地用某个被你叫做勇气的概念掩盖起恐惧，可恐惧却依然继续存在着，以不同的形式表现出来。但如果你努力去探明恐惧的根本原因，那么心灵就不会被困于这种对立面的冲突之中了。

问：您觉得，通过心理分析的方法，即把无意识的心灵的动机带入到有意识的认知之中，能够帮助一个人的心灵摆脱那些原始的、以自我为本位的复杂症状跟欲望，并因此让他的思想带领着他达至您所谈及的幸福之境吗？

克：这便是说，心灵拥有许多的复杂性，问题在于你能否凭借自我分析的方法让心灵摆脱掉这些东西。难道不就是这个问题吗？心灵与头脑有着许多的障碍，我们将这些阻碍称为复杂性——无意识的、隐蔽的复杂性。我们是否可以摆脱它们呢？是否可以通过自我分析的过程把它们根除掉，从而让心灵从那以自我为本位、受限的观念中解放出来呢？

恐怕你在探寻这个问题的时候不得不稍微审慎一些，因为你可能是头一次听说这个，你或许会觉得它相当难懂，但其实不然。在我看来，只有当你处于充分觉知的状态，只有当你的整个身心都是积极的、觉察的，心灵才能够去摆脱那些障碍。在自我分析的过程中，你的整个身体里面，只有那个被你叫做心灵、思想、智力的部分在运作着。通过心灵的那个部分，你努力想要揭示那些隐蔽的复杂性。然而我认为，你只有在当下实现了充分的觉察，才可以把所有这些隐蔽的障碍都带入到充分的、有意识的行动中去。

　　让我换种方式来表述一下好了。假设你怀有势利这一复杂的内心情结，大部分人都会如此，那么你打算如何去发现这一点呢？我的看法是，若想有所发现，就不能通过这种自我分析的方法，即不能通过理性地去研究已经发生的行为，从而发现势利的念头。首先，你希望知道自己究竟是不是一个势利小人。你并不想去改变这个特性，而只是想去发现它，不是吗？请稍微等一下，就沿着这个方向探寻下去。当你发现它的时候，你就会以这种或那种方式来行动了。首先，你必须要弄清楚自己是否是个势利眼，所以，你打算怎样去探明这一点呢？只有当你实现了充分的觉察，只有当你在说话和感受的那一刻充分意识到了你所说的、所感受的——而不是在你说完、感受完之后，你才可以有所探明。难道不是这样吗？意思便是，假若你充分意识到了你正在说的话、正在想的事情，那么，在这种充分的觉知中，你便将凭借自己的力量探明你究竟是不是一个势利小人了，而不是通过坐下来，对某个事件做一番理性的分析这种方法。我知道这个问题又会滋生出无数的问题来，可惜我无法一一去解答。但如果你对此展开思考，将会发现，只要你始终保持警觉，充分意识到你所做的事情，你就可以把无意识的、隐蔽的东西，带入到充分的意识之中，尔后你将制造出必要的干扰，通过这种干扰，你能够让心灵摆脱那种复杂性、那种障碍。

　　问：您似乎认为追逐理想其实是在逃避生活。在最高的理念中，是否并不存在真理这一事物呢？

　　克：我们为什么渴望理想呢？我并不是说它们不是真理，可我们为何渴望它们呢？我们声称自己之所以会需要它们，是因为，若没有一个标准、尺度、理想,我们便无法熬过那些持续不断的战争以及生活的各种争斗。难道不是这样子吗?于是我们便渴望某个标准、某个尺度,借此去判断我们日常生活里的行为。这说明了什么呢?说明我们更加感兴趣的是理想、是衡量标准,而不是那些摆在我们面前的冲突与悲伤。所以,由于这些争斗是如此的巨大、如此具有冲突性,于是我们便确立起了理想,将其作为逃避那些争斗的方法。然而在我看来,若想认识那些冲突、麻烦和痛苦,心灵就得处于自由的状态,能够去认识到它们的本来面目,而不是通过某个尺度、某个标准。显然,一旦你真的处于严重的冲突之中,处于巨大的痛苦之中,在那一刻,你不会去想到什么理想,不会去想你该做什么、不该做什么。你饱受痛苦的折磨,你想要去探明,于是你便不会求助于某个理想来指引你走出痛苦的泥沼了。只有当痛苦消失不见、逐渐平息下来的时候,你才会去求助于某个理想来帮助你免受痛苦的侵蚀。

依我之见,所有的理想,都只是缓解痛苦的方法,因此它们不可能向你解释痛苦的根源。就拿一个普通人来说好了。你会发现他怀有无数的理想,抱持着许多的信仰、理念,他每一天都努力按照这些理念、信念去生活。假若他完全在想着这些的话,他就会把生活变成一场永无止息的战斗,交战的一方是事实,另一方则是他的那些希冀。若他从根本上认识到了什么是事实、什么是真实的,认识到了它们的涵义,他便将领悟到慰藉的根源所在,进而使自己摆脱这些错误的、虚幻的标准和尺度,因为这些东西,只不过是在不断努力着想要把他的心灵置于某个模式之中来进行塑造罢了。

问:您信仰大众所理解的共产主义吗?

克:我不知道大众是做何理解的,所以无法解释这个问题。那么,什么是共产主义呢?让我们来探究一下吧,不要从任何"主义"的观念出发，而要从普通人的视角出发。当你将自己视为一个新西兰人，而我则自认是个印度人的时候，怎么可能会有各个民族之间的真正理解呢？我们怎么可能会真正去接触彼此呢？我们之间如何能够建立起充满生机的关系呢？如何能够实现人与人之间的理解呢？又或者假如我们用某些标签把自己划分开来，你自称是基督徒，而我则把自己叫做印度教教徒，我们都怀着某些偏见、教义、信条，那么你我之间怎么会培养起真正的兄弟友爱呢？我们可能会高谈阔论所谓的宽容——这是一种智力上的发明物，好让你待在你的地盘，我则待在我的地盘——并且努力表现出友好的姿态。这并不意味着说我在谈论统一，实际上统一已经存在了。你们全都清一色地抱持着一种信仰、一种理想、一种教义。虽然你或许可以在这座监牢里面有所变化，给栅栏漆上不同的颜色，但这依然还是一座监牢。你希望保持着你的监牢及其内部的饰物，印度教教徒也想保持他的那座监牢以及里面的各类装饰。他们试图做到友爱，并将这种友爱称作为宽容。然而在我看来，这整个的观念，实际上正是在否定真正的理解与人类的统一。因此，随着时间的推进，你们会像诸多的奴隶那样被驱使着去接受共产主义，就如同你们现在去接受资本主义那样。而在这种驱使、强迫的力量之中，不会有自觉自愿的行动，就像现在也不会有自发的行动一样。所以，倘若你仅仅是去接受共产主义或资本主义，活在某个主义当中，那么你显然就不是一个富有生机的个体。你不过像许多的羔羊一般，要么是资本主义的羔羊、要么是共产主义的羔羊，被环境、被状况所驱赶，被迫使着去接受、去认可。很明显，这样的事情绝不是道德的，这样的事情，不会是充实的、精神性的或正确的。我认为，只有当作为个体的你们自愿地去做这些事情，才会出现正确的人的状态，因为你领悟到了这里面的必要性，领悟到了这其中的深刻性——而不是仅仅流于表面的、肤浅的激动和兴奋。尔后个体才能够过一种生机勃勃的充实的生活，而当你是被驱使的时候，是无法达至这种状态的。

问：您认为是什么导致了失业呢？

克：你知道，无数个世纪以来，我们已经确立起了一种体系，这一体系是建立在个体的竞争、无情地追求自身安全的基础之上的。在这种体系里面，大部分人都变得聪明和狡诈，不断地往上爬，想把所有的统治权都牢牢掌握在自己的手里。这是显而易见的。当世界被划分成了许多的国家、民族，我们便会发现这种现象可谓是无处不在。而国家主义、民族主义，则是个体的占有欲和贪婪达至顶点的产物，而这必定又会导致分配的不平等，自然便会出现失业的惨况了。

你知道，依我之见，要明白这一点其实十分简单。或许对你来说这个问题格外的复杂难懂，尽管你所受的教育可能比我要多，尽管你可能博览群书。在我看来，原因其实很简单。所以，我们该怎么办才好呢？你将会告诉我说："您为什么不谈谈劳工的普遍状态，为改变经济现状而尽份力量，尔后一切就都会好起来了。所以，为何不把您的全部身心都集中在那个对象上面，然后改变它呢？"你同我都是这个社会的一部分，那么我如何能够改变整个社会呢？我们怎样才可以改变它呢？方法便是，首先你得对整个生活抱持一种理性的态度，进而有所行动。也就是说，你不能够孤立地来处理经济的问题，声称："只要解决了这个问题，其他所有的问题就都会迎刃而解了。"经济问题，只是人类整个问题的一个症状罢了。所以，倘若我们可以创造出一种理性的观念，进而展开理性的行动，将全人类视为一个整体来对待，那么我们便能够针对经济状况来展开明确的行动了。因此，我感觉我必须要做的，就是创造出一种观念来，不是单纯的理性的观念，而是一种源于行动的观念。尔后，当有了这样的观念时，睿智的你便将运用某种理性的方法带来经济体制的彻底变革了。

问：您并不信仰占有或剥削。但没有它们的话，您怎么能够旅行或者对世人演说呢？

克：我可以非常简单地来告诉你。若想活在世上，但又不去剥削或利用他人，你就必须彻底地隐退到某个荒凉的岛上去。由于我们的体制便是——正如它现在所呈现出来的那样——要想生存下去，假如你想要在这种体制当中生存下来，你就得利用它。

让我们理解一下我所说的"利用"是什么意思吧。依我之见，如果你不去凭借自己的力量理性地探明你的需求是什么，那么你就会变成一个剥削者。一旦你依靠自身的力量理性地认识到了你的需求为何，你便不会沦为一个剥削他人的人了，而这需要拥有相当多的智慧。首先，我们之所以会去占有很多的东西，是因为我们以为，只要有了许多的东西，我们就会获得幸福了。所以，为了占有那些东西，我们必须得去剥削他人。但倘若你真正去思考一下你的基本需求是什么，会发现，在这些需求里面并不存在任何的剥削，如果你真的去思考一下的话。我已经凭借自己的力量弄清楚了我有哪些需要。关于我的旅行，朋友们邀请我去各个地方，于是我便前往了。假如他们没有邀请我的话，我是不会展开这些旅行的。即使我不发表讲话，不去教诲——嗯，我还可以做些其他的事情。若我想要把某种思想模式传达给你们大家，强迫你们，筹款来改变它——那么我会把这种行为叫做利用。我所谈论的是必然会出现的事情，无论你们喜欢与否，睿智之人会理性地去接受那不可避免的事情。因此，我并不觉得我是在利用你们，我也知道我没有，我也没有去占有。

一个人若想真正摆脱所有这一切——摆脱这种占有感，他就得做到相当的警觉和敏锐，以便不会欺骗自己。原因在于，当一个人认为自己摆脱了占有欲的束缚时，这种想法很有可能会是一种自我欺骗的谎言。一个人经常会以为自己是自由的，殊不知这其实是躲在自我欺骗的斗篷下过活。在你的需求得到了满足的那一刻，你不会去依附它，你不会感到自己对它享有所有权。

问：如果福音书里的耶稣基督突然现身，大伙的眼睛全都看到了他，那么您会感到吃惊吗？

克：你知道，心灵渴望能够出现奇迹，出现一些浪漫的念头、一些不同寻常的超自然的现象。不是说这个世上不会发生奇迹和超自然的现象，而是说我们之所以会寻求这些东西，是因为我们的头脑、心灵是如此的贫瘠、空虚、可怜与丑陋。我们以为，只要寻找到了那些奇迹，只要去追逐那些超自然的现象，便可以克服心智的贫乏了。其实，你越是去追逐那些现象和奇迹，你就越不会获得充实，你的心灵就越不会怀有爱。当你拥有了充实的心灵与头脑的时候，是否会出现奇迹或超自然的现象便不再具有任何意义了。我们之所以会制造出这种自然与超自然的划分，是因为自然的、物质的世界是如此的丑陋不堪，缺少宽容。我们想要逃离，若有人可以带领你走向超自然的境界，你自然就会跟随他而去。你把这个叫做超自然、叫做神启，但其实这只是实相和唯物主义的另外一种形式。然而当你过着一种和谐的生活，当你的心智处于绝对统一的状态，你便会拥有真正的灵性，因为这时候你拥有了觉知，而只有在觉知当中，你才会感受到生命的喜悦。

（在奥克兰瓦桑塔校园的第二场演说，1934年3月31日）

当你怀有真爱，就不存在所谓的宽容

朋友们：

在我尝试着去回答这些问题之前，我想简单地讲几句。

首先我想要表明的是，我将要说的话，不应当被理解为某种主义。你们这儿的绝大部分人或许都是神智学者，你们抱持着某些明确的理想、观念，怀有某些确定的教义。你们觉得我持有相反的理念，认为我是属于另外一个有着其他理想和信念的阵营。让我们从探明的观点出发来着手整个的问题好了，而不要试图说什么："我们信仰这个，您则不然，因此我们是某些理念的支持者，而您却试图去颠覆它们。"这种精神、这种态度，代表着敌对而不是理解，即你怀有一些理念，你渴望去捍卫它们，如果有人质疑你所抱持的观念，你马上就会说他是在攻击你，或者我是在攻击你。我绝没有任何想要去攻击的意图，而是希望帮助你去弄清楚你所支持的观念、理想是否是正确的。倘若它是正确的，倘若你抱持的理念是真实的，那么没有人能够攻击它。只有当你对自己持有的理念展开审慎的思考，你才能够探明什么是实相，而不是去采取防御的姿态，保卫它免受攻击。

你知道，无论我去到哪里，神智学者们都会请我对其发表讲话，就像其他的组织一样。我曾经同一些神智学者生活了很长一段时间，他们一直抱着这种不幸的看法，即认为我是在攻击他们，是在颠覆他们所热爱的信念，他们必须不惜任何代价去捍卫这些信念，包括它里面那些无价值的东西。然而我感觉，假如我们能够真正一同去思索、去推理，弄明白我们想要去捍卫的究竟是什么，而不是去从属于某个阵营或者某个思想流派，那么我们自然便能领悟到什么是实相了。实相没有党派之分，既不是你的，也不是我的。所以，当我向你们发表演说的时候，当我在任何地方发表讲话的时候，我所抱持的就是这种态度：那便是帮助你去探明——我是诚心诚意的——你所支持的理念，究竟真的是永恒的，还是某种你出于幻相，出于自我保护、出于对安全感的寻求而创造出来的事物呢？这样的事物是没有任何价值的，哪怕它可能会披着肯定、确定、智慧的外衣。

  先生们，我想要说的是，在我看来，真理并不是多面的。我们有这样一种习惯，我认为，尤其是神智学者们会有这种习惯，当然某些人除外，即声称真理有许多面，基督教是一面，佛教是一面，印度教是另外一面，等等。这仅仅表明我们一方面想要恪守自己的成见，一方面又希望对他人的成见予以宽容。然而依我之见，真理是没有多个面的，它只有一个，它是完整的、统一的，不存在许多个面，它并不像一束从有着许多颜色的灯里面投射出来的光。也就是说，你把颜色各异的灯罩在那束光上面，然后，如果你是绿色的光，你便试图对红色的光报以宽容。你发明出了"宽容"这个不幸的词语，这是多么做作的手段，如此的干瘪，毫无价值可言。显然，你并不会对你的兄弟、你的孩子宽容。当你怀有真爱的时候，就不会存在所谓的宽容了，因此只有在心灵枯萎之际，我们才会去谈论什么宽容以待的问题。我个人并不在意你们究竟是相信还是不信，因为我的爱并不是建立在信仰之上的。信仰是一种人为的东西，但爱却是天然的，当爱凋零的时候，我们便试图把友爱之情传播到世界各地，我们谈论着各个宗教之间的宽容相待与团结。然而，只要实现了真正的理解，就不会去谈论宽容的问题了。

理解，无法通过书本来获得。你可以拜书本为师多年，但倘若你并不懂得怎样去生活，那么你的全部知识都将枯萎，没有实质，没有价值。然而一旦你实现了充分的觉察，充分的、有意识的觉知，就将迎来真正永久的宁静。这种宁静，指的并非是静止不动，而是一种始终处于运动之中的宁静，它是无限的。

现在我想知道我该如何来回答所有这些问题。

问：宗教仪式能否对我们有所帮助，却同时又并不会限定我们呢？

克：你是真的希望探究这个问题呢，还是仅仅想要表面化地应对一下呢？你们当中有多少人真的参加过宗教仪式？

那么什么是宗教仪式呢？不是打上领带、把自己收拾得干干净净、吃吃东西或者欣赏美——因为我同人们讨论过，他们提出了所有这些论点。他们说："我们之所以上教堂，是因为里面实在是太美了，它让我们有了自我表达的机会。穿上西服、刷干净牙齿，难道这些不就是宗教仪式吗？"显然这并不是仪式。欣赏美，也不是仪式。你加入教会或参加某个宗教仪式，并不是为了自我表现。所以仪式具有非常明确的涵义，正如你对它的使用一样。就我所理解的，根据你对"仪式"一词的使用，仪式，指的是你希望在其中能够通过其效力获得精神上的提升，或者你参加仪式是为了在世界上传播宗教的、精神的力量。我们应该就讨论到这里，不必再展开无关的争论了吧？难道不是这样子的吗？仪式只有在你传播精神力量的地方才是可用的，你在其中希望能够获得精神上的提升。让我们来探究一下这两个问题吧。

首先，当你声称自己正在世界上传播精神力量的时候，你如何知道你是在做这件事呢？要么它必定是建立在权威的基础之上的，是以你去接受其他某个人的伦理或原则为基础的，要么你感觉自己正在传播着精神的力量。所以，让我们把他人的权威抛弃掉吧，因为这是十分幼稚的。如果仅仅因为其他某个人说："做这个，"于是你便照办了，那么这种行为就是没有任何价值的，而说这话的究竟是谁则无关紧要。结果我们不过是把自己退化到了幼稚的状态，沦为了权威的工具。因此我们的行动是毫无意义的，我们不过是模仿的机器罢了。

我们或许会以为，通过参加礼拜仪式，我们感到特别高兴，觉得充满了生机，获得了某种幸福感。当我说通过饮酒或是听一场令你兴奋的演讲，你也会获得同样的感受，我毫无侮辱之意，可为什么你会认为宗教仪式要比欣赏某种真正能够刺激你的事物更加重要呢？假若你真正对此加以审视的话，会发现仪式的意义远不止于对美的欣赏。你希望通过出席仪式，通过某种奇迹的过程，你的整个身心就可以得到净化了。在我看来，这种想法简直是荒谬之极，假如我可以这么说的话。这样的观念，其实是利用的工具。但倘若你希望自身是统一的、完整的，你就不能够求助于他人来净化你的心灵。一个人必须要凭借自己的力量去探明。所以照我看，这种认为仪式将让你在精神上大有收获的观念，实际上正是每一个所谓的实利主义者抱持的看法。他渴望在这个世界上出人头地，渴望拥有金钱，于是他便开始去积累、去占有、去剥削他人，他开始变得无情和残酷。而一个希望在精神世界出人头地的人，做的是同样的事情，只不过他把这个称作为精神罢了。意思便是说，所有一切的背后是获取的观念、是贪欲。在我看来，这种渴望有所得的观念、这种贪欲，本身就是一种局限。如果你把参加仪式当成了一种获取的手段，那么一切仪式就都只是局限罢了。又或者假如你把参加仪式当做是必需的事情，你就仅仅是出于权威或传统而去接受它。显然，这样的心灵无法懂得何谓生活，无法懂得生命的整个过程究竟是什么。

让我惊讶的是，无论我走到哪里，都会有人询问这个问题，尤其是在那些理应更加进步的人当中，比如那些在哲学专业读了好几年书的学生们，那些应当有思想的人们，这只不过说明他们实际上是在寻求替代物。你对于你的那些古老的教会、制度习俗心生厌烦，你希望能够有新的玩具供你玩乐，于是你便接受了那个新的玩具，但却没有弄明白它是否具有任何价值。只要你单纯地去追求替代品，就不可能探明它有何价值。

我是否已经把这个问题彻底讲清楚了呢？我真的很愿意同人们讨论这一问题，讨论这种关于仪式的观念。我与那些刚刚成为神职人员的人们讨论过，他们只是给了我某种基于权威的原因，而不是真正正当的原因，比如说什么："我就是被这么告诉的，"抑或为他们的行为寻找某个借口。

还有一种完全不同的理由，那便是认为仪式中有魔法存在——不是善意的法术和邪法巫术，我所谈论的不是这个——即认为生活的神秘经由仪式而揭开。你知道，我曾经同一些罗马天主教教徒有过交谈，他们会告诉你说这便是其去教堂的原因。这不是任何有神智学倾向的礼法家们会给出的理由，所以不要再一次用这根棍子来反击我。生活是神秘的，它浩瀚无边、不可思议，然而撩开它的面纱，并不是要制造虚假的、不自然的东西去揭开真正的神秘——照我看，这些祭司的仪式都是不自然的，它们实际上是一种剥削利用的手段。

问：人们指出，通过您来发言的那一力量是属于更高层面的，唯有运用直觉方能理解。因此，假如我们想要弄懂您所传递的讯息，最好应该带着直觉来听。是这样吗？

克：你所说的直觉是什么意思呢？对你们大家来说，直觉指的是什么呢？你声称，我们无需经历逻辑推理的过程，单凭直觉感受到了某种东西，比如美国人会说是某种"预感"。我真的很怀疑你的直觉究竟是真实的，还是仅仅被美化了的无意识的希望，隐蔽的、欺骗性的憧憬呢？

你知道，当你听到人们谈论轮回转世的时候，或者听到了某场演讲谈到了轮回的问题，抑或在某本书里头读到了相关的内容，你立即跳将起来，说道："我感觉它是真的，确有其事。"你把这个叫做直觉。这真的是直觉吗？还是说你希望自己能够有机会拥有来生，于是你便依附于这种观念，将其唤作直觉呢？等一下。我并非是在否定直觉的存在，然而，普通人、一般人所谓的直觉，并不是真实的，在它背后没有理性、有效性和觉知。

这位提问者说，人们提出，通过我来发言的力量是属于更高层面的，不借助直觉就难以理解。你显然已经明白了我所谈论的内容。不是吗？这是显而易见的。请稍等一下。要理解我所说的话并不难，但如果你不去追循它，不去将其付诸行动，那么你就不会获得觉知，原因在于你没有把它付诸行动，你更愿意将其转换到直觉的世界中去，然后声称人们指出我是从一个更高的层面来发言的，所以你得进入到自己更高的智力层面，努力弄懂其涵义。换言之，尽管你很好地理解了我所说的，但很难把我的话付诸行动，因此你说我们不如把它移到某个更高的层面好了，我们可以从那一层面来展开讨论。难道不是这样子的吗？如果你说："我并不理解您所谈论的内容，"那么就有进一步讨论的可能了。尔后我将努力换种方式来进行解释，以便我们能够一起对它展开讨论、探究与思索。可如果你的出发点是假定说，即认为要想理解我的话，你必须去到更高的层面——那么这种观点显然是大错特错的。除了思想以外，还有什么会是更高的层面呢？为什么要更进一步呢？不过你难道没有发现，我的观点是，我们是从某种神秘的事物、某种遥远的事物开始的，我们从该事物出发，努力去探明那些明显的东西，探明实在，所以注定会出现极为欺骗性的、伪善的行为和虚伪。但倘若我们从已知的事物开始着手，从那些只要你展开思考便能很容易探明的事物开始，那么你就真正可以达至无穷的远方了。然而从神秘的事物开始入手，尔后试图将生活归入到神秘的类别里去,这种做法则是荒诞可笑的,是一种浪漫主义,一种虚幻和想象。一个抱持着如此态度的心灵会说:"若想理解您的话,我们就得带着自己的直觉来听。"这样的心灵可能是虚幻的,这就是为什么我会说你的直觉可能完全是虚幻的。你所谓的直觉,可能只是虚幻的,可能只是你的希冀、偏爱、憧憬或梦想,那么你如何能够带着这些来听我的演讲呢?为什么你不带着自己的耳朵、带着你的理性来聆听呢?由此出发,一旦你懂得了理性的局限,你便能够去到更远的地方了——也就是说,若想爬到高处,你必须得从低处开始。可你已经来到了高处,你没有爬得更高的空间了,这便是你们大家所面临的麻烦。你已经爬升到了智力的顶峰,所以你的心灵自然是空虚的、自大的。可如果你从近处开始入手,那么你将会知道如何爬升到无限的高度。

你知道,所有这些实际上都是利用的手段和方法。神职人员们便是这么做的——当事情格外简单的时候却让其变得复杂。对于我不得不说的这些话,我不打算再去进行探究,因为我已经一再地阐释过了。然而,把它弄得复杂化,用各种传统或偏见将其掩盖起来,而没有认识到你的这些成见,这才是让人讨厌的做法。

问:假若一个人发现通神学会是一个渠道,通过它,他可以表达自己,可以服务世人,那么他为什么应当离开该学会呢?

克:首先,让我们探明一下是否真是如此。不要说他为什么应当离开或者为什么不该离开,让我们对这个问题一探究竟吧。

你说他通过某个渠道可以表达自己,这是什么意思呢?你难道不是通过商业、通过婚姻在表达自身吗?当你每天为了生计而工作的时候,当你把孩子抚育长大的时候,你到底是不是在表达自己呢?结果显示你并没有在这些事情中表达着自己,于是你便希望有个团体,在里面你可以有机会表现自我。难道不是这样子的吗?我希望我并没有把所有这些解释得太过深奥难懂。所以你声称："由于我在行动的世界中，在日常的世界中没有表达自己，在这些地方不可能实现自我表达，因此我便利用某个团体、某个学会来表达自身。"正是如此，难道不对吗？我的意思是，就我对问题的理解。

你怎样去表达自己呢？就像我们看到的那样，你是通过牺牲他人来完成这一目标的。当你谈论着自我表现的时候，必定是以损害他人的利益来实现的。真正的表现是存在的，我们不久会谈到的。不过这种自我表现的想法，说明你有东西要提供，之所以会建立那些团体、学会，必定是为了为你所用。首先，你有东西要给予吗？一位画家、音乐家、工程师或者这些职业中的某个人，假如他真的富有创造力，他不会谈论什么自我表现，他一直都在表达，他在外面的世界、在家里头或是在一间酒吧里面，都在表现着自己。他并不需要某个团体，以便可以利用该团体来表现自己。所以，当你说"自我表现"的时候，你的意思并非是指你在利用某个团体或学会来向世界传达出某种知识或者你所拥有的某个事物。如果你怀有某个东西，你就会将它提供出来，你并不会意识到它。一朵花儿对于自身的美是无知无觉的，它的可爱始终现于眼前。

"为世界效力。"你真的服务于世人了吗？你知道，我希望你能够真正诚实、坦率地去想想这个问题。假若你能做到这样的话，那么你便将为世界效力——但不是以这种不同寻常的方式。让我们来弄清楚我们是否在为世界效力吧。世界在今天——抑或任何时候，过去或将来——需要的是什么呢？世界需要的，是那些有能力去实现自身完整的人，即那些不被自己那狭隘的思想框框、偏见以及浮夸的感情主义的局限所束缚的人。很明显，若你真的希望可以帮助世界的话，你就不能够从属于任何派系、团体，也不可以从属于任何宗教。如果你声称一切宗教都是统一的、一体的，那么为什么还要有宗教呢？实际上，宗教、国家主义是在把人们囚禁起来，是在约束他们。纵观人类的历史，这种情形在全世界范围内都在上演着。如今,世界已经被划分成了越来越多的派别,越来越多的团体,它们被信仰的高墙及其教义给团团围困住了,可你却还在高谈阔论着所谓的友爱之情!这种占有的本能是如此的根深蒂固,所以必定会导致战火纷飞,因为它是建立在民族主义、爱国主义的基础之上的,这个时候怎么可能会有真正的友爱呢?显然,你谈论兄弟情谊,恰好说明你并非真的怀有友爱之情。一个真正充满情谊的人,是不会去谈论兄弟友爱的。你不会跟你的姊妹或你的妻子去谈论什么友爱之情,因为你们之间有着自然的情感。当你到处可以目睹剥削的时候,怎么可能会有兄弟友爱、会有真正的人类的团结呢?所以,若想真的有助于世界——就像你谈论着帮助世界一样——如果你真的想要帮助世界,使其摆脱它所有的义务、它的既得利益、它的环境,那么你将发现你永远不会去谈论帮助世界这一话题,你不会把自己置于某个显要位置上去帮助远方某个处在低位的人。

问:您是否赞成我们乞求天国里的天使们的帮助,比如患病的时候呼求天使拉斐尔,火葬仪式中求助于火神?他们是支撑物和拐杖吗?(笑声)

克:你们当中有些人对这个问题发出了嘲笑之声,但你们全都怀有自己的偏见和迷信。你可能并不怀有这种有关"天使的"迷信,但却抱持着其他的迷信。

让我们不要从乞灵的观点出发来探究这个问题。首先,假若你是正常的,那么世界上就会发生正常的奇迹,然而我们是如此的反常,以至于希望有异常的行为发生。我已经十分频繁地回答过这个问题了。好吧。首先,假设你感到痛苦,尔后治愈了,或许是被医生治好的,也可能是因为得到了某个天使的帮助。如果你不知道痛苦的原因,你就会再一次患病。我个人对于治疗方面略有涉猎,但我想要在生命里做些其他的事情,做些真正能够疗治身心的事情。也就是说,我希望可以帮助你们凭借自己的力量去探明痛苦的根源。我向你们保证,呼求天使,不断得到医生的照顾,都无法向你揭示出痛苦的根源。你可能会暂时地得到表面化的治愈,但除非你真的依靠自己的力量有所探明——因为没有任何人可以为你去探明是什么导致了痛苦——要不然你会再次患病倒下。一旦认识到了原因,你便能重拾健康了。

问:您是否同情那些只是钦慕您的美,却忽视掉了您的智慧的人呢?

克:这跟另外一个问题是一样的。让我们忽视掉您的话语,仅凭直觉去聆听您吧。这不过是换了一种方式来表述罢了。你知道,智慧并不是可以买到的,你无法从书本中购买到智慧,你无法通过聆听获得智慧。你可以听我听上数百年,但你并不会因此就变得睿智起来。能够带来智慧的,只有行动。行动便是智慧,这两者是无法分离的。由于我们把行动与我们的思想、情感和推理的智力划分开来,因此我们便被那些肤浅的、表面化的事物冲昏了头脑,从而被其利用。

问:您是否认为通神学会已经完成了它在世界上的工作,因此应当退隐呢?

克:身为该学会一员的你又是怎么看的呢?这个问题,难道不比你问我的那个问题更为合适吗?先生们,我可以这么说吗?你们为什么要从属于某个团体呢?你们为什么会成为基督徒、神智学者、基督教科学派的成员呢,上帝才知道那是什么东西?你们为何要把自己隔绝起来呢?"因为,"你回答道,"这种信仰的形式、这种表达的形式、理念的形式,对我具有吸引力,所以我打算将自己奉献给它。"又或者,你之所以会加入某个团体,是因为你希望从中获得些什么:比如幸福、智慧、职务、地位。因此你应该问问自己，你为什么要加入通神学会，而不是询问我该学会是否应当隐退。你为何要从属于任何事物呢？我们渴望排除其他、唯我独尊——像什么"西方俱乐部"、什么"东方高尔夫球场"以及其他种种，还有那些高级奢华的酒店——你知道，这种想法真的很可怕。所以同样的道理，我们声称自己是特殊的，印度教教徒、罗马天主教教徒也都是这么看自己的。世界上的每一个人都谈论说自己是特殊的，结果他们便唯我独尊起来，成为了某个特殊事物的主人，继而制造出了更多的界分、冲突和痛苦。此外，我又是何等人物，凭什么可以告诉你说通身学会该不该隐退呢？我想知道，你们当中有多少人真的曾经询问过自己为什么要加入该团体。倘若你是一个真正的社会的人，而不是一个宗教层面、伦理层面的人，那么这世界就有希望了。假如你们是一群真正想要去探明、去发现的人，而不是已经有所发现；假如你们是一群将会给出讯息的人，而不是去制造出精神上的差别；假如你们是一群真正拥有开放平台的人，而不是只向我或某个特殊的人敞开；假如你们是一个既无领袖也无追随者的团体，那么就有希望了。然而我担心你们是一群追随者，所以你们全都有领袖。这样的团体，无论它是这个团体还是其他团体，都是毫无用处的。你们仅仅是追随者，或者仅仅是领袖。在真正的灵性中，是没有老师与学生的区分的，不会区分成拥有知识的人与没有知识的人。是你们自己制造出这种区分的，因为正是你们在寻求着这种区分——不断地寻求着能够与众不同。你们不可能所有人都可以成为理查德爵士或是其他什么人物，因此你们便希望能够在这个学会或是其他团体抑或天国里面出人头地。你们难道没发现，如果你们真正去思考一下这些问题，诚实地去想一想，你们便将成为世界上一个极有作为的团体了。尔后你们将真正能够为其理念的固有价值而工作——而不是为你们领袖的某些幻想和感情主义去卖力。尔后你们将对任何理念予以审视，探明其真正的涵义，将它完成，而不是去依赖那些对于你们的服务所授予的荣誉,不会在诱惑下去工作。因为这么做会导致狭隘和固执,会带来更多的界分与残酷,并且最终走向彻底的思想的混乱。

问: 对于布拉瓦茨基女士所著的早期神智学教义,您是怎么看待的呢?您认为我们究竟是退化了还是进化了?

克: 恐怕我并不知道,因为我不了解布拉瓦茨基女士的著作。我为什么应当知道呢?你为何应该了解其他人的教义呢?你知道,真理只有一个,所以途径也只有一个,它距离真理并不遥远。达至真理的方法只有一种,原因在于,方法与结果是没有区别的。

你们研读过布拉瓦茨基女士以及晚期通神学者的著作,不管它是什么,那么你们为什么希望成为书本的学生,而不是向生活去学习呢?你们干吗要树立起一个个的领袖,然后问谁的著作更好一些呢?你们难道不明白吗?我并不想说得太过刺耳。你们不懂吗?你们是基督徒,只要你们去探明基督教里面哪些是正确的,哪些则是谬误——那么你们便将领悟到何为真理了。探明你们所处的环境及其所有的压迫和残酷之中什么是对的、什么是错的,就可以知道何为真理了。你为什么需要哲学呢?因为生活十分丑陋,你希望通过哲学来逃离它。生活是如此的空虚、乏味、愚蠢和下流,于是你希望有某个东西能够把浪漫带入到你的世界里来,能够带来某些希冀、带来某种久久回味、萦绕不去的感觉。但倘若你真的去面对世界的本来模样,真的去应对它,就会发现它比世界上的任何哲学体系、书本,任何教义或老师都要伟大得多。

实际上我们已经丧失掉了一切感受力,对被压迫者的感觉,对压迫者的感觉,统统都失去了。只有当你受到压迫的时候,你才会有所感觉。因此我们逐渐理性地用辩解的方法把我们所有的感觉、感受力、敏锐的感知都消除掉了,直到我们变得彻底的肤浅,而为了填满这种肤浅和空虚,为了让自己获得充实,我们便去读书。我阅读过各类书籍,但从来不会读哲学类的,这真是谢天谢地。你知道,当你说:"我是名哲学系的学生"时,我会感到身上一阵哆嗦——你是这个或那个专业的学生,但却从来不是日常行动的学生,从来没有真正认识事物的本来面目。我向你保证,为了你的幸福,为了你自身的觉知,为了探明那一永恒的事物,你必须得真正去生活。尔后你将发现某个事物,它是任何言语、图画或老师都无法提供给你的。

问:神智学所提供的关于发展进化的教义,是以灵性的提升为目的的吗?

克:先生们,你们所说的发展进化是什么意思呢?就我所能理解的,进化是指从非必需发展到必需,对吗?从无知走向睿智。难道不是这样吗?想必没有人会摇头。好的。你所说的发展、进化指的是什么意思呢?获得越来越多的经验、智慧和知识、越来越多、无穷多。也就是说,你从非必需走向了必需,在你获得的那一刻,不可或缺的就变成了非必要的了,不是吗?

你们很累了吗?是不是太晚了?请你们务必跟我一起来思考。这是我今天的第二场演说,但如果你们不与我一起展开思考的话,对我来说就会困难重重了。

今天你觉得某个东西是不可或缺的,于是便去追逐它,获得它,明天那个东西不再是必需的了,于是你说道:"我已经认识到了。"那个曾经被你视为必不可少的事物,已经不再是必要的了,于是你继续一轮又一轮新的追逐,你把这个叫做发展、进化,获得越来越多的东西,在必需和非必需之间洞察得越来越多——然而并不存在所谓的必需和非必需,不是吗?原因在于,你今天认为必不可少的东西,明天则不再是必要的了,因为你又渴望其他的东西了。

让我换种方式来表述好了。你看到了某个令人愉悦的事物,你觉得自己希望拥有它，于是你将其收入囊中。尔后你感到了满足，你便转向了另外一个事物。它可能是某种情感上的欲求、渴望，你获得了。你渴望某个想法、于是你便去追逐它，尔后得到了它。最后，你希望达至神、真理、幸福，你认为这些是精神性的，假如一个人所渴望的是一顶帽子、一条领带或是其他什么，你则说那是尘世的、物质的。帽子是非必需的，神或真理则是不可或缺的。我们做了些什么呢？我们仅仅是改变了自己欲望的对象罢了。我们说道："嗯，我的帽子够了、车子够了、房子也够了，我想要些其他的。"于是你便去追逐，尔后得到了想要的，等你完成了这些以后，又会渴望其他的东西，因此你逐渐地进行着这一切，直到最后渴望达至你所谓的神，然后你觉得自己已经到达了终极目标。你所做的全部，只是在跟你的那些欲望做着游戏，你把这种不停选择的过程叫做发展进步。是不是这样呢？

问：同一时候，某个人对这个东西感到满足，而另一个人则对另外的事物满足。

克：但是很显然，欲望是一样的。无论是渴望获得一顶帽子，还是渴望达至神，都是欲望。这背后皆为渴望和欲求，直到我们步出了自身欲望的范围。但倘若我们真的懂得了欲望所追逐的每一个对象的涵义，认识到它既不是必需的，也不是非必需的，那么我们就能够领悟到该对象的真正涵义了，于是发展进步也就具有不同的意义了——不是这种不断的获取、想要有所得，不是始终都想取得成功。

问：我们能够停止欲望吗？

克：显然不能。假若你停止了欲望，那么——再见！只有在死亡的那一刻，你才会不再有欲求。你如何能够停止欲望呢？它可不是某个你可以随便打开、关掉的东西。你为什么希望不再有欲求呢？是因为它给你带来了痛苦。如果它带给你的是愉悦，你就会继续欲望的脚步，也不会向我提出这个问题来了。然而当欲望让你感到痛苦的时候，你则会说："我最好做到无欲无求。"你为何会感到痛苦呢？因为你没有实现觉知，如果你对某个事物实现彻悟，你就不会再有痛苦的侵袭了。

问：您能否阐释一下这一点呢？即一旦你实现了觉知，痛苦便将终止。

克：你难道不能够想明白这个问题吗？或许我晚一点可以向你进行说明。让我换种方式来表述好了。我们习惯于这种消灭、克制、控制、压抑欲望的观念。依我之见，这种思考方式是不健康的、不自然的。你渴望得到一顶帽子、一头山羊或是其他某个东西——我不知道你的欲望是什么——你之所以会不断地生出欲望，是因为欲望所追逐的目标没有给你带来满足，难道不是这样吗？所以你便去不断地追逐，只不过改成了另一个对象罢了。那么，你的欲望为什么会追逐一个又一个的目标呢？原因是你没有认识欲望所追逐的那个对象，你没有懂得渴望某个事物的全部涵义。你所关心的更多是得失的问题，而不是这种追逐意义何在。我有解释清楚吗？所以一个人必须要把这个问题给想明白。

问：您在《在大师的脚下》一书中所写的内容是否依然有效呢？

克：好的，先生们。这个问题是什么意思呢？这个问题里面有何涵义呢？我是否仍然相信大师，嗯？自然，如果我相信他们，我就必定会继续相信教义，诸如此类。让我们来一探究竟好了。让我们开诚布公地探讨一下这个问题，而不要弄得好像我是在攻击你们必须要捍卫的那些大师。

你为什么需要一位大师呢？你声称我们需要他来予以指导——唯心论者也会这么说，罗马天主教教徒们也会这么说，世界上的每一个人都会这么说。这一回答，并非仅仅适用于你，而是适用于每个人。指导你去做什么呢？很明显，这就是接下来的问题，不是吗？你回答："我必须要有一位导师来带领我走向幸福、真理、解放、涅槃、天堂。"——你必须要有某个人来带领你达至这些。我并不是一名聪明的律师，试图去吓唬你们，我只是努力想要帮助你们凭借自己的力量去探明，我并非努力想要去说服你们什么。如果你们对于探明真理感兴趣的话，那么导师就一点儿也不重要，对吗？谁是导师无关紧要——你可以挑选任何人来担任这一角色。你怎么知道他可以帮助你迈向真理之域呢？或许扫大街的人也可以帮助你——你的姊妹、邻居、兄弟、任何人都可以，所以你干吗要格外看重你的导师呢？哦，请别摇头。我很清楚。你们会说："哦，是的，很好，就是这样子的。"然而你们全都希望可以成为某个大师的弟子，渴望与众不同，渴望获得启蒙。因此，对你来说，重要的并不是真理，而是那个带领你的导师、领路人究竟是哪一个，难道不是如此吗？如有异议大可反驳我。

问：您在《在大师的脚下》一书中指出，我们必须无欲无求，而现在您则说我们——

克：先生，请稍等一下。是的，是一种矛盾。我希望将会有许多的矛盾之处。有位女士说道："不。"她摇了摇头。我很愿意去探明。

问：我忘了您关于大师的问题究竟是什么了。我感觉，就我个人来说，我求助于大师并不是这样子的。我觉得，正如我求助于您来帮助我去理解和发现一样，因此大师也将帮助我们去认识和发现。

克：也就是说，对你们大部分人来讲，大师便是向导。你们无法否认这一点，对吗？你们无法说："不，我并不在乎究竟是谁来带领我们走向真理的国度。"

问： 我认为，重要的并不是导师，而是特定的导师。

克： 你们没有特定的导师吗？

问： 这就是为何我们要来听您的演讲的缘故。

克： 请努力去弄懂我所谈论的内容吧。不要说"我们并不渴望大师、导师"，以及相关的一切。让我们来一探究竟吧。所以不要说什么："这对我并不适用。"若你真正去思考一下我所说的话，它就会适用于你，因为我们全都处在同样的轨道。

所以，正如我在今天早上所谈到的那样，如果你渴望去探明什么是真理，如果你求助于一位导师，那么你必须知道，同时他也得知道，你们两个都应该知道何为真理。但倘若你懂得真理是什么，你对真理有一种模糊的感知，你就不会去求助于任何人了。尔后你不会再关心自己究竟是一名处于试用期的学生还是已被传授了知识、带着几分特殊荣耀的登堂弟子以及与之相关的其他一切了。你所渴望的是真理，而不是与众不同、地位特殊。你对此有什么要说的吗？

问： 我要说的是，许多人渴望的并不是与众不同，而是希望能够获得觉知。

克： 你并没有试图去防卫，我也不打算努力出击，请让我们怀着这样的态度一起展开讨论吧。当你是个学生的时候，当你是位杰出人士，一个卓越非凡的人，具有比其他人更多的特权，那么你怎么可能拥有觉知呢？

问： 我并不觉得自己有任何特权，我只是在做自己而已。我没有感觉有谁授予了我特权。

克：很抱歉，看来是我没有解释充分。好吧。当你是某个人的特殊弟子时，除了与众不同、自我膨胀之外，还会有别的什么吗？你会说："不。那将帮助我达至真理。"难道不是这样吗？所以，这一步骤仅仅是让自我意识得到了强调与夸大。若想实现觉知，那么"我"这一意识必须越来越少，而不是越来越多。不是吗？要想认识某个事物，就不能怀有任何偏见，不能分什么"你的路径"和"我的路径"，"我的"这个和"你的"那个。任何东西，若是在强调"我的"理念，就必定是种障碍。不对吗？

问：我们被告知说有大师存在。

克：嗯，我无法去探究这个。如果你声称："我们被告知说它是权威，"那么就没有什么可谈的了。然而这样的说法让你们大家感到满意吗？

问：不。

克：请暂时忘却你在这儿所获知的有关大师、信徒、启蒙的一切知识。倘若你能做到真正的率真，就能洞彻问题的实质。这不过是每一个人都渴望出人头地，而这种想要出人头地的欲望的过程被人所利用罢了。

这种被我们叫做"我"的意识，究竟是什么呢？你什么时候意识到了它呢？我必须说得简单些，因为我得停住了。这种意识是什么？你何时会意识到你自己？那便是当出现这种冲突、阻碍和挫败的时候。在清除掉一切挫败、障碍之后，你就不会说什么"我"了，尔后你便会是真正在生活着。只有当你意识到了痛苦的时候，你才会感知到你的身体。因此，在痛苦出现之时，无论是情感上的还是理性上的痛苦，你就会作为某种分离的事物有所意识。我们已经强调了它，让被我们唤作"我"的心灵受到了限定，我们将这看作是一个事实，并且渴望继续带着这一膨胀的意识迈入真理之域——通过试用、入会以及与之相关的其他一切，让这一意识变得越来越大，这表明你有一个错误的、荒谬的原因。也就是说,这个"我"并不是实相。关于入会、关于"我"这一意识的膨胀,你的原因错了,你的答案也错了。因此你声称必须要有某个人来帮助你去认识真理,帮助你去扩展你的意识。抑或你会说:"世界需要有一个规划,这世上有些人要比我更加睿智,所以我应该成为他们帮助世界的工具。"于是你便在他们和你自己之间——知晓者和不知者之间,树立起了一个中介人,结果你仅仅沦为了利用的工具。我知道你们全都在发笑,不同意我的观点,但这无关紧要。我来这儿不是为了说服你们的,又或者由你们去说服我。倘若你们以理性的姿态去审视该问题的话,就能明白了。

因此你建立起了一个只为少数人所知的计划,你不过变成了行动的工具,变成了执行命令的工具。举个例子好了,假若大师说道:"战争是正确的,"我的意思并非是说他们真的提出这样的主张。你知道,在过去的战争中,大家是如何声称"神是站在我们这一边的",我们全都欣然接受了这一说法。那么,倘若作为一个个体的你开始真正展开思索,你便会懂得战争是一件多么有害的事情。只要你真的去对战争做一番思考,你就不可能去参战了。然而你却说:"我不知道。计划说必须得有一场战争,善意会从恶中产生,所以让我参战吧。"换言之,你实际上停止了思考。你仅仅变成了一个个工具,被驱使着,成了可怜的炮灰。所有这一切显然都不是神性的、高尚的。因此,关于我究竟是否相信大师,在我看来根本就不重要。你是不是相信大师,同灵性一点关系也没有。得到讯息的媒介与从大师那里获得讯息的你之间,又有什么区别呢?

问:我们应当什么都不信吗?

克:请稍等一下。你知道,我一直都在谈论这个问题。你为什么需要信仰呢?(笑声)请别笑,因为每一个人都处于这一状态中。我们全都渴望信仰来作为支撑,作为某种可以支持我们的事物。显然,你所怀有的信仰越多,你的力量就会越少,内心的充实感就会越少。很抱歉我无法一一展开探究。虽然现在已经八点半了,但我还是很愿意谈谈这个问题的。智慧或者觉知,不是通过坚持某些东西、坚持你的信仰或理念就可以获得的。当你真正在进步,不囿于任何信仰的时候,智慧便会到来。于是你将发现,究竟有没有大师存在,你所属的团体对于世界来说究竟是不是不可或缺的,根本无关紧要,这些事情丝毫也不重要。尔后你便能够给世界带来一种崭新的文明、崭新的文化。

你知道,这是最不寻常的!贝赞特博士曾经对全体成员这样说道,我过去也常常听到这番话,那便是:"我们在为世界导师的来临做着准备。请保持一颗开放的心灵,因为他可能会反驳你所认为的一切,提出不同的看法。"你们当中有些人一直都在做着准备,长达二十年甚至更久的时间。我究竟是不是所谓的世界导师,其实并不重要。没有人可以告诉你,因为除了我自己以外,其他任何人都无从得知。尽管如此,但我还是要说这无关紧要。我从未曾反驳过这个,我说道:"忽略掉它吧,这并不是关键所在。"你们准备了二十年甚至更久,然而你们当中很少有人真正拥有一颗开放的心灵,很少有人会说:"让我们去探明您所谈论的内容吧,让我们对其展开探究吧,让我们去弄清楚您所说的究竟是正确的还是错误的,而不要去考虑您身上所贴的标签。"二十年之后,你们还是在原地踏步。你们怀有无数的信仰,怀有确定性以及知识,你们并没有真的愿意去审视、检验一下我所说的话。这看起来简直就是在浪费时间,简直是一种巨大的遗憾,因为二十年甚至更久的岁月都被蹉跎过去了,你们发现自己依旧在原地踏步,只不过多了一些新的信仰、新的教义、新的限定。我向你们保证,通过这种依附的过程,你们是无法发现真理、解放、涅槃、天堂,随你们喜欢怎样称呼都可以。这并非意味着说你们全都得退出所属的团体——这么做只会表明你们已经走向了衰退,而是指你们应当努力用一颗率真、诚实和简单的心灵去探明你怀着如此可怕的占有欲所坚持的东西是否具有任何意义，是否拥有某种价值。一旦你探明了它是否有价值，你便不会渴望去依附它了。尔后，当你真正用这样的方法去进行审视和分析的时候，你就将发现那一无法描述的非凡之物，你便能发现那真实、持久与永恒的事物。如此一来也就没有必要再有什么老师和学生，当没有了所谓的老师与学生时，我们就将迎来一个幸福、欢乐的世界。

（在奥克兰对神智学者们发表的演说，1934年3月31日）

探明痛苦的原因何在

朋友们：

或许你们当中绝大部分人之所以会来到这儿，是因为你们正在探寻着某种事物。至少你们多数人来到这里，原因是希望通过参加这个会议能够有所发现，原因是你们在探寻某个未知的事物。你们来到这儿，是因为渴望寻找到幸福，是因为每个人都在承受着这样或那样的痛苦。我们的身心不断遭受着烦恼和折磨，我们没有获得满足，我们是不完整的，充满了各种疑问。对于遭遇到的无数痛苦，我们不断给出了各种各样的解释。你之所以来到这里，目的是想弄清楚你的探寻是否会有所得。通过参加这场演说，你希望能够找到某个答案去解决你的种种难题，希望能够探明到你痛苦的根源。

一般来说，当你遭受痛苦的时候，会出现怎样的情形呢？你会渴望有某个灵丹妙药去缓解、消除你的苦痛。当有问题出现的时候，你便希望可以有某个解决之道；当有痛苦袭来的时候，你便希望可以有药物去疗治，所以我们就从一种疗治的方法转到另一种疗治的方法。我们感到痛苦，于是希望能够找到某种疗治之法来消除掉这种痛苦，结果我们便从一种教训转移到另一种教训，从一种经验转移到另一种经验，从一种疗治之法转移到另一种疗治之法，从一种解释转移到另一种解释，从一种体系转移到另一种体系,从一种信仰转移到另一种信仰,不断地在改变着你的教派——也就是说,从一个笼子换到了另一个笼子,徒劳地击打着这些栅栏,想要弄明白为什么会有痛苦。你的心灵和头脑一直都只是在寻找着某个药方、某种解释,所以你永远不会找到解释,因为,当你感到痛苦的时候会发生什么呢?你即刻的要求便是痛苦应当得到缓解、应当减轻,因此你便会去接受某个被提供给你的药方,但却没有对其展开适当的探究,没有去探明它的真正涵义。你之所以会接受它,是因为,从心理上来说,你已经树立起了某种希望,而这种希望让你变得盲目,结果你就不可能对那一药方有着清晰的认识。假如你对这一问题展开思考,会发现事实便是如此。你去看医生,他给你开出了某个药方,你从不去问他那个药方是什么。你只关心一件事情,那就是痛苦应当消失。

假如你想要去探寻的话,你将会怀着同样的态度来到这儿参加这场会谈。若你只是出于好奇才来到这儿的,嗯,那么我恐怕就没有什么可说的了。如果你来到这里是为了探明,如果你是想求得某个药方,你将会感到失望的,因为我并不打算给出某个药方或解释。然而,当我们一同去思考这些问题的时候,一同去进行推理和分析的时候,就将探明痛苦根源于何处。

所以,若想知道是什么导致了痛苦,那就不要去寻求药方,而是应当努力去探明痛苦的原因何在。你或许可以应对一些症状,做些表面的功夫,可惜这么做你将无法发现真正的、根本的原因。只有当你不会立即生出想要摆脱痛苦的渴望,继而制造出某种障碍,你才能够认识到痛苦的根源。例如,倘若你失去了某个你所挚爱的人,便会有剧烈的痛苦向你袭来,尔后会有某种疗治之法被提供出来——即他将会活在另外一个世界,又或者轮回转世的观念,诸如此类。你接受了这剂疗治痛苦的药方,然而痛苦却依然继续着。那种孤独、那种空虚还是会将你紧紧包围,只不过你用某个解释、某个药方、某个并不具有根治效果的药物将它给掩盖了起来。但如果你真正努力去探明是什么导致了痛苦的话，你就会去审视、去检验，你就会努力去理解那个被给出的药方的全部涵义，无论这种药方是他将会活在另外一个世界，还是有关轮回转世的信仰。在这种心灵的状态中，当痛苦袭来的时候，思想就会变得格外的敏锐，同时还会生出强烈的质疑。实际上，这种深刻的质疑便是导致痛苦的原因，不是吗？假如你同你的妻子、你的兄弟或是任何人生活在一起，而那个兄弟、妻子或朋友过世了，那么你就得直面自己的孤独，而这会令你的心里生出质疑的态度——你会彻底地体察到那种巨大的孤独感。当你充分而深刻地意识到孤独的时候，那一刻，你便可以探明痛苦的根源了。

依我之见，若想探明痛苦的原因，那么正在探寻、正在试图去发现的心灵和头脑，就必须得处于一种敏锐的状态。在这种状态中，你将认识到，心智已经沦为了环境的奴仆。绝大多数人的心灵，都只是环境而已。心智便是环境，依赖于自身所受的限定。只要心灵屈从于环境，就必定会出现痛苦，个体同社会之间就必定会不断发生冲突。只有当个体通过质疑环境从而去战胜环境施加在他身上的种种限制时，他才能够挣脱环境的羁绊。意思便是说，只有当你理解了社会、宗教置于你身上的种种环境的真正涵义与价值，你才可以冲破那些被施加的局限，进而拥有真正的智慧。

毕竟，一个人之所以会不快乐，是因为他并未拥有智慧，也就是觉知。一旦你认识了某个事物，你就不会再处于冲突之中，不会再被权威、传统以及根深蒂固的偏见施加在你身上的一切所束缚。因此，若想体会无上的快乐，就必须拥有智慧，而要想唤醒智慧，心灵就得摆脱环境的束缚。许多个世纪以来，宗教和社会制造出来的无数重负与限定，已经成为了我们的环境。只有当你认识环境的标准、价值、偏见和权威的时候，你才可以免受它的制约，而环境正是由我们每一个个体创造出来的。尔后你将开始去探明痛苦的根本原因，那便是缺乏真正的智慧，而智慧不是通过某些奇迹般的过程可以被发现的，而是需要不断地去觉察，进而不断去质疑，去努力发现被置于我们周围的环境里面哪些是正确的，哪些则是谬误。

有些问题已经向我提出，今晚我将尝试着去进行解答。

问：您是否相信上帝？您是无神论者吗？

克：我猜想你们全都相信上帝，一定是这样的，因为你们都是基督徒，至少你们自称是基督徒，所以你们一定是信仰上帝的。

那么你为什么会相信上帝呢？我不会马上去回答这个问题，因此请不要称我为无神论者或是有神论者。你为何会信上帝呢？信仰又是什么呢？你不会去信仰某个显而易见的事物，比如阳光、比如坐在你身旁的人，你不必去信这些。然而你对于上帝的信仰并不是真实的，它只是某种希望、某种想法、某种预先构想出来的憧憬，与实相毫无关系。如果你不去相信，而是真正意识到了你生活里的实相，就像你觉察到了阳光一样，那么你的整个生活的行为就将完全不同了。目前，你的信仰与你的日常生活一点关系也没有。因此，照我看来，你究竟是否相信上帝，这丝毫也不重要。（鼓掌）请不要拍掌打断我的话，还有许多问题有待解答。

所以，在我看来，你信或者不信上帝，都是一样的，因为它们并不是实相。倘若你真的意识到了真理，如同你察觉到了那朵花儿一样，倘若你真的意识到了那一真理，如同你觉察到了是否有新鲜的空气一样，那么，你的整个生命、你的全部行为，你的情感、你的思想，就将焕然一新了。无论你们自称是信徒还是无神论者，你们都没有通过自己的行动将其显示出来。所以，你究竟是信还是不信上帝，其实根本不重要，它只是你所处的环境通过恐惧、权威和限定施加给你的一种肤浅的观念。

因此，当你问道："您是否相信上帝？您是无神论者吗？"我无法直截了当地回答你的问题，因为，对你来说，信仰要比实相更为重要。我认为存在着某种广阔无边、不可度量、深不可测的事物，存在着某种至高的智慧，然而你无法将它给描绘出来。假如你从来没有尝过盐，那么你如何能够描述出盐的味道来呢？正是这些从未曾尝过盐的人，这些从未曾意识到自己生命里的这种广阔性的人们，开始去质疑我究竟是信还是不信神，因为在他们看来，信仰要比实相重要得多。如果他们正确地去生活，如果他们真正去生活，就能够发现那一实相。由于他们不想去过一种真实的生活，于是便认为，若想成为一个真正的人，就必须去信仰神。

因此，依我之见，无论是做一名有神论者，还是成为一个无神论者，都是同样荒谬的。若你懂得真理是什么、神是什么，你就既不会成为有神论者，也不会成为无神论者，原因在于，这种觉知无需信仰。一个没有实现觉知的人，一个只是去希望和假设的人，才会求助于信仰或不信来支撑他、带领他以某种方式去行动。

如果你们用完全不同的方式来着手这个问题的话，那么作为个体的你们，就将凭借自己的力量去探明那一超越了所有信仰的局限、超越了言语的幻觉的实相。但倘若想要去发现真理或神——则需要拥有相当的智慧。拥有智慧，并不是去宣称自己信或不信神，而是必须认识到因缺乏智慧所导致的障碍。所以，探明神或真理——我认为这样的事物是存在的，我已经认识到了——若想认识到它，心灵必须摆脱历经无数年代、以自我保护和安全为基础所制造出来的一切障碍。仅仅声称你是自由的，并不能够让你拥有安全感获得自由。要想冲破这些障碍的高墙，你需要拥有许多的智慧，而不是更多的智力。我认为，所谓智慧，指的是心灵和头脑处于完全和谐的状态，尔后你将凭借自身的力量去探明什么是实相，而无需询问任何人。

那么世界上发生的情形是怎样的呢？你怀有一个基督教的神，印度教教徒、伊斯兰教教徒则怀有他们各自关于神的概念——每一个小的教派也都怀有他们自己的真理，所有这些真理就像是许多的疾病一般正在世界上形成，将人们隔离开来。这些真理在少数人手中变成了剥削的工具。你相继加入这些派别，将它们全都尝试了一遍，因为你开始丧失掉了所有的鉴别感，因为你遭受着痛苦，你渴望获得某个药方，任何教派给出的药方你都会欣然接受，无论它是基督教、印度教还是其他什么教派。所以，会发生怎样的情形呢？你们的神正在将你们划分开来，你们对于神的信仰正在把你们分隔开来，然而你们却在谈论着人类的友爱、宗教的团结，与此同时又在否定着你们渴望去探明的那一事物，原因是你们依附于这些信仰，将其视为冲破局限的最有效的手段，殊不知它们其实是在强化着这些局限。

这是显而易见的。假如你是名新教教徒，你会对罗马天主教怀有一种厌恶之情，若你是天主教教徒，则会讨厌所有其他的宗派。这种情形在每一个地方上演着，不单单只是在这儿。在印度，在伊斯兰教教徒当中，在所有宗教教派当中，都在上演着此番景象。因为，对所有人来说，信仰——这个残酷的事物——是最为重要的，要比探明真理即真正的仁慈更加的重要。所以，那些对神笃信不疑的人们，实际上并没有热爱着生活，他们所热爱的是信仰，而非生活本身，结果他们的整个身心便走向了枯萎、衰亡，变得空虚和肤浅。

问：您相信轮回吗？

克：首先，我不知道你们当中有多少人了解轮回转世的观念，我想简单地向你们解释一下该观念究竟指的是什么。所谓轮回，意思便是，为了达至圆满，你必须经历生生世世，积累越来越多的经验、越来越多的知识，直到你达至那一实相，达至圆满，这便是轮回。我只是粗略地、简单地谈了谈，并没有探究其细微之处。所谓轮回，即你作为"我"这一实体、这一自我，呈现出了一系列的形式，不断地转世，直至圆满。

现在我不打算去回答我究竟是否相信轮回，因为我认为轮回并不重要。请不要马上就反驳我的话。什么是自我呢？这种被我们唤作"我"的意识，究竟是什么呢？我将告诉你它是什么，请你好好地思考思考，而不要匆忙地予以反对。你来到这里，是为了理解我所说的话，而不是用你的信仰在你自己与我之间竖起一道屏障。"我"是什么？这个被你称为"我"的焦点，这个心灵不断觉察到的意识，究竟是什么呢？也就是说，你什么时候会意识到"我"呢？你何时会觉察到你自己呢？只有在你遭受挫败的时候，在你遇到阻碍的时候，在你遇到抵挡的时候，你才会意识到你自己，否则你会对你那个小小的自我毫无察觉，难道不是这样吗？只有当冲突出现的时候，你才会意识到你自己。所以，由于我们正是活在冲突之中，我们大多数时候都会意识到这个，于是就出现了这种源于"我"的意识和概念。处于冲突中的"我"，不是别的，正是你对于自身的意识，意识到你是一种形式，拥有某个名字，怀着某些偏见、特质、倾向、技能、憧憬和挫折。你认为这个"我"必定会持续下去，会成长、发展，最终达至圆满。冲突如何能够达至圆满呢？这种受限的意识怎么可能达至圆满呢？它可以扩展、可以成长，但却不会变得完美，无论它有多么巨大抑或无所不包，因为它的基础是冲突、误解和障碍。所以你告诉自己说："我死后必定会作为某个实体继续存活下去，因此我一定会重获生命，直到我达至圆满。"

你会问："如果你移除掉了'我'这一概念，那么生命的焦点会是什么呢？"我希望你能紧紧跟着这一思路去展开探究。你说道："把'我'除去之后，让心灵从这种对于'我'的意识中解放出来，那么留下来的是什么呢？"当你感受到了无比的欢愉和活力时，会有什么留了下来呢？留下来的只有快乐。当你真正感到快乐的时候，抑或当你无比沉醉在爱的怀抱中时，便没有"你"存在，有的只是那巨大的爱的感受或极喜。

我认为，那便是实相，其余的一切皆为虚幻。

因此让我们去探明是什么制造出了这些冲突、障碍以及持续不断的冲突，让我们去弄清楚它究竟是虚假的还是真实的。如果它是真实的，如果这种冲突确定会成为生活的过程，那么关于"我"的意识就一定是真实的。我认为这种冲突是一种虚幻的事物，仁慈里面是不会存在这种冲突的，因为仁慈中会有组织良好的规划以满足人们的所需，会有真爱之花绽放。所以让我们去探明这个"我"究竟是由虚幻的环境制造出来的虚幻之物呢，还是某种永恒而持久的事物呢。在我看来，这种受限的意识并不是永恒的，它是虚幻的环境与信仰的产物。如果你正在做的事情是你真正渴望在生命里去做的，而不是被迫去从事某个你所憎恶的工作，如果你遵循着你真正的天职，在其中让自己获得圆满，那么工作就不会再是一种冲突与抵触了。对于一个真正热爱自己工作的画家、诗人、作家或工程师来说，生活绝不是一种重负。

然而你的工作并非是你的天职，并非是真正适合你的职业，环境以及社会的限定，迫使你去从事某样工作，无论你是否喜欢它，结果你便已经制造出了矛盾与冲突。尔后某些道德准则、某些权威便确立起了各种关于对、错和美德的观念，诸如此类。你对所有这一切照单全收，你披上了这件斗篷，却没有去认识、探明其正确的价值，于是你便制造出了冲突，你的整个心灵渐渐地被扭曲，陷入到了冲突之中。你从一个错误的原因开始，这个原因是由一个错误的、虚幻的环境制造出来的，自然也就会得出一个错误的解答了。

所以，照我看，究竟是否存在着轮回，根本不重要。重要的是让自身获得圆满，即达至完美。你无法在将来获得圆满，圆满不是一个属于时间的问题，圆满就在当下。因此会发生什么呢？关于"我"和"我的"的记忆，通过摩擦，通过不断的冲突而被制造出来，这种记忆逐渐变成了占有欲，它具有许多层面，构成了那一被我们称为"我"的意识。我认为，这个"我"是由虚幻的环境制造出来的虚幻的产物，所以关于它的问题与解答必定是彻底虚幻的。但如果作为个体的你们开始意识到社会、宗教及经济状况施加在你们身上的种种环境的局限，开始去进行质疑，并因而制造出了冲突，那么你们便将消除掉那个被你们唤作"我"的小小的意识了，尔后就能够懂得什么是圆满，懂得如何充满生机地活在当下了。

换种方式表述好了。许多科学家都声称个体、这一受限的意识会在死后继续存在，他们发现了鬼魂以及与之相关的其他事物，他们指出，生命在死亡之后会继续存在着。在理解这个问题的时候，你们必须略加小心一些，我希望你们已经理解了其他的部分，否则你们将无法真正认识这个问题。个体、这种意识、这种受限的自我意识，是生命里的一个事实。它是你生活中的事实，对吗？它是一个事实，但它并非实相。你始终处于自觉的状态，这是事实，然而正如我向你们指明的那样，它并非实相。它只不过是虚幻的环境历经许多个世纪所形成的习惯，这种习惯使得某个事物成为了事实，但它却并不是实相。尽管该事实可能存在，确实存在，然而只要它继续存续着，就不可能会有圆满。我认为，圆满不在于积累美德，不在于推迟、搁置，而在于以和谐的状态生活在当下。先生们，假设你们现在饥肠辘辘，那么我许诺说下周给你们食物有意义吗？又或者假如你们失去了某个挚爱的人，哪怕你们可能被告知说他会活在另外一个世界，或者哪怕你们拥有通灵的本事，得知他的确会在另外一个世界生活，但这又有什么价值呢？重要的是现实生活里所发生的事情，重要的那铺天盖地向你心里袭来的巨大的空虚与孤独，那种无边无际的空虚之感。你以为，通过获知你的兄弟、你的妻子或者你的丈夫仍然活着，你便可以逃离那种空虚和孤独。然而死亡却依然存在于你的意识之中，你仍旧会意识到局限，仍旧会感觉到空虚以及痛苦那不断的啃噬。但倘若你通过探明环境的正确价值而让心灵从"我"的意识中解放出来——没有人可以告诉你环境的正确价值是什么——那么你就能够凭借自己的力量去认识圆满,而这圆满便是真理、便是神,随便你怎么称呼都行。然而,依靠那一受限的自我意识的发展——这种自我意识是由虚幻的原因产生的虚幻的产物——你将无法探明什么是真理、什么是神、什么是幸福、什么是圆满。因为,在这种自我意识里面,必定会有持续不断的冲突、争斗与不幸。

问:您是救世主吗?

克:这很重要吗?你知道,无论我去到哪里,都会被问到这个问题。报刊杂志的记者为了获得报道的素材会问我这个问题,听众们会问我这个问题,因为他们想知道,正如他们认为权威将能说服自己一样。我从来没有否定或宣称自己是救世主,是基督再临,因为这丝毫也不重要。没有人能够告诉你这个,即使我告诉了你,也将是毫无价值的,所以我不打算回答你的问题。因为,在我看来,这根本是无关紧要的,没有任何的价值。毕竟,当你看到某个非凡的雕塑作品或是一幅画作的时候,你会生出欣喜之感,然而我担心你们当中大部分人感兴趣的却是谁创作了这幅绘画、谁是那位雕刻家。实际上你对纯粹的创作行为并无兴致,无论它是一幅画作、一件雕塑品还是思想行为,你感兴趣的是想知道谁在讲话。所以这表明你没有能力去探明某个观念的内在价值,你更多关注的是谁在发表这个理念。我担心如此一来会培养出越来越多的势利之徒、精神领域里的势利之徒,就跟世俗世界里有许多势利小人一样,然而所有的势利实际上并无二致。

所以,朋友们,请不要打断我的话,而是应该努力去探明我所说的话是不是正确的。在你试图去弄清楚我的言论是否正确的过程中,你将会摆脱所有的权威。要知道,权威是极为有害的东西。若想成为真正富有活力与智慧的人,就不能够有权威存在。若想探明我的话是否是正确的,你就不可以只是去反对,或者说什么:"我们已经被告知这样做了"、"人们就是这么说的"、"某些书籍指出这个或那个"、"我们的精神导师们说过……",你不能够用这样的方式来处理问题。你知道,你最不应该做的事情,就是声称:"我们的精神导师如此说。"我不明白你干吗会把那些死去的魂灵看得比活人更重要,你晓得活着的人总是能够去反驳你,于是你便不去过多地关注他们,可你知道,魂灵总是可以欺骗你的。

我们已经训练着自己的心灵不去欣赏某个事物本身,而是去欣赏那个创造出了该事物的人,那个绘画者、演讲者。结果我们的心智变得越来越肤浅和空虚,它里面既没有爱,也没有真实的、负责任的思想,有的只是无数的偏见。

问:什么是灵性?

克: 我认为,所谓灵性,指的是和谐的生活。请稍等一下,我会向你解释我的意思的。倘若你是个国家主义者、民族主义者,那么你是无法拥有一种和谐的人生的。你怎么可能呢?如果你意识到了种族、阶级,你如何能够过一种睿智的人生,如何能够彻底地摆脱阶级意识的束缚呢?又或者,当你充满了占有欲,当你满脑子都是有关我的、你的这样的想法,那么你怎么可能拥有和谐的生活呢?抑或,假如你为信仰所囿,那么你怎么可能生活在睿智与和谐的状态中呢?毕竟,信仰不过是对于当前冲突的一种逃避罢了。一个与生活有着巨大冲突的人,一个渴望拥有觉知的人,不会怀有任何的信仰,他处于一种实验的过程中,他不会去积极地信仰什么,尔后继续着自己的实验。一个科学家在做实验的时候是不会从某种信仰开始入手的,他会从实验本身着手。如果一个人为社会的或宗教的权威所囿,那么他显然就不可能过一种和谐的、继而充满灵性与智慧的人生。尔后,权威就会仅仅变成局限与虚幻的过程。一个富有思想的人,将会免受权威的羁绊,因为权威仅仅会把他变成一部模仿的机器，一个齿轮——无论是一部社会机器的齿轮，还是一部宗教机器里的齿轮。于是这样的人便可以拥有和谐的生活，而在这种和谐的状态中，他的整个身心都将是正常的、健全的、充实的、完整的，不会为恐惧所负累。

问：对于一个渴望达至您所谈到的那种圆满状态的人来说，学习音乐或者其他艺术是否有用呢？

克：你是指你去聆听音乐，似乎就可以获得回报了是吗？很明显，音乐并非被出售的商品。你去听音乐会是为了获得愉悦，而不是为了得到什么回报，它并不是一间店铺。显然，我们有关认识真理或体验生命的极喜的整个观念，并不是不断地去积累外物，积累各种观念和感觉。你之所以会去看一幅美丽的画作或者建筑物——抑或是其他任何艺术品——是因为你欣赏它们，而不是因为你可以获得什么回报。想要得到回报，这实际上是一种实利主义的态度，一种进行交易的态度。而你正是以这种方式去对待实相和神的，你口里念着祷告、手中捧着鲜花、心内怀着忏悔和献身的精神走向神，因为你觉得你将获得某物作为回报。所以你的献祭、你的祷告、你的哀请恳求都是毫无价值的，原因在于你想要得到回报。这就好像一个人之所以和蔼可亲，是因为你会对他予以回报，而我们整个文明便是建立在这种想要有所得的基础之上的。爱也变成了一种被交易的商品，你做了某个正直的行为，目的是想得到回报，是想能够认识真理或达至天国。先生，当你行善是为了可以有所得时，那么你就不是真正在施善举，你的行为就同正直、正义无关。

问：如果牧师、教会以及类似的组织，与人们一起进行某种意义上的急救的工作，好让症状得到缓解，直到救主耶稣降临来处理病因，这有错吗？

克：所以你把神职人员和宗教当做了第一块垫脚石，对吗？你等待其他某个人的到来，等待他向你揭示病因？就我所能理解的，你声称："由于有如此多的症状，由于我们正在遭受痛苦——所以牧师和教会是极有必要的——也就是说，他们可以处理一些表面的病症。"你是这么认为的，对吗？你是否意识到了这个呢？你是否意识到并且宣称教会跟牧师仅仅是在处理症状呢？假若你真的认识到了这一点的话，你就可以探明病因了。但你并没有那么做，你并不认为牧师和教会只是在做一些表面的功夫，只是在处理症状而已。如果你真的这么认为，也真的感受到了这一点，那么你立即就可以凭借自己的力量去探明了。然而你并没有这么说，你声称牧师和教会将带领你去发现原因，所以问题没有提对。在绝大多数人看来，实际上几乎每一个人看来，教会与牧师将会帮助你去达至真理，你并不觉得他们只是在应对症状而已。如果你真的认识到了这一点，就会马上抛开他们的。我希望你能够如此！尔后你便将有所探明了，同时也就不需要有谁来告诉你病因是什么了，因为你已经开始理性地发挥自己的作用，因为你已经开始去质疑，而不是盲目地接受。于是你将成为真正的人，而不是受环境和恐惧驱使的机器了。世界上将会出现更多的关怀、更多的爱、更多的仁慈，而不会再有那些可怕的界分。

问：由于人类社会必须是合作性的、集体性的，因此个体对于社会的成功来说能够具有什么价值呢？领导压制了个体的自由，使其独特性变得毫无用处。

克："由于人类社会必须是合作性的、集体性的，因此个体对于社会的成功来说能够具有什么价值呢？"让我们来探明一下是否个体通过成为真正的人就能够实现合作了。也就是说，不是在环境的驱使下去合作，就像你们现在这样——我不应当说被驱使着去合作，你们并不是团结协作的关系——不是被环境驱使着去展开行动，因为这并非是真正的、理性的合作——通过成为真正的个体，就能够展开合作吗？我认为，一旦成为了真正的人，便可以实现真正的、自然的合作了，而无需受到环境的驱使。所以让我们来一探究竟吧。

毕竟，作为个体的你们，是否是带着自己全部的意志来行动的呢？这意味着说你得是一个真正的人，不是吗？一个带着完全的自由去行动的人，要不然，你们就不是真正意义上的人，而只是一部被驱动的机器里的齿轮。所以我认为，只有当你们成为了真正的人，才会出现真正的合作。那么，什么是个体呢？所谓个体，指的不是一个在环境的驱使下去行动的人。我觉得，只有当你让自己的心灵摆脱了环境的虚幻，才能拥有真正的个性，继而才能成为一个真正的人，尔后也就必然能够与他人展开合作了。

时间已经很晚了，我无法进行详细的分析。但如果你有兴趣的话，可以好好思考一下这个问题，那么你将会发现，在这个世界上，每一个个体都同自己的邻居展开着争斗，都在寻求着自我安全和保护，所以人与人之间不可能会有真正的合作。只有当作为个体的你们成为了完整的人——才会出现理性的、文明的、富有生机的合作——而不是自私的合作。也就是说，当你领悟到，若想世界上出现真正的合作，就必须不再你争我夺地去寻求自身的安全，才能实现合作。这意味着需要去变革我们文明的整个结构及其既得的利益、阶级占有、国家主义、种族意识以及由各个宗教所导致的人与人的界分。一旦作为个体的你们获得了真正的自由，一旦你们懂得了这些事物的涵义及其虚幻性，你们就能够成为真正的人，就能够展开理性的合作，这是必然的。人们之间之所以会有界分，是因为我们抱持着各种偏见，是因为我们没有领悟到正确的价值，没有意识到作为个体的我们所制造出来的这一切的障碍。只有作为个体的我们才可以去摧毁掉这种体制。这意味着说你不可以怀有任何国家主义、民族主义的情绪，不可以有占有的感觉，尽管你可能有御寒的衣服、有挡风遮雨的屋舍。当你弄明白了自己真正需要的是什么，当你的整个态度不再是那种占有性的阶级意识，这种占有感便会消失了。只要每一个个体都对社会的安宁、繁荣萌发出兴趣，便能实现真正的合作。之所以没有合作，是因为你们仅仅如一群羊羔般被环境驱使着朝这个或那个方向走；你的领袖之所以会压制你，是因为你不过是剥削的工具罢了；而你之所以会被剥削、利用，则是因为你的整个思想、整个结构都是一种以牺牲他人为代价的自我保护。我认为，一旦作为个体的你们摧毁掉了那些使人们分隔开来，使人们在持续不断的战争中彼此争斗的事物——战争其实是由国家主义和专制政府导致的——你们就会获得真正的自我保护和安全了。我向你们保证，只要这些事物继续存在下去，你们就不可能拥有和平与幸福。这些事物只会带来越来越多的争斗、越来越多的战争、越来越多的灾难、痛苦和悲伤。它们是由个体制造出来的，作为个体的你们必须开始着手去将它们摧毁掉，让自己摆脱它们的制约，唯有如此，你们才能体会到生命的极喜。

（在奥克兰市政厅的第二场演说，1934年4月1日）

只有行动才能获得智慧

朋友们：

今天上午，我首先会努力去回答一些问题，解答完之后，我将试着对我的演说做一番总结。

问：为了探明永恒价值，是否有必要展开冥想呢？如果是的话，那么冥想的正确方法又是什么呢？

克：我想知道人们通常所说的冥想指的是什么？就我的理解，你们所谓的冥想，其实只是专注，根本不是真正的冥想。我们习惯于认为，通过专注，通过尽最大的努力来控制心灵，使其集中在某个想法、观念或图像身上，通过让心灵聚焦在某一点上，我们便是在展开冥想了。

当你努力去那么做的时候，会发生什么呢？你正在试图让自己的心灵专注于某个想法，而把所有其他的想法、观念全都排除在外，同时努力让思想集中在那个念头上面，强迫你的心灵去把自己限定在那上头——无论它是某个重要的想法、某个形象，还是你从书里面看到的某个理念——当你这么做的时候，会出现怎样的情形呢？其他的想法会悄悄涌现，而你则试图将它们驱散开去，于是这种不断的冲突便会持续下去。当你努力让心灵集中在某个想法上的时候，那些非你所愿的念头则会悄悄出现。你不过是在制造着冲突,让心灵变得越来越狭小,你只是在局限着心灵,强迫它去集中在某个念头上面。然而在我看来,强迫心灵是无法感受到冥想的愉悦的,只有当你在每个念头出现之际去努力探明其全部的涵义,方能体验到冥想的快乐。你如何能够说哪个想法更好、哪个则更糟,哪个想法是高尚的、哪个则是卑鄙的呢?只有当心灵探明了这些想法的真正价值,你才可以做出以上的判断。因此,依我之见,冥想的快乐,蕴含在探明各个想法的正确价值的过程之中。你通过一种自然的过程去洞察各个念头的涵义,从而让心灵摆脱这种永无休止的冲突。

假设你正努力专注于某个想法——这时候脑子里却冒出了其他的念头,比如待会儿要穿什么衣服,打算见什么人,或者午餐吃些什么。把每一个想法都想完整,而不要试图将其驱散到一边,尔后你将发现心灵不再是一个众多想法争来斗去的战场了。所以你的冥想不该被局限为几个钟头或是一天当中的某些时刻,而是应当在一整天的时间里面都不断地去对你的心灵、头脑进行觉察。在我看来,这才是真正的冥想。在这种冥想中,你才能拥有宁静,才能体会到欢愉。然而你为了得到回报而训练、克制自己去展开的所谓的冥想,依我看,只是一种有害的东西,实际上是在破坏你的思想。我们为什么要被迫去做这个呢?我们干吗要强迫自己在一天当中的某些时刻去专心地想自己喜欢的某些东西呢?因为我们在余下的时间里都是在做着自己并不喜欢、并不能够让我们感到快乐的事情。于是我们说道:"为了发现、为了思考我所喜欢的某个事物,我必须得沉思冥想。"所以你便是给一个虚幻的原因提供了一个虚幻的答案。也就是说,环境——经济的、社会的、宗教的环境——妨碍了你去实现你想干的事情,由于环境妨碍了你,你便不得不找到某些时刻,比如一两个小时,然后在这个时段中去体验真正的生活。所以训练、控制你的心灵,迫使它去适应某种模式就成为了必需之举,进而整个训练的观念也变得十分必要了。但如果你真的认识到了环境的局限并且用行动去冲破了这种限制，那么这种训练心灵去按照某种方式来运作的行为，就将完完全全没有必要了。

倘若你希望领悟所有这一切的涵义，你就必须相当审慎地展开思考，因为一个受训的心灵——并非是指一个仅仅被训练着去执行某种技术的心灵——已经被训练沿着某种模式去运作，而这种模式源自于一个虚幻的社会、源自于那些错误的想法与概念。然而只要你能够洞察到这一切，能够明白那些虚幻的事物究竟是什么，那么心灵就不会再是一个许多相互矛盾的想法彼此争斗的战场了。在这样的心灵里面，你将发现真正的沉思，尔后思想的愉悦就将被唤醒。

问：您所谈到的觉察的状态是什么？您能否稍微更加充分地阐释一下这个问题呢？

克：先生们，我们习惯于不断努力地去做任何事情，思考得费很大的努力。我们习惯了这种永无休止的努力。在我看来，我想提的不是所谓的努力，而是一种崭新的生活方式。当你懂得某个事物是一种障碍、是一个毒药的时候，当你的整个身心都意识到了某个有害的事物时，你就不会费力地去将它抛到一边了，因为你已经把它给移除掉了。一旦你明白了某个事物是危险的、有害的，一旦你在自己的心灵、头脑里面充分地觉察到了它，你便已经摆脱了它的束缚。只有当我们不知道它是毒害时，或者当这种毒药一方面提供给了我们愉悦，同时又带来了痛苦的时候，我们才会与之玩耍。

我们制造出了许多的障碍，比如民族主义、爱国主义、比如对权威的亦步亦趋，比如屈从于传统，比如不断地去寻求慰藉与舒适。我们出于恐惧而制造出了所有这一切，但如果我们真正认识到爱国主义实际上是一种错误的、有害的观念，你就没有必要与其交战了。你不必刻意去摆脱它，因为在你认识到它是有害的那一刻，它便消失不见了。我们怎样去探明爱国主义是一种有害的观念呢？不是通过让自己去认同爱国主义或反爱国主义。也就是说，你希望弄清楚爱国主义是否是一剂毒药，但倘若你去认同爱国主义或是去认同反对爱国主义的情绪，你便无法探明什么是实相。难道不是这样吗？你想要知道爱国主义是不是一剂毒药，因此第一件事情便是应当意识到一个事实，即既不要去认同爱国主义，也不要去认同反对爱国主义的情绪。所以，当你不再试图去认同爱国主义或反对爱国主义的情绪，你便能够开始理解爱国主义的真正涵义了，尔后你将洞察到其真正的价值所在。

那么，何谓爱国主义呢？现在我将试着去帮助你意识到这一毒药。这并不意味着说你必须得接受或反对我所说的话。让我们一同展开思考，去看一看它究竟是不是一剂毒药。在你认识到它是有害的那一刻，你便无需与之交战了，因为它已经消失无踪了。假若你看到了一条毒蛇，你会赶快跑开去，你不会同它搏斗。但如果你并未确定它是一条毒蛇，那么你就会走过去与它玩耍。同样的道理，让我们既不去接受，也不去反对，而是努力去探明爱国主义究竟是不是一种有害之物吧。

首先，你什么时候会是个爱国主义分子呢？你不会每天都洋溢着爱国主义的情怀，你不会始终都保持着高涨的爱国热情。在学校里头，那些历史书籍声称你的国家曾经遭到他国的欺凌，声称你的国家优越于其他国家，结果你就以这种方式被训练、被灌输了爱国主义思想。为什么心灵会被训练着去接受爱国主义呢？在我看来，这是一件非自然的事情。不是因为你没有欣赏到一个国家或许要比其他国家更为美丽，而是因为这种欣赏与爱国主义没有丝毫的关系，它只是对于美的欣赏。例如，世界上有些地方没有一株树木，在那里，太阳毒辣辣地炙烤着大地，然而那些地方自有其美丽之处。显然，如果一个人喜欢阳光在大地上投下的阴影，喜欢树叶在风中的舞动，他便不会是名爱国主义分子。爱国主义是作为一种剥削的手段被培养和训练起来的，它并不是人身上固有的、本能的东西。人性中本能的东西，是对于美的欣赏，而不是声称"我的国家"。然而，这种爱国主义是被那些渴望寻求外国市场以谋得自身利益的人给培养起来的。意即，如果我手里拥有生产资料，并且我的产品已经充斥了这个国家的市场，那么我就必须得去其他的国家，我必须去征服其他国家的市场，于是我就得拥有征服的手段，所以我说道："我们的国家。"我通过报纸、宣传、教育、历史书等一系列的手段去推动这整个的事情，去刺激人们的爱国主义情感，以便在危机时刻我们全都会一跃而起去同其他的国家作战。那些剥削者利用了这种爱国主义情绪，直到你深受迷惑和欺骗，以至于准备着去为国而战，把其他人叫做野蛮人。

这是十分显见的事情，而非我的捏造，你可以对其展开探究。如果你的心灵不带任何的偏见，既不想去认同爱国主义，也不想去认同反爱国主义情绪，如果你用这样的心灵去审视这个问题，去努力探明，你便会发现这是显而易见的了。一旦你领悟到爱国主义实际上会妨碍我们去过一种充实、完整、真正的人生，那么会发生什么呢？你就没有必要去和它交战了，因为它已经消失得无影无踪。

问：您会反对国家的法律吗？

克：国家的法律！为什么不呢？很明显，假如你摆脱了爱国主义的束缚，国家的法律会来干扰你，将你带往战场，你没有感觉到有爱国的热情，那么你就可能变成一个恪守良心的反对者，抑或你将会锒铛入狱，于是你便不得不去跟法律开战。法律是由人类制定出来的，因此它显然也能够被人类所打破。（鼓掌）请不要鼓掌打断我的话，以免浪费时间。

所以会发生何种情形呢？爱国主义，无论是西方的那种爱国主义，还是东方式的爱国主义，都是一样的，都是人类的一剂毒药，实际上只会令我们的思想扭曲，因此爱国主义是一种疾病。当你开始认识到它是一种疾病的时候，就能够发现你的心灵对于这一疾病是如何反应的。在战争时期，当整个世界都在想着所谓的爱国主义时，你将会懂得它的虚假与荒谬，于是你便会作为一个真正的人来展开行动了。

同样的道理，比如说，信仰也是一种绊脚石。意思便是，如果心灵为某种信仰所束缚的话，它便无法展开充分的、彻底的思考。它就像一个被绳子系在柱子上的动物，这根绳子是长是短并不重要，重要的是它被系住了，因此无法自由地、充分地、彻底地、广阔地游走，它只能够在绳子的长度范围内走动。显然，这样的游走并不是思考，而只是在那有限的信仰的圈子内运动。现在，人类的心灵为某种信仰所围，结果也就无法去进行思考。大多数人都让自己去认同于某种信仰，因此他们的思想就会总是受到该信仰或理念的局限，从而丧失掉了思考的能力。信仰把人类划分开来。所以，假如你明白了这一点，假如你真的完全认识到了信仰将会限定思想，那么会发生什么呢？你察觉到自己的思想受到了局限，察觉到你的思想被某种信仰给困住了、给束缚住了。在这觉知的火焰里，你将领悟到信仰的错误与荒谬，于是你就会开始着手让心灵从这种限定中解放出来，进而能够去展开充分的、彻底的思考了。

请你好好审视一下这个问题，你会发现，生活并不是一场永无休止的战役，并非是你必须得同那些与你想要去做的事情相对立的准则去抗争、去交战。尔后既不会有你想要去做的，也不会有准则，有的只是不带有个人认同的正确的行动。

再举另外一个例子。你害怕你的邻居可能会说三道四——这是一种非常简单的恐惧。假如你说："我不在乎邻居们说些什么。"并且做一些事情，以作为对邻居们的异议的反应，那么你就是在发展起一种对立面，而这么做是毫无用处的。但倘若你真正明白了你为什么会害怕邻居的非议，你就不会再感到恐惧了。为了探明这个"为什么"，探明这个原因，你必须能够在恐惧的时刻实现充分的觉察，尔后你便将探明实相。你害怕失去工作，你可能没有让自己的儿子或女儿成功地婚嫁，你希望可以融入、适应这个社会以及其他种种。因此你便开始通过这种心灵的敏锐、这种不断的觉察去探明，而在这觉察的火焰中，那些虚幻的、错误的准则将会被燃烧殆尽。尔后生命不再是一场战斗，不会再有被征服的事物了。

你可能不会接受这个观点，你或许并不会赞同我所说的，但是你可以对其进行检验。用我给你们的上述三个例子去检验——恐惧、信仰、爱国主义——你将看到你的心灵是如何受到束缚与限制的，结果生活也就变成了一场冲突。只要心灵处于被奴役、被限定的状态，就必定会有冲突跟痛苦。毕竟，思想就像是一条河流的河水一般，它应该处于不断流动、运动的状态。而那一运动，即是永恒。如果你去限制思想、心智的这种自由的运动，你就一定会遭遇冲突，而这种冲突又必须获得某个解救的药方，于是便会开始以下的过程：寻求疗治之法、寻求替代物，从不曾努力去探明是什么导致了这种冲突。所以，通过充分的觉察，你使自己的心智摆脱了这些环境所设置的障碍的束缚。只要环境在限定着心灵，只要心灵没有探明环境的真正涵义，就必然会产生冲突，从而给出一种名叫"自律"的错误的解决方法。

问：当一个人凭借自己的力量领悟到，每一种逃避当下的方法都会以无效告终，那么他该再做些什么呢？

克：一旦你意识到你正在逃避冲突，意识到你的心灵通过各种治标不治本的疗治之法在做着逃避，你便希望知道什么会保留下来。答案便是智慧、觉知。难道不是这样吗？假设你有某种痛苦，死亡的痛苦或者某种暂时的痛苦。当死亡的痛苦袭来时，你便去信仰轮回转世说，或者相信生命将会在另外一个世界继续存在下去，借此来逃避痛苦。我昨晚探究过这个问题，所以在这里就不再做分析了。然而当你意识到这是一种逃避的时候，会发生什么呢？尔后你将会考虑有什么方法可以去探明它的涵义，探明它是否具有价值，而智慧与觉知就源自于这种探明的过程,这种至高的智慧便是生活本身,而你则再也不会渴望获得更多了。

抑或假设你有某种暂时的痛苦,你希望逃避它,逃离开去,试图让自己快乐起来,努力想要忘记它。若你努力去忘却,你就永远无法理解痛苦的根源。于是你不断增加着忘却的方法,可能是去看场电影,可能是去教堂,或者是做些其他什么事情。所以,这就不是关于你不再去逃避之后会有什么保留下来的问题,而是当你努力凭借自身的力量去探明你所制造出来的各种逃避究竟有何价值的时候,就将迎来真正的智慧,而这种智慧便是饱含生机的幸福,便是圆满。

问:恐惧的根本原因是什么?

克:恐惧的根本原因,难道不就是自我保护及其所有的细微之处吗?比如,你或许是个有钱人,所以你不必为了谋职的竞争而烦心,但是你会恐惧其他的事情,比如害怕你的妻子可能会突然离世,又或者担心钱没了。所以,假如你好好审视一下这个问题,会发现,只要继续有这种自我保护的想法,只要心灵依附于这种自我意识的观念——我在昨晚阐释过这个观念——内心便会生出恐惧。假如那种以自我为中心的意识继续存在下去,就必定会有恐惧,而这便是恐惧的根本原因所在。我昨晚也努力解释过这种被我们称为"我"的受限的意识是怎样产生出来的,是怎样因为错误的环境以及由环境导致的争斗而被制造出来的。也就是说,由于存在着体制,于是你不得不为了自己能够在世上生存下来而去搏斗,结果就滋生出了恐惧,尔后我们努力去寻找各种疗治的方法,以便摆脱恐惧的羁绊。但倘若你真的改变了环境、即恐惧的制造者,就无需药方了,于是你便真正抓住了根源,真正是在处理恐惧的制造者。我们难道无法想象出一种你没有为自己的生存而战的状态吗?问题不在于有没有其他种类的恐惧,我们待会儿将会探讨这些恐惧,而在于这种国家主义的观念,这种种族意识、阶级意识的观念，在于少数人手里掌握着生产资料，结果就出现了剥削的过程，正是这些东西使你无法过一种自然的生活，可以不再为了自我保护和安全去做无休止的争斗。我认为，在智慧的状态中，这种争斗是荒谬的。实际上，我们就像是动物一般，尽管我们可能自称是文明人，但我们每个人都在为了自己及家人而战，而这便是恐惧的根本原因之一。如果你真的理解了环境以及对于环境的反抗，你就不会在意了，恐惧将松开它的手。

然而还有另外一种恐惧，那便是对于内在贫瘠的恐惧。人们会害怕外在的贫穷，尔后则会害怕自己变得肤浅、空虚和孤独。所以，由于感到恐惧，我们便诉诸各种药方，指望着它们可以让我们获得充实。但实际上会出现怎样的情形呢？你仅仅是用无数疗治之法将自己的肤浅和空虚给掩盖了起来，可能是用埋头书本的方法——通过大量的阅读——我并不是在反对阅读，也可能是疯狂的大量的运动，不断地去冲啊、跑啊、跳啊，不惜任何代价，又或者是从属于某些团体、阶级和协会，处于某个派系之中，跻身于时髦人士之列。你知道，我们都经历过这个。所有这些不过说明了你害怕孤独，你必定会在某一天面对这种孤独。只要你的心灵处于空虚、肤浅和无聊的状态，就一定会生出恐惧感。

若想真正挣脱恐惧的罗网，也就是说，若想真正走出这种空虚和肤浅，你就不能用各种疗治之法来掩盖它，而是应当认识到这种肤浅，觉察到它，尔后这种觉察将会让你的心灵变得敏锐、警觉起来，从而去探明每一种经验、每一条标准、每一个环境的真正价值与涵义。由此你将发现真正的智慧，这种智慧是深刻的、无限的，于是肤浅便会消失无踪。当你努力去掩盖心灵的贫瘠，努力去获取某物以填补内心的空虚，这种空虚就只会与日俱增。但如果你知道自己是空虚的，如果你不去试图逃避，那么在这种觉知中，你的心灵将变得格外的敏锐，因为你正在遭受着痛苦。一旦你觉察到了自身的空虚与肤浅，在那一刻,便会出现巨大的冲突。而在冲突的时候,随着你一步步地向前深入,你将会探明经验的涵义——即社会、宗教、环境施加在你身上的那些标准及价值观的涵义。尔后你便能够迎来深刻的智慧,而不会去掩盖自己的空虚了,你也再不会感到孤独了,无论你是独自一个人,还是身处于众人之间,也不会再有空虚、肤浅这样的东西存在了。

问:人们是通过本能来行动呢,还是说总是得有某个人来指明方向呢?

克:本能并非是一种可以被信任的东西,对吗?因为本能是如此的败坏,如此受到传统、权威和环境的制约,以至于你不能够再去相信它。也就是说,占有的本能是一种错误的、不正常的事物。我会向你们解释原因的。这种占有的本能,是由一个建立在个体的安全之上的社会制造出来的,于是这种本能便经由无数代人被小心翼翼地培养了起来。我们声称:"我怀有占有的本能,渴望去占有,这是人性使然。"但倘若你真正去审视它,会发现,它实际上是被错误的环境培养起来的,因此占有的本能并非一种真正的本能。所以我们怀有许多已经化脓、腐烂的虚假、错误的本能,假如你依赖他人来带领你摆脱这些虚假的本能的准则,你就会走进另一个笼子里头,你将制造出另外一套标准,而这套准则依然会让你坠入堕落的深渊。但如果你真正去探究每一种本能,如果你不是试图认同于这一本能,而是努力去洞察它的涵义,那么你就能展开正常的、自发的行动,就能获得真正的直觉。

你知道,在过去的四五天里,你来到这里听我的演说,这或许是幸运,也可能是不幸。仅仅聆听我的讲演是没有用处的,不会给予你智慧。只有行动,才能让你获得智慧。智慧不是一种可以被购买到的东西,也无法从百科全书里面获得,抑或通过阅读哲学书籍来获得。我不曾读过任何哲学书籍。只有在行动的过程中,你才能够开始去探明何为谬误,何为真理。然而几乎很少有人会保持敏锐、警觉的状态，会热切地想要去展开行动，他们宁愿坐下来讨论，或者是参加教会的活动，凭空制造出所谓的神迹，因为他们的心灵怠惰、懒散，而这背后的原因则是他们害怕去反抗社会、反抗既定的秩序。所以，聆听我的演说或是阅读我的著作，并不能唤醒智慧，并不能带领你达至真理，达至生命的极乐之境。要知道，生命始终都处于不断的运动之中。只有觉察到这些障碍中的某一个，只有去行动，才会让你拥有智慧。比如去察觉到我所说的爱国主义的障碍或是信仰的障碍，着手去展开行动，那么你会发现思想将走向无比的深刻，将带领你迈向真理之域。你超越了任何一位理论的神学家、哲学家，在这种行动中，你将发现，此时你不会再去寻求行动能够有某个结果，而是行动本身便具有了意义。这就像是科学家进行试验一样，结果就存在于试验的过程里头，然而他却继续着自己的试验。所以，同样的道理，行动和结果，就存在于试验的过程中，就存在于你让心智摆脱障碍、获得解放的过程中。然而关键在于得有这种心智的不断运动。如果一切行动实际上只是该运动的表现，那么行动就会变成新的社会、新的环境，于是社会便不会再去迎合某种理想，然而在这种行动中，社会依旧在运作着，从未曾静止不动，尔后道德便成为了一种自愿的感知，而不是在恐惧的驱使下被迫为之，抑或是被社会或宗教从外部施加的行为。

因此，当你让心灵摆脱虚幻和谬误获得解放的时候，不会再有实相被虚幻取代，存在的只有实相，于是你便不会再去寻求替代物。一旦你着手去探明那些虚假的事物，你便解放了心灵，使其获得了永生，如此一来行动就将是自发的、自然的，而生活也就不再是一所教你去竞争、去争斗的学校，而是成为了一种充满睿智与幸福的过程。这样的生活，才是圆满。

(在奥克兰瓦桑塔校园的第三场演说，1934年4月2日)

只要存在剥削就无法拥有幸福

朋友们：

依我之见，我们大部分人都认为，如果不再有真正的剥削，这就将是一个不可思议的世界；如果每一个人都能够过一种自然的、充实的、文明的生活，这就将是一个美妙的世界。但很少有人愿意为了达成这一目标而去做些什么。作为理想、作为一个乌托邦、作为一种梦想，每个人都沉湎于其中，然而几乎没有几个人想要去展开行动。若不付诸行动的话，你便无法让乌托邦的理想变为现实，也不可能让剥削绝迹于这个世界。

只有当个体首先去彻底地思考一下这个问题，才能够展开集体性的行动。每个人，当处于心智健全的时候，都可以感受到真正的剥削是何等的可怕，无论这种剥削和利用是来自于神职人员、商人、医生、政客还是其他任何人。只要我们稍微花点时间去思考一下这个问题，就会在内心深处真切地感受到剥削那骇人听闻的残酷。可惜每个人都被裹挟在这种剥削体制的巨轮之中，我们守株待兔，指望在某个奇迹的作用之下会出现一种崭新的体制。所以，作为个体的我们觉得除了等待以外别无他法，让事情顺其自然地发展下去，通过某些非同寻常的手段，一个新的世界将会出现。很显然，若想创造某个新的事物、新的世界、新的组织观念，个体就必须开始着手行动起来。也就是说，商业人士或是其他任何人，都应该开始去探明他们的行动是否真的是建立在剥削的基础之上。

正如我所指的那样，有神职人员基于人们的恐惧心理而施行的剥削与利用，有商人们基于自我扩张、累积财富、满足贪欲以及种种隐蔽形式的自私和安全而对世人施行的剥削。在座的各位想必都是商人，很明显，你们无法把其他所有的人类的问题都搁置起来，而完全只去考虑商业的问题。毕竟，商人也是人，只要他们受到了利用和剥削，心里势必就会不断升起反抗的情绪。只有当你达到了某个水平，觉得相当安全了，你才会把这种限定彻底地抛掷脑后，才会忘记要去改变这个世界，忘记以一种自发行动的态度去对待生活。由于我们已经达到了一种安全的阶段，于是便忘却了这一切，觉得一切都很好。可是在这一假象的背后，一个人可以感受到，只要存在着真正的剥削，人类就不可能拥有幸福。

在我看来，当个体除了自己生活的必需品以外还寻求着其他的东西，就会出现剥削的情形。若想弄清楚你的基本所需究竟是什么，需要拥有相当多的智慧。只要你的需求是源于追逐安全感或慰藉，你就不可能成为睿智之人。一个人自然必须拥有食物、衣服、栖身之所以及其他相关的一切，但如果想要让每个人都可以拥有这些生活的必需品，个体就得开始着手去认识自己的需求是什么，认识到哪些需求是人性化的，同时围绕这些需求来组织自己的整个思想与行为体系，唯有如此，世界上才会出现真正富有生机的幸福。

然而现在发生的是怎样一番情形呢？我们无时无刻不在彼此争斗着，用肘部把别人推挤出去，展开永无休止的竞争。在这种争来斗去的状态中，每个人都觉得没有安全感，可我们继续随波逐流，不采取明确的行动。也就是说，不要坐等着有奇迹发生，从而改变这种体制，它需要的是一场彻底的革新——这一点想必大家都能认识到。

尽管我们或许会对世界的变革心存些许恐惧，但我们全都意识到十分有必要展开一场革新。可我们自己却无法带来这种变革，原因是我们没有去关注这个问题，没有努力去探明为什么始终会有这种剥削的过程。当个体真正拥有了智慧，他们就将建立起一种可以为人类提供基本所需、不再以剥削为基础的组织结构。作为个体的我们无法脱离社会而存在，社会即个人，只要个体始终只是为了自己及家人而去寻求自身的安全，就必然会出现剥削制度。

假若作为个体的你们把世界事务、人类的事务同商业事务脱离开来对待，那么世界上就不可能出现真正的幸福。也就是说，你不可以一方面抱持着国家主义的倾向，一方面却又高谈阔论着所谓的贸易自由，如果我可以这么说的话。你不可以把新西兰视为头等重要的国家，然后去排斥所有其他的国家，因为你感觉这对于你自己的安全来说是基本必需的。意思便是说，先生们，倘若我可以这么表述的话，只有当世界上不再有国家、民族的划分，才能实现真正的贸易自由，才会有工业的发展以及其他种种。我认为这一点是显而易见的。只要存在着保护各个国家的关税壁垒，就必然会爆发战争，必然会陷入混乱与无序。但如果我们能够把世界当做一个整体来对待，不是将其划分为各个国家、民族和阶级，不是将其划分为各个宗教派别、划分为资产阶级和工人阶级，而是视为一个统一的人类的实体，只有在这个时候，才能实现真正的贸易自由与协作。要想带来这种局面，你就不可以仅仅是去宣传、说教抑或是参加各种会议，不可以只是通过这些理念获得智力上的愉悦，而是必须得有所行动。为了带来行动，我们自己就应该开始着手去创造出理性的、睿智的观念，如此一来才能拥有一个全新的世界。在那里，个性不会被泯灭，不会被鞭打着去迎合某种模式，而是会成为一种表达生命的手段；在那里，个体不会沦为被损坏、被限定的玩偶或羔羊，虽然被叫做人类，但却只是徒有人的外形罢了。大部分人都渴望并且意识到了必须得有一场彻底的变革。只有从每一个个体开始做起,世界上才会绽放充满仁爱与慈悲的人性之花,除此之外,我想不出来还有什么其他的法子。

问:我可不可以问一下,智力指的是什么意思呢?您是否赞同有关男性的上帝这一理念呢?实际上几乎全体基督教的神职人员都断言说存在着这样一个男性的上帝,该理念从过去的中世纪直至现在都被专制地强加给了大众。这个上帝被构想成男性,通过一切合理的、理性的、具有逻辑性的教规,人们被要求必须对其念想、祷告、恳求与崇敬。一个人格化的上帝——就像我们一样是人格化的——必然会在时间、空间、力量和意志等方面受到局限,而一个如此受限的上帝根本就不可能是真正的神。面对着这种巨大的强加的势力,面对着这个被专制地强加在大众身上的观念,那么我们发现世界目前正处于灾难性的状态之中,这又有何奇怪呢?上帝、作为上帝,应该处于清醒的、理性的实在之中,应该是绝对的、无限的整体,应该包罗万象。难道不是这样吗?

克:先生,你为什么想要知道上帝究竟是男性还是女性呢?我们为何要有疑问呢?我们干吗要努力去探明是否存在着上帝,它是否是人格化的神,是不是男性的神?难道不就是因为我们感觉到生命的不充实吗?我们觉得,假如能够弄清楚这一广阔无边的实相是什么,那么就可以按照这一实相来塑造自己的生活了,于是我们便开始去预先构想出该实相应该或应当是什么样子的,按照我们的想象、幻想,按照我们的偏见、倾向、特性来塑造这一实相。因此我们开始通过一系列的矛盾和反抗去建立起了一个关于上帝的理念,即我们认为上帝应当是什么样子的。依我之见,这样的一个上帝根本就不是上帝,它只是人们所施的一种手段罢了,目的是想逃避生活中那些永无休止的争斗,逃避那个被我们称为剥削的事物,逃避生命的空虚、孤独与悲伤。我们的上帝,不过是逃避上述这一切的手段。然而在我看来,存在着某种更为根本、更加真实的事物，我认为，存在着诸如上帝这样的事物。让我们不要去探究它是什么。如果你真正认识到了那一令心智裹足不前的冲突，认识到了这种为了自我安全而不断展开的争斗，认识到了剥削、战争、国家主义是何等的可怕，认识到了组织化的宗教是何其的荒谬，你便将探明何谓上帝了。若我们能够直面这一切，能够理解它们，就将懂得生命与上帝的真正涵义，而不是去妄加推测了。

问：您是信奉穆罕默德呢，还是相信耶稣基督呢？

克：我可否问一下，为什么每个人都应当信奉、追随他人呢？毕竟，我们无法通过效仿他人寻觅到真理或神，若如此，我们就只会将自己变为机器。很显然，作为人类的我们，必须要从属于某个教派吗，无论是伊斯兰教、基督教、印度教还是佛教？如果你将某个人视为自己的救赎者或是指路人，就必定会出现剥削与利用，就必定会把世界放进某个狭隘的教派的模子里头去塑型。但倘若我们不去把某个人确立为权威，倘若无论他们或任何人说了些什么，我们都坚持去探明，便将认识到那一永恒的事物了。单纯地去追随别人，是无法带领我们到达任何地方的。我假设你们大家都是基督徒，你们声称信奉耶稣，对吗？人类，无论他们是属于基督教、伊斯兰教还是佛教，是否真的会追随其领袖呢？答案是不可能，他们并不会如此。所以为什么要用不同的名称来称呼你们自己呢？为什么要把你们自己给隔离、划分开来呢？但如果我们真的改变了那个我们曾屈从的环境，那么神便会与我们同在，而无需去追随他人了。我个人并不属于任何教派，无论是大的还是小的教派，我已经找到了真理和神，你们喜欢怎么称呼都可以，但我无法把这个传达给他人。只有获得了智慧，一个人才能够发现真理、神，而不是通过某些原则、信仰和个人的局限。

问：是否存在着有组织的罪恶这一外在的力量或影响呢？

克：存在吗？现代的商人、国家主义分子、宗教的信徒——我把这些人都视为有组织的罪恶，因为，先生们，是我们自己制造出了世界上的种种恐怖。各个宗教是怎样形成的？又是怎样以其巨大的力量、利用人们的恐惧心理来无情地剥削他们的？它们是如何变成了这种令人生畏的机器的呢？是我们自己出于对死后世界的恐惧而制造出了它们。这并不是说没有死后灵魂的世界或来世，这是完全不同的两码事。我们制造出了这一切，尔后被困在了这部机器里头。只有寥寥几个非凡之人突围而出了，你把这些人称作为基督、佛陀、列宁或是 X、Y、Z。

于是世界上便出现了社会性的罪恶，它是一部有组织的、压迫性的机器，控制着我们人类。你认为，假如人们获得了释放，他们就会变得危险起来，就会制造出各种各样的恐怖，所以你说："让我们通过传统、舆论以及道德的约束，从社会层面来控制他们吧。"在经济领域也是同样的情形。因此这些罪恶逐渐地为人们所接受，被当成了正常的、健康的事情。我们可以清楚地看到社会是怎样通过教育让我们逐渐去适应了这一体制的，而在这种体制当中，从来都不会去思考何谓个人的天职。你被驱使着去适应某种工作，于是在职业领域我们终其一生都在过着一种双重性的生活，无论这种职业生活具体是什么，都与我们的另外一种生活即私人的、社交的、家庭的生活毫无关系，所以我们始终活在矛盾之中，如果你有兴趣的话，则会偶尔去去教堂、跟上一下时代的潮流。当我们遭遇争斗、压迫或重击的时候，便会去探寻实相、探寻神。我们说道："一定存在着某种实相。我们生存的目的是什么呢？"于是我们渐渐地在自己的生活里头制造出了一种双重性，结果也就变成了这样的伪君子。

所以，照我看，存在着一种罪恶，那便是由个体制造出来的剥削的罪恶，原因是我们渴望获得安全，渴望保护自我，并且为此不惜任何的代价，无视整个人类的利益。在这里面没有情感，没有真爱，有的只是这种被我们冠以爱之名的占有。

问：您能否告诉我们您是如何达到这种极高程度的觉知的呢？

克：恐怕得花费很长的时间，而且是非常个人化的经验。首先，先生们，我并非是哲学家，我也不是哲学系出身的。我认为，一个仅仅研习哲学的人，实际上已经毫无生机可言了。不过我跟形形色色的人生活过，你们大家或许知道，我是在一种特殊的环境下教育长大的，我被期待着日后能够肩负起某个重大的职责，而这又意味着"剥削者"。我还是一个庞大的世界性组织的领袖，该组织有着特殊的精神目的。我洞察到了这一切的虚假与荒谬，因为你无法引领人们达至真理。你只能通过教育让他们变得理性和睿智，这同神职人员及其利用的手段即宗教仪式毫无关系。因此我解散了该组织，与人们生活在一起，不去抱持一种固定不变的生活观，不让心灵囿于某种传统背景，我开始去探明我所认为的真理：那放之四海而皆准的真理——一个人可以过一种健康、理性、充满了人性光芒的生活，这种生活不是建立在剥削的基础之上的，而是基于你的需求。我知道我需要的是什么，而我的需求并不多，所以无论我是以开垦园地为生，还是通过发表讲话或写作来谋生，都无关紧要。

首先，若想有所探明，你的内心就必须燃起不满的熊熊火焰，必须得有巨大的质疑和不快。在感到不满的时候，世界上很少有人会渴望去加强这种不满，渴望通过不满去有所探明。人们普遍希望的是相反的情形，如果他们心生不满，便会渴望获得幸福。然而，为了我自己——如果我可以表达个人化的感受——我不会想要相反面。我想要的是去发现，于是，通过各种质疑，通过不断的矛盾，我逐渐认识到了那一被称为真理或神的事物。我希望我已经解答了你的问题。

问：请跟我们谈谈您对于来世是怎么看的。

克：这难道不是很不寻常吗？这本该是一场针对商人的会谈，而我们却在谈论着来世、神以及其他的一切。这表明我们根本就对商业不感兴趣，我们之所以有兴趣从事这个行业，只是因为把它作为一种挣钱谋生的手段。也就是说，我们发自内心的兴趣，与我们的日常生活是割裂开来的。

关于来世的问题，或许你已经从欧洲某些著名的科学家那里读到过相关的内容，他们声称：人死后有来生。他们当中的一些人主张说个体的生命在此生结束以后将会继续存在下去，另外一些人则以同等强调的姿态否认有来世。很明显，的确存在着某种持续，无论是实体死去后以思想形式延续下来，还是其他形式的延续。

让我们去探明我们所谓的个体指的是什么吧。当我们问这样一个问题，即"是否有来世"，我们为什么要问这个问题呢？由于你想要知道自己死后是否会作为 X 先生继续存活下去，或者你之所以想知道是否有来生，是因为你极其深爱的某个人逝去了。所以让我们去探究一下被我们称为"个人"的事物究竟是什么吧——意即，我的兄弟、我的妻子、我的孩子或者我自己究竟是什么。当你谈论 X 先生的时候，这个 X 先生是什么呢？难道不是一个形体、一个名字、某些偏见、一个银行账户、某些阶级差别吗？也就是说，X 先生变成了这个社会环境的焦点。

我希望我是在解释这个问题，我将换种方式来表达。一个普通人，不是别的，就是环境、社会、宗教、道德伦理以及经济状况等合力作用下所聚焦的一个点——普通人就是这样的，不是吗？这个焦点，带着自己的矛盾、偏见、希冀、憧憬、恐惧、好恶，这一切的包袱和重负，便构成了那个被我们唤为"个体"的事物，比如 X 先生。现在，我们想知道这个 X 先生是否会在来世继续存活。他有可能会继续活着，而他现在正存活于世。等一下。这并不重要，对吗？因为我们所谓的个体，不是别的，只是错误的环境的产物。个体当前状态的焦点，实际上是虚假的，不是吗？一个普通人必须要奋斗才能在这个世界上存活下来，他必须得努力竞争、残酷无情，必须从属于某个社会阶级，比如中产阶级、工人阶级或是资产阶级，抑或他得加入某个宗教派别，这些宗派名称各异，诸如基督教、印度教、佛教、等等。显然，当我必须无情地同我的邻居交战才能生存于世的时候，这些环境便是荒谬的、错误的，虚假的。在这样的状态中，难道不会有什么东西在腐烂吗？把我们划分成不同的阶级，制造出阶级之间的差别，这难道不是非正常的事情吗？当我们必须自称是基督徒、印度教教徒、伊斯兰教教徒或佛教徒的时候，难道不是一种粗鲁、愚蠢的举动吗？

所以，这些错误的、虚幻的环境在你的内心制造出了矛盾与冲突，心灵使自己去认同于这种冲突，把自己认同为 X 先生，于是便会生出这样一个问题来："会发生什么呢？我会活着还是不会呢？"正如我指出来的那样，他们有可能会继续存活下去，然而在这种生命里头没有幸福，没有那富有活力的智慧，没有生命的欢愉，生活将变成一场永无休止的战役。但倘若我们理解了心灵背负的所有这些环境的真正涵义——宗教的、社会的、经济的环境——从而让心灵摆脱冲突获得自由，那么我们便会发现将出现一个截然不同的个体、一个焕然一新的人。我认为，这个个体是持续性的，它不是你的，也不是我的。它是生命本身的外在表现，在它里面，没有死亡，没有开始或终结，在它里面，存在着一种更为广阔的生命观。然而，在那种虚幻的、错误的个体身上，必然会有死亡，必然会不断地去询问说我死后究竟是会继续存活下去、还是就此灰飞烟灭，这种对于死亡的恐惧将会永无止境、如影随形。

问：您是否认为世界的社会体制将会进化到一种各国之间如兄弟般友爱的状态呢，还是说得通过议会制度或者通过教育才能带来这一进步呢?

克：由于社会是组织化的，因此你无法拥有国际间的兄弟友爱。你不能一方面维持着你是新西兰人、我是印度人的状态，一方面却高谈阔论着四海之内皆兄弟。如果你被经济环境、被这种错误、虚假的爱国主义思想给局限住了，那么人与人之间怎么可能会出现真正的友爱之情呢？也就是说，假若你继续以新西兰人自居，继续抱持着你的那些偏见，继续树立关税的壁垒，高举所谓爱国主义的大旗，而我则是一个生活在印度的印度人，我也带着自己的那些偏见，那么这个世界上怎么可能会有手足情意呢？我们可以谈论着所谓的宽容，不去管彼此，或者我向你的国家派出传教士，你则向我的国家派遣传道者，但你我之间不可能会出现兄弟般的友爱。当你是基督徒而我则是印度教教徒的时候；当你处于牧师的支配之下，而我则处于印度教的神职人员的压制之下；当你崇拜着这个神，而我崇拜着另外一个神的时候，我们怎么可能会如手足般情深呢？这并不意味着说你必须得接受我所崇拜的，又或者我得皈依你的宗教信仰。

由于是这样的一番情形，因此不会出现所谓的兄弟友爱。相反，有的只是国家主义、民族主义以及越来越多的专制政府，而这一切都只是战争的工具罢了。所以，由于存在着社会制度，它们无法演变成一种崇高的事物，因为它们的根基、它们的基础是错误的，建立在这些观念之上的你的议会、你的教育，是不会带来手足情意的。审视一下我们所有的国家吧，它们是什么？不是别的，只是战争的工具而已。每个国家都力争要比别的国家优越，每个国家都在打击着其他的国家，把那个叫做"爱国主义"的错误思想给点燃起来。你喜欢某些国家，某些国家要比其他国家更为美丽，你对其欣赏不已。你欣赏它，就像欣赏日落一般，无论是在这儿、还是在欧洲或美国。这背后并没有什么爱国主义、民族主义的情绪——你只是欣赏罢了。只有当人们开始利用你的欣赏之情以达到某个目的时候,才会出现所谓的爱国主义。如果整个政府是建立在阶级的差别之上,如果一个应有尽有的阶级统治着另外一个一无所有的阶级,或者派出一些跟议会全无关系的代表,那么人与人之间怎么可能出现真正的友爱之情呢?很明显,以这样的方式是无法达至文明的状态的,无法让你成为一个真正的、充满人性的个体。这是极为显见的道理,甚至无需展开讨论。

只要存在着阶级差别,而这种阶级差别又会逐渐发展成国家主义、民族主义,只要一个国家的基础是拥有财富的阶级或者手中握有生产资料的阶级对普通民众进行剥削,就必定会战火纷飞。经由战争,你是不可能会获得友爱之情的,这是显而易见的。自战争爆发以来,你可以在欧洲看到这番景象:日益高涨的国家主义情绪、越来越严重的沙文主义、越来越高的关税壁垒。很明显,这一切绝对不可能产生出人与人之间的手足情意。只有当重大灾难袭来之际,这时候人们才会如梦初醒地说道:"看在老天的份上,让我们清醒过来吧,让我们做一个有感受力、有明智判断力的人吧!"只有这时,人们才可能如兄弟般彼此友爱。或许友爱之花最终会绽放,但国家主义或宗教差别都不可能带来手足情意,假如你对其展开一番思考,会发现它们实际上是建立在完全自私的基础之上的。我们全都渴望能够升入天国——无论那是什么地方——拥有安全、确定感以及无忧无虑,所以我们便创建了制度、机构和组织,以便获得确定性,我们把这些称作为宗教,结果也就让剥削和利用与日俱增。但如果我们真正领悟到所有这一切的荒谬与虚幻,不单单是在理性上认识到,而且还用我们的全部真心真正地、彻底地感受到了,那么这个世界便将开满友爱之花。只要我们意识到了这一点并且予以行动,我们的行为便会是一种自愿的、真正合乎道德的行为了。当我们彻底地理解了某个事物,尔后有所行动,那么我认为这种行动就是一种真正的德行,因为我们不是迫于环境而为之,不是在残酷的境况下为了基本的生存而被迫做出一副友爱的姿态。也就是说，当商人、资本家、金融家开始认识到这种优越性并无好处可得，认识到他们无法挣到更多的钱，无法处于同样的地位，那么他们便会带来一种迫使个体去友爱相处的环境。现在你迫于环境而采取了不友爱的姿态，去剥削、利用他人，所以你同样也能够在环境的迫使之下去与他人合作。但这显然并不是真正的友爱，而只是为了方便起见而为之，这种行为里面，没有人的智慧与理解。

因此，要想真正把智慧带入到行动中来，个体的行动就得是道德的、自愿的，如此一来他们便将建立起一个崭新的组织，在这个组织里面，他们将成为反抗剥削的真正的斗士。然而这需要相当的领悟力，需要相当多的睿智的行动，而你唯有从自身开始做起，你只能够照管好自家的那片园地，无法去照看邻居的。

问： 请公正一些。我们能否如您那般洞察真理，一方面继续经商，一方面又可以做到不再去剥削他人呢？抑或您建议我们卖些什么才好呢？您可以一边从事贸易，一边又保持真我的本色吗？

克： 先生，我不会避开这个问题，我当然会做到完全的公正。由于体制是组织化的，除非你隐退到荒岛，在那儿过着自给自足的生活，否则必然会存在着剥削。难道不是这样吗？这是显而易见的道理。只要体制是建立在个体的竞争、安全和占有之上的，将这些作为它的基础，那就一定会有剥削。然而一旦你不再恐惧，一旦你探明了自己的基本需求是什么，一旦你的心灵获得了充实，那么你难道无法去摆脱掉这个基础吗？所以，尽管你继续从事着贸易，但你会发现你的需求其实很少很少，但倘若你的心智是贫瘠的，你的需求就会变得无度。除非一个人真正做到了诚实、绝对的坦率，不会暗暗地欺骗自己，否则我的这番话就会再一次地被用来进行进一步的剥削。我个人不会介意去经商，可在我看来这是毫无价值的，因为我没有必要去干这行。所以，我的演说在理论上有何用处呢？不是说我有钱，而是指我要做一些合理的、理性的事情，原因在于我的需求极少，我根本不害怕被压榨。只有当我们害怕失去的时候——害怕失去安全，害怕失去保护——才会去奋斗。但如果你已经做好了失去一切的准备，因为你原本一无所有——嗯，也就不会有剥削了。这听起来有些荒谬和过于简单化，但如果你真正理性地去思考一下这个问题，如果你花几分钟的时间做一番真正富有创造力的思索，就会发现这么说一点儿也不荒唐。只有野蛮人、原始人才会始终受自身需求的左右，而一个睿智的人是不会如此的，他不会依附于任何事物，因为他的内心是充实的，所以他的外部需求就会非常之少。显然，我们可以组织起一个全新的社会，它的基础是需求，而不是以广告的手段进行的剥削。这位先生，我希望我已经回答了你的疑问。

问：我无意去麻烦这位演说者，我将其视为哲学利他主义的最伟大的例证之一，但我非常希望他能在这个下午告诉在座的听众，他对于千禧之年有怎样的信心呢，毫无疑问，这个千禧年是他与全人类共同寻求的。

克：先生，拥有一个完美的千禧之年，意味着未开化的人必须跟其他人一样理性、睿智，必须像其他人一样拥有完美的条件。也就是说，生活在世界上的全人类，在那一刻，在同一时刻，应该同欢喜。显然这才是真正的太平盛世，难道不对吗？好吧，先生，请稍等一下。这样的情形可能吗？很明显是不可能的。我们以为千禧年便是理想完成、文明达至顶峰的那一刻。这就仿佛一个人按照某种理想来塑造自己的生活，并且攀至了顶点。这样的一个人，接下来会发生怎样的情形呢？他会渴望其他的东西，于是便会出现下一个理想，结果他永远无法攀登到顶峰。然而当一个人不去努力达成什么，不去试图获得成功或达至某个顶点，而是努力过一种充实、文明的生活，那么他的行为——这种行为一定会投射在社会中——并不会攀至顶峰。他的生命将会始终处于运动的状态，因此也就不断地走向充实和丰盈，不会为了某个所谓的顶点而与他人争来斗去。

（在奥克兰对商界人士发表的演说，1934年4月6日）

PART 02

美国1934年

"我"究竟是什么？

之所发表这些演说，我的目的，与其说是提供某种思想体系，不如说是希望可以唤醒你们的思考。而为了达到这一目标，我将会做一番阐述，自然不会是以教条化的、武断的方式。我希望你们能够去好好思考一下我所说的话，当你们展开思索的时候，会生出许多的疑问，假如你们能够把这些问题向我提出来的话，我会努力加以回答的，如此一来我们便可以对我的观点做进一步的讨论了。

我想知道你们大部分人为什么会来这里？想必你们是在寻求着什么。那么你们寻求的是什么呢？你自然无法回答这个问题，因为你的寻求总是在变化，你寻求的对象始终在改变着，所以你并不明确地知道自己究竟在寻求些什么，究竟想要什么。然而不幸的是你已经养成了以下的习惯：那便是从一位假定的精神导师转向另一位假定的精神导师；加入不同的组织或团体；遵循各种体系方法。换言之，你试图去探明什么能够让你感到更大的满足与兴奋。

从一种思想流派转向另外一种思想流派，从一种思想体系转向另外一种思想体系，从一个老师转向另外一个老师，你把这种过程称为探寻真理。换句话说，你从一种理念转向了另外一种理念，从一种思想体系转向了另外一种思想体系，你不断地去累积，希望能够认识生活，试图去理解它的涵义、它的那些争斗，每一次你都会宣布说自己有所探明。

我希望在我的演说结束的时候，你不会声称说你已经有所发现，因为就在你发现了某物的那一刻，你便已经失去它了。它就像是一个锚，把心灵系住了、捆绑住了，于是那一永恒的运动，那对于实相的真正探寻，便会停止了。多数人都会怀着某种明确的渴望，那便是想要有所发现，都在寻找着某个确定的目标，一旦生出了这种渴望，你便将发现某个事物。然而你将会发现的那个事物，不会是鲜活的，而是死寂的、没有生机的，于是你就会将它抛置一边，转向另外一个事物。这种不断进行选择、尔后又丢弃的过程，你美其名曰为获得智慧、经验或真理。

也许你们当中大部分人有意或无意地会带着这样的心态来到这儿，所以你的思想仅仅花在了探寻方案和确证上面，花在了渴望加入某个运动或组建团体上面，没有清楚地认识抑或努力去理解生活的本质指的是什么。因此正像我所指出来的那样，我并不打算提出某个被效仿的理想、某个被发现的目标，我的目的更多的是想唤醒你们的思考，通过被唤醒的思考，心灵能够去挣脱我们确立起来的这些事情，挣脱这些被我们理所当然地视为正确的事情。

每个人都试图让环境的产物不朽，我们努力想要让环境的产物永恒。也就是说，各种恐惧、希冀、憧憬、偏见、喜好、个人的观点，我们将这一切称作为我们的气质、性情——这些东西都是环境的结果、环境的产物。这些记忆的包袱，便是环境的结果，是源于对环境所做的反应。这一大捆的记忆，成为了那个被我们称作为"我"的意识。难道不是这样吗？心灵使自身去认同环境的产物，并且变成了"我"。这个环境的产物与环境之间，展开着争斗。因为，"我"，即心灵使自己去认同的意识，便是环境的结果，争斗就发生在"我"与那个不断变化着的环境之间。

你不断在为了这个"我"寻求着永恒。换言之，虚幻试图成为真实与永恒。当你懂得了环境的涵义，就不会出现任何反应了，于是反应、也就是那个被我们称为"我"的事物，与反应的制造者即环境之间，不会再有冲突发生了。所以，这种对于不朽的探寻，这种对于确定性和永恒的渴望，被称为是一种进化的过程，被称为是达至真理、神或认识生命的过程。如果有谁帮助你朝着这个方向迈进，帮助你让那个被我们唤作"我"的反应获得永恒，你便会将他奉为你的救世主、你的救赎者、你的大师、你的导师，你会去遵循他所提供的体系方法。你追随着他，经过了思考又或者是不假思索的。所谓经过了思考，是指你认为你是怀着理性去追随他的，原因在于他将带领你走向不朽，带领你去体验达至真理后的极喜。也就是说，你渴望他人能够为了你而让那一反应变得永恒，该反应是环境的产物，其本身是虚幻的。由于渴望让那个虚幻的事物变得不朽，你便制造出了宗教、社会学的体系和划分、政治策略、经济的灵丹妙药以及道德准则。我们发展出了各种体系方法来使个体获得不朽、永恒与安全，渐渐的，个体彻底地迷失在了这个过程之中。他同自身所探寻的那些创造物发生了冲突，同那些源于他对安全的渴望而出现的创造物，那些被他唤为不朽的创造物，发生了冲突。

毕竟，宗教为什么应当存在呢？宗教已经演变成为了思想的划分，在各个信仰派别的颂扬和美化下滋长、壮大起来，因为你渴望认识真理或神，渴望迈入至高的境界，你希望存在着不朽的事物。

道德准则只不过是社会创造出来的事物，以便个体能够受到它的制约。在我看来，道德不可以被标准化，道德与标准不可以同时存在。存在的只有智慧，而智慧是无法被标准化的。不过在我以后的演说里头，我们将会去探讨这个问题的。

于是我们大家都被困在了这种不断的寻求之中，寻求幸福、真理、实相、健康——这种无止无休的欲望是被我们每个人培养起来的，目的是想获得安全与持久。这种对于永恒的寻求，必然会带来冲突，环境的产物即"我"与环境本身之间的冲突。

请你好好去思考一下"我"究竟指的是什么。当你谈到"我"、"我的"、我的房子、我的快乐、我的妻子、我的孩子、我的爱人、我的性情,你所指的是什么呢?这个"我",不是别的,正是环境的产物,而环境与它的这个产物即"我"之间,存在着冲突。冲突只会存在于两个虚幻的事物之间、两个谬误之间,真理与谬误、真实与虚假之间是不会有冲突的。难道不是如此吗?真实同虚幻之间是不可能会产生冲突的,然而在两个错误的事物之间、在对立面之间、在两种程度的虚幻之间,必定会爆发冲突。

你以为自我同环境之间出现的这种争斗是真实的、正确的,殊不知其实并非如此。你与你所处的环境之间,你与你的妻子、丈夫、孩子和邻居之间,你与你所属的团体、政治组织之间,必定会出现争斗,这番情形难道没有发生在你们每一个人的身上吗?一直都在上演着永无休止的战役,不是吗?你以为这种战役是必需的,因为它可以帮助你获得幸福、真理、永恒或极喜。让我换种方式来表述好了:你所认为的真实,只不过是自我意识即"我"罢了,这个"我"始终都在试图变得永恒,而我所说的环境便是一系列虚幻、荒谬的事物不断的运动。这种虚幻、错误的运动,成为了你那始终在变化着的环境,我们美其名曰这是发展、进步。所以,依我之见,环境的产物即"我"不断在改变着外在的状况,而这么做是无法发现幸福、真理或神的。

我将试着再换种方式来表达。你们每个人都意识到自己与环境之间存在着冲突,于是你便对自己说:"假若我能够去征服、控制环境,我便将有所探明。"结果你与环境之间就不断上演着这一战役。

什么是"你自己"呢?不是别的,正是环境的产物。因此你所做的是什么呢?你用一个谬误去抗击另一个谬误,只要你没有认识环境,它就会是虚幻的。因此环境在制造着那一被你称作为"我"的意识,这个"我"始终都在努力想要变得不朽。而要让它获得永恒,必然会产生许多的法子、许多的手段，于是你便有了宗教、体系、哲学以及你所制造出来的一切麻烦和障碍。所以，就像我所指出来的那样，环境的产物与环境本身之间势必会出现冲突，而冲突只会发生在两个错误的、虚幻的事物之间，真理与谬误、实相与虚假之间是永远不会有冲突的。可你们心里有一种根深蒂固的既定观念，那便是认为环境的产物即"我"同环境本身之间的这种争斗，展现的是力量与智慧，是通往永恒、通往实相、真理、幸福的路径。

我们关注的重点应当是环境，而不是冲突，不是如何去征服它，不是如何去逃避它。只要我们去质疑环境，努力去理解它的涵义，就能探明其真正的价值。难道不是这样吗？我们试图去征服环境、或者逃避环境，我们大多数人都被困在了这种过程之中，我们不去努力探明环境指的是什么，是什么导致了它，它的涵义、价值为何。当你明白了环境的涵义，这便意味着你将展开激烈的行动，你的生活将出现巨变，你的观念会发生彻底的革命性的变化，不会再有权威，不会再有模仿。可惜很少有人愿意去领悟环境的涵义，因为这意味着得展开根本性的改变、革命性的变革，几乎没有几个人会渴望这个。所以绝大部分人关心的都是去逃避环境，他们将其掩盖起来，抑或试图去找到新的替代品，比如从耶稣基督转向另外一位新的救世主，寻求新的导师来取代旧的，然而他们从不曾探究自己是否真的需要一个引路人。而一旦他们去探究这个问题，便能够懂得这种需要的真正涵义了。

因此，只要你去寻求替代品，就必定会有权威，必定会去追随领袖，结果个体也就变成了社会和宗教这部机器里头的一个齿轮。假如你仔细去审视的话，就会发现你所谓的寻求，不过是在寻求慰藉、安全和逃避，而不是在寻求觉知与理解，不是在探寻真理，更多的是在寻求逃避，从而是在寻求去克服一切障碍。毕竟，所有的克服只是替代品罢了，而替代品里面是不会有觉知的。

"我"究竟是什么？　107

有通过宗教及其法令、道德准则、恐惧、权威所展开的种种逃避，也有通过自我表达所做的逃避——你所谓的自我表达、大部分人所谓的自我表达，其实只不过是对环境的反抗罢了，只不过是努力想要通过反抗环境来表达自己——通过艺术、通过科学、通过各种行为来表达自我。在这里我并没有包括真正的、自发的对于美、艺术和科学的表现，它们本身便是完整的。我谈论的是一个人把这些东西当做了自我表达的手段去寻求。一位真正的艺术家不会去谈论表现自我，他一直都在表达着自己强烈感受到的事物。然而有如此多的伪艺术家，就像那些伪宗教人士一样，他们一直都在寻求着自我表达，把它当做了一种获得某物，获得某种满足的手段，他们无法在自己生活的环境里找到这种满足。

通过这种对于安全感和永恒的寻求，我们创立起了各个宗教以及它们的空虚、界分和剥削，将其作为逃避的手段，而这些逃避的手段之所以会变得如此重要，是因为若想处理、应对环境即我们周遭的这些状况，需要展开大量的行动，自发的、大刀阔斧的行动，而很少有人愿意去这么做。相反，你乐意在环境的压迫下去行动，也就是说，如果一个人因为消沉而变得极有道德感，你便会赞美说他是一个多么好的人啊，他的改变何其大啊！为了这种改变，你去依赖环境，只要你为了正义的行为而去依赖环境，就必定会采取各种逃避的手段，必定会去寻求替代品，你把这种替代品称作为宗教或是其他的名称。然而，对于一个真正的艺术家来说，对于一个真正在精神上有所追求的人来说，他会去自发地表达自我，而这种表达本身便是充分的、完整的。

所以你们要怎么做呢？你们每个人身上会发生什么呢？你们在自己的生活中努力想要做些什么呢？你们在寻求，那么你们寻求的是什么呢？你自己与那始终处于运动状态的环境之间，存在着冲突。你寻求着某种方法去征服环境，以便使自身获得永恒，殊不知你自己正是环境的产物。抑或，由于你如此频繁地遭受到环境的阻挠，它妨碍了你去表达自我，于是你便寻求着某种新的方法来表达自己，比如通过为人类服务，通过在经济方面做些调整以及其他一些方法。

每个人都必须探明自己究竟在寻求些什么。倘若他不去寻求，就会心生满足，然后逐渐地走向衰退。如果有冲突发生，他便会生出渴望，想要去克服那一冲突、逃避那一冲突，想要去战胜它。正如我所指出来的那样，冲突只会存在于两个虚假的事物之间，存在于那个被视为实相的事物、那个你所谓的"我"与环境之间。在我看来，这个"我"不是别的，正是环境的产物。因此，若你的心灵关心的仅仅是去克服那一争斗，那么你就会让虚假、谬误永远持续下去，从而滋生出更多的冲突、更多的悲伤。但如果你理解了环境的涵义，也就是说，如果你认识了财富、贫穷、剥削、压迫、国家主义、宗教以及现代人的社会生活里的所有空虚和愚蠢，洞察了这一切的涵义，而不是努力想要去征服它们，就必然会出现个体的行动，必然会有观念与思想的彻底变革。尔后不会再有争斗，光明将驱散那黑暗。光明同黑暗之间，真理同谬误之间，实相同虚幻之间，是不会存在任何冲突的。冲突，只会发生在对立面之间。

（在加州欧加橡树林的第一场演说，1934年6月16日）

寻求解决冲突只会加剧冲突

你们或许记得,昨天我谈到了冲突的源起,谈到了心灵是如何去寻求某种可以解决冲突的办法。今天上午,我希望去探究一下关于冲突及不和谐的整个理念,并且揭示出,如果心灵试图去寻找某种解决冲突的方法,就只会以徒劳无功告终,原因在于,单纯地寻找解决方法,并不能消除掉冲突本身。当你寻求某种可以消除冲突的方法时,你只不过是加剧了冲突,抑或试图用一套新的观念、理论作为替代品罢了,又或者你努力想要去逃避冲突。当人们渴望找到某个消除冲突的解决方法时,他们寻求的便是这个。

如果你展开观察,会发现,当有冲突发生的时候,你会立刻去寻求某种解决的方法。你想要找到某个方法来消除该冲突,渐渐地你确实找到了一条途径,但你并没有解决冲突,你只是用新的环境替代了旧的,从而将冲突给转化了,而这反过来又将制造出更多的冲突。所以,让我们从冲突的源起开始着手,好好探究一下有关冲突的整个理念,从而懂得我们应该如何去应对它。

冲突是环境的产物,不是吗?换种方式来表述好了,什么是环境呢?你何时会意识到环境呢?只有当冲突出现的时候,当你去抵制那一环境的时候。因此,倘若你去观察,倘若你去审视一下自己的生活,将会发现,冲突始终都在扭曲着、塑造着你的生活，而心灵与头脑的完美和谐，即智慧，在你的生活里根本就没有一席之地。也就是说，环境不断在让你的生活定型，而这种不断的扭曲、塑造和定型，自然便会导致冲突。所以，只要存在着这种不断的冲突的过程，就不可能会有智慧。但我们却以为，通过不断地经历冲突，我们便将达至智慧、充实与极喜。殊不知，冲突的累积，无法让我们去探明怎样才能够过一种理性的、睿智的人生。只有当你认识了冲突的制造者即环境的时候，才会知道如何睿智地生活。单纯的替代、即引入新的环境，并不能够让冲突迎刃而解。但如果你去观察的话，将会发现，当冲突出现时，心灵便会去寻找某种替代物。我们要么会说："这是遗传，是经济的状况、过去的环境。"要么则宣称自己相信因果报应、轮回说、进化论，于是我们试图为那困住心灵的当前的冲突寻找着借口，而不是努力去探明冲突的根源为何，也就是说，并没有努力去探究环境的涵义。

冲突，只会存在于环境与其产物即"我"之间——环境是指经济与社会的状况、政治统治以及你的邻里。只要对"我"、自我的制造者即环境有所反应，便会出现冲突。大部分人都没有意识到这种冲突——自己即环境的产物同环境本身之间的冲突，很少有人察觉到二者之间所展开的那永无休止的战争。只有经历了痛苦，一个人才会意识到环境那虚假的制造物即"我"同环境本身之间的这种冲突、不和谐与争斗，难道不是这样吗？只有经历了剧烈的痛苦与不和谐，你才能察觉到这种冲突。

当你意识到冲突的时候，会发生什么呢？当遭受强烈痛苦的你充分察觉到了那正在上演的战役、争斗，会出现怎样的情形呢？大多数人都会希望痛苦可以立刻得到缓解，冲突可以马上获得解决。他们想要避开那一痛苦，于是便找到了各种逃避的方法，我昨天提到过这个，比如宗教、兴奋、空虚以及许多神秘的逃避方法，由于渴望保护自己免受这种争斗，所以我们便制造出了上述这一切。痛苦令一个人意识到了这种冲突，但痛苦并不能指引他达至充实、体验生命的极喜，因为，痛苦只会唤醒心灵，让其意识到痛苦的强度。当心灵处于敏锐的状态，它便会开始去质疑环境，在这种质疑中，智慧将发挥作用，而只有智慧方能带领你迈向生命的充实以及探明痛苦的意义。你聪明地制造出了各种逃避痛苦和冲突的手段，这些手段看起来是如此的合理与真实，当心灵和头脑不再通过这些手段去躲避的时候，那么，在你遭遇剧烈痛苦的那一刻，智慧便将开始运作起来。如果你展开仔细的审视，不带任何的偏见，将会发现，只要你去逃避，你便不会解决冲突，你便不会直面冲突，结果你的痛苦也就仅仅是增加着无知罢了。也就是说，当一个人不再通过那些众所周知的手段去逃避，那么，在强烈的痛苦袭来之际，智慧便开始登场了。

我不想提供给你们一些例子和比喻，因为我希望你们自己去思索，假若我举出例子，我就做了所有的思考工作，而你们则仅仅是聆听。但倘若你们开始去思考我的话，就将凭借自己的力量发现，心灵习惯于如此多的替代品、借口与逃避，结果永远无法达至那一痛苦的强度，若想在剧烈痛苦的状态下实现觉察，要求智慧必须发挥作用。只有当智慧充分地运作时，才能够彻底消除掉痛苦的原因。

一旦缺乏对于环境的认知，就必然会出现冲突。环境滋生出了冲突，只要我们没有理解环境、外在的状况，仅仅去寻找这些状况的替代品，那么我们就是在逃避这一冲突、遭遇另一个冲突。可如果我们在遭遇剧烈的痛苦之时——这种强烈的痛苦在达至顶点的时候会带来冲突——倘若当我们处于这一状态的时候开始去对环境进行质疑，那么我们就会认识到环境的真正价值，于是智慧自然便会登场了。迄今为止，心灵使自身去认同冲突、认同环境、认同逃避、进而认同痛苦，意思便是，你说道："我感到痛苦。"但倘若当你遭遇强烈的痛苦时却可以不再去逃避，那么心灵本身就会变成智慧。

换种方式来表述好了。只要我们去寻求解决方法，只要我们寻求替代物、理由，以取代冲突的真正根源，只要我们试图去缓解冲突，心灵就一定会去认同冲突、认同逃避。但如果心灵处于剧烈的痛苦之中，在这种状态下，所有的逃避手段都被阻挡在外，那么智慧便将被唤醒，进而自然地、自发地发挥起作用。

假如你去审视一下这个问题，将会发现，我并不是在提供给你理论，而是在提供某种你可以派得上用场的东西、某种切实可行的东西。你拥有如此多的环境，它们是社会、宗教、经济状况、社会差别、剥削以及政治压迫施加在你身上的。这种强加、这种逼迫，制造出了"我"。你身上有一个"我"，它正在同环境交战，所以便会发生冲突。创造出一种新的环境毫无用处，因为冲突依然存在着。可如果身处冲突中的你能够察觉到悲伤与痛苦———切冲突中都会有痛苦，只不过一个人想要去逃避这种争斗，于是他便会去寻找替代品——如果当你遭遇剧烈痛苦之时不再去寻求替代物，而是真正去直面事实，那么你将看到，作为智慧之总和的心灵，将会开始去领悟环境的真正价值，尔后你便能意识到心灵摆脱了冲突的羁绊。当痛苦达至相当强度的时候，就会走向消解，而你则能在这其中理解冲突的原因。

一个人还应当记住的是，我们所谓的累积痛苦，并不会达至那种强度，痛苦的增加也不会带来自身的消解，只有当心灵不再去逃避的时候，痛苦中才会迎来心灵的敏锐。若心灵试图去逃避，那么任何冲突都无法唤醒你对痛苦的强烈意识，因为逃避里面是没有智慧可言的。

在我回答你们给出的问题之前，让我再换种方式表达好了：首先，每个人都被困在了痛苦和冲突之中，然而大部分人都没有意识到这种冲突，他们仅仅是去寻找替代物、解决方法以及展开逃避。但倘若他们不再去寻求逃避，而是开始去质疑冲突的制造者即环境，那么心灵就会变得敏锐、鲜活与睿智起来。当剧烈的痛苦达至顶点之时，心灵就变成了智慧本身，从而领悟到冲突的制造者即环境的全部价值与涵义。

我相信，你们当中有一半的人都没有认识这一点，不过这并不重要。你们能够去做的，如果你们愿意的话，便是好好思考一下这个问题，真正地做一番思索，看一看我所说的话究竟是对还是错。不过，我所说的仔细思考这个问题，指的并不是采用理智化的做法，也就是坐下来、通过智力、理性来加以解决。若想探明我的话是否是正确的，你就得将其付诸行动，而要想付诸行动，你必须去质疑环境。也就是说，如果你处于冲突之中，你自然应该去质疑环境。可惜大部分人的心灵都被扭曲了，以至于无法意识到他们是在通过各种理论寻求着解决方法和逃避。他们可以完美地进行推理与分析，然而他们的理性是建立在寻求逃避的基础之上的，但他们却完全没有察觉到这一点。

所以，如果出现了冲突，如果你想要去探明那一冲突的原因，心灵自然就应该依靠思想的敏锐去探明，从而去质疑环境施加在你周围的一切——你的家庭、你的邻居、你的宗教、你的政治权威，通过质疑，你便会展开行动去反抗环境。你有家庭、有邻居、有政府，通过质疑它们的意义，你将会懂得，智慧是自发的，而不是被获得的，也不是被培养出来的。你播下了觉知的种子，这粒种子，将会绽放出智慧之花。

问：您指出，"我"是环境的产物。您的意思是不是说，一个完美的环境能够被创造出来，而这种环境不会发展出"我"这一意识呢？如果是的话，那么，您所谈到的完美的自由，便是指创造出正确的环境。对吗？

观众发出声音："不。"

克：等一下。能否出现正确的环境、完美的环境呢？答案是不能。那些回答"不"的人们，并没有充分地思考这个问题，所以让我们一同展开推理和分析，彻底地来探究一下吧。

何谓环境？环境即人类的整个结构，它是被人的恐惧、憧憬、希冀、渴望和成就创造出来的。你无法创造出一个完美的环境，因为每个人都根据自己的想象和欲望在创造着一系列新的环境。不过，由于拥有一颗睿智的心灵，所以你能够冲破所有这些虚幻的环境，进而摆脱"我"这一意识的束缚。"我"、"我的"这一意识，是环境的产物，对吗？我认为，我们无需去讨论这一点，因为这是显而易见的。

假如政府、国家给你提供了房屋以及你所需要的一切，你就不会需要"我的"房子了——或许你还会保留着一些关于"我的"意识，但我们只是在做个别的讨论。你还是会感觉到"我的"，会有占有的欲望，虽然这可能并不是发生在你身上的情况。这种意识是环境的产物，这个"我"不是别的，正是对于环境所做的错误的反应。但倘若心灵开始去质疑环境本身，就不会再有对环境的反应了，于是我们也就不会去关心是否有可能存在一个完美的环境了。

毕竟，什么是完美的环境呢？每个人都会告诉你，在他看来何谓完美的环境。艺术家会这么说，金融家会那么说，女电影演员则会给出另外一种回答，每个人都在寻找着一个让自己满意的完美的环境，换句话说，都在寻找着一个不会在他身上制造出冲突的环境，因此不可能存在着一个完美的环境。可如果你的心灵充满了智慧，那么环境就没有任何价值与意义了，原因在于，智慧摆脱了环境的制约，它在充分地发挥着自身的作用。

问题不在于我们能否创造出一种完美的环境，而在于如何去唤醒那一不受制于环境的智慧——无论这种环境是完美的还是不完美的。我认为，对于任何围困住你的心灵的环境，只要你去质疑它的全部价值，你便能够唤醒那一智慧。尔后，你将发现，你挣脱了任何一种环境的羁绊，因为你的行动将会是理性的、睿智的，不会被环境扭曲和定型。

问：显然，您的实际意思不会是您的话语所传达出来的那种。当我目睹恶行在世界上肆意蔓延的时候，我萌生了一种强烈的渴望，那便是想要对抗罪恶，对抗它在我的同胞们的生活里制造出来的一切痛苦。这意味着巨大的冲突，因为当我试图去帮助他人之时，我经常会遭到恶意的反对。那么您如何能够认为，谬误与真理之间没有冲突存在呢？

克：我昨天指出，争斗只会存在于两个错误的事物之间，环境与其产物即"我"之间会发生冲突。存在于这两者之间的，是被"我"制造出来的无数逃避的方法，我们将其称作为善、恶、道德、道德标准、恐惧以及许多的对立面。争斗，只会发生在环境那虚幻的创造物即"我"与环境本身之间。然而真理同谬误之间、实相同虚假之间，则是不可能出现争斗的。这是显而易见的，不是吗？你之所以会受到恶意的反对，是因为其他人是无知的。这并不意味着说你不应该去反抗——不过请不要想当然地认为反抗是正义的。你知道，做事情可以采取一种自然的、自发的、美好的方式，而非那种好斗的、邪恶的所谓正义。

首先，为了反抗，你必须得知道自己反抗的是什么，因此你就得理解问题的根本，而不是在两个错误的、虚幻的事物之间进行划分。我们如此充分地意识到了两个错误的事物之间、环境与其产物之间的界分，意识到我们在进行着反抗，于是便渴望去革新、去改变，但却没有从根本上改变人类生活的整个结构。也就是说，我们仍然想要保持"我"这一意识，而这种意识其实只是对环境做出的错误的反应。我们一方面希望保持该意识，另一方面却又想去改变世界。换言之，你一边想要拥有自己的银行账户、你的私人财产，想要保持关于"我的"意识，一边却又渴望去变革这个世界，以便不会再有这种"我的"、"你的"的观念。

所以，一个人应该要做的，是去探明自己究竟是触及了问题的根本，还是只是在做些表面的功夫。在我看来，只要你仅仅关注于改变环境，以便让冲突缓解，那么就永远只会做些表面的文章，无法解决根本。意思便是说，你依然渴望去坚持这种关于"我"、"我的"的意识，但同时又想要改变环境,以便环境不会在那个"我"的身上制造出冲突。我认为这是种肤浅的想法,由此自然会带来肤浅的行动。但如果你从根本上去思考的话,也就是说,如果你去质疑环境的产物即"我",进而去质疑环境本身,你就会展开根本性的行动,从而也就是持久的行动了。在这种行动中,你将体会到极喜,体会到巨大的欢愉,这种愉悦是你现在所不了解的,因为你害怕去展开彻底的、根本的行动。

问:在昨天的演说中,您谈到说,环境是一种虚幻的、错误的运动。您这里的环境,是否包括了一切自然的创造物、包括了人类?

克:环境难道不是始终都在变化着吗?不对吗?在大多数人看来,环境没有改变,那是因为变化意味着心灵不断地进行着调整,进而不断地去觉察,而大部分人关心的则是环境的静止状态。然而环境处于运动变化之中,原因在于它在你的掌控之外,只要你没有认识环境的涵义,它就是虚幻的。

"环境包括了人类吗?"为什么要把人类同自然划分开来呢?我们不怎么关心自然,是因为我们几乎已经把自然置于掌控之中了,可我们并没有认识由人类创造出来的环境。请大家好好审视一下我们尚未了解的各个民族之间的关系、人与人之间的关系,审视一下人类制造出来的所有环境,哪怕我们凭借科学已经在很大程度上认识并征服了自然。

所以我们并不关心某种已经认识了的环境的稳定性、持续性,原因是,在我们认识它的那一刻,冲突便消失了。也就是说,我们寻求着安全感、经济上和精神上的安全,一旦这种安全获得了保证,我们便会开心不已,于是我们从不曾去质疑环境,结果环境的不断运动便是一种虚幻的事物,它在每个人的身上制造着干扰。只要有冲突存在,就表明我们没有认识那被置于我们周遭的环境,只要我们不去探究环境的涵义,那么环境的运动就会始终是虚假的。只有当我们敏锐地意识到痛苦的时候，才能够探明环境的意义。

问：我很清楚地知道，"我"这一意识是环境的产物。可您难道没有发现，"我"在生命中并不是头一次出现的吗？根据您所说，"我"这一意识作为环境的产物，显然应该开始于遥远的过去，而且会在将来持续下去。

克：我知道这实际上是在问我有关轮回转世的问题，不过没关系，让我们来一探究竟好了。

首先，倘若你思考一下的话，你会承认，这个"我"的确是环境的结果。依我之见，这种环境，究竟是过去的环境还是现在的环境，其实无关紧要。毕竟，环境是属于过去这一范畴的。你做了某件事情，你并不了解它，你昨天干了某事，你对此没有认识，除非你认识了它，否则它会一直纠缠着你不放。你无法解决过去的环境，除非你在当前实现了充分的觉察。所以，心灵究竟是为过去的环境所困，还是为现在的环境所困，这丝毫也不重要。重要的是，你应该去认识环境，一旦你实现了觉知，你的心灵便会步出冲突的泥沼。

有些人相信这个"我"源起于遥远的过去，并且会在将来持续下去。在我看来，这一点关系也没有，根本不具任何意义。我会告诉你们这是为什么。假若"我"是环境的产物，假若"我"便是冲突的本质，那么心灵的关注点，就不能是冲突的持续，而应该是摆脱冲突获得自由。因此，究竟是过去的环境让心灵裹足不前，还是现在的环境让心灵扭曲，又或者这个"我"是否起源于遥远的过去，其实完全不重要。重要的是，当遭遇痛苦的时候，当处于觉察的状态时，当你意识到那一剧烈的痛苦时，这个"我"便会消失不见了。

这又带来了有关因果报应的观念。你知道所谓因缘说指的是什么意思，即你现在背负着一个重担、过去的重担。意思便是，你带着过去的环境来到了现在，由于这个重担，你控制着将来、你塑造着将来。倘若你思考一下这个问题的话，会发现，所谓因果报应，指的就是这个意思。意即，如果你的心灵被过去扭曲，那么将来自然也一定会是扭曲的，因为，假使你没有认识昨天的环境，这种状态就必定会持续到今天。所以，就像你没有认识今天一样，你自然也不会理解明天。也就是说，只要你没有懂得某种环境或某个行为的全部涵义，那么你对于今天的环境以及源于环境的今天的行为做出的判断，便会受到歪曲，而这又会误导你对于明天的环境的评判。于是一个人就被困在了这种恶性循环之中，结果也就为这种主张记忆或心灵会不断的重生、会因环境而持续下去的观念所困。

然而我认为，心灵能够挣脱过去的束缚，能够摆脱过去的环境、过去的障碍，于是你也就可以不去受制于将来，因为尔后你将会以最为饱满的生机和热情活在当下。当下即是永恒，若想认识现在，心灵就必须卸下过去的重担，而为了让心灵免受过去的制约，你就得对现在抱持强烈的质疑态度，而不是去想"我"如何在未来持续的问题。

（在加州欧加橡树林的第二场演说，1934 年 6 月 17 日）

心灵便是智慧，应当摆脱自我约束

今天上午我只打算答疑解惑。

问：自我约束同抑制之间有什么不同？

克：我觉得这二者之间并没有太大的区别，因为它们都把智慧排拒在外。抑制是一种更为隐蔽的自我约束，同时还是一种压抑，也就是说，抑制与自我约束，都是单纯地为了适应环境去做出调整。抑制是总体形式的调整、适应，而自我约束则是一种隐蔽形式的调整。二者都是以恐惧为基础的：抑制是基于一种明显的恐惧，自我约束则是基于因害怕失去或害怕痛苦而生出的恐惧。

自我约束——你们所谓的自律——只是单纯地为了适应某个我们尚未彻底认识的环境而去进行调整，所以，在这种调整里面，一定会有对于智慧的排拒。为什么一个人要去约束自己呢？为什么他要约束、强迫自己去按照某种模式来塑型呢？为何这么多的人都要加入各种训诫的学校，并且认为这些学校将会带领他们迈向更高的精神境界、获得更大的觉知、洞悉更多的思想呢？你将发现，你越是约束、训练你的心灵，它的局限就会越大。请记住，一个人必须要带着敏锐的感知力去仔细地思考这个问题，不要通过引入其他的问题而让自己陷入困惑之中。我在这里使用的"自我约束"一词,跟问题里面的这一词语是同样的意思,意即按照某种预先构想出来的或预先确立起来的模式去规范自己,所以必定是怀着想要有所得的渴望。然而在我看来,规范的过程,这种不断按照某种预先确立的模式去扭曲心灵的过程,最终必然会让心灵受到损伤。心灵,实际上便是智慧本身,它应当摆脱自我约束,因为智慧源于对环境进行质疑以及去探明环境的真正意义。真正的调整便蕴含在这种探明之中,不是为了适应某种模式或环境去进行调整,而是通过觉知去展开调整,从而也就能够挣脱那种限定了。

以原始人为例好了:他做了什么呢?他的身上不存在任何规范、控制、压抑,他会随心所欲地去做自己想干的事,处于简单率性的状态。一个睿智之人也会去做自己渴望做的事,只不过是带着理性、智慧来做。智慧,并非来自于自我约束或抑制。在头一个例子中,完全是对欲望的追逐,原始人会去追逐自己渴望的对象。而在另一个例子里面,睿智者懂得渴望的涵义,洞悉了冲突。原始人则不然,他只是去追逐自己渴望的一切,从而也就制造出了痛苦和悲伤。因此,依我之见,自我约束和抑制是一样的,它们都把智慧挡在了门外。

对于我在自我约束这个问题上发表的观点,请你好好去检验一下,不要驳斥,不要说你必须得进行自律,否则世界便会处于混乱无序的状态——仿佛这种混乱不曾出现似的。同时,请不要只是对我的话照搬全收,不假思索地就认为我道出了真理。我只是把我已经检验过、已经探明了真伪的事情告诉给了你。从心理上来说,我认为我的看法是正确的,因为自我约束意味着心灵被某种思想、信仰或理念给束缚住了,意味着心灵被某种限定、环境给局限住了。就像一个动物被系在一根柱子上,只能够在绳子的长度内走动,所以,当心灵为某种信仰所困的时候,当它因为自我约束而被扭曲的时候,它就只能在那一限定的范围内游走。因此,这样的心灵根本就不是真正的心灵,它无法展开思考。它或许可以在柱子的局限与它所能达至的最远处之间进行某些调整，可惜这样的心灵无法真正地去思考和感受。由于排拒了思想、排拒了情感，于是心灵和头脑便被扭曲、被规范住，被损坏了。所以你应该去观察、去觉察到你自己的思想同感受是如何运作的，不要想着把它们导向某个方向。首先，在你引导它们之前，你得探明它们是如何运作的，在你试图去改变思想与感受之前，你得先弄清楚它们的工作方式，尔后你将发现，欲望以及该欲望的实现，确立了一个点，正是这个点带来了局限，而你的思想和感受便在这个局限之内不断地调整着自己。觉知中是不存在规范和约束的。

让我举个例子好了。假设你怀有阶级意识，是个势利之人。你不知道你是个势利之徒，但你想要弄清楚自己究竟是不是，那么你该怎样去探明呢？方法便是去觉察你的思想与情感，然后会发生什么呢？假设你发现自己是个势利眼，那么这一发现会让你心神难安，会带来冲突，而这一冲突则会消除掉你的势利。可如果你仅仅去克制自己的心灵不要势利待人，你便发展起了一种与势利相对立的不同个性，这么做是刻意为之，因此是错误的、有害的。

所以，由于我们确立起了各种模式、目标和辅助手段，于是我们便有意或无意地不断在追逐着它们，我们训练、克制自己的心灵和头脑去朝着它们的方向发展，结果必然会出现控制和扭曲。但倘若你开始去探究那些制造了冲突的环境和限定，进而唤醒智慧，那么这种智慧本身便是至高的，以至于它始终处于运动之中，因此永远没有一个会制造出冲突的静止的点。

问：假设"我"是由来自于环境的反应构成的，但一个人通过什么方法才能避开其局限呢？或者他该如何展开重新定位的过程，以便避开两个谬误之间的冲突呢？

克：首先，你想要知道避开局限的方法。为什么？你干吗会问这个问题？你为何总是要寻求某个方法、某种体系呢？渴望获得某个方法，这究竟说明了什么呢？寻求一个方法，表明想要去逃避。你希望我提供某个体系方法，以便你可以加以效仿。换言之，你希望为你发明出某个方法来，去应对那些制造着冲突的环境，好让你能够逃避一切的冲突。换句话说，你仅仅是想要调整自己以适应某种模式，如此一来便可以逃避冲突或环境了。在寻求方法或体系的背后，存在的正是这种渴望。你知道，生活并不是佩尔曼式记忆训练法。渴望获得某个方法，其本质，说明你想要去逃避。

"一个人该如何展开重新定位的过程，以便避开两个谬误之间的冲突呢？"首先，在你想要知道怎样避开冲突之前，你是否意识到自己正处于冲突之中呢？又或者，察觉到冲突之后，你会仅仅是想寻求一个不会制造出更多冲突的庇护所吗？因此，让我们确定一下，你是否渴望一个不会再产生出冲突的庇护所、一个安全地带；你是否渴望去逃避当前的冲突，进入到一种不会再有冲突的状态；或者你是否并没有察觉到、意识到这一你正身处其中的冲突？假如你对冲突无知无觉，也就是说，你没有意识到那一正在你自己同环境之间上演的战斗，假如你并没有觉察到这一战斗，那么你为什么要去寻求进一步的解决方法呢？保持未察觉的状态，让环境本身制造出必要的冲突，不要人为地、错误地扑向一个并不存在于你心智里的冲突。你之所以会人为地制造出一个冲突来，是因为你害怕自己错过了什么。生活不会与你失之交臂。如果你这么认为的话，你就会出乱子。你或许有点神经质，而非正常人。若你身处冲突之中，你不会请我提供某个方法。要是我给了你一个方法，你就会仅仅按照该方法来训练、约束自己，努力去效仿我提出的某个理想、某个模式，结果你便破坏了你自己的智慧。但倘若你真正察觉到了那一冲突，那么在这种觉知之中，痛苦将会变得剧烈起来，而在遭遇剧烈痛苦之时,你则会消除掉痛苦的原因,要知道,痛苦的根源,便是缺乏对于环境的认识。

你知道,我们已经丧失掉了一切的感受力,已经无法过一种正常、简单而直接的生活。若想重返那种正常、简单和直接的生活状态,你们就不可以去遵循方法,不可以仅仅是变成一部部自动化的机器。我担心我们大部分人都在寻求着方法,因为我们以为,通过这些方法便能达至充实、稳定与永恒。照我看,方法只会导致缓慢的停滞与衰退,它们同真正的灵性毫无关系,而灵性,便是智慧之总和。

问:您谈到说,个体的生活必须要进行重大的变革。假使他不想革新自己的外在的个人的环境,因为这样会给他的家人、朋友带来痛苦,那么内在的变革能带领他摆脱所有冲突吗?

克:首先,先生们,你们难道不会跟我一样感觉到,个体的生活必须要发生翻天覆地的变革吗?还是说,你们仅仅满足于现状,满足于你有关进化的理念以及你那想要有所得的渴望,满足于你的那些憧憬与起伏不定的愉悦呢?你知道,在你开始去思考、在你真正开始去感受的那一刻,你就必定会生出强烈的渴望,想要展开一番大刀阔斧的变革,想要彻底地重新定位你的思想。如果你觉得这么做是极有必要的,那么,无论是家人还是朋友,都不会成为绊脚石。于是,既不会有外部的革新,也不会有内在的革新,存在的只有变革、改变。然而,当你说道:"我不应该伤害我的家人、我的朋友、我的牧师、我的资产阶级雇主或来自政府的盘剥者,"在你这么说的那一刻,你就开始去局限它了,于是你并没有真正懂得根本性变革的必要性,你只不过是在寻求环境的改变而已。简单地改变环境,只会是了无生气,只会制造出另外一个错误的环境出来,而冲突则会继续存在下去。

我认为,我们给出了一个相当错误的借口,那便是说什么我们不应该去伤害自己的亲友。你知道，当你想要去做某个十分重要的事情时，你便会去行动，不会考虑你的家人和朋友的，不是吗？尔后你不会觉得自己将伤害到他们。它不在你的掌控之内，你如此强烈地感觉到、如此彻底地认为，做这件事将会让你跳出家庭圈子的局限。可是只有当你仍然依附于某种安全的时候，当你的内心并未获得充实，而是仅仅依赖于外部的刺激去带来内在的圆满，你才会开始去考虑家人、朋友、理想、信仰、传统以及事物的既定秩序。所以，倘若你充分意识到由冲突导致的痛苦，那么你就不会被任何正统、朋友或家庭的束缚所困了。你希望去探明冲突的制造者即环境的涵义，这种探明里面没有任何个人的东西，没有"我"那受限的思想。然而只有在你依附于"我"那受限的思想时，你才不得不去思考你将会走多远以及不会走多远。

显然，真理或神，是无法通过依附家庭、传统、习惯而被发现的。只有当你彻底袒露自我的时候，彻底去除掉你的那些憧憬、希冀和安全的时候，方能探明真理和神。生命的充实，蕴含在直接的简单之中。

问： 您能否解释一下，为什么环境是从谬误开始的，而不是从正确开始呢？所有这些混乱和麻烦的源起是什么？

克： 你觉得是谁创造了环境呢？某个神秘的神灵吗？请稍等一下。谁创造了环境，创造了社会、经济与宗教的结构？我们每个人都出了一份力，直到它汇聚成了集体，是个体帮助着创造出了集体，而现在个体则迷失在了集体之中，因为它已经变成了他的模子、他的环境。由于渴望获得安全——经济上的、道德上的、精神上的安全——于是你便创造出了一种资本主义的环境，这种环境里面存在着国家主义、阶级差别和剥削。我们创造出了它，你和我便是制造者。这种资本主义的环境，并非是在某个神迹的作用下形成的。只要你寻求安全感，你就会再一次制造出另外一种以资本主义和贪欲为特征的体制出来。这种新的体制与旧的相比,只有些微的不同,只是颜色有异,其本质却是一样的。你或许可以废除掉当前的模式,然而只要存在着占有欲,你便会建立起另一个资本主义的国家来,只不过可能措辞上有所不同罢了。

宗教以及它们那些荒谬的仪式、剥削和恐惧,情形也是一样的。是谁创造出了它们?是你跟我。无数世纪以来,我们出于恐惧创造出了这些东西,是个体创造出了这些错误的环境,他已经沦为了一个奴仆。错误的环境导致了错误地去寻求自我意识的安全感,你把这种自我意识称作为"我",结果也就使得这个"我"同错误的环境之间展开着永无休止的战争。

你想要知道是谁创造出了这种环境,是谁导致了所有这些骇人听闻的混乱与麻烦,因为你渴望某个救世主来带领你从麻烦中脱身,把你安放在一个崭新的天堂里。你依附着、坚持着自己所有的偏见、希冀、恐惧和喜好,于是你便制造出了这种环境,所以你应该去打破它,而不是坐等着出现某种体制将它给扫除掉。或许某种体制真的会到来,然后把旧的环境给消除掉,可这样一来你就只是变成了这种新体制的奴仆。共产主义制度可能会出现,到时你或许将会使用新的话语,但你的反应还是一样的,只不过采用了不同的方式,换了节拍罢了。

这便是为什么我会在前几天指出,假如环境驱使着你去展开某种行动,那么它就不再是正义之举了。只有当你的行动是源于对环境的认识,才会是正义的。

因此,我们每个人都应该去觉察,我向你们保证,尔后你们将会创造出某种广阔无边的事物来。这个事物,不是一个仅仅坚持某个理想、从而走向衰退的社会,而是一个处于不断的运动之中、不会达至顶点、不会走向死寂的社会。个体确立了目标,为了实现该目标而不断地去奋斗,但在获得之后则会走向衰退。他们始终都在试图去达到某个目标,然后停留在已经获得的那个阶段。个体如此,国家、政府自然也会这样——国家始终都在努力去实现某个理想、某个目标。然而在我看来，个体应该处于不断的运动之中，必须始终保持"变成"的状态，而不要去寻求顶点，不要去追逐某个目标。尔后，自我表现即社会，就会处于永恒的运动状态了。

问：您是否认为因果报应是错误的环境与错误的"我"之间的相互作用呢？

克：你知道，"因果"是一个梵文词汇，意思是行动、做，它还意味着原因和结果。因果说是一种束缚，是一种来自于环境的反应，心灵没有认识这一环境。正如我昨天努力去阐明的那样，假若我们没有理解某种环境，那么心灵自然就会背负着该环境的重担，因为缺乏对于环境的认知而裹足难行。我们在缺乏认知的情形下去行动，结果便制造出了更多的负担、更大的局限。

所以，一个人应该去探明是什么使得我们缺乏对环境的认知，是什么妨碍了个体去累积起环境的全部涵义，无论这种环境是过去的还是当前的。为了探明环境的意义，心灵就得真正挣脱偏见的羁绊，而真正地摆脱某个偏见、某种个性的制约，不被扭曲和误导，是最为困难的事情之一。要想用一种全新的开放姿态、一种直接的做派去对待环境，需要拥有相当的领悟力。大多数人都是存有偏见的，因为他们的心灵是空虚的，因为他们渴望出人头地、好给别人留下深刻的印象，或者因为想要获得真理、想要逃避所处的环境、想要让自我意识进一步扩大——他们用一种特殊的精神性的名字来称呼这种意识——抑或因为他们怀有国家主义的偏见。所有这些欲望，都妨碍了心灵去直接地理解环境的全部涵义。由于大部分人的心灵都怀有偏见，所以当务之急便是一个人必须要意识到自身的局限。当你开始有所觉察的时候，这种觉察里面便会出现冲突。一旦你了解到自己实际上自命不凡、自以为是，那么在你意识到自己的自负的那一刻，自负便开始消散了，因为你理解了它的荒谬性。但倘若你仅仅是把它掩盖起来，它就会制造出更多的疾病、更多错误的反应。

所以，若想活着的每一刻都不必背负着过去的或现在的重担，不必因为缺乏认知而背负着那些使心灵寸步难行的记忆，心灵就必须始终去迎接崭新的事物。背负着确定性的重担，自以为知道得很多，以这样的态度去迎接生活，将会是毁灭性的。因为，毕竟，知识只不过是过去的事物。所以，当你用一种崭新的姿态去拥抱生活的时候，你便会懂得如何才能过一种没有冲突的生活，如何才能让生命不再是一种不断展开努力的悲惨过程，尔后你将在生命的河流上徜徉到远方。

（在加州欧加橡树林的第三场演说，1934年6月18日）

记忆是智慧的绊脚石

首先我将回答一些提问，然后则会做一番简短的讲话。

问：直觉是否包括了过去的经验以及某些其他的东西呢，还是仅仅包含过去的经验？

克：在我看来，直觉便是智慧，而智慧并非过去的经验，而是对于过去经验的认知。现在我打算谈谈有关过去的经验、记忆、智慧、心灵这整个的观念，但我现在不会回答这个问题，即直觉是否脱胎于过去。

依我之见，过去是一种负担，它只会成为觉知中的缺口，如果你真的要把自己的行动建立在过去之上，建立在所谓的直觉之上，你就注定将被带往歧途。但倘若你在那始终变化着的当下能够去展开自发的行动，那么你的行动中便会有智慧，而这智慧就是直觉。智慧同直觉并不是分离开来的，大部分人都喜欢将直觉与智慧划分开来，因为直觉给他们提供了一种安全感与希望。许多人声称他们是"依靠直觉"而行动的，也就是说，他们的行为缺乏理性，缺乏思想的深度。许多人之所以会接受某种理论或观念，是因为他们认为"直觉"告诉他们它是正确的。这背后没有任何的理性，他们仅仅因为该理论或观念向其提供了某种解决方法或让其感到慰藉便去欣然接受了。发挥作用的实际上并不是理性，而是他们自己的希冀与憧憬在指挥着他们的头脑和心灵。然而智慧跟环境脱离开了,于是这背后便出现了理性与思想。

问:当我知道我的行为必定会伤害到那些我所爱的人,那么我怎样才能够自由自在地行动,不去自我表现呢?在这样的情况下,正确行为的检验标准是什么呢?

克:我觉得我在前几天回答过这个问题,不过或许这位提问者当时不在场,所以我会再次做出解答。正确行动的检验标准便是它的自发性,然而自发地行动,意味着拥有大智慧。大多数人拥有的,仅仅是被歪曲的反应,原因在于欠缺了智慧。只要有智慧在运作,便会出现自发的行动。

这位提问者想要知道,当他晓得自己的行为一定会伤害到他所爱的人时,那么他如何才能够自由地行动,不去自我表现。你们知道,爱即意味着自由——双方都处于自由的状态。只要爱里面存在着痛苦的可能,那么它就不是真爱,而只是一种隐蔽形式的占有和获取。假如你真正爱着某个人,当你做着某件你认为对的事情时,你是不可能会给他带去痛苦的。只有当你想要那个人去做你所渴望的事情,抑或他希望你按照他的意愿去行事,才会出现痛苦。意思便是说,你喜欢被占有,你感觉到安全、舒服,哪怕你知道这种慰藉、舒适只是暂时的,你在这种慰藉、这种短暂中寻求着庇护。所以,每一个为了慰藉、为了奖励而展开的争斗,实际上都暴露出了你的内心不够充实,于是当你同另外一个人分离的时候,这种行为自然便会带来烦恼和痛苦。为了去适应对方,一个人就不得不压制自己的真实感受。换句话说,这种因为所谓的爱而导致的不断的克制,毁灭了这两个人。这种爱里面没有自由,它只是一种隐蔽的绑缚。当你极为热切地感觉自己必须要去做某件事情的时候,你便去做了,有时候是以一种狡猾的、隐蔽的方式做的,但你还是会去做,你总是会生出一种强烈的欲望,那便是不受约束地去行动、去做某件事情。

问：我相信，对于一个真正睿智的心灵来说，一切限定和环境都会是正确的、合适的，我这么想对吗？这难道不是一个在模式中发现艺术的问题吗？

克：对一个智睿的心灵而言，环境会生出意义，因此那个充满了智慧的心灵便是环境的主人，这样的心灵不受环境的制约，不为环境所限制。是什么局限住了心灵呢？是认知的缺乏，难道不对吗？而不是环境，环境不会束缚心灵，局限心灵的，是缺乏对于某种环境的认知。

只要有智慧存在，心灵就不会被环境束缚，因为它始终都处于有意识的、觉察的状态，始终都在运作着，从而能够去洞察、认识环境的全部价值。只有当心灵处于昏昏欲睡、懒惰的状态，试图去逃避环境本身，它才会受到环境的局限。虽然心灵在那一环境下可以进行思考，但它并没有真正在发挥作用，它只是在那受限的环境的圈子内进行着思索，而在我看来，这根本就不是思考。

所以，带来智慧的、唤醒智慧的，是这种对于真正价值的认知。心灵由于传统施加在它身上的如此多的价值观念而裹足不前，因此一个人若想认识当前的环境，就必须得摆脱掉这些过去的经验、过去的重负，于是过去同现在之间便会发生战斗。我们经由无数个世纪培养起来的背景，与那始终在变化着的当下的环境之间，展开着争斗。一个为过去所困的心灵，无法认识环境的这些迅速的变化。换言之，要想认识现在，心灵就得彻底地挣脱过去的羁绊，也就是说，它对于当下的价值观念得有一种自发的欣赏与评价。我稍后会来谈谈这一问题的。

"这难道不是一个在模式中发现艺术的问题吗？"显然如此。意思便是说，在环境的模式中，心灵必须发现那些隐蔽的价值，发现那些暗藏的、微妙的价值。而要想觉察到那些隐蔽的、微妙的价值，心灵就得处于鲜活的、柔韧的、敏锐的状态，不会因为背负着昨天的价值观念而寸步难行。

记忆是智慧的绊脚石 131

问：似乎存在着这样一种观念，即认为解放是一个目标、一个顶点。在这种情形下，为了解放而奋斗同为了任何其他的顶点而奋斗，这二者之间有何区别呢？这种终点、目标、顶点的想法，显然是错误的。如果不以这种方式的话，那么我们应当如何去看待解放呢？

克：我担心这位提问者并没有在听我所谈论的内容，或许他只是阅读过我以前撰写的一些书籍，然后提出了这个问题。

心灵寻求着某个顶点、目标、终点，因为它渴望确定性，渴望得到保证。把所有的保证、确定都从心灵里拿走，因为它们是隐蔽形式的自命不凡，或者是对自我持续的渴望。把这一切从心灵里拿开，让心灵处于赤裸的状态，尔后你将发现，心灵会再一次为了安全、为了获得庇护而战，因为它可以根据那一安全做出判断，它可以像一个被系在柱子上的动物那样去安全地活动。

正如我所指出来的那样，解放并非是一个终点，它不是一个目标，解放，意味着领悟了正确的、永恒的价值观念。智慧始终都处于一种"变成"的状态，它没有任何终点。当你希望有所得的时候，这种欲求实际上暗示着你渴望自我能够永续下去，所有为了获取而展开的努力和奋斗，都表明你想要逃避当下。解放，即智慧的总和，它是无法通过努力而被认识到的。毕竟，当你生出欲求的时候，当你渴望得到某个事物的时候，你便会去展开努力。然而解放并不是可以被获得的东西，真理是无法被获取的。因此，只要你渴望获得解放，渴望有所得，渴望达至顶点，你就必定会努力去维系、保持那个被我们称作为"我"的意识，必定会努力使其永续下去。这个"我"的本质，便是努力去达至某个顶点，因为它存活于一系列记忆的运动之中——朝着某个终点的运动。

"如果不以这种方式的话，那么我们应当如何去看待解放呢？"为什么要重视解放呢？你干吗想要获得解放呢？是因为我在过去的十年当中谈到过这个问题吗？还是因为你想要逃避环境？抑或因为它将会让你获得更大的兴奋、更大的刺激、更大的智力上的支配力呢？你为何渴望得到解放呢？你说道："我不快乐，如果我能够获得解放的话，我便会拥有幸福了。因为我处于不幸之中，只要我得到了解放，不幸就将消失不见。"倘若你这么说的话，你就仅仅是在寻求替代物。

解放不能够以任何方式去被"看待"，它是自然天成的。只有当心灵不去试图逃避那个将它困于其中的环境，而是去理解冲突的制造者即环境的涵义，方能迎来解放。你知道，由于你尚未认识那个制造出了冲突的环境，你便会去寻求某个理念、某个顶点、终点或目标。你告诉自己说："一旦我认识了它，这些便会消失无踪了，"又或者，"只要我拥有了它，我就可以将其施加在这种环境上面。"所以，这只不过是一种十分隐蔽的不断逃避当下的行为罢了。一切理想、信仰、目标与顶点，都只是逃避当下的手段。可如果你真正去对这个问题做一番思考，将会懂得，你越是去追逐某个终点、目标、信仰、理想，你就越会让现在背负重担，结果也就将制造出越来越多的局限、冲突与悲伤。

问：有些人认为您的观点便是，只要我们有机会的话，我们应当现在就获得解放，我们以后可以成为大师。但如果我们终将变成大师，那么为什么不现在就开始迈开步伐踏上这一路途呢，这难道不好吗？

克：你现在有机会获得解放吗？你所说的机会指的是什么？你现在如何能够得到解放呢？通过某种奇迹般的过程吗？尔后你便会成为一名大师吗？先生，何谓大师，何谓解放呢？大师的身份是何意思呢？显然，假若没有获得解放，就无法成为大师。如果解放不是现在智慧的总和，那么很明显这一智慧不会在某个遥远的将来被获得。所以你现在渴望解放、尔后渴望变成大师是吗？我想知道你为什么现在想要得到解放。我担心，当你渴望解放的时候，解放便不会具有任何意义了。这种成为大

记忆是智慧的绊脚石　133

师的观念——这位提问者一定觉得生活就如同通过一场考试,生活便是指变成某某——我担心,这种获得解放、成为大师,对你来说没有任何的意义。你难道没有发现,当你真正不去渴望变成什么的时候,而是充实地过好每一天,你便能够懂得何谓大师或解放了。这种渴望不断在制造着一个永远无法实现的将来,结果你也就没有充实地活在当下。

在过去的三天里面,我一直都在谈论着心灵与智慧的问题。在我看来,心灵和智慧这二者之间没有任何界分。一旦心灵摆脱了所有的记忆与障碍,自发地运作,充分地去觉察,它就将创造出觉知,而这种觉知便是智慧、便是极喜。依我之见,这种智慧即永恒。智慧是永恒的,智慧便是心灵本身。这种智慧便是实相,便是心灵本身,它与心灵是不可分的。这种智慧便是极喜,它始终都处于"变成"的状态,始终都在运动着。

记忆只是智慧的绊脚石,记忆不依赖于智慧,记忆便是"我"这一意识的永续,这个"我"则是环境的产物,而心灵没有认识该环境的全部涵义。因此记忆阻碍了那一始终在"变成"、始终在运动的永恒的智慧,使其变得麻木。心灵即智慧,但记忆却把自己强加在了心灵之上。也就是说,作为"我"这一意识的记忆,将自己视为了心灵,"我"这一意识出现在了智慧跟心灵之间,从而划分、阻挡、麻木和扭曲了心灵。因此,将自己认同为心灵的记忆,试图变成智慧。在我看来,这么做是错误的——如果我在这里可以使用"错误"这一词语的话——原因在于,心灵便是智慧本身,是记忆妨碍了心灵,从而遮蔽住了智慧。所以心灵似乎一直都在寻求着那一永恒的智慧,殊不知这智慧就是它自己。

因此什么是记忆呢?记忆难道不就是事件、经历、恐惧、希冀、憧憬、信仰、理念、偏见、传统、行动、行为以及它们那些隐蔽而复杂的反应吗?在你怀有希望、憧憬、恐惧、偏见、性情的那一刻,这些东西便局限住了心灵,而这种限制产生出了记忆,记忆又遮蔽住了心灵即智慧的澄明。这种记忆经由时间而运转，将自己凝固进了"我"这一自我意识之中。在你谈论"我"的时候，你口里的这个"我"便是记忆。你的各种反应的记忆，对于经验、事件、信仰、理想做出反应的记忆，这些记忆逐渐地凝固、硬化，之后变成了一块固体，于是记忆被认同为心灵，跟心灵混淆在了一起。自我意识或者关于"我"的意识，不是别的，正是一捆记忆;空间，不是其他，就是该意识即记忆可以活动、玩耍的地方。所以，这一大块由各种反应凝聚而成的固体，无法被消解掉，无法通过分析过去而在日后消解掉自身，因为这种回首过去，这种对于过去的分析，本身就是记忆耍的一个把戏。你知道，身处现在，却通过再次宣称过去、再次限定过去来获得一种病态的愉悦感，是一种不断发生的行为，即沉湎于记忆之中，难道不是吗？这种行为并不是聪明，也不是某个哲学概念。请你思考一下这个问题吧，哪怕只是一分钟也好，那么你会发现我所言非虚。存在着大量的反应，这些反应来自于状况、环境、偏见、各种憧憬以及所有这些——于是便出现了一个被你唤作为"我"的事物。

接着便会生出这样的观念，即认为你应该消除掉这个"我"，原因是我一直以来的讲话。又或者你自己感觉到了执着于"我"是多么的愚蠢，所以你便开始去放开，记忆开始往后延伸，进入到过去，这便是自我分析的过程。如果你真正去思考一下，会发现，记忆通过在当下重返过去来获得一种病态的快感。同样的，由于更多的欲望，由于更多的累积的经验和反应，于是未来的记忆变得越来越硬化。换句话说，时间便是记忆或者自我意识，你无法通过探究过去来消除或消解掉自我意识。过去不是别的，正是记忆的累积，钻研过去抑或探究未来，都无法消除掉现在的意识——这么做只会带来更多的累积、更多的欲望、更多的反应与硬化，我们将其称作为信仰、理想和希冀——未来仍然被涵盖在时间的范畴之中。只要继续存在着这种过去和未来的记忆，智慧便无法在当下充分地运作起来。

按照通常的理解，直觉是以过去作为基础的，过去的记忆的累积、过去的经验的累积，这些累积只不过是一种警告，以便你现在能够小心行事——或者自由地展开活动。就像我指出来的那样，这种永恒在我看来并不是一个哲学概念，它是一种实相。若你对我说的内容展开一番检验，你将发现它是实相。意思便是说，如果你的心灵没有被过去的累积即你所谓的记忆阻碍，你就会明白它是一种实相。记忆在当下发挥着作用，它操控、指引着你，使你无法拥有充分的智慧，于是你也就难以充实地活在当下。

因此，解放、真理或神，便是指心灵卸下了记忆的重负，而心灵即智慧本身。我已经向你们解释过了我所说的记忆是什么意思，不是关于事实或谬误的记忆，而是经由自我意识施加在心灵上的包袱，这种自我意识便是记忆，它是对我们尚未认识的环境做出的反应。不朽，并不是"我"这一意识的永续，这个"我"不是别的，而是一个错误的环境的产物。然而不朽则是自由，是心灵挣脱了记忆的重负获得解放。

（在加州欧加橡树林的第四场演说，1934年6月19日）

恐惧的根源

今天上午,我想来谈谈关于恐惧的问题,是恐惧导致了强迫和影响,并使它们成为了不可避免的因素。

我们将心灵划分为了思想、理性和智力。然而,正如我在上一场演说里指出来的那样,在我看来,心灵便是智慧,它是自然天成的,只可惜因为记忆而变得模糊不清。心灵即智慧,它被记忆遮蔽了,被"我"这一意识、这一环境的产物给迷惑了。于是心灵便沦为了环境的奴仆,心灵自己因为欲望而创造出了这一环境,结果便始终会有恐惧存在。心灵创造出了环境,只要我们没有认识环境,就必定会心生恐惧。我们没有去彻底地思考环境,没有充分地察觉到它,因此心灵便会屈从于那一环境,继而产生出了恐惧,强迫则是恐惧的工具。于是,由于缺乏智慧,自然便会导致无法去认识环境,而因为我们不理解环境,结果就滋生出了恐惧。恐惧又使得影响不可避免,无论是外在的还是内在的影响。

这种不断的强迫是如何产生出来的呢?强迫已经成为了工具,恐惧的有力工具。我一再地指出过,记忆遮蔽住了心灵,之所以会如此,是因为缺乏对于冲突的制造者即环境的认知,而记忆则变成了自我意识。这个被记忆遮蔽、局限、束缚的心灵,寻求着环境的产物即"我"的永续,于是,在让"我"永续下去的过程中,心灵努力想要为了适应环境、为了它的成长和扩张做出调整或改变。你知道，心灵始终渴望去适应环境，然而适应环境并不能带来觉知，仅仅通过变更心灵的状态或者试图去改变、拓展环境，同样也无法让我们认识那一环境的涵义。因为心灵不断寻求着自身的安全，它被记忆遮蔽住了，记忆已经将自己混淆并且认同为自我意识——这种自我意识渴望使自身获得永恒——结果它便努力去改变、调整、修正环境，或者换句话说，心灵希望能够让"我"变成永恒的、普遍的、宇宙的，难道不是这样吗？

因此，心灵寻求着不朽，实际上是渴望"我"这一意识能够持续下去，渴望环境能够永远存在下去。也就是说，只要心灵执着于"我"这一意识，它就会在这种局限中去寻求自身的永恒，即我们所谓的不朽或者那一宇宙的意识，在这种意识里面，个别依然存在着。心灵之所以会如此，是因为缺乏对于环境的认知，结果也就导致了冲突。只要心灵即智慧困在记忆的束缚之中，也就是"我"这一意识之中，它便会为了谬误的事物展开错误的寻求。就像我阐释过的那样，这个"我"是对环境做出的错误的反应，原因是错误的，并且它始终在寻求着一个错误的解决方法，寻求着一个错误的结果。所以，当那个为记忆遮蔽的心灵渴望使自身作为自我意识永续下去的时候，它便是在寻求着虚幻的不朽、虚幻的宇宙的扩展，随你怎么称呼都成。

恐惧，便滋生于这种让"我"即自我保存的记忆永续下去的过程中——不是表面的恐惧，而是根本性的恐惧，接下来我会去探究这种恐惧。该恐惧的外在表现，便是国家主义、增长、扩大、成就、成功——消除这种根本性的恐惧，不再急切地渴望"我"的永存不朽——所有的恐惧都将终止。因此，只要你希望那个虚幻的事物即"我"永续下去，就会生出恐惧。这个"我"是一种谬误，所以你必定会做出错误的反应，而这个反应便是恐惧本身。只要存在着恐惧，就一定会有训诫、强迫、影响、控制以及对于权力的寻求，心灵将这些东西颂为美德、视为神圣。

假如你真正去思考一下，会发现，一旦你拥有了智慧，你就不会去寻求权力了。

一切生命都因为恐惧、冲突、强迫、法令及桎梏的逼迫而被定型，有些人认为这些东西是美德、是值得的，其他人则觉得这些是有害的、邪恶的。难道不是如此吗？这些东西，便是你在寻求永恒、渴望摆脱恐惧的过程之中确立起来的制约，在这种寻求的过程里，你制造出了戒律、标准和权威，于是你的生活便因为各种形式、各种程度的强制而被塑型、被控制住了。有些人将这些强制称作为美德，其他一些人则视其为邪恶。

首先，我们有了外部的强制，它是环境施加在个体身上的约束。一个在你眼里被看做是进化不够、缺乏灵性的普通人，为环境、外部环境所控制，也就是说，被宗教、行为准则、道德标准、政治和社会的权威操控。他之所以会屈从于所有这一切，是因为这些东西都植根于个体的经济需求之中，不对吗？只要彻底去除掉个体所依赖的经济上的需求，那么行为准则、道德标准、政治、经济和社会的价值观念便都将消失不见了。因此，这些外部环境的制约，导致了个体同外在环境之间的冲突，个体身处于这些制约之中，被碾碎、被压垮、被扭曲、被误导，结果也就变得越来越缺乏智慧。如果一个人始终都只是受到外在环境的限定，被某些规则、法令、反应、伦理、道德标准塑型，那么你越是去压制他，智慧就会距离他越远。然而智慧便是对于环境的认知，便是洞察它那隐蔽的涵义，从而摆脱其制约获得自由。

个体将这些施加在自己身上的制约，称作为外部环境。这些制约在宗教、流行的道德以及人们的政治和经济生活当中，找到了自己的代言人、鼓吹者和利用者。这个利用者，便是那个有意或无意利用你的人，你有意或无意地屈从于他，因为你缺乏觉知，你在经济、社会、政治和宗教领域都受到了剥削与利用，而他则变成了剥削你的人。结果生活就变成了一所学校，变成了一个钢架，在它里面，个体遭受着击打，按照

恐惧的根源 139

某种模式被塑型，仅仅沦为了一部机器——个体只不过变成了机器里的一个齿轮，受到残忍而严苛的限制。生命成为了一场永无休止的争斗、战役，因此他便确立起了一种错误的观念，那便是认为生活是一系列的经验和教训，他应该去学习、去获得这些经验教训，以便他可以预先获得警告，以便能够以崭新的姿态去迎接明天的生活，不过是怀着他那些预先构想出来的理念。生命仅仅变成了一所学校，而不是一个去尽情享受、去生活的对象，不是怀着极喜之情、毫无恐惧、充实地活着。

外部环境迫使个体、压迫个体进入到了这个由标准、道德、宗教观念、道德伦理构成的钢铁结构之中。个体受到了外部的挤压，于是他便会渴望逃避到内心世界里去。当心灵被外在环境扭曲、塑型、歪曲的时候，外部自然便会出现不断的冲突和争斗，以及不断地进行错误的调整和适应。心灵渴求得到平静与幸福，希望能够出现一个不同的世界，因此个体就建立起了一个罗曼蒂克的避难所，在这个庇护所里，他渴望去弥补外在世界里的那些损失和痛苦。

正如我所说的那样，你们来到这里是为了探明和评断，而不是为了去反对。只有当你极为仔细地思考了我的话以后，才能够予以反对。若你愿意的话，你可以竖起一道道屏障，不过你首先得去充分地探明我究竟想要表达的是什么。而要想做到这一点，你必须具有相当的判断力，处于敏锐的觉察状态以及拥有大智慧。

就像我所指出来的那样，外部环境制造出了痛苦，由于受到外在环境的挤压，个体便会努力想要去逃避那些外部的环境，他制造出了一个内在的世界，开始发展出了一套内在的法则，制造出了他自己的个体的约束。他把这个叫做自律，或者说成是和那个被他称作高等自我的事物合作。

大部分人——所谓的宗教人士——虽然排拒了外在环境的逼迫及其影响，但却发展出了一套内在的法则、标准和纪律，他们把这些称作为将高等自我带入到低等自我中去。也就是说，换言之，他们仅仅是在寻求替代品。于是也就出现了自我约束，尔后便有了那个所谓的"内心的声音"，它的力量和控制，甚至要比外部环境更为强大。不过，毕竟，外在与内在的区别是什么呢？它们都在通过这种对于自我永续的渴望而控制着、歪曲着心灵，也就是智慧。你还拥有你所谓的直觉，直觉，不过是你自己那些隐蔽的希冀和欲望获得解放、得以实现。所以你已经填充了那个内在的世界，你所谓的内心世界，以及所有这一切——自我约束、内心的声音、直觉。如果你去思考一下的话，会发觉，所有这些都只是那个同样的冲突的隐蔽形式，这个冲突被带入到了一个不同的世界里，在这里面没有觉知，你只不过是在为了适应一个更为隐蔽、在你看来更为精神性的环境进行着调整和塑型罢了。

你们知道，在外部世界里，有些人寻见了、发现了社会差别。同样的，那些所谓的宗教人士们在这个内在世界中，普遍寻求的，也只不过是他们的精神同伴和上级。于是，正如外部世界同个体之间会发生冲突一样，在这个内在的世界里，各种理想、成就以及它们自身的欲望之间，也会出现一种精神上的冲突，尔后你将会发现有什么被制造出来了。

外部世界之所以没有表现出心灵被记忆遮蔽住了，没有表现出"我"这一意识，原因在于环境实在是太过强大、太有力量、太具压迫性了，身处外部环境中的你，不得不去适应那个模子，抑或假如你不这么做的话，你就会被击碎。因此你便发展出了一种内在的或者说更为隐蔽的环境，殊不知，其实在这个环境里面上演的依旧是同样的过程。你所建立起来的那个环境，是一种对于外部世界的逃避，你在这个内部世界里还是会有各种的标准、道德法则、直觉、高等自我、内心的声音，你不断地去适应着它们，这便是事实情形。

从本质上来说，我们所说的这些外在的和内在的制约，其实都源自于欲望，所以便会出现恐惧。制约、强迫、影响以及对于权力的渴望，均脱胎于恐惧，这些东西，都只是恐惧的外在表现罢了。只要心存恐惧，你就无法拥有智慧，只要我们没有认识到这一点，就一定会把生活划分为外部的和内部的，结果我们的行动也就必然总是会受到强迫，要么是为外部世界逼迫，所以是错误的，要么则是被内部世界逼迫，这同样也是错误的，因为在这个内部世界里，你还是努力想要去适应某些其他的准则。

当错误的事物在错误的环境中寻求着自身的永恒，恐惧便会被滋生出来。所以，我们的行动即我们的日常行为，以及我们的思想和情感，会出现怎样的情形呢？

心灵和头脑根据环境、根据外部的环境去塑造自己，然而当它们发现自己无法做到这一点，因为强迫是如此的有力，那么它们便会转向某种内部的环境，在那里，心智寻求着完美的安逸与满足。又或者它们通过经济、社会、宗教或政治上的成绩来让自己得到彻底的满足，尔后就会转向内部的环境，不过依旧是去取得成功、依旧是渴望有所得。而为了有所得，它们就必定总是会有一个顶点、一个目标，这个顶点或目标只会变成一种环境和限定，心智将不断地为了适应这一环境而去调整自己。

因此，在同一时间，有什么会发生在我们的感觉、情感、思想、发生在我们的爱、我们的理性身上呢？当你仅仅是去适应，当你单纯地去修正和改变的时候，会发生什么呢？会出现怎样的情形呢——虽然房子的根基已经腐烂，但你却只是去装饰其墙壁，这栋房子会出现怎样的情况呢？所以，同样的道理，我们的思想与情感都不过是依照某个模式在进行塑型，不过是在改变、修正着自身，无论这个模式是外在的还是内在的，抑或根据某种外部的强制或内在的导向在进行着调整。我们的行为因环境而受到了如此大的限制，以至于所有的反应都只不过是对某种模式的效仿以及对环境的适应，爱也只是变成为另外一种形式的恐惧罢了。我们的整个生活——毕竟，我们的生活便是我们的思想和情感、欢乐和痛苦——我们的全部生活，依然是不完整的，我们思想的整个过程或者生命的所有表现，不过是一种调整、适应跟修正，而非圆满和完整。结果便会滋生出一个接一个的问题，便会不断地去适应环境以及去遵从某些模式，而环境、模式必定始终都在发生着变化。于是你也就继续着这种争斗，你把它美其名曰为自我的发展、成长与意识的扩展，其实这个自我、这种意识，只不过是记忆罢了。你发明出了一些词语来安抚你的心灵，但这种争斗却依然继续着。

倘若你真正去对这个问题展开一番沉思——我觉得你们当中那些会在此逗留的人，在这几天里头完全有机会这么做——倘若你认识到了这一点，不去渴望改变，不去渴望修正，而是察觉到这种外在的环境，觉察到这些状况和限定，觉察到内部的世界——在它里面有着同样的环境、同样的状况，只不过被你冠以更加隐蔽、更加可爱的名字而已；倘若你真的意识到了这些，那么你就会开始理解外在及内在环境的真正涵义，你便会拥有直接的感知，你的生命将获得解放，心灵将变成智慧，它可以自然地、富有活力地运作起来，不会再有这种永无休止的争斗了。尔后心灵——即智慧——便将意识到那些障碍，因为它已经理解了这些阻碍，它已经有所洞察，不会再有任何的调整与适应，不会再有任何的修正与改变，存在的，只有觉知。于是智慧不再依赖于外部的或内部的环境，在这种觉知中，没有丝毫的渴望和欲求，只会有对于实相的感知。要想认识实相，就不能够怀有欲望。

你知道，只要你存有欲望，你的心灵就已经被蒙蔽、被扭曲了，原因在于，心灵与某一个认同而排斥另外一个——只要有欲望存在，你就不可能拥有觉知。然而当心灵不去认同那个"我"，而是去察觉到外在的和内在的环境，察觉到那些隐蔽的划分，察觉到各种情绪，察觉到那些心灵将自己划分为记忆和智慧的细微差别——那么，在这种觉知中，你便能领悟环境的全部涵义。这个环境，是我们经由无数个世纪创造出来的，我们将其唤为外部的环境与内部的环境，这二者始终都在变化着，始终都在调整着自己去适应彼此。

你现在关心的，就只是去进行修正、改变和调整，因此必然会产生出恐惧。恐惧的工具便是强制，只有当你没有实现觉知的时候，只有当智慧未能正常运作起来的时候，才会出现强迫。

（在加州欧加橡树林的第五场演说，1934年6月22日）

心灵的不完整导致强迫

首先我将发表一番简短的演说,然后再回答一些提问。昨天,我探讨了有关恐惧的问题,以及它是怎样使得强制成为了不可避免的因素,今天上午我打算再一次简略地谈一谈,心灵的不完整、不充实是如何导致强迫的。只要你的内心是欠缺的、不充实的,你就会渴望得到指引,渴望权威,渴望某种具有塑型力量的影响。这种影响已经成为了传统,传统不再是思想,而是仅仅扮演着向导的角色。然而在我看来,传统应当是唤醒思想的手段,而不是用来压制、扼杀思想的。只要你的心灵没有获得充实,就一定会出现强制,而这种强制又会滋生出某种生活模式或行为模式,从而导致了更多的冲突、争斗与痛苦。也就是说,只要一个人有意或无意地感觉到心灵处于极度欠缺的状态,他就必然会遭遇冲突和不幸,必然会感到浅薄与空虚,觉得生命毫无意义可言。一个人或许不会察觉到这种不完整,又或者能够意识到这一点。

因此,当心灵没有获得充实与完整的时候,它会处于怎样的过程之中呢?当一个人意识到了自己身上的这种肤浅和空虚的时候,会发生什么呢?当我们觉察到自己内心的这种空虚时,我们会怎么做呢?我们会渴望去填满这种空虚,我们会寻找着某种模式、某种由他人创造出来的模式,我们仿效着这一模式,我们训练自己去适应这种由别人建立起来的模式,指望由此可以填满我们或多或少已经意识到的自身的空虚与肤浅。

这种模式开始影响我们的生活，迫使我们按照那一模式来调整自己的思想与行为。于是我们开始活在他人的经验、理念、局限和表现之中，而不是活在我们自己的经验、自己的觉知之中。这便是发生的情形。如果你真正去思考一下这个问题，哪怕只是一小会儿，便会发现，我们开始排斥自己的特殊经验以及对于这些经验的觉知，因为我们感觉到了空虚、欠缺，我们转而去模仿、复制，活在他人的经验里头。当我们求助于他人的经验，而不是依靠自己的觉知来生活的时候，自然就会变得越来越欠缺和空虚，遭遇越来越多的冲突。但倘若我们告诉自己说，我们应该依靠自身的经验和理解来生活，便会再一次求助于某个理想、某种模式，然后根据该模式来塑造自己的生活。

假设你告诉自己说："我不打算去依靠他人的经验，而是要凭借自己的经验来生活，"那么很显然你就已经制造出了某种模式，你调整自己去适应该模式。当你说"我将依靠自己的经验来生活"的时候，你便已经在局限你的思想了，因为这种认为你应该凭借自身的觉知来生活的观念，导致了一种自满的情绪，这种自鸣得意不过是一种无效的调整，只会走向停滞。你知道，大部分人都声称将会排拒自己不断在模仿着的外部的模式，将会努力去依靠自己的觉知来生活，他们说道："我们只会做自己理解的事情。"结果他们便制造出了另外一种模式，他们按照这一模式去编织自己的人生，尔后将发生怎样的情形呢？他们会变得越来越满足，结果也就逐渐地走向了衰退。

我们指望仅靠行动来消除这种心灵的欠缺，因为，只要我们感到了这种空虚和肤浅，便会生出渴望，想填满这种空虚，于是就去诉诸单纯的行动。当我们诉诸于某种行动来填满这种欠缺的时候，我们会怎么做呢？我们仅仅试图通过累积来填补空虚，所以不会努力去探明空虚的根源究竟是什么。

当你感觉自己的心灵是欠缺的时候，会发生什么呢？你努力想要填满这种空虚，你试图变得充实起来。你声称，若想变得充实起来，就必须求助于他人，因此你开始调整自己的思想和感受去适应他人的观念和经验，可惜这么做并不能够给你带来充实或完整。尔后你便告诉自己说："我将试着去依靠自己的觉知来生活。"这同样是危险的，就像我曾经指出来的那样，这种想法会让你变得自满起来。假若你仅仅诉诸行动，声称："我将积极地入世，展开行动，以便可以让内心充实起来，"那么你就是再一次试图通过替代品来填满这种空虚。可如果你通过行动实现了觉知，你就会探明空虚的原因了。意思就是说，你凭借智慧创造出了行动，而不是去寻求完整和充实。

　　什么是行动呢？毕竟，行动便是我们的所思所感。只要你没有去觉察自己的思想与情感，你就必然会是空虚的、欠缺的，再多外部的行动，也无法填满你的空虚。也就是说，唯有智慧才能消除掉这种空虚，而不是依靠不断的累积。正如我曾经指出来的那样，智慧便是心灵同思想的完美的和谐。所以，倘若你理解了自身思想与情感的运作，由此在行动中实现了觉知，那么你就将拥有智慧，它会扫除掉你心灵的空虚，它不会试图用充实、完整来取代空虚和欠缺，因为智慧本身即是完整。

　　所以，只要你的心灵是充实的，就不会出现任何的强迫。然而不和谐、不完整，导致了心灵同头脑之间的隔离，难道不是这样子吗？何谓不和谐呢？不和谐，是指你的所思同所感之间被有意识地划分开了，结果这种差别里就会有冲突出现。可是照我看，思想与情感并无二致。因此，由于有了冲突与不和谐，由于把思想同感受区分开来，于是我们便进一步地使心灵、头脑与智慧脱离开了——智慧，依我之见，便是真理、美与爱。意思便是，冲突，就像我解释过的那样，是环境的产物，即"我"这一意识同环境本身之间展开的争斗——环境的产物与环境自身之间的这种冲突，导致了争斗，而争斗又带来了不和谐。我们把思想同情感划分开来，于是也就进一步地将智慧与心智划分开来了，可是在我看来，它们是一体的。智慧便是思想和情感处于完美的和谐状态，因此智慧就是美本身，所以它并不是一个可以寻求到的东西。

当遭遇重大的冲突与不和谐的时候，当我们彻底意识到空虚的时候，就会渴望去寻求美、真理和爱，希望这些可以影响、指引我们的人生。也就是说，由于察觉到了自身的空虚，于是你便会让美具象化地呈现在自然界、艺术和音乐当中，开始人为地让自己身处在这些美的外在表现的包围之中，以便它们可以在你的生活里成为一种影响力，让你获得雅致、文化与和谐。这难道不就是心灵经历的过程吗？正如我说过的那样，由于冲突，我们把智慧与思想、情感划分开来，尔后便意识到了心灵的空虚与欠缺，于是我们开始在艺术、音乐、自然界以及宗教理想当中去寻求幸福和充实，而这些事物则会开始影响我们的生活、控制、统治、指引我们。我们以为这么做便能让我们达至圆满、获得充实，我们希望通过累积积极的、正面的影响和经验，就可以消除掉不和谐与冲突。殊不知这只会让我们距离智慧越来越远，因此也就同真理、美和爱渐行渐远，而真理、美、爱，就是圆满、完整本身。

也就是说，当我们感觉到了自身的不完整，感觉到了心灵的空虚，便会开始去累积，指望通过积累经验、通过享受他人的理念和模式，就可以获得充实。然而在我看来，一旦你拥有了智慧，自然也就会消除自身的欠缺，智慧本身便是美和真理。只要头脑与心灵因为冲突而彼此分离开来，我们就无法领悟到这一点。我们把智慧同心灵和头脑划分开来，这一过程——这种分离的过程，这种对于圆满和充实的寻求，不断在继续着。然而圆满就蕴含在智慧之中，若想唤醒那一智慧，就必须弄清楚是什么导致了不和谐，进而导致了界分。

是什么制造出了我们生活里的不和谐呢？是因为缺乏对于我们周围的环境的认知。当你开始去质疑和认识环境的时候，当你开始去理解它的全部价值与涵义的时候，而不是试图去加以仿效，或者让自己去适应环境，或者逃离它，那么你的心中便会绽放出智慧的花朵，而智慧即美、爱与真理。

问：依您看，对我来说，成为一名新教圣公会的女执事更好一些呢，还是说，通过保持原来的状态，我能够更好地效力于世人呢？

克：我认为，这位提问者想知道的是如何去帮助世人，而不是自己究竟是该加入某个教会还是其他，因为这是毫无意义的。

一个人该怎样去帮助世界呢？显然，不是通过制造出更多的教派的界分。因为，国家主义，其实是经济剥削的扩大化，宗教则是某些信仰和教条的具体化的产物。假如一个人真的想要去帮助世人，依我之见，他就不能够通过任何组织化的宗教的方式，无论这种宗教是基督教及其无数的教派，还是印度教及其诸多的教派，抑或是任何其他的宗教。事实上，这些东西只是心灵的有害的界分。但我们却以为，只要所有的世人都皈依了基督教，就能够实现各个宗教的友爱共处以及人类的统一了。在我看来，宗教是一个错误的原因导致的错误的结果，这个原因便是冲突，宗教不过是逃避冲突的手段罢了。因此，你越是发展和强化宗教的各个教派之间的界分，它们之间就会越少友爱之情，你越是强化国家主义，就距离人类的统一越遥远。

问：贪婪，究竟是环境的产物呢，还是人性使然？

克：何谓人性呢？它难道不正是环境的产物吗？为什么要把它们划分开来呢？存在着脱离环境的人性吗？有些人相信人性与环境之间的差别是人为的，因为，他们声称，通过改变环境，人性就可以得到改变与修正。毕竟，贪婪不过只是错误环境的产物，因此也就是人性本身的结果。

当个体试图去理解他所身处的环境时，那么，由于他拥有智慧，所以也就不会存有贪婪之心,尔后贪婪将不再是一种需要被克服、被消除的罪恶。你没有认识和改变贪婪的制造者即环境,但你害怕这个环境的产物,将其视为一种罪恶。可仅仅寻求完美的环境、完美的人性,是无法带来智慧的。然而,只要拥有了智慧,便能够实现对于环境的认知,并因此摆脱它的反应获得自由。环境或社会,迫使你去保护自我。但倘若你开始去认识那一滋生出贪婪的环境,那么,一旦你懂得了环境的涵义,贪婪便会消失不见,尔后你也就不会用贪婪的对立面去替代它了。

问: 我理解您所说的,当一个人直面冲突,不去想逃避的时候,冲突便将停止了。我爱着某个人,但对方并不爱我,我感到十分的孤独和悲伤。我真的认为我是在直面冲突,没有去逃避,可我仍然处于孤单和不幸之中。所以,您的话并没有发生作用。您能否告诉我这是为什么吗?

克: 也许你只不过试图把我的话当做一种逃避的手段,也许你是在利用我的话、我的观念来填满你的空虚。

你说自己已经在直面冲突,我想知道你是否真的如此。你说你爱着某个人,但你实际上只是渴望去占有对方,于是便会出现冲突。为什么你想要去占有所爱的人呢?因为你以为,通过占有,你将找寻到幸福和充实。

所以,这位提问者实际上并没有在直面问题,他希望去占有他人,结果也就局限了他自己的情感。原因是,当你真的热爱某个人的时候,这种爱里面是没有占有的。我们很少拥有这种深刻的爱的感受,这种情感中没有任何的占有与获取。这又让我们回到了我刚刚在演讲里面提到的内容,即,只要心灵是欠缺的、空虚的,就必然会出现占有;积累,无法带来内心的充实,只有智慧,只有在冲突中展开有意识的行动,方能拥有心灵的完整。而之所以会出现冲突,是因为缺乏对于环境的认知。

问：人们前来聆听您的演讲，是因为将您视为导师，这难道不是事实情形吗？然而您却说，我们不应当师从于任何人。那么我们该离去吗？

克：如果你们视我为老师，如果你们把我看做是自己的指路人，那么你们就应该离去。倘若我在你们的生活里头制造出了一种影响力，倘若我通过自己的言行去强迫你们展开某种行动，那么你们就应该离去。尔后我所说的话对你们而言就是毫无价值的，不具有任何的意义，于是你们将我视为老师，实际上老师便是利用、剥削你们的人。这里面不会有任何的觉知，不会有充实、极喜，有的只是悲伤与空虚。可如果你们来这里聆听我的演讲，目的是想探明如何去唤醒智慧，那么我就不是你们的剥削者，我仅仅是一个事件、经历，帮助你们去洞悉那束缚了你们的环境。

可惜大多数人都渴望拥有老师、指路人、大师、或者是在物质层面，或者是在其他层面。他们渴望被指引、被强迫、被影响着去做对的事情，去展开正确的行动，因为他们的内心并没有任何觉知。他们没有认识环境，没有理解自身思想和情感的诸多微妙之处，结果他们便觉得，只要去追随他人，就可以达至圆满——正如我昨天阐释过的那样，这是另外一种形式的强迫。由于存在着强迫，迫使你陷入到某种窠臼之中，因为你并未拥有智慧，所以你便去寻求老师，以便可以被影响、被指引、被塑造，而这里面同样也没有任何的智慧。智慧便是真理、充实、美、爱本身。任何老师或训练都不能带领你获得智慧，原因在于他们是各种各样环境的强迫和修正。只有当你充分理解了环境的意义，领悟了它的价值，唯有如此，才能迎来智慧之光。

问：一个人怎样才能探明有什么可以填满在消除自我意识的过程中

出现的空无状态呢?

克：先生，您为何想要消除掉自我意识呢？你为什么会觉得，消除掉自我意识，消除掉那个"我"、那种以自我为本位的局限十分重要呢？你干吗认为这是必要之举呢？假若你回答说，这么做之所以必要，是因为你寻求获得幸福，那么，这种自我意识、这种受限的自高自大的个性，就将会依然存在下去。但倘若你声称："我察觉到了冲突，我的心灵和头脑被困在了这种不和谐之中，可是我发现了这种不和谐的原因，那便是缺乏对于环境的认知，而环境正是自我意识的制造者。"那么，你就没有所谓需要去填满的空虚了。我担心，这位提问者根本就没有认识到这一点。

让我再一次解释一下这个问题吧。我们所谓的自我意识或者"我"这一意识，不是别的，正是环境的产物。意思就是说，当心智没有认识到个体发现自己身处的那个环境时，那么，由于缺乏认知，便会有冲突出现。心灵被这种冲突遮蔽住了，这种永无休止的冲突制造出了记忆，并且与心灵认同，于是这种自我意识的观念就会变得更加地牢固，所以也就出现了更多的冲突、痛苦与悲伤。然而，你无法通过替代物去认识环境即冲突的制造者，你唯有凭借智慧才能实现对于环境的认知。智慧便是心灵和爱——这一智慧始终都是自我制造的，始终都处于运动之中，依我之见，智慧即永恒的实相。

可是，你们希望环境的产物即自我意识可以永续下去，也就是那个你所谓的"我"能够获得永恒。只有当你认识了环境的时候，这个"我"才会消失不见。尔后智慧便能正常地运作起来，没有抑制，也没有任何的强迫。于是也就不会再出现这种可怕的争斗，不会再去寻求美、寻求真理，不会再为了占有性的爱展开无休无止的斗争，因为智慧本身便是圆满。

（在加州欧加橡树林的第六场演说，1934年6月23日）

人被囚禁在自设的监牢中

　　让我们暂时地或者至少想象一下从一个新的视角来审视这个世界，这一新的视角将会展现出人的内部运作及外部运作，他所创造出来的东西、他的各种争斗。如果你可以稍微想象一下，那么在你面前将会呈现出怎样的情形呢？你将看到人被无数的高墙囚禁了起来，那些宗教的、社会的、政治的和国家的局限竖立起来的高墙——这些高墙是由他自己的野心、渴望、恐惧、希冀、安全、偏见以及爱恨制造出来的。他被围困在这些障碍和囚牢之中，被国家边界树立着的颜色各异的旗帜、种族敌对、阶级斗争、教会团体的差别等等给局限住了。你发觉全世界的人都被囚禁在由他自己制造出来的各种局限和高墙之内。通过这些高墙和监牢，他试图表达出自己的所思和所感，他在这些包围之中感受着自己的悲欢。

　　所以你发现全世界的人都是囚徒，都被他自己竖立起来的一堵堵高墙囚禁其中。他试图通过这些围困、这些环境的高墙，通过他的观念、野心、欲望的局限——试图通过这一切去展开活动，有时候他会取得成功，有时候则会伴随着可怕的争斗。如果一个人成功地使自己在监牢里面过得舒服自在的话，我们会将他称作为成功人士；倘或他在监牢中屈从，则会被我们唤作是失败者。然而无论是成功还是失败，都不过是在监牢的高墙之内。

当你用这样的视角来审视世界的时候，会发现人类处于这种限制和围困之中。何谓个体？什么是他的环境，什么是他的行为呢？这便是我想要在今天上午谈论的问题。

首先，个体是什么？当你说"我是一个个体"的时候，你所指的是什么意思呢？我认为，你这话的意思便是——不要给出隐晦难懂的哲学层面或形而上层面的解释——你所谓的个体，是指一个单独的意识以及那一单独意识的表现，即你所说的自我表现。也就是说，个体，便是一个人思想同情感的全部意识，他的所思所感被环境的束缚给限制和围困住了。那受限的思想和情感的表现——其实这二者本质上是一样的——他将其称作是他的自我表现。个体的这种自我表现，不是别的，正是单独的意识，要么被环境迫使着去采取某种特殊的行为方式，要么表现出智慧，将环境置于一边，即富有创造力的生活。意思便是说，作为一个个体，他已经意识到了自身单独的行为，他被迫使着、限制着去按照某种方式来行动，这种方式根本不是他去选择的。大部分人都是在逼迫下去工作、去活动，去从事他们完全不适合的职业。他们的整个余生，都花在了同这些环境进行对抗上面，结果也就把自己全部的精力都浪费在了争斗、痛苦和悲伤之中，只有偶尔的时候才会收获些许的愉悦。抑或一个人冲破了环境的局限，因为他认识到了环境的全部涵义，过上了一种富有智慧与创造力的生活，无论是在艺术、音乐、科学的世界里，还是在职业领域里，不会再通过自我表现传达出那种隔离感了。

这种富有创造力的智慧的表现，是极为罕有的，尽管它看起来是个体或单个，可在我看来，它并非是个体，而是智慧。只要真正的智慧在运作着，就不会存在个体的意识。然而，只要有挫败、努力以及同环境的争斗，就会出现个体的意识，而这种意识并不是智慧。

如果一个人能够展开理性的、睿智的行动，并因此摆脱了环境的制约，那么我们会认为他是非凡的、富有创造力的。对于一个被囚禁起来的人来说，一个获得了解放的人、一个睿智之人，就跟神一般。所以我们无需去讨论那个获得了解放的人，因为我们并不关心他，大多数人对他都不关心。我不打算去探究有关自由的问题，原因在于，只有当你离开了监牢的时候，才能领悟解放和神性，身处监牢之中的你，是无法理解神圣的。因此，仅仅从形而上的层面或者哲学的层面去探讨何谓解放、神性、上帝，是徒劳的，因为现在被你理解为神的事物，必定是受限的，原因是你的心灵被束缚住、局限住了，所以我不会去展开描述。

只要这种自发的、理性的表现，即我们所谓的生活，遭到了阻挠，就必定只会去强调个体的意识。你越是在没有实现觉知的情况下去对抗环境，你越是去和环境展开斗争，那么，在这番努力中，你就越是会意识到自身的局限。

请不要猜想那一受限的意识的对立面将会彻底地消失掉，抑或只会机械地运作或是展开群体的活动。我将向你们指出个体的成因，个体是如何形成的。不过，随着那一受限的意识的消散、消失，不会出现如下的情形：即你变得机械化，抑或，通过以某个卓独的居于主导地位的个体为焦点，将会出现一种集体的行为。因为智慧既摆脱了单个即个体，也摆脱了集体——毕竟，集体不是别的，正是无数个个体累积而成的——这个受限的意识即我们所谓的个体，将会消失不见，你不会变得机械化、集体化，而是会迎来智慧。智慧是协作性的，而不是破坏性的，既不是个体的，也不是集体的。

尔后，每个人都受到了阻挠，他意识到了自身的孤立、隔离，他在环境之内运作着、行动着，他反抗着环境，展开艰辛的努力去适应、修正和改变环境。你们难道不就是在这么做的吗？你在爱情、事业与行动中遭受到了挫败，在同环境展开斗争的过程中，你敏锐地察觉到了自身的意识，你开始去改变环境。然后会发生什么呢？你只不过竖起了更多的抵制的高墙，因为修正或改变，正是缺乏认知的结果，一旦你实现了

人被囚禁在自设的监牢中　155

觉知，就不会渴望去进行修正、改变或革新了。

所以，在你去进行修正、改变和调整的过程中，在你努力去冲破那些局限、那些高墙的过程中，便会出现你所谓的行动。对于绝大多数人而言，行动仅仅是去改变环境，而这种行动将会导致监牢的高墙或者环境的限制更加的扩大化。倘若你没有认识某个事物，而是仅仅试图去改变它，那么你的行动就势必会让障碍变得越来越多，势必会竖立起一系列新的阻碍，你的努力，只不过是在扩建那所监牢罢了。人们把这些障碍和高墙叫做环境，把自己在这些包围和束缚中的运作叫做行动。

因此，这种行动里面永远都不会有解放、充实与完整，只会有愈来愈多的恐惧，从未曾有过圆满。个体即你自己存在的整个过程，就是问题的不断增多。你认为你已经解决了一个问题，结果在这个问题的位置上又出现了另外一个问题，于是你又去解决这个新出现的问题，哪里知道第三个问题又冒了出来，这种悲惨的情形将一直持续到你生命的终点。当不再有任何问题出现的时候，便是你所谓的死亡。一旦不会再生出一个新的问题，对你来说，自然就是灰飞烟灭与死亡了。

你的情感与爱，实际上源于恐惧，被嫉妒、怀疑给围困住了，被占有欲和痛苦压迫住了，难道不是如此吗？因为这种爱来自于占有的欲望，来自于内心的欠缺和不完整。思想仅仅是对于局限和环境所做的反应，难道不对吗？当你说"我认为"、"我感觉"的时候，你只是在对环境做出反应，而没有努力去冲破那一环境。然而智慧则是去冲破环境的束缚，而非仅仅对它做出反应。意思就是说，当你声称"我认为"的时候，你的意思是指你怀有一些理念、信仰、教义和信条。就像是一个被系在柱子上的动物只能在绳子的长度之内走动，所以你也就只能在这些信仰、教义和信条的局限之内去活动。这显然不是真正的思考，这只不过是对那些束缚即那些信仰、教义、信条做出反应罢了。这些反应滋生出了努力和冲突，你把那一冲突称作思考，其实它不过像是在一所监牢的高墙内绕圈圈，你的行动只是对这座监牢做出的反应罢了，只会制造出更多的恐惧、更多的局限，不是吗？

当我们谈论行动的时候，指的是什么意思呢？在环境的局限内活动，这种活动为某个确定的观念、偏见、信仰、教义或信条所囿，你把这种处于限制状态的活动称作为行动。所以，你越是展开行动，你就距离智慧和自由越遥远。原因在于，你已经怀有了这种关于安全、教义和信条的固定点，由于你开始去从这个固定的点出发展开行动，于是你自然只会制造出越来越多的局限、越来越多的约束的高墙。所以你的行动不可能是富有创造力的，你的行动不是源自于智慧，而智慧本身便是完整。因此，生命里不会有欢愉、极喜和充实，不会有真爱。

所以，一个人并未怀有那富有创造力的智慧，即并没有实现对于环境的认知，他开始在自己监牢的高墙内玩耍和活动，开始去装饰、美化那座监牢，他让自己在它的高墙内变得舒适自在起来，他认为并且希望把美带进这座丑陋的监牢里来。于是他着手去进行改革，他寻找到了一些高举友爱大旗的团体，殊不知这些团体其实也身处于监牢之内。他试图在保持占有欲的情况下实现自由，结果他便把这种美化、革新、在监牢高墙内的玩耍、活动与寻求慰藉称作为生活、运作、活动。由于这里头没有任何的智慧，没有生命那富有活力的极喜，所以他必定会被那个由他自己制造出来的错误的社会结构给碾得粉碎。结果他便开始让自己听从于那座囚禁自己的监牢，因为他发现自己无法去改变，无法去打破这些制约，因为他并不怀有渴望，或者并没有感受到强烈的痛苦，从而要求他去打破那座监牢。他听任于那些禁锢，逃避到罗曼蒂克的幻想之中，抑或通过美化自己来展开逃避。他把这种对于自身的颂扬、美化，称作是宗教、灵性、神秘主义，要么是科学的，要么则是伪造的。

难道这不就是我们每个人所做的事情吗？这番情形难道不也适用于你吗？不要说什么只有那个位高权重的人才是如此，其实这个人就是你自己、你的邻居、你们每一个人。所以，当我谈论这些问题的时候，请不要只是把目光投向你的邻居或是去想某个遥远的友人，这么做只是一种直接的逃避罢了。在我演讲的时候，应当让智慧之镜立于你的面前，如此一来你便可以清楚地看到自己的模样了，没有丝毫的歪曲，没有任何的偏见。这种清楚、这种澄明，会带来行动，而不是昏昏欲睡的思想抑或单纯去改变环境。

假如你不去沉溺于想象、幻想，假如你不去寻求所谓的上帝或宗教，你便会在自己的周围制造出一个纷乱的漩涡，你会成为计划、方案的制造者，你开始去革新自己所处的环境，去改变你那座监牢的高墙，你在那座监牢里面增加了更多的活动。

如果你不耽于想象、幻想或神秘主义，你开始在那座监牢之内制造越来越重大的活动，你自称为改革者，因此也就在那座监牢里面制造出了越来越严重的局限、制约和无序。于是你有了宗教、国家主义这些不正常的划分，这些界分是被那些剥削者制造出来的，并为了他们自身的利益而得以维持下去。

什么是宗教呢？宗教的作用何在？不要去想象某种神奇的、完美的宗教，我们讨论的是切实存在着的宗教，而非应当存在的宗教。对于一个已经沦为奴仆的人来说，这种宗教究竟是什么呢？他已经毫无理性、无可救药地隶属于这个宗教了，已经横躺在圣坛上受着剥削者的屠宰了。这种情形是如何出现的呢？因为个体渴望自身的安全，而这种渴望自然又会滋生出恐惧，于是便制造出了上述的景象。当你开始通过你所谓的精神性去寻求自身的安全——这种精神性实际上是虚假的——你必然会心生恐惧。当心灵寻求安全的时候，它所期待的会是什么呢？它期待着能够被保证说将处于某个让它舒心自在的环境里，期待着能够获得某种确定的观点，它可以从这个观点出发去展开思考和行动，期待着能够在这个环境里面永生不朽。但如果一个心灵去寻求确定性，那么它将永远都无法获得保证和安稳。

只有一个不去渴望确定性的心灵，才会得到保证，因为这样的心灵不怀有丝毫的恐惧，它已经领悟到寻求目标、顶点、成就其实是毫无意义的，它带着睿智生活着，所以也就是怀着确定性生活着，于是便拥有了永恒。

寻求安全，势必会导致恐惧，而恐惧则又会让你渴望拥有教条、信仰，以便将恐惧挡在门外。由于有了你的信仰、教条、教义和权威，于是你把恐惧推到了幕后。为了避开恐惧，你渴望那些导师、大师、体系、方法，因为你指望着通过追随、遵从和效仿他们，便能拥有宁静与慰藉，殊不知他们其实是穿着牧师、开拓者、传教士、中保、大师、瑜伽修行者等外衣的施诡计的人。

你们不要赞同地点头，因为你们全都处在这种混乱无序的状态，全都被困于其中。只有当你摆脱了这种状态的时候，才能够点头表示认可。当你在聆听我的演讲时去点头，你所表明的仅仅是理性上赞同我所表达的某个观念。这又有什么价值可言呢？

只要你渴望获得安全，你就一定会心生恐惧，于是心灵和头脑想要拥有精神上的训练者，以便向他们学习各种逃避的方法。就像马戏团里的动物们被训练着做各种动作以娱乐观众一样，由于恐惧，个体便去寻求那些精神上的训练者，他称他们为神职人员、宗教导师，这些人为宗教那虚假的精神性和空洞进行着辩护。自然，精神训练者的作用，便是去给你制造消遣，于是他们便发明出仪式、戒律和崇拜，所有这些都呈现出美丽的假面，实际上则是堕落成了迷信，这不过是披着宗教仪式外衣的欺诈罢了。

戒律仅仅是对另外一种环境的适应，然而争斗始终在你身上继续着，哪怕你通过戒律正在扼杀那一富有创造力的智慧。崇拜，实际上是最富有情感性的，它是情感、是爱恋，爱本身被客观化，被利用了，变得毫无用处，不具有任何的意义或价值。

这种恐惧自然会使得你去寻求安全，寻求神或真理。你能够寻找到神吗？你能够发现真理吗？然而存在着真理，神亦然。你无法找到真理，你无法寻到神，因为你的探寻只不过是在逃避恐惧，你的探寻只不过是渴望达至某个顶点。所以，当你去寻求神的时候，你实际上只是在寻求着一个舒适的栖身之所。这显然不是神，不是真理，不过只是个地方罢了，只是一个停留之所，在那里，一切理性、智慧都被挡在了门外，在那里，一切富有创造力的生活都不复存在。在我看来，寻求神或真理，实际上则是在排拒神和真理。如果一个心灵不去渴望某个顶点、目标或终点，那么它就能探明真理了。尔后，神性不会再是一种具象化的、无法实现的愿望，那一智慧本身便是神，便是美、真理与圆满。

正如我所说的那样，我们已经给人类的生活制造出了宗教、社会组织等各种非正常的界分。毕竟，这些社会组织，从本质上来说，是以我们的需求为基础的，我们的衣食住行以及性方面的需要。我们的文明的整个结构，便是建立在这一基础之上的。然而这种结构已经变得如此畸形和恐怖，我们对于自身需求的颂扬和美化，已经到了如此可怕的地步，以至于我们的那些衣食住行包括性方面的需求——这些需求其实是简单的、正常的、干净的——已经被复杂化了，已经被这一庞大的、即将崩塌的结构弄得极为丑陋、残酷和骇人听闻。而这个结构便是我们所谓的社会，它是人类一手建造起来的。

毕竟，若想领悟到我们的需求其实是简单的、正常的、干净的、自发的，需要相当的智慧。假若一个人懂得自己的需求是什么，他就可以不再为环境所困了。

然而在对这些需求予以美化的过程中，存在着如此多的剥削、如此多的非理性和残酷，我们把这个结构称为国家主义、经济自主、政治和社会的组织、阶级划分、民族声望及其种族的文明——这个结构之所以存在，是因为人与人之间的剥削，并且使人们走向了冲突、不和谐、战争跟毁灭。毕竟，这便是所有阶级划分的目的，这便是所有国家、专制政府、种族偏见的作用所在——这种人与人之间彻底的掠夺和剥削，最后将会以战争告终。

这就是事情的来龙去脉,这整个的结构,是我们人类的心智创造出来的,是我们每一个人建立起来的。这些庞大、畸形、残酷、令人惊骇的社会同宗教的界分、划分与隔阂、把人们分裂开来,给世界带来了浩劫和无序。作为个体的你们,制造出了这一切,它们的出现,不是自然的、自发的、神秘的,并不是某个非凡的神灵创造出了它们,而是我们每一个人导致了这一切,所以,只有作为个体的你们才能够将它们摧毁掉。倘若我们坐等着某种庞大的制度出现,创造出一个崭新的环境,让你生活于其间,那么你就会再次沦为一个奴仆,听命于那个新的环境。在这里面不会有丝毫的智慧,不会有自发的、富有创造力的生活。

作为个体,你必须开始着手去理解环境的真正涵义,无论这个环境是过去的还是现在的。也就是说,你应该去洞察那始终在变化着的环境的意义。当你去认识环境里面何为实相的时候,必然会发生重大的冲突。但是你并不希望遭受冲突,你渴望变革,你渴望有人去改变环境。大部分人身处冲突之中,试图通过寻求某个解决之道去逃避那一冲突——这种解决的方法只不过是去修正、改变环境罢了——多数人都为冲突所困。因此我的主张是:请深刻地察觉到那一冲突,不要试图去逃避它,不要试图去寻求某个解决的方法。尔后,当你感受到了强烈的痛苦,你就会探明环境的真正涵义。而在这种思想的澄明之中,不会存在任何的欺骗、安全、抑制和局限。

这便是智慧,而这种智慧即纯粹的行动。当行动源于智慧的时候,当行动即智慧本身的时候,你就不会去寻求智慧,也不会通过行动来购买智慧。尔后便将迎来圆满、充实、心灵的富有以及认识神这一不朽的事物。这种圆满、这种智慧,永远防止了障碍和监牢的产生。

(在加州欧加橡树林的第七场演说,1934年6月24日)

充分地活在当下

今天上午我打算回答提问。

问:您的意思是不是说,自我,作为环境影响的产物,是看得见的外壳包裹着一个独特的、永恒的核仁?这个核仁是会长大,还是会枯萎或变化?

克:你知道,你们有些人是怀着一种推测、赌博的心态在探寻真理的。就像你推测股市的走向以便迅速致富一样,你通过赌博这一有害的习惯去利用他人、欺骗他人,一个有哲学素养的心灵,也是这样沉溺于自己这种推测习性之中的。抱着这样的心态,你开始去探询究竟是存在着某个永恒不朽的灵魂、实体或存在,它本身是完整的,还是存在着某个不断在增长、发展、扩大的个体。

你为什么想要知道这个呢?在这种探询、推测的精神背后是什么呢?不去探询或推测,而是去弄清楚环境是否制造出了那一导致了我昨天谈及的个体意识的冲突,这样岂不更好吗?不要仅仅是去推测,这难道不是更好一些吗?因为所有关于这些问题的推测,必定都是全然错误的,理由是,当一个人处于受限的状态,处于环境的产物跟环境本身之间的冲突之中,他将无法理解实相,无法理解那一永恒的生命即真理。假如你声称它是不断在增长、扩展的意识，抑或它本身便是完整和永恒，那么我认为这是不正确的，原因在于，从智慧的观点来看，它不属于这两者中的任何一个。倘若你只是以推测的心态去探明个体究竟是不断增长的还是永恒的，结果就会是某种模式、某个形而上的或哲学的概念，你将有意无意地按照这一模式、概念去塑造自己的生活。因此，这样的模式不过是逃避冲突罢了，而这种冲突本身实际上就可以使一个人摆脱推测和赌博的心态。

所以，一旦你察觉到了冲突，你就将在强烈的冲突中领悟到何谓永恒，也就是说，当你开始让心智摆脱了一切冲突，便能迎来智慧，尔后，永恒也就将具有截然不同的意义了。它是一种圆满，而非增长，它始终都处于"变成"的状态，而不是朝着某个目的、终点去发展，这是它固有的、本质的特性。你可以从智力上粗浅地认识到这一点，但倘若你的心灵和头脑仅仅去寻求某种形而上的庇护所，抑或乐衷于展开哲学层面的推测，那么你将无法从根本上理解它的全部深刻与丰富。

问：如果永恒便是智慧，继而是真理的话，那么它就不会受到虚妄、错误的事物即"我"和环境的扰乱。同样的道理，并不存在任何东西去诱发谬误即"我"和环境，不会有任何东西干扰到永恒、真理与智慧。因为，正如您反复指出的那样，谬误、虚妄无法达至真理和永恒，无论付出多么大的努力。而且，纵观数千年人类的生活，在消除谬误、制造真理这方面，永恒所取得的进展似乎并不太大。根据您的观点，它们看似没有关联，为什么不让永恒成为永恒，让谬误变得更糟呢？一言以蔽之，为何要烦恼呢？

克：干吗要烦恼呢？你为什么会对生活里的事情感到烦忧呢？因为存在着冲突，因为人被困在了悲伤、痛苦、短暂的愉悦、无数的争斗、徒劳的摸索、隐蔽的幻想以及罗曼蒂克之中，而这些东西总是在走向崩塌。由于心灵里面上演着斗争和冲突,于是你便开始去探问为什么会存在这种争斗。如果没有争斗、努力,干吗还要烦忧呢?我相当同意这位提问者的看法,假若不存在这种争斗和努力的话,假若无需努力去挣钱、保有金钱,无需努力着让自己去适应邻里、环境和各种要求,无需努力着去做自己、去表达你的感受,那么为什么还会对生活里的种种烦恼不已呢?倘若你并不觉得存在着争斗和努力,那么你就不会烦恼了,而是会让事情顺其自然地发展。可我觉得世界上没有一个人——或许除了那些生活在远离文明之地的野蛮人以外——能够不处于争斗的状态,能够不在恐惧的驱使下去无休止地寻求安全和慰藉。在这种争斗中,一个人开始制造出了各种关于真理的观念,以作为逃避的方法。

我认为存在着某种生活的模式,这种模式里不再有冲突,而是一种自发的、自然的生活方式,充满了生命的极喜。在我看来,这是一个确实存在的事实,而非单纯的理论。我想要去帮助那些身处悲伤之中的人们,帮助那些不去寻求某个结果、那些试图去探明冲突之因的人们,那些不去寻找解决方法的人们——因为根本就没有什么解决之法——帮助着去唤醒他们身上的智慧,通过觉知,智慧将会消除掉冲突的根源。可如果你并不处于冲突之中,那么就没有什么可说的了。于是你已经停止了思考,你已经没有再生活,原因在于,你仅仅寻找到了某种安全,某个远离生命运作的庇护所。如果你没有领悟生活的真谛,生命的活动就会演变成一场可怕的冲突。然而一旦你实现了觉知,那么生命则会成为一种欢乐的、极喜的、持续不断的活动,而这便是永恒。

所以,这种冲突究竟是什么呢?正如我指明的那样,冲突只会存在于两个谬误之间,觉知同无知、真理同谬误之间是不会有冲突的。因此,人的整个冲突,他的痛苦和悲伤,存在于两个谬误之间,存在于他所认为的必要和不必要之间。让我们思考一下这两个谬误是什么,而不是去想哪一个是先被制造出来的,不要去想那个古老的问题,即:先有蛋还是先有鸡？这不过是一个并未真正在思考的心灵出于懒惰所做的形而上的推测罢了。

只要我们没有认识环境的真正价值——环境制造出了个体，而个体则又在反抗环境——就必然会出现争斗和冲突，必然会出现不断增多的抑制和局限。结果，正如我昨天所说的那样，行动便会导致更多的障碍。心灵和头脑——依我之见，这二者其实是一样的，我之所以对它们加以划分，是为了演说的方便起见——被记忆损伤了、遮蔽住了。而记忆则是源自于对安全的寻求，它是适应环境的产物。记忆不断遮蔽着心灵，而心灵即智慧本身，结果记忆也就把心灵与智慧划分开来，记忆导致了觉知的缺乏，记忆制造出了心灵与环境之间的冲突。可是如果你能够从一种崭新的视角来探究环境，不去背负过去的记忆的重担——过去的记忆不过是小心翼翼的适应与调整，所以只是一种警告罢了——如果你便是那不断在更新着自身的智慧、心灵，不去调整、改变自己以适应环境，而是以全新的姿态去迎接一切，就像是新的一天早晨的太阳那样，就像是夜里的繁星那样，那么，在这种崭新的状态里，在这种警觉的状态里，你就可以实现对于万事万物的理解了。于是冲突也跟着消失不见了，因为智慧同冲突无法共存。一旦智慧充分地运作，就不会再有不和谐。

问：当我想起一个我所爱的人，这里没有任何依恋或渴望的情绪，我只是开心地细想了对方一会儿，那么这是否就是您所谴责的没有充分地活在当下呢？

克：什么是充分地活在当下呢？我将再一次试着去解释一下我的意思。一个处于冲突和争斗之中的心灵，不断在寻求着逃避，要么是过去的记忆无意地沉淀在了心灵里头，要么是心灵有意地回首过去，活在过去的那些快乐的回忆中，这其实只是一种逃避。又或者深陷冲突与争斗中的心灵、尚未实现觉知的心灵，寻求着某个未来，你可以把这个未来称作是某种信仰、某个目标、顶点、成就、成功，并且展开着各种逃避。记忆的作用是狡诈的，是逃避现在。这种回首过往的行为，只不过是记忆玩的一个把戏，你把这个叫做是自我分析，其实这么做只不过是让记忆永续下去罢了，从而局限了、抑制了心灵，将智慧挡在了门外。

因此，存在着各种各样的逃避。一旦心灵不再通过记忆去逃避，一旦记忆不再遮蔽住心智，你便将体验到生活在当下的那种极喜。只有当心灵不再乐衷于沉溺于过去或未来，只有当心灵不去制造各种界分，换句话说，只有当那至高的智慧即真理、美、爱本身不费力气地正常地运作——唯有在这种状态下，智慧才是永恒，尔后你也就不会再害怕没有活在当下了。

问：当爱摆脱了各种占有的时候，难道不会必然导致禁欲主义，从而导致反常吗？

克：如果你挣脱了占有欲的支配，你就不会去询问这个问题了。在你达至那一广阔无边的事物之前，你已经感到了害怕，于是便修建起了一堵保护的高墙，你把这堵墙叫做禁欲主义。所以我们首先应该思考的，并不是当你摆脱了占有欲的时候，会否导致禁欲主义，进而导致反常，而是应该想一想，占有欲本身是否制造出了争斗以及带来了反常。

为什么会有这种占有的想法呢？它难道不是源于内心的欠缺和不完整吗？由于心灵是不充实的，于是性以及其他一些问题才会变得如此重要起来，结果占有欲也就在人们的生活里头占据了举足轻重的地位。在一个完整的心灵里，是不会存在反常的，而这种完整、充实便是智慧本身。然而，由于我们的心灵是欠缺的、不完整的，由于认识到了思想同情感的贫乏、空虚、彻底的孤独与肤浅，所以我们便去依赖他人、书本、文字、观念、哲学来丰富、充实我们的生命，于是我们便开始渴望有所得、开始去进行累积。这种为了在当下获得指引而去进行累积的过程，只不过是记忆在发挥作用罢了，而记忆又依赖于知识，知识则是属于过去的，因此是死寂的、没有活力的。

一个拥有许多财产的人，会在他的这些所有物里面寻求着慰藉，同样的道理，一个贫乏、肤浅、内心不完整的人，则会想着去占有他的朋友、他的妻子或是他的爱。这种占有欲会带来争斗，会不断地啃噬着他的心智。只有通过觉察、通过认识环境，而非通过展开各种努力，你才能摆脱掉这些冲突。一旦你不再受制于冲突——一旦你获得了自由、拥有了觉知，那么，你就不会怀有占有的欲望了，因此也就不会出现任何的反常了。毕竟，禁欲者是一个逃离生活的人，因为他并未理解生活，他逃避生活，逃避生活及其各种表现。然而，智慧不会想要逃避任何东西，原因是不存在任何需要抛弃掉的东西。智慧即完整，在这种完整中，没有任何的界分。

问：假如牧师是剥削者，那么为什么耶稣基督要建立起使徒传统，佛陀要创立僧伽会呢？

克：首先，你是如何知道这一切的呢？你被告知了这些内容，你从书本中读到了这些事情。你怎么知道它们不是由牧师为了自己的职务、为了自身的利益编造出来的呢？一种权威，在时间的迷雾下渐渐风干，变得固若金汤，于是人们将该权威作为终极真理来接受。为什么要去认可基督、佛陀或是包括我自己在内的任何人呢？我们应该做的，是去弄清楚究竟牧师是不是剥削者，而非仅仅因为耶稣被认为创立了使徒传统就去认可他们不是剥削者。这只是一个懒惰的心灵具有的习性，这样的心灵想要用权威、先例去处理一切事情，声称因为有人这么说，所以一定就是真实的，至于这个人是伟大的还是渺小的，并不重要。

所以让我们来一探究竟吧。正如我在昨天试图去阐明的那样，宗教是人们寻求安全的产物。因此，当心灵寻求着庇护、确定性，寻求着某个它可以栖身的地方，寻求可以获得永生的保证，当心灵寻求着这些东西，就必然会出现那些让心灵感到慰藉和满足的事物。你可以把它们叫做牧师、开拓者、中保、大师，所有这些本质都是一样的。那么，一旦你去寻求庇护所，就会总是惧怕失去它，一旦你想要有所得，自然便会生出恐惧，害怕有一天会失去。所以，对于失去的恐惧，不断地驱使着你去寻求安全，在我看来，这种寻求完全是错误的、虚幻的。于是，一个错误的原因便会制造出一个错误的结果，而这个结果便是牧师、大师、开拓者。

你为什么想要有牧师呢？为了有个就近方便的人，主持你的婚丧嫁娶或是给你赐福，好洗刷掉你所谓的全部的罪恶吗？并不存在罪恶这样的事物——存在的，只有认知的缺乏，这种认知上的缺乏，是无法通过任何牧师而洗刷掉的，无论他是否宣称使徒传统。仅是智慧本身就可以让你走出无知的泥潭，拥有觉知，而非依靠某个牧师的赐福，抑或走向圣坛或坟墓。

你去到牧师那里，是因为他能唤醒你的智慧、给你激励吗？那么这就跟你对待饮酒是一样的。如果你饮酒上瘾，就是一件憾事，原因在于，一切依赖都说明缺乏智慧，因此必然会滋生出痛苦。一个人始终被困在这种痛苦之中，尽管他尚未、而且也将不会领悟到原因何在，结果他便想出了越来越多的逃避的方法、方式。然而根源在于他去寻求安全、寻求确定性，而这种安全和确定性根本就不存在。

心灵即智慧，它不去寻求任何的安全，因为没有什么地方、处所可以让它休憩。智慧本身便是宁静与创造力，只要你未拥有这种智慧，你就一定会遭遇痛苦。逃避痛苦的原因，并不能给予你智慧，相反，这么做会让你变得更加的盲目和无知，于是你的痛苦也就会与日俱增。只有当你在当下实现了充分的、深刻的觉察，才能够获得即刻的、直接的感知与领悟。认识环境即智慧，无论这个环境是什么。尔后你便真正超越了一切牧师，超越了一切局限，超越了神本身。

问：您提到了两种行动：一种是对环境的反应，这种反应制造出了冲突，另一种则是洞察环境，这种洞察将使一个人摆脱冲突。我理解第一种行动，但却不明白第二种。您所说的洞察环境是什么意思呢？

克：当心灵没有认识环境，在缺乏觉知的情况下去展开行动，于是进一步地增加了环境的局限，这时候便会对环境做出反应。这是一种形式的行动，大部分人都被困在了这种行动之中。你对某个环境做出反应，而这么做将会带来冲突，为了逃避这个冲突，你便制造出了另外一种环境，你希望这一环境能够带给你宁静，殊不知这么做只是在环境里展开行动，并没有认识到环境是可以改变的。这是行动的一种形式。

于是便出现了另外一种行动，那就是认识环境并且展开行动，这并不意味着说你先去认识，尔后再去行动，不过认识本身即行动。也就是说，不做任何的考量、改变、调整，这些都是记忆的功用。你洞察了环境的本来面目以及它的全部涵义，在智慧之镜里面，在这种自发的行动中，你将会迎来自由。毕竟，何谓自由呢？自由指的是，不断地行进、运动，以便没有任何的障碍，不去遗留下任何障碍或者在你前进的时候制造出它们。制造出障碍，制造出环境，这是记忆的作用，而记忆则是自我意识，这种意识把心灵同智慧划分开来。让我再次换种方式来表述好了：在两个谬误即环境与环境的产物之间的行动，这二者之间的行动，必然会一直制造出障碍、增加着障碍，于是也就让智慧变得越来越少，最终将其驱散殆尽。但倘若你认识到了这一点——认知不是智力上的问题，认知应该源于你的整个生命的存在——那么，一旦你实现了充分的觉察，就将出现一种截然不同的行动，这种行动不会再背负着记忆的重担——我已经解释过我所说的记忆是何意思。于是思想同情感的每一个活动，都将呈现出微妙的差别,都将具有不同的意义。尔后,智慧不再是环境与其制造者即你所谓的自我之间的划分了。智慧没有进行着划分,所以它本身便是自发的行动。

(在加州欧加橡树林的第八场演说,1934年6月25日)

心灵的智慧是不带价值观的自发自然的行动

今天上午，我想探究一下价值观的问题。我们的整个生活，只不过是从一种价值观转移至另一种价值观，然而我认为，心灵可以通过某种方法来摆脱评估的意识，如果我能够在深思熟虑的情况下来使用这个词语的话。我们习惯于各种价值观念以及它们不断的变化。我们所谓的必需的东西，不久之后则会变成不必要的，而冲突就存在于这种价值观念的不断变化的过程之中。只要我们没有认识价值观念的变化的根本所在，没有认识这种变化的原因是什么，就会被困在那些相互冲突的价值观的车轮之下动弹不得。

我想要从根本上探究一下价值观念的问题，探究一下它是否是根本性的，心灵即智慧是否能够展开自发的、自然的行动，而无需赋予环境以各种价值观念。只要你对环境感到不满，那么这种不满就一定会让你生出渴望，想要去改变、去革新。你所谓的变革，只不过是创立一套新的价值观念，摧毁掉那些旧的。换言之，当你谈论变革的时候，你实际上指的只是单纯的替代。你想要通过改变环境来建立一套新的价值观念，而不是带着既定的价值观念活在旧的传统之中，也就是说，只要你怀着这种评估的意识，就必然会有时间的观念，于是也就会出现价值观念的不断变化。

所谓停滞的时期、安稳的时期，只不过是价值观念的逐渐改变，我们把这种变化称做是年老一代与年轻一代之间的争斗。意思便是说，在和平、宁静的时期，价值观念会渐渐地发生变化，大部分都是无意的，这种变化、这种渐变，我们称作是老一代人跟年轻一代人之间的冲突。在剧变的时代，在发生重大冲突的时代，价值观念则会出现猛烈的、无情的变化，我们把这个叫做变革。这种价值观念的骤变，即我们所谓的变革，是猛烈的、无情的。而价值观念缓慢的、逐渐的改变，则是那因安稳和舒适停滞不前的心灵同环境之间发生的不断争斗，环境把这个停滞的心灵逼迫到了新的情势之中，如此一来它便不得不建立起一套新的价值观念。

所以，这些环境缓慢地或迅速地改变着，建立新的价值观念，不过是为了去适应那一始终在变化着的环境，因此价值观念仅仅是遵从的模式罢了。为什么你应当怀有价值观念呢？请不要说什么："如果我们不拥有价值观念的话，那么我们身上会发生什么呢？"我还没有涉及这个问题，我尚未说到这个。所以请沿着以下的轨迹去思考：你为何应该拥有价值观念呢？价值观念，不过是新与旧、古老与现代之间的冲突，那么寻求价值观念这整个的想法又是什么呢？价值观只不过是某种由你自己或社会确立起来的模式，心灵因为懒惰、因为缺乏认知，于是便渴望去遵从这一模式，难道不是这样吗？心灵寻求着某种确定性，寻求着某个结论，它在这种探寻中展开行动；抑或它已经训练着自己培养起了一个背景，它从这个背景出发去进行运作；又或者它拥有某种信仰，它根据该信仰开始去修饰自己的活动。心灵需要价值观念，如此一来它才不会迷失，才能有一个去跟随、去效仿的向导。所以，价值观念仅仅变成了一系列的模式，心灵在这些模式中停滞不前，即使教育的目的看似是迫使心灵和头脑去接受新的遵从。

因此，宗教、道德标准、社会生活、政治组织等领域里发生的一切变革，都只不过在欲望的指令下去适应那个始终在变化着的环境罢了，这便是你所谓的革新。环境始终处于变化之中，环境不断在运动着。之所以展开变革，是因为需要在心灵和环境之间进行调整，而不是因为心灵冲破了环境的束缚进而认识了环境。这些新的价值观念被美化成了根本的、独创的、正确的观念。依我之见，它们不过是隐蔽形式的强迫、遵从和修正而已，这些新的价值观徒劳地帮助带来了一场披着所谓变革外衣的零碎的、欺骗性的转变。

所以，由于这种与日俱增的冲突，我们便制造出了各个部门和派系。每个心灵都根据自己对于环境的反应而建立起一套新的价值观念，尔后便开始出现各个民族之间的界分，继而产生了阶级差别以及各个信条、教义之间的严重敌对。这种巨大的冲突，使得一些专家开始活动起来，并且自称是宗教的革新者以及社会及经济疾病的疗治者。专家们因为自己的专门知识、意见而变得如此的盲目，以至于他们只会让界分与争斗愈演愈烈。这些便是所谓的宗教的革新者、社会的变革者、经济同政治领域的变革者，所有的专家都处于自身的局限之中，都把我们的生活同人类的活动划分进了一个个部分与冲突之中。

在我看来，生活根本就不能够以这种方式来进行划分。当你高举国家主义的旗帜时，你不会认为你要去改变你的灵魂；你不可能一边谈论着友爱之情，一边还保留着阶级意识；抑或一边在你的国家周围树立起关税的壁垒，一边却高谈阔论所谓人类的团结。假如你去审视一下，会发现你一直干的就是这个。你或许会拥有足够多的金钱、良好的环境，你充满了占有欲，抱持着国家主义和阶级意识，但你却将这一意识同你的精神意识划分开来了，在精神意识里，你试图做到友爱、遵循伦理规范、有道德、试图认识神。换句话说，你把生活划分成了各个部分，每个部分都有它自己的特殊的价值观，结果你也就只会制造出更多的冲突。

这种划分、这种对于专家的依赖，正是心灵的懒惰所致，如此一来它就不需要去进行思考,只要去遵从就好了。遵从,便是建立新的价值观、摧毁那些旧的。遵从,便是心灵不断调整自己去适应环境,于是心灵变得越来越受束缚,越来越处于被奴役的状态。然而,只要心灵为环境所围,就必然会有遵从;只要心灵没有认识环境、条件、情势的涵义,就必然会出现遵从。传统,只不过是给心灵塑型的模子,当心灵想象着自己摆脱了传统的羁绊,它就只是制造出了自己的模子。如果一个人声称:"我不受传统的约束",那么他或许有另外一种自己的模子,他是该模子的奴仆。

所以,自由并不是从一个旧的模子走进一个新的模子里去,从过去的愚蠢转向新的愚蠢,或是从传统的抑制转为盲目的放纵、心灵的缺失。然而你将发现,那些高谈阔论着自由、解放的人们,正是这么做的,也就是说,他们抛弃了自己过去的传统,有了自己去遵从的某种模式,自然,这种遵从只不过是愚蠢和盲目,是缺乏智慧。你所谓的传统,仅仅是外部环境及其价值观念,你所谓的摆脱传统,不过是屈从于某种内在环境及其价值观念。一个是被施加的,另一个则是自我制造出来的,难道不是这样吗?意思便是说,环境、条件施加着某些价值观念,让你去遵从这些观念,或者你发展起了自己的价值观,你再一次去遵从它们。两种情况中,你所做的,都只是去适应环境,而不是去认识环境。如此行为自然会生出这样一个疑问:那便是心灵能否探明那些永恒的价值,如此一来就不会出现这种不断的变化,不会再有一个人独自确立起来的价值观念抑或外部环境施加在他身上的价值观念所导致的无休止的冲突了。

我们所说的变化的价值观是什么呢?依我之见,这些变化着的价值观念,不是别的,正是被培养起来的恐惧。只要存在着必需的和非必需的,只要存在着对立面,只要我们分外地推崇所谓的功成名就以及关于这一切的整个观念,只要我们沉溺于得失、成就,就必然会有价值观念的变化——只要有这些东西存在,只要心灵把这些东西视为追逐的目标,就必然会出现价值观念的改变，因此也就带来了冲突。

是什么导致了价值观的变化呢？心灵被记忆遮蔽住了，它始终都在经历着改变，始终都在修正、改变着自己，始终都在依赖着环境的运动，却并没有认识是什么制造出了记忆。也就是说，只要心灵被记忆遮蔽住了——这是适应环境的结果，而不是认识环境——那么记忆就一定会挡在智慧与环境之间，于是你也就无法实现对环境的充分认知了。

这种记忆，即你所谓的心灵，在提供着、赋予着价值观，不是吗？这便是记忆即你所说的心灵的全部功用。意思便是说，心灵——不是作为智慧本身即直接的感知和领悟的心灵，而是为记忆所遮蔽的心灵——依照自身的狡诈，依照它那算计的恐惧以及对于安全的寻求，提供着价值观，判定着什么是对、什么是错、什么是必要的、什么是不必要的，难道不是这样子吗？这便是记忆的全部功用，也就是你所谓的心灵的整个作用，然而这根来就不是心灵。对大部分人来说，或许除了一两个少有的、快乐的人以外，心灵不过是一部机器、一个记忆的仓库，它不断地去评估自己所遇到的事物、所经历的事情，赋予它们价值和意义。价值的赋予，取决于它的那些隐蔽的考量、估算、狡猾和欺骗，建立在恐惧以及对于安全的寻求之上。

尽管并不存在根本的安全——这是显而易见的，在你开始去思考的那一刻，不用多久你便能够发现，并没有所谓的安全——记忆寻求着一个又一个的安全、一个又一个的确定、一个又一个的必需品、一个又一个的成就。由于心灵不断在寻求着安全，在它拥有安全的那一刻，它就会认为这种安全并不是必需的，于是将其抛置一边。它再一次地只是提供着价值，所以在这种从一个目标转向另一个目标、从必需转向非必需的运动的过程中，在这种永无休止的运动的过程中，它的价值观始终都在变化着，总是因为自己的安全以及对于永存的渴望而遮蔽了双眼。

所以心智或记忆，被困在了不断变化的价值观的争斗之中，这种争斗,被美其名曰为通往真理的前进之路的选择。也就是说,心灵寻求着安全,然后达到了自己的目的,但它不满于此,于是便会再一次地继续前进,再一次地开始去对自己路途上遇到的所有事物提供价值、做出评估。你把这种运动的过程,叫做是在必需和非必需之间进行选择的演进之路、成长之路。

在我看来,这种所谓的演进、成长,只不过是记忆调整自己去适应、去遵从它自己的创造物即环境,从根本上来说,记忆同环境之间并无差别。当行动源于这种遵从和适应的时候,它就自然会是考量与计算的结果,难道不是吗?一旦心灵被记忆遮蔽住了——这是因为没有认识环境所导致的——这样的心灵,由于在记忆的迷雾里变得模糊不清起来,所以必定会在它的行动中去寻求某种逃避,寻求某个顶点、动机,于是那一行动永远不会是自由的,它总是会受到限制,总是会制造出更多的束缚与冲突。因此,记忆的这一恶性循环,背负着冲突的重担,成为了价值观念的制造者。价值观便是环境,心灵和头脑沦为了它的奴仆。

我想知道你们是否理解了所有这一切。我看到有人在摇头。如果可以的话,让我换种方式表述好了,也许这样能够阐释得更加清楚一些。

只要心灵没有认识环境,那么这一环境就必然会制造出记忆,而记忆的运动则是价值观念的变化。只要心灵寻求着某个顶点、某个目标,就一定会有记忆存在,它的行动势必总是经过了考量和估算,永远都不会是自发的——我所说的行动,指的是思想同情感——结果该行动一定会带来越来越多的重担、越来越多的局限。这种局限的增多、监牢的扩大,被称作是迈向真理的选择之路、演进之路。这便是大多数人心灵的运作情形,所以它越是运作,痛苦就会变得越多,争斗就会变得越激烈。心灵始终都在制造着新的障碍、更大的障碍,尔后渴望进一步地逃避冲突。

所以,一个人如何才能让心灵不再去赋予价值呢?当心灵赋予价值的时候,它只会经由记忆的迷雾来提供价值观念,结果也就无法去认识环境的全部意义。如果我试图怀着各种根深蒂固的偏见去理解、去审视环境——国家的、种族的、社会的或宗教的偏见——那么我怎么可能实现对于环境的认知呢？不幸的是，被记忆的迷雾遮蔽住的心灵，却正在尝试着这么做。

智慧不会提供任何价值观，因为价值观只不过是出于自我保护所做的各种尺度、标准或考量。所以怎样才能出现这种智慧、这面真理之镜呢？在这面镜子中，只会有原原本本的反射，而不会出现丝毫的歪曲。毕竟，睿智之人便是智慧的总和，他的智慧，是一种绝对的、直接的感知和领悟，没有任何歪曲——当记忆运作的时候，便会导致歪曲。

我所说的这些，只会适用于那些真正处于冲突之中的人，而不会适用于那些想要去变革、想要去做些修补工作的人。我已经解释过了我所说的变革、修补的工作指的是什么——它是由于缺乏认知而对环境所做的适应和调整。

一个人怎样才能拥有这种智慧呢？要知道，这一智慧可以消除争斗和冲突，消除那些永无休止的努力，因为努力只会磨损、耗尽心灵。你知道，当你展开努力的时候，你就好像是一块木头，正在被刀斧不停地砍削，直到没有半点皮剩下。所以，倘若不断地在付出努力，也就是始终在经受着耗损，那么心灵就不再是自己了。只要你去遵从、去适应环境，就会出现这种努力。可如果你实现了直接的感知和领悟，直接地、自发地认识了环境，你就不会展开任何努力去调整自己，于是也就能迎来了直接的行动。

因此，一个人如何才能唤醒这种智慧呢？在出现重大危机的时候，会发生什么情形呢？就在心灵不去逃避的那一刻，当它敏锐、深刻地认识了环境，便能领悟何谓真理了。在危机袭来之时，你就会这么做。你彻底认识了周遭的一切环境，同时你也意识到心灵不可以去逃避。在遭遇强烈危机的时候，智慧将会发挥作用，你将会实现自发的觉知。

毕竟，我们所说的危机、悲伤，究竟是什么呢？当心灵处于昏昏欲睡的状态，当它已经沉沉睡去，当它因为满足、停滞而局限住自己的时候，便会有一种经历来将你唤醒，你把这种唤醒、这种震惊，称为是危机、悲伤。假若这种危机或冲突真的来势凶猛，那么你将看到，当心智处于敏锐的状态时，便将拥有直接的感悟。只有当记忆带着它的那些计算、考量、修正和迷雾到来的时候，心灵的敏锐度才会变得微小起来。

我希望你们能够对我的观点加以检验。每个人都会有遭遇危机的时候，它们出现得极为频繁，假如一个人有所察觉，会发现危机其实每分钟都在显现。当你身处于这种危机之中，身处于这种冲突之中，你应该去展开观察、去审视，不要想着去寻找某个解决的方法，不要想着去逃避它或是克服它。尔后你将发现，心灵已经立即理解了冲突的原因。一旦认识了根源，那么原因就会消散不见。不幸的是，我们已经训练着心灵去逃避，让记忆遮蔽住了心灵，以至于很难实现敏锐的觉察。所以我们便去寻找着各种逃避的手段，抑或唤醒智慧的方法，在我看来，这么做是错误的、虚妄的。假如心灵不再去逃避，不再去寻求解决方法，那么智慧便将自发地运作起来。

所以，当心灵不去赋予价值——其实赋予价值只不过是一种遵从罢了——当心灵自发地认识了监牢，也就是指环境，便能展开充满智慧的行动，而智慧即是自由。

只要被记忆遮蔽住的心灵去赋予价值观念，行动就必然会制造出更多囚禁的高墙，然而，一旦你自发地认识到这些监禁的高墙，也就是认识了环境，你就能展开睿智的行动，而这便是自由，原因是这种行动即智慧，它不会去创造或提供价值观念。只要因为寻求安全而心生恐惧，就一定会存在价值观念——这些价值观念即环境，所以便是束缚，便是对于环境的遵从。当心灵即智慧洞察了环境的全部意义，从而理解了环

178　什么是正确的行动

境，便将展开自发的行动，而这种行动本身就是智慧。所以，智慧并不是提供价值观念，而是彻底地认识它所身处的那个环境。

(在加州欧加橡树林的第九场演说，1934年6月28日)

要理解真理，就要做到思想简单

从那些向我提出的问题来看，我的演说似乎让你们产生了某些困惑。我认为，原因在于我们为词语本身所困，并没有去深刻探究它们的涵义，或是把词语作为认知的手段去使用。

依我之见，存在着某种实相，存在着某个广阔无边的、鲜活的真理。若想理解它，你的思想就必须做到彻底的简单。所谓简单，指的是极为敏锐和细致。如果你仅仅把词语作为达到思想的简单和精细的手段，则我担心你将无法理解我想要表达的是什么。可是如果你将词语的涵义当做一个桥梁，那么词语就不会成为一种幻觉，让心灵迷失其中了。

我认为存在着这种鲜活的实相，你可以将其称作为神、真理，你想怎么称呼都行，这一实相是无法通过探寻而被发现或认识的。只要有寻求的涵义，就一定会出现对比和二元性。只要心灵展开寻求，就一定意味着某种界分、差别和对照——这并不表示说心灵应该处于满足、停滞不前的状态。存在着一种微妙的平衡，既不是满足，也不是因为寻求、因为渴望有所得而展开无休止的努力。简单，就蕴含在这种微妙的平衡之中。这里所说的简单，不是指仅仅拥有少量的衣物或财产的简单，我所谈论的并非是这种层面的简单，这种简单不过是一种粗浅的形式。我所说的简单，是指源于思想的精细而产生的简单，这种简单里面，既没有寻求，也没有满足。

正如我所阐明的那样，寻求，意味着二元性和对比。只要存在着对比、二元性，就必定会去认同对立面中的一方，从而导致强迫。当我们声称自己有所寻求的时候，我们的心灵将会排斥某个事物，寻求着某个能够让其感到满足的替代物，结果它便制造出了二元性，而这又会滋生出强迫。也就是说，选择这个，便是在征服另一个，难道不是如此吗？

当我们说自己在探求或培养某种新的价值观时，我们所做的，只是战胜那个将心灵困于其中的价值观，即寻求它的对立面。这种选择，是基于对这个事物的喜爱或者对另外一个事物的恐惧，这种出于喜爱的坚持抑或出于恐惧的排拒，给心灵施加了影响，而影响则是对于觉知的否定和排拒。只有当存在着界分、心理上的界分，由此滋生出诸如阶级、国家、性等方面的差别，才会出现影响。意思便是说，一旦心灵试图去征服，就一定会制造出二元性，正是这种二元性将觉知挡在了门外，并且导致了我们所说的阶级、宗教、性等方面的差别。这种二元性影响了心灵，于是那被二元性影响的心灵便无法认识环境的涵义或者冲突的原因。这些心理上的影响，仅仅是从"我"这一意识、我的好恶为中心出发对环境所做的反应。很自然的，只要存在着对立面，就不可能实现觉知。这种差别使得我们把影响分为了有益的和有害的。只要心灵受到了影响——这种影响源于喜好、对立面——就必然会出现爱、智力、社会的控制或强迫。这种影响，势必会成为觉知即美、真理与爱的绊脚石。

如果你能够意识到这种影响，便可以探明其根源了。大多数人的觉察，似乎都只停留于表面，而没有实现最为深刻的觉察。只有当你在意识的最深处实现了觉察，只有当你充分地、深刻地意识到了自己的思想和情感，你才能够领悟到那一由影响所导致的界分，正是这种影响排拒了觉知。

问：在聆听了您关于记忆的演讲之后，我彻底失去了自己的记忆，我发现我无法记住自己债台高筑，我感到快乐极了。这是否是一种解放呢？

克：问问你的债主吧。我担心，就我一直努力阐明的有关记忆的问题，可能存在着一些混乱。如果你依赖记忆，将其视为行动的指引，视为生活中行为的手段，那么这种记忆就一定会妨碍你的行动。原因是，尔后你的行动就只是考量、计算的结果，因此不具有任何的自发性，你的行动中不会有生命的充实与丰富。这并不意味着说，你应该忘记自己负债累累。你无法忘记过去，你无法将过去从你的心头抹去，这是不可能做到的，它会在潜意识里头存在下去。但倘若这种模糊的、潜在的记忆无意中影响着你、塑造着你的行为以及你对于生活的整个态度，那么这种影响就一定会不断制造出更多的局限，在智慧运作的时候施加更多的重担。

例如，我刚从印度回来，我还去了澳大利亚和新西兰，我在那里遇到了形形色色的人，萌发了许多的想法，看到了诸多的景象。我不会忘记这些，即使这些记忆可能会逐渐地褪色。然而，对于过去的反应可能会妨碍我去充分地认识现在，可能会阻碍我的心灵睿智地运作。也就是说，假如我关于过去的经验和回忆通过其反应成为了当下的障碍，那么我就无法充分地、敏锐地理解当下或者活在当下。

你之所以会对过去有反应，是因为现在已经失去了它的意义，又或者是因为你想要逃避现在，于是你便回到了过去，活在情感的颤栗之中，活在那如潮水般涌来的记忆带来的反应之中，因为现在已经没有了多少价值。因此，当你声称"我已经彻底失去了我的记忆"时，我担心只有一个地方适合你了。你不可能失去记忆，然而，通过充分地、充实地活在当下，在那一时刻，你便将察觉到所有模糊记忆的纠缠、潜在的希冀和憧憬，它们不断地涌现出来，让你无法在当下展开睿智的活动。如果你察觉到了这一切，如果你意识到了这种障碍、深刻地意识到了这些，而不是流于粗浅的认识，那么潜在的模糊记忆——这是由于缺乏认知以及未能充实地生活导致的——便将消失不见，于是你会以崭新的姿态去迎接环境的每一个运动、思想的每一个迅捷的游走。

问：您指出，一旦个体彻底地认识了外在的与内在的环境，便能够挣脱束缚，免受痛苦。即使处于这种状态，一个人怎样才能够摆脱掉自己挚爱的人离世所引起的那种无法形容的悲伤呢？

克：在你说的这种情况里面，是什么导致了痛苦呢？我们所谓的痛苦，究竟是什么意思呢？痛苦，不过是心灵遭受到了某种震惊、打击，使其猛然意识到了自身的欠缺，难道不是这样吗？由于认识到了这种欠缺，于是便滋生出了我们所说的痛苦。假设你一直都在依赖你的儿子、丈夫或妻子来填满心灵的缺失，填满内心的贫乏，由于失去了你所爱的人，于是你便充分意识到了自身的空虚，这种意识带来了悲伤，所以你说道："我已经失去某个人了。"

因此，首先，通过死亡，你彻底意识到了自身的空虚，你一直都在小心翼翼地躲避着这个。所以，只要你去依附、依赖于某个人或某个事物，你的内心就一定会是空虚、肤浅和欠缺的，结果你便会感到悲伤与痛苦。我们不想去认识这一事实，我们没有领悟到这便是痛苦的根源所在。因此我们开始说道："我失去了我的朋友、我的丈夫、我的妻子、我的孩子。我怎样才能够克服这种巨大的失落感呢？怎样才可以战胜这种可怕的悲伤呢？"

一切克服，都只是替代罢了。在这里面，没有任何的觉知，所以只会滋生出更多的悲伤，哪怕你可以暂时地找到某个替代物，让你的心灵彻底地睡去。假若你不去寻求克服、战胜，那么你便会求助于某个降神会、灵媒，或是在科学对于死后生命将继续存在的证明里面去寻求庇护。

于是你开始去寻找各种逃避的方法和替代物，这些东西可以暂时性地将你从痛苦中解救出来。可如果你不再渴望去克服、去战胜，如果你真的想要从根本上去认识、去探明是什么导致了痛苦和悲伤，那么你将发现，只要你的内心处于孤独、肤浅、空虚、贫乏的状态——其外在的表现便是去依赖他人或外物——那么你就一定会遭受痛苦的侵蚀。你无法通过克服障碍、通过替代物、通过逃避或者通过累积来填满自身的这种空虚与欠缺，这些做法只不过是心灵因追逐、因贪欲迷失了自己之后所施的诈术罢了。

痛苦，仅仅是思想同情感处于一种极其清楚、澄明的状态，于是迫使你去认识事物的本来面目。然而这并不意味着你应该去接受、承认。当你在真理之镜即智慧之镜中洞察到了事物的本相，你便能够体会到那种巨大的快乐与极喜，在这种状态里面，不存在任何的二元性和界分，也没有一丝的失落感。我向你们保证，这并非只是理论上的东西，而是真真切切的现实。倘若你去思考一下我就有关记忆的问题所做的回答，便会懂得记忆是如何制造出了越来越严重的依赖性，使得你在情感层面不断地去回忆某个事件，从该事件中产生某种反应，这种做法将妨碍智慧在当下的充分显现。

问：对于一个被强烈性欲所困的人，您能否给出一些建议或忠告呢？

克：毕竟，只要我们的生命没有呈现出鲜活的、富有创造力的状态，我们便会去过分地重视性爱，性已经变成为一个十分严重的问题了。所以这个提问，重点不在于我能够给出怎样的建议或忠告，或是一个人如何才能克服性欲、情欲，而在于怎样让充满活力的生命获得解放，而不是仅仅去应对它的某个部分即性的问题。意思便是说，问题的关键，在于应该如何去认识生命的整体、生命的全部。

因为现代的教育，因为环境和情势，你被驱使着去做自己讨厌的事情。你感到厌恶，可你被迫这么做，原因在于你缺少适当的素养和训练。在工作中，你受到环境的阻碍，无法充分地、富有生机地表现自己，结果必然得有某个出口，而性的问题、饮酒的问题或者某个愚蠢、变态的问题，就成为这个出口，所有这些出口都变成了问题。

抑或你心怀艺术方面的爱好。艺术家少之又少，但你可能有这方面的倾向，而这种倾向、爱好却始终受到了妨碍和扭曲，以至于你没有途径来真正地表达自我，结果性爱或是某种宗教的狂热便得到了过度的重视。或者你的野心遭受了挫败、缩减、阻碍，所以你便再一次赋予了那些原本应当正常的事物以不恰当的重要性。因此，除非你彻底认识你在宗教、政治、经济及社会等领域的欲望以及它们的阻碍，否则生活中那些自然的、正常的活动就会得到过多的重视，以至于在你的生命中占据了首要的位置。于是，有关贪婪、占有、性、社会差别、种族差别这一系列的问题，所有这些问题，都被错误地衡量了，都被赋予了错误的、虚妄的价值。但倘若你把生活当做一个整体来对待，而不是将它割裂成许多个部分，倘若你满怀智慧去充实地、富有创造力地生活，那么你将发现，这些让心灵萎靡不振、破坏了鲜活生命力的问题将消失不见，尔后智慧将正常地运作起来，你也将体验到智慧带来的那种极喜。

问：我有这样一种印象，那便是我一直都把您的观念付诸行动，可我的生活中没有丝毫的喜悦，也没有追逐某个目标的热情。我尝试着去实现觉察，但这些尝试并没有让我的困惑烟消云散，也没有给我的生活带来任何的变化或是注入生机。在我看来，我的生命并不比我七年前开始聆听您的讲演时更有意义。是不是我做错了什么呢？

克：首先，我想知道，这位提问者在努力将我的理念付诸行动之前，是否理解了我所说的话。他为什么应当把我的想法付诸行动呢？我的观点是什么呢？我为何会有这些想法呢？我并不打算给你提供某种生活的模式或准则，抑或某种体系方法让你去遵循。我的观点的要义便是，若想过一种富有生机、饱含热情与活力的人生，就必须运用智慧。这种智慧被一个人所谓的记忆给妨碍住了，我已经解释过我所说的记忆指的是什么，因此我不打算再次加以探究。只要你始终因为渴望有所得而去争斗，只要心灵受到了影响，就必然会出现二元性，于是便会导致痛苦和争斗。我们对于真理或实相的寻求，只不过是在逃避那一痛苦罢了。

因此我认为，你应当意识到你的努力、你的争斗、你那些相互碰撞的记忆，正在摧毁你的智慧。这里所说的觉察，并不是指肤浅的、表面化的觉察，而是指深入到意识的最深处，这样一来才不会落下某个无意识的反应，使其处于未被发现的状态。所有这一切，要求具备深刻的思想，要求心灵和头脑处于警觉、敏锐的状态，而不是一个被信仰、教条和理想充斥着的心灵。大部分人的心灵都背负着这些重担，都渴望去遵循、去效仿。当你意识到了你所背负的重担，不要说什么你不应该怀有理想、信条，不要去重复这些没有意义的话。正是这种"应该"，制造出了另外一个信条、教义。仅仅去觉察，一旦你实现了深刻的察觉，那么在这束觉知的火焰中，你将制造出危机、冲突，而这种冲突本身就可以消除掉那些障碍。

我知道有些人每年都会到这儿来，每一年我都试着以不同的方式来阐发这些观念。可我担心，在那些声称"我们已经听您的讲演听了七年了"的人们当中，真正的思想却是微乎其微。我所说的思想，并非是指单纯的智力上的推理，这些东西只不过是无用的尘埃，而是指情感与理性之间、感情与思想之间的平衡，这种平衡不会受到对立面的冲突的影响。可如果既没有能力去展开清晰的思考，也不拥有敏锐的、深刻的感受力，那么你如何可能够去唤醒、去拥有这种平衡、这种敏锐的觉知呢？于是生活也就变得琐碎、空洞、毫无价值。

因此，假如要我建议的话，那么首要的事情，便是去弄清楚你为什么以某种方式进行思考，你为什么以某种方式去感受。不要试图去改变它，不要试图去分析你的所思所感，而是应该去认识你为何会以某种模式去思考，以及你的行为是出于何种动机。尽管你可以通过分析探明动机何在，尽管你可以凭借分析去弄清楚某个事情，但它不会是真实的。只有当你在自己的思想与情感运作的那一刻实现了深刻的觉察，你的探明才会是真实的，尔后你将发现它们是何等的隐蔽和微妙。只要你怀有这种"应该"、"不应该"的想法，那么在这种强迫中，你就永远无法探明思想与情感那迅捷的游走。我敢肯定，你在学校里面接受的都是这种"应该"、"不应该"的教育，结果你便已经破坏了自己的思想和感受，你被各种体系、方法，被你的老师束缚住了手脚，因此请把所有这些"应该"和"不应该"都扔到一边去吧。这并不意味着说你将肆意妄为，而是指你要去察觉到那个不断喃喃自语着"我应该"、"我不应该"的心灵。尔后，智慧将会降临，将会带来觉知，就仿佛一朵花儿在清晨绽放开来一样。

问：有时候您会提到艺术家，将其视为能够理解您的观点的人，至少会认为艺术家所从事的工作是富有创造力的。但如果有人打扰了他或是妨碍到了他，他也可能暴力相向，而理由则是他的反应是其性情的流露。很显然，他并没有充分地活在当下。假如他这么轻易地就滑回到了自我意识之中，那么他是否真的实现了觉知呢？

克：你所说的艺术家指的是什么样的人呢？一个暂时富有创造力的人吗？在我看来，这样的人并不是艺术家。如果一个人只是在极为罕有的时刻才拥有这种创造力的冲动，并且通过完美的技术表现出这种创造力，那么你显然不会将他称为艺术家。依我之见，真正的艺术家，是一个拥有充实、和谐的生活的人，他不会把自己的艺术同生活划分开来，他的生命正是艺术的表现，可能是一幅画作、一首乐曲或是他的行为，他不会让自己在一张帆布、一首音乐、一块石头里所呈现出来的艺术同他的日常行为、日常生活脱离开去的。而这需要至高的智慧、至高的和谐。在我眼里，真正的艺术家便是拥有这种和谐的人。他可以将它表现在帆布上，或者他可以说话抑或绘画，或者他可以完全不把它表现出来，而是去感受到它。然而所有这一切都要求那种精致的平衡，要求深刻的觉察，于是他的表现就不会同每日生活的持续脱离开了。

（在加州欧加橡树林的第十场演说，1934年6月29日）

幸福是富有创造力的思考

在我看来，我们所说的幸福或极喜，便是富有创造力的思考。创造性的思考、充满活力与生机的思考，是思想、情感和行为的无穷的运动。也就是说，当思想即情感、行为本身在其运动中未受到阻碍的时候，没有受到某个想法、观念的强迫、影响或束缚，没有从传统或习惯的背景出发去运作的时候，那么它的运动就是富有活力的。只要思想——我不会每一次都去重复情感和行为——只要思想囿于某个固定的观念，抑或仅仅使自己去适应某个背景、环境，从而受到局限，那么这种思想就不具有任何活力与生机。

因此，每一个有思想的人都会向自己提出这样一个问题：那便是他怎样才能够唤醒这一充满活力的思想？原因在于，只要拥有这种创造性的思想，这种无限的、无穷的运动，就不会产生局限、冲突的观念了。

这种富有活力的思想的运动，不会在自身的表现中去寻求某个结果、某种成绩，它的结果和表现都不是其想要达至的顶点。它没有任何顶点或目标，因为它永远处于运动之中。大部分人的心灵都在寻求着某个顶点、目标、成就，按照成功的观念去塑造自己，这样的思想始终都在局限着自身。但倘若不怀有任何功成名就的想法，不去想要有所得，而只是让思想即觉知、智慧始终处于运动的状态，那么这种思想的运动便会充满生机与创造力。意思便是说,当心灵因为受到影响而去进行调整和适应,进而裹足不前的时候,又或者当它带着传统的背景去运作的时候——它并未认识这种传统——抑或犹如一个被系在柱子上的动物那样,从某个固定的点出发去展开活动——它就会停止创造性的思考。只要存在着这种局限和适应,就无法拥有充满活力的思想即智慧,而这种智慧本身便意味着自由。

这种富有活力的思想的运动,从来不去寻求某个结果抑或达至某个顶点,因为结果或顶点总是源自于停止和运动的交替轮流。可如果你不去寻求某个结果,就只是让思想始终处于运动的状态,那么你的思想便会充满活力与生机。富有活力的思想不会进行各种界分,正是界分导致了思想、情感同行动之间的冲突。只有当你去寻求某个目标的时候,当你去调整、适应的时候,当你满足于确定性的时候,才会出现界分。

正如我所阐明的那样,行动便是这样的运动,它本身即思想和情感。这种行动,是个体同社会之间的关系。它是行为、工作上的协作,即我们所说的完成、实施。也就是说,当心灵不去寻求某个顶点、目标,而是单纯地展开运作,从而能够实现创造性的思考,那么这种思考便是行动,是个体与社会之间的关系。假若这种思想的运动是清晰的、简单的、直接的、自发的、深刻的,就不会发生个体对社会的反抗和冲突,因为,尔后行动恰恰是这种鲜活的、充满生机的运动的表现。

所以,在我看来,并不存在所谓的思考的艺术,存在的只有创造性的思考。思想并无技巧可言,有的只是智慧自发的、富有活力的运作。智慧便是理性、情感同行为的和谐,这三者彼此之间不会脱离开来。

这种不去寻求奖赏、结果的思想与情感,便是真正的体验,难道不是这样吗?在真正的体验、经历中,你不会去寻求结果,因为这种体验是富有活力的思想的运动。若想实现真正的体验,心灵必须始终让自己摆脱环境的羁绊,心灵在其运动中同环境发生着冲突,而环境便是我们所说的过去。如果心灵因为寻求某种奖赏或是追逐某个目标而受到了阻碍，那么它就无法实现创造性的思考。

当心灵和头脑寻求某个结果或目标，从而陷入自满和停滞的状态，就一定会出现实践、克制、训练，结果也就会滋生出冲突。大多数人都认为，通过实践某个理念，便能让富有活力的思想得到解放。如果你对此做一番观察和深思，会发现，实践正是二元性的结果。由这种二元性产生的行为，必定会让心灵和头脑之间的区别永续下去，这样的行为，仅仅是反映出了某种经过计算、符合逻辑、自我保护的结论。只要存在着这种自我约束的实践行为，抑或始终被环境支配和影响，那么实践就只是朝向某个结果的改变、变化，它仅仅是在受限的思想范围之内的活动，而那局限的思想便是你所说的自我意识。因此，实践并不能带来充满活力的思想。

创造性的思考，是指营造出思想、情感同行动之间的和谐。意思便是说，如果你认识了某种行动，不去寻求最终获得奖赏，那么这种源于智慧的行动就能排除掉因缺乏觉知而被设置在心灵之上的一切障碍。

我担心你并不能懂得这一点。当我首次提出某个新观念的时候，你会觉得很难理解，但倘若你对其展开一番仔细的思索，便能领悟到它的涵义了。

只要心灵和头脑因为恐惧、因为缺乏认知、因为强迫而被束缚住，那么这样的心灵，哪怕它可以在恐惧的局限之内去展开思索，也无法实现真正的思考，它的行动必然会不断地产生新的障碍，结果它的思考能力也就会始终受到限制。可如果心灵通过认识环境解放了自己，进而去展开行动，那么这种行动便会是创造性的思考了。

问：您能否举出一个例子，说明一下所谓在日常生活中展开不断的觉察与选择，从实际层面来讲应该如何操作呢？

克：你会问自己的房间里面是否有条毒蛇吗？那么你也不会去问："我怎样才能保持清醒？我如何才可以做到深刻的觉察？"只有当你并不确定自己的房间里面是否有条毒蛇的时候，才会去提出那样的问题来。要么你对那条蛇毫无察觉，要么你想要同它玩耍，想要分享它的快乐与痛苦。

请沿着这样的思路去思索。只要心灵依然为痛苦和快乐所困，就不可能实现觉察，思想与情感就不可能处于敏锐的、警觉的状态。意思便是说，当某种经验给你带来了痛苦，与此同时又让你感到了愉悦，你并不会对它采取任何的行动。只有当痛苦大于快乐的时候，你才会去展开行动。可如果快乐更多一些的话，你就根本不会做任何事情，因为并没有出现剧烈的冲突。只有当痛苦远远超过了快乐、比快乐猛烈许多，你才需要去行动。

大部分人都坐等着痛苦变得越来越多之后才会去行动，而在这个等待的过程中，他们想要知道如何实现觉知。没有人可以告诉你这个。他们坐等着痛苦日益增多，然后才去展开行动，也就是说，他们坐等痛苦变得越来越强烈，在痛苦的逼迫之下才不得不去采取行动，在这种强迫里面，没有任何的智慧可言。迫使他们以某种方式展开行动的是环境，而不是智慧。所以，一旦心灵在这种停滞的状态中、在这种缺乏压力的状态中裹足不前的时候，自然就会产生出更多的痛苦与冲突。

战争，可能会以政治事务的面目再一次地爆发，战火也许会在两年、五年、十年后燃起。一个睿智之人能够明白这一点，并且展开理性的行动。然而，一个停滞不前的人、一个坐等痛苦来迫使自己去行动的人，则会指望着更大的混乱和痛苦来推动他去行动，于是他的智慧并不会发挥作用。只有当心灵和头脑处于拉紧的状态、处于极其紧张的状态，才能拥有觉知。

例如，当你领悟到占有欲必然会导致心灵的残缺和空虚，当你懂得内心的不充实、肤浅必然会不断地制造出依赖性，当你意识到这一切的时候，你的心灵和头脑会发生怎样的情形呢？你马上会萌发出一种渴望，想要去填满这种空虚和肤浅，而不是远离它。一旦你明白不停的累积只是一番徒劳，你就会开始去体察自己的心灵是如何运作的。你意识到，单纯的累积无法带来富有活力的思想，但心灵却一直都渴望去累积。因此，只要你意识到了这个，你就会制造出冲突，而正是这种冲突将消除掉累积的原因。

问：如果一位政治家理解了您的观点，那么他要以怎样的方法才能够在政治事务当中把这种理解表现出来呢？又或者，更有可能出现的情形则是，一旦他认识到了政治事件错误的基础和目标，他将会退出政坛，难道不是吗？

克：假如他理解我所说的，他就不会把政治和完整的生活分隔开来，所以我不明白他干吗要隐退。毕竟，政治只不过是剥削的工具。但倘若他把生活视为一个整体去看待，而不是仅仅从政治的层面去对待——他所谓的政治，指的只是他的国家、他的同胞以及对其他国家和民族的剥削——并且把人类的问题看做是全世界的问题，而不是限于某个国家的问题，比如美国、印度或德国的问题，那么，倘若他理解我所说的话，他就将是一个真正的人，而不是政客。依我之见，最重要的事情是成为一个真正的人，而不是变成一个剥削者，抑或仅仅成为某个领域的专家。我在昨天的演讲中曾经试着去解释这一点，我认为这便是危害所在。政治家仅仅应对政治，道德家仅仅应对道德，所谓的精神导师仅仅应对精神，每一个都认为自己是专家、排斥其他的人。我们社会的整个结构，就是建立在这种基础之上的，于是这些各个部门的领袖们便制造出了更大的浩劫与灾难。但倘若作为人类的我们领悟到了所有这些事情即政治、宗教、经济及社会生活之间的紧密关联，倘若我们懂得了它们之间的联系，就不会从单独的、个别的层面去思考和行动了。

例如，在印度有成千上万饥饿的民众。某个抱持民族主义观念的印度人说道："让我们首先高举国家主义的大旗，然后就能够解决饥饿的问题了。"可是在我看来，解决饥饿的问题，方法不在于抱持国家主义的思想，而是刚好相反，因为饥饿是一个世界性的难题，这种孤立看待事物的做法，只会让饥饿的情况愈演愈烈。然而，只要这个政治家仅仅从政治的层面去看待人类的生活，那么这样的人就会制造出更大的浩劫、危害和不幸。可如果他将生活视为一个整体去看待，不将其划分为种族、国家、阶级，那么他就是一个真正的人，虽然他可能是名政客。

问：您曾经指出，只要有两三个人理解了您的观点，您就可以改变整个世界。许多人自认为他们已经领悟了您的话，还有其他一些人也是同样的情形，比如艺术家、科学工作者，但世界却并未发生改变。请您谈谈您要以怎样的方法来改变世界。通过您的讲演、您的生活，而且你无疑将在未来对人类的思想产生巨大的影响，您所做的这一切难道不是在改变着世界吗？或许是缓慢的、隐蔽的，但却是明确的、肯定的。这种变化是在您的心里、头脑里呢，还是说它能立即影响到政治、经济及种族的结构呢？

克：恐怕我从来不曾想过什么立即的行动及其效果。若想获得一种永久的、真正的结果，行动的背后就必须得有审视、观察、思考和智慧。很少有人愿意去展开创造性的思考，或者不受影响和偏见的束缚。如果你着手去进行独立的思考，便能够同他人展开理性的合作了。只要你尚未拥有智慧，就不可能会有合作，而只会有强迫，并因此导致混乱和无序。

问：一个人可以在多大程度上控制自己的行为？假如我们在任何时候都是自己从前经历的集合，并不存在精神的自我，那么，除了背负着的最初所继承的一切以及过去所受的训练，一个人是否能够用其他的方式去行动呢？如果是这样的话，那么是什么导致了身体层面的变化？又是如何导致的呢？

克："一个人可以在多大程度上控制自己的行为？"如果一个人没有认识环境的意义，那么他是无法控制自己的行为的。尔后他只会在环境的强迫和影响下去行动，而这样的行动根本就不是真正的行动，而只是单纯的反应或者自我保护。然而，一旦他开始去理解环境，洞察了它的全部涵义和价值，他便能够掌控自己的行为，并因而拥有智慧。所以，无论环境如何，他都可以展开充满理性和智慧的活动。

"假如我们在任何时候都是自己从前经历的集合，并不存在精神的自我，那么，除了背负着的最初所继承的一切以及过去所受的训练以外，一个人是否能够用其他的方式去行动呢？"

我曾经所说的又一次适用于这个问题。意思便是说，如果他仅仅根据背负着的过去的重担去展开行动，无论这个过去的负担是他个人的还是种族遗传的，那么这样的行动就只会是恐惧的反应。然而，只要他认识了潜意识，即认识了他过去的累积，他就能挣脱过去的羁绊，于是也就摆脱了环境的压迫。

毕竟，环境既是属于现在的，又是属于过去的。一个人之所以不理解现在，是因为他的心灵被过去遮蔽住了。所谓让心灵摆脱那些潜在的过去的障碍，并不是指让记忆重回过去，而是指应当在现在展开充分的觉察。一旦你实现了这种觉察，一旦你充分认识了现在，那么所有过去的障碍就都会活跃起来、不断地涌现出来，如果你去察觉的话，将会懂得过去的全部涵义，于是也就能够认识当下了。

"如果是这样的话，那么是什么导致了身体层面的变化？又是如何导致的呢？"就我对这个提问者的理解来看，他似乎想要知道，是什么制造出了这种行动、这种在环境的迫使之下所展开的行动。在环境的压迫之下，他以某种方式去行动，但倘若他理性地认识了环境，就不会再有任何的强迫了。觉知之光将会来临，而觉知本身便是行动。

问：我生活在一个混乱的世界里，政治、经济、社会等各个领域都处于无序的状态。我受着法律和传统的束缚，这些东西抑制了我的自由。当我的欲望同这些外在的强加力量发生冲突时，我一定会违反法律、承担后果，要么就得克制住自己的欲望。身处于这样一个世界之中，能否逃避自我约束呢？

克：虽然我经常谈到这个问题，但我还是打算再次试着解释一下。自我约束，仅仅是因为冲突而去适应环境，这便是我所说的自律。你确立起了某种模式、某个理想，它是一种强迫，你迫使心灵调整自己去适应环境，强迫它、改变它、控制它。一旦你这么做，会发生什么呢？你实际上是在摧毁创造力，你在妨碍、压制那鲜活的情感。但如果你开始着手去认识环境，就不会再有压制或是单纯的去适应环境，即你所谓的自我约束了。

那么你怎样才能够实现对于环境的认知呢？你如何才能理解环境的全部价值和意义呢？是什么妨碍了你去领悟它的涵义？首先是因为恐惧。恐惧使得你去寻求保护或安全，这种安全或许是身体上的、精神上的、宗教上的，或许是情感上的。只要你去寻求安全，就一定会心生恐惧，从而在你的心灵同你所身处的环境之间树起障碍，结果也就导致了冲突。假若你仅仅关注于去适应、去改变环境，却从来不去想探明恐惧的根源，那么你就无法消除冲突。

因此，只要你去寻求安全、寻求某种确定性或是某个目标，妨碍了创造性的思考，就一定会出现调整和适应，即你所谓的自我约束，这种自律其实只是强迫罢了，只是去效仿某种模式。然而，一旦心灵懂得累积外物或知识并不能够带来所谓的安全，那么它就能走出恐惧的泥沼，于是心灵便将成为智慧，而这种智慧不会去训练、约束自己。只有当你尚未拥有这种智慧的时候，才会去展开自律。只要你获得了这种智慧，便能够拥有觉知，便能够摆脱影响、控制与操纵。

问：如果一个有机体缺乏理解抽象理念所必需的技巧，那么在这个有机体里面，如何才能够去唤醒思想呢？

克：通过简单的痛苦，通过不断的经历、体验。但是你发现，我们躲在错误的价值观念的背后去寻求庇护，以至于完全停止了思考。于是我们问道："我们该如何是好呢？怎样才能唤醒思想呢？"我们培养起了许多的恐惧，这些恐惧被颂扬成了美德和理想，心灵躲到它们身后寻找庇护，并且从这一庇护、这一模子出发去展开所有的行动，于是也就无法实现真正的思考。你怀有一些习俗、惯例，你让自己去适应这些习俗，把这称作是思考和行动，其实这根本就不是思考与行动，因为它来源于恐惧，结果也就让心灵裹足不前。

你如何才能唤醒思想呢？环境、你所爱的人的离世、大的灾难或挫败，迫使你处于冲突之中。环境、外部环境，逼迫你去行动，在这种强迫中，是不可能会有思想的觉醒的，因为你的行动是出于恐惧。如果你开始明白你不可以坐等着由环境来强迫你去展开行动，那么你便能够着手去观察到环境本身，你便能够开始去洞悉、理解环境。你不会等着某种挫败来把你变成一个有道德的人，但是你让自己的心灵挣脱了占有欲和强迫的沉重枷锁。

获取的体制，是建立在这样的一种观念之上的：那便是你能够去占有，占有是合法的。财产给你带来了荣光，你拥有的财富越多，就会被认为是越优秀、越高贵的人。你建立起了这种以获取、以贪欲为核心的体制，你沦为了该体制的奴隶。你或许可以建立起另外一种不以获取为基础的社会，那一社会能够迫使作为个体的你们去遵从它的习俗，就像这个社会逼迫你去迎合它的贪婪和获取一样。这又有何差别呢？没有任何的不同。作为个体的你们，只不过迫于环境或法律而去按照某个方向展开行动，结果也就根本无法进行创造性的思考。但倘若智慧开始运作起来，那么你就不会听命于社会，无论是倡导获取、倡导贪欲的社会，还是不倡导获取、主张无所欲求的社会。然而，若想让心灵获得自由，就必须保持深刻的、不断的警觉，必须展开观察与审视，这种觉察本身就能够制造出冲突。这种警觉本身会带来一种干扰，当你遭遇危机之时，当你身处于强烈的冲突之中，那么心灵，如果它不去逃避的话，就将开始以全新的姿态去思考，饱含生机与活力地去思考，而这种思考即永恒。

（在加州欧加橡树林的第十一场演说，1934年6月30日）

只有通过觉知，才能迎来永恒

我觉得，大部分人都已失去了聆听的艺术。他们带着特别的问题前来，并以为，只要听了我的演说，他们的问题就可以迎刃而解了。恐怕，这番美好的景象并不会发生。但倘若你懂得如何去聆听，那么你便会开始认识整体，你的心灵就不会为局部所囿。

所以，如果我可以建议的话，请大家不要试图从这场演讲里头寻求某个方法去解决你的问题，又或者去缓解你的痛苦。我可以给予你帮助，不过你最好还是自助，只要你能够以全新的视角展开创造性的思考。不要把生活看成是若干个相互孤立的问题，而应当将其视为一个整体去对待，要用一颗没有因为寻求解决方法而被窒息、被抑制的心灵去看待生活。假如你不去背负着问题的重担来聆听我的演讲，假如你抱持一种整体的观念，会发现，你的问题将具有截然不同的意义，尽管它可能无法立即得到解决，你将开始明白它的真正根源是什么。一旦你以全新的姿态去思索，一旦你重新学习如何去思考，心灵和头脑所背负的那些问题和冲突，那些滋生出了一切的不和谐、痛苦和悲伤的问题与冲突，便将消失不见了。

每个人或多或少都会被欲望吞噬，这些欲望的对象根据环境、性情和遗传而有所不同。你按照自己所处的环境、按照你所接受的教育及成长的背景——宗教的、社会的、经济的背景——确立起了某些目标,你无止境地去追逐着它们、想要实现它们,这种追逐在你生活中占据了至关重要的位置。

一旦你确立起了这些对象、目标,自然地便会出现那些专家,他们充当着你的向导,帮助你去实现你的欲望。因此,专业、技巧的完美,仅仅成为了你达到目的的手段。为了达至目标——这个你通过自己的宗教、经济和社会的环境确立起来的目标——你必须要有这些专家。于是你的行为便失去了意义和价值,原因在于,你所关心的是实现某个目标,而不是智慧的圆满,而智慧即行动。你关心的是达到目的,并不关心所谓的圆满。生活,不过沦为了达至目的的手段。生活,变成了一所学校,在这所学校里面,你学习着如何去达到某个目的。于是行动也就仅仅成为了一种媒介、一种手段,通过它,你可以达至某个你根据自己所处的环境和情势确立起来的目标。结果,生活成为了一所上演着严重的冲突和争斗的学校,永远都无法实现圆满、充实、丰富和完整。

尔后你开始询问说:生命的目的何在?这便是大多数人的疑问,这便是聚集在这里的大部分人心里的困惑。我们为什么活着?目的是什么?目标为何?你所关心的是目的、目标,而不是活在当下。但倘若一个人达至圆满之境,那么他永远都不会去探究目的,因为圆满本身就已经足够了。可是,由于你并不知道怎样实现圆满、怎样过得充实和完整、于是你开始去探究目的、目标,原因是你以为,只要知道了目标是什么,那么你就可以迎接生活、应对生活了——尔后,懂得了目的何在,你就会希望把体验、经历作为一种实现该目的的手段,于是生活成为了达至某个目的的手段、媒介。

一个人会有意或无意地、隐秘地或公开地开始去探寻生活的目的,每个人都会从所谓的专家那里得到某个答案。如果你询问一个艺术家生活的目的是什么,他会告诉你说,生命的目的,便是通过绘画、雕刻、音乐或诗歌来表达自我。如果你去问一个经济学者，他则会告诉你说，生活的意义在于工作、生产、合作、共同生活、作为一个群体、一个社会发挥作用。如果你去问一个宗教人士，他会对你说，生命的目的，在于去寻找、认识神，按照导师、先知、救赎者所指定的法则来生活，只要你依照他们的法令去生活，便可以认识真理、也就是神。每位专家都会提供给你他自己关于生活目的的回答，你根据自己的性情、想象、幻想，开始确立起这些目的、目标，作为你的理想、理念。

这样的理想、目标，只不过是一个避难所，因为你把它们作为了一种向导，在这种混乱中保护你自己。于是你开始用这些理想去衡量你的经验，去探究你所处的环境的条件。你并不想去认识环境或达至圆满，你开始单纯地去探寻环境的目的，当你探明了它的目的，你便根据自己所处的环境，根据你怀有的先入之见单纯地去避免生活的冲突，而不是去实现认知。

所以，心灵把生活划分成了理想、目的、顶点、成就、目标，混乱、冲突、干扰、不和谐，你、你自己、自我意识。也就是说，心灵对生活进行了这三类区分。你被困在了这种混乱之中，于是，你努力想要穿越这种混乱、冲突和干扰即痛苦，去达至某个目的、目标。你在这片混乱里艰难地跋涉着，费力地朝着目标、终点走去，朝着那个避难所走去，朝着理想的实现走去。而这些理想、目标、避难所，是被那些经济、宗教、精神领域的专家们设计出来的。

于是，在这一头，你穿越情势、环境艰难地跋涉着，当你试图去实现那些理想和目标的时候，你就会制造出冲突，而这些理想、目标则成了路的这一头的避难所、庇护所。探究生命的目的何在，说明你在当下缺乏智慧。如果一个人展开充分的行动——不是迷失在行动之中，就像大部分的美国人那样，而是彻底地、理性地、饱含情感地去行动——那么他就会让自身获得圆满。所以，探究目的是徒劳的，因为并不存在所谓的起点和终点，存在的只有那充满活力的思想的不断的运动。你所说的问题，源于你费力地穿过这片混乱、想要达至某个顶点。也就是说，你关心的是如何克服这种混乱，如何使自己去适应环境，以便实现某个目标。你的全部生活关心的是这个，而不是你自己和目标。你并不关心这个，你所关心的是混乱，是如何穿越它、征服它、战胜它，进而如何逃避它。你希望躲入那个完美的避难所中，希望实现这种完美的逃避，你把这种逃避称作是理想，你把这个叫做是生活的目的，其实这么做只不过是在逃避当前的混乱。

当你渴望去征服、去控制、去逃避、去达至那个终极目标的时候，你自然就会去寻求体系方法，寻求领袖、导师、向导和专家。在我看来，所有这些人都是剥削、利用你的人。体系、方法、导师及其相互之间的敌对、诱惑、许诺和欺骗，这无数的混乱与复杂，制造出了生活里的种种界分，导致了各个宗派、派别。

这便是发生的情形。当你渴望达到某个目的、某个结果，渴望去征服混乱，却并不去思考"你"、"我"的意识，不去思考你有意或无意不停在追逐的那个目标究竟是什么，那么你自然就会制造出过去或现在的剥削者、利用者，他们的偏狭、嫉妒、戒律、不和谐、界分，将你团团围困住。所以，仅仅渴望穿越这片混乱，将会不断地制造出更多的问题，原因在于，这里头并没有去考虑行动者或是其行为的方式，而是仅仅关心混乱的感觉，并将其作为达至某个目的的手段。

依我之见，混乱、目标、你，都是一样的，没有区分。这种界分是人为的，是因为渴望有所得，因为去追逐获取性的累积而被制造出来的，而这种行为则是源自于心灵的空虚与欠缺。

当一个人察觉到内心的空虚和肤浅，他便会开始认识到自己的思想和情感是多么的欠缺，于是他的想法里头就会萌生出累积的念头，由此导致了"你"、自我意识和目标之间的界分。照我看，正像我曾经指出来的那样，不能够存在这样的界分，因为在你达至圆满的那一刻，就不会再有行动者与行动，而只有充满活力与生机的思想的运动。这种思想的运动不会去寻求某个结果，所以便会始终是鲜活的，而这即为永恒。

可是你却对生活进行了划分。让我们思考一下这个"我"，这个行动者、观察者、这个冲突的中心究竟是什么吧。它不过是一个长长的、绵延不断的记忆的卷轴。我在前几次的演说中已经非常仔细地讨论过了有关记忆的问题，所以现在不会再去展开详细的探究。如果你感兴趣的话，可以读读我的演讲记录。这个"我"是一卷记忆，这副卷轴里面有许多的重音，我们将这些重音或凹陷的部分叫做是复杂，并且由此来展开行动。也就是说，心灵意识到了自身的欠缺，于是便去追逐某个目标，渴望有所得，结果也就制造出了某种界分、区别。这样的心灵无法去认识环境，由于它不能够理解环境，所以必定会去依赖累积记忆，以作为指引，因为记忆只不过是一系列的累积，它充当着向导，指引你去达至某个目标，这便是记忆的目的。记忆，意味着缺乏认知和理解，欠缺认知便是你的背景，你从这一背景出发去展开自己的行动。

这种记忆扮演着向导的角色，指引着你去走向某个目标。这个目标是预先确立起来的，它仅仅是一个自我保护的避难所，你将其称作为理想、目的、真理、神或完美。起点与终点、"你"与目标，都是来自于这个自我保护的心灵。

我已经解释过一个自我保护的心灵究竟是如何形成的。它之所以会产生，是因为察觉到或意识到了空虚，于是它便开始从获取、成就的层面去进行思考，并从这个背景出发去展开行动，把生活划分成了各个部分，约束了它的活动。所以，目标同"你"，都是这个自我保护的心灵的产物，而混乱、冲突与不和谐，则只不过是自我保护的过程，它们都是源自于这种自我保护、精神上的和经济上的自我保护。

你寻求着精神层面和经济层面的安全，因为你指望通过累积达至丰富,获得觉知,获得充实与圆满。因此,精神世界及经济世界里的狡诈便会利用你,原因在于,这两者都通过颂扬、美化自我保护来寻求着力量。所以,每个心灵都在费力地去保护自己,目标、手段、"你",不是别的,正是自我保护的过程。当出现这种自我保护的行为时,会发生什么呢?一定会出现与环境即我们所说的社会之间的冲突,那个所谓的"你"将努力保护自己去反抗、抵挡集体、群体、社会。

相反的一面并不是真实的。意思便是说,不要以为,假如你不再去保护自己便会迷失。相反的,只要你因为思想和情感的缺乏、肤浅而去保护自己,那么你一定就会迷失。可如果你仅仅停止去保护自己,因为你觉得这么做将能够找到真理,那么这就会成为另外一种形式的保护。

所以,我们经由无数个世纪、一代又一代人建造了这种精神和经济层面的自我保护的车轮。让我们去弄清楚精神上和经济上的自我保护究竟是不是真实的。或许从经济层面来说,你可以暂时地坚持这种自我保护。假如你去观察的话,会发现,通常来说,一个拥有金钱及许多财产的人,一个确保自身获得慰藉和快乐的人,大部分都是空虚的、欠缺智慧的,都在寻求着所谓的精神上的安全。

不过,让我们探究一下这种精神层面的安全究竟是否存在吧,因为我们懂得,并没有所谓经济上的保护和安全。那些在世界各地上演着的萧条、危机、战争、灾难和混乱,都证明了经济上的安全只是一种幻觉。我们意识到了这一点,于是便转而去求助于精神上的安全。但是在我看来,并不存在任何安全可言,并不存在自我保护,永远都不会有所谓的安全。我认为,存在的只有智慧,智慧即觉知,而不是安全。也就是说,安全、自我保护,源于心灵的欠缺,这里面没有任何智慧,没有任何充满活力的思想,有的只是"你"同社会之间的不断的争斗,有的只是狡诈对你的无情剥削与利用。只要你去追逐自我保护,就一定会陷入冲突之中,结果也就无法拥有觉知和智慧。只要你抱持着这样的态度,那么你对于灵性、真理或神的寻求就将只是一番徒劳，因为这么做其实只是在寻求着更大的权力、更大的安全。

只有当那个躲在自我保护的高墙背后寻求庇护的心灵从它自己的创造物中解放出来，才能迎来那精致优美的实相。毕竟，这些自我保护的高墙都是心灵制造出来的，因为心灵察觉到自身的空虚与肤浅，于是便建起这些保护的墙壁，躲在它们的身后寻求庇护。一个人有意或无意地树起了这些障碍，他的心灵被困于其中，被束缚住了手脚，以至于行动只会带来更大的冲突、更多的干扰。

因此，仅仅去寻求某个方法来解决你的那些问题，并不能够让心灵不再去制造出更多的问题来。只要存在着这种因心灵的欠缺所导致的自我保护的中心，就一定会出现干扰以及无穷无尽的悲伤和痛苦。通过训练心灵不陷入到肤浅、空虚的状态，并不能够让它免受痛苦的侵蚀。意思便是说，你无法训练、克制自己抑或受环境、情势的影响来做到不肤浅。你告诉自己说："我是个肤浅之人，我认识到了这一事实。我该如何摆脱掉这种状态呢？"我的意见是，不要想着去摆脱它，这么做实际上只是一种替代，而是应当去意识到究竟是什么导致了这种心灵的欠缺。你不可以去强迫它、不可以去逼迫它，它不能够因为某个理想、因为恐惧、因为追逐享受和权力而受到影响。只有通过觉察，你才能够探明心灵空虚的原因。也就是说，只要你去探究环境，洞察其涵义，那么那些隐蔽的、狡猾的自我保护就能够被一一揭示出来。

毕竟，自我保护源自心灵的欠缺。无数个世纪以来，心灵一直都受着训练，被围困在了重重束缚之中，所以你不可以去克制它、征服它。如果你这么去做的话，就无法理解思想和情感的那些谎言和微妙之处的涵义，而心灵正是在这些东西里面寻求着庇护。若想探明这些细微之处，你就须变得意识清醒，实现觉知。

觉知，并非是指去改变。我们的心灵习惯于去改变，改变，只不过是去修正、适应、遵从某种环境。但倘若你实现了觉知，就会懂得环境的全部意义了，于是你也就不会再去进行任何的改变、修正，而是会彻底摆脱那一环境的制约。

只有当所有这些保护的高墙都在觉知的火焰里被烧毁的时候——这里面不会有任何的修正、改变或适应，只会有对于环境的涵义及其所有细微之处的彻底认知——只有通过这种觉知，才能迎来永恒。因为，觉知里面，没有那个作为自我保护的焦点的"你"的活动。然而，只要存在着这个自我保护的焦点，即你所说的"我"，就一定会出现混乱、困惑，就一定会有干扰、不和谐及冲突。你无法通过克制、训练自己、通过遵循某种体系方法、通过模仿某种模式来摧毁掉这些障碍。只有当你的心灵和头脑实现了充分的觉知，你才能够理解它们及其全部的复杂性。尔后你将体验到一种极喜，你将迎来真理那鲜活的、充满生机的运动，它不是某个目标或顶点，而是一种始终富有生机的生活状态，一种无法形容的极喜。因为，任何描述都会破坏掉它。只要你没有受到真理的召唤，就无法体验极喜，无法获得永恒。

（在加州欧加橡树林的第十二场演说，1934年7月1日）

PART 03

美国 1935 年

我们怎样制造出了愚昧

朋友们：

大部分人都试图在我们对群体和个体所做的人为的区分之内去解决自己的诸多困难和问题。依我之见，把个体同群体区分开来，将其视为群体的对立面，会妨碍和破坏思想的澄明，这样的妨碍，自然会导致个体与群体之间的许多压制与夸大。

我们寻求着各种方法、方式来摆脱这种混乱，提供出了许多聪明的、复杂的方法和解决之道。每个人都根据自己的个性、特质，按照自己所受的社会教养和宗教倾向来选择解决的方法。

对于那些已经现存的体系、方法，我并不打算去"锦上添花"，提供某些新的理论或阐释。在我看来，若想真正解决我们的问题，必须依靠智慧，它应该是直接的、简单的。一旦拥有了这样的智慧，我们便可以把生活作为一个整体来认识。

追随某个群体、遵从某个体系方法，或是服从一个人自己的特性与爱好倾向，并不能够将这种智慧给唤醒。要想唤醒真正的智慧，我们必须首先去探究一下那些使心智裹足不前的愚昧，而不是去寻找对于智慧的释义。原因在于，一旦我们探明了何谓愚昧并且通过不断的觉察让心灵摆脱了它的束缚，便能够凭借自己的力量懂得什么是真正的智慧。

当我们依靠自身的力量探明了环境施加在我们周围的局限，当我们洞悉了它的真正涵义并因而将愚昧抛置一旁，那么我们就将开始认识到何谓真正的智慧。这种智慧在行动中就表现为永恒，它是活在当下的幸福。

你怀有许多关于生活的充实及永恒的观念，但依我之见，只有当心灵彻底摆脱了环境——过去的和现在的环境、继承的或得到的环境——不断施加在我们周围的限制和愚昧，才会理解这种永恒、这种生命的充实与完整。

所以，假如我可以建议的话，请不要在这场演说期间向我寻求某些新的阐释抑或一系列的公式和定义。这些解释、公式，只不过是在提供各种逃避冲突的方法罢了。大多数人都渴望去复制、模仿和遵从，因为他们无法独立地去展开思考，又或者冲突是如此的强烈，以至于他们宁愿依靠那些方法、定义、解释去逃避。只有不断地去察觉环境以及它所施加的那与日俱增的愚昧，只有不停地去质疑这些东西，我们才能够不再去逃避，而是直面冲突，正是冲突让我们得以理性地去认识环境。

在这场演讲期间，我想要阐释的是，我们怎样制造出了愚昧，我们并没有认识到这种不间断的、无意识的制造愚昧的过程，而仅仅去探究什么是智慧，这种做法带给我们的，只是另外一种逃避罢了。因此，我们的整个探寻，应当直指什么是愚昧及其原因，而不是指向何谓智慧。

正如我说过的那样，除非我们努力让心灵摆脱过去的和现在的环境在我们周围制造出来的那些愚昧——正是因为这些愚昧，我们的行动才被束缚住了手脚，除非我们意识到了它们，理解了其真正的涵义，否则我们对于智慧的探寻就将是一场徒劳。我演讲的目的，是要帮助你们去弄明白什么是愚昧，以及怎样才能走出愚昧的泥沼。

每个专家、每个权威、每个宗派或党派，都会提供某种方法，以便摆脱这种现存的不断增加的冲突。每个都提出某种观念、理论、方法来解决这一可怕的混乱。我认为，我们可以把这些理论抑或那些提供阐释的人划分成两大类：一类人是转向外部，一类泽是转向内部。

一个转向外部的人会主张说，一切人类的问题都可以通过控制环境来得以解决。也就是说，他认为，人类的思想能够通过组织而被改变和控制，无论是工作的组织还是生产和分配的方式的组织，诸如此类。他将人视为泥土，可以被环境去塑型，所以，只要控制了那一环境，只要群体变得完美，个体便能够有机会去表现自我了。意思便是说，他不会再是反社会的了。原因在于，作为一块仅仅被拿捏、被塑型的泥土，他的环境能够得到控制，于是他的野心、他的观念、他的欲望永远都不会同群体对立，不会反社会。尔后，一个人将会按照一套新的理念和理论去被塑造，如此一来，他作为一个个体，永远都不会跟群体或社会发生冲突了。

如果你认为人只是一种可以被塑造、被控制的事物，那么就没有什么好说的了。那么生活就会变得非常简单了，于是我们所有人的工作，都只是为了环境的完美，为了去遵循某套理论、观念，然后受到它们局限和塑型。

我并不打算对这种观点表示反对或赞成，我只想更加充分地来探究一下这个问题。倘若人仅仅是一种社会实体，倘若改变环境、条件以及在他身上培养起仅仅寻求群体的福祉的习惯，如此一来他就不会反社会了——如果这就是全部，那么，在我看来，生活就将变得极为肤浅，成为一系列未完成的、流于表面的行动。

此外，还有一种人是转向内部的。这种人会觉得，生活只是精神层面的，他主张，把生命留给人的内心至高的东西，让他去追随那至高的灵性吧，就像那些导师以及各种哲学体系所揭示的那样，让他变得更加笃信宗教，让他去追随那些伟大的领袖，让他恪守戒律、加入宗教团体、服从宗教权威，让他出于恐惧而被指引，如此一来他最终就将战胜环境。

于是你将面对两种类型的夸大,即转向内心的人的夸大以及转向外部的人的夸大——转向外部的人会声称,人不过是泥土,因此可以被塑型;而转向内部的人,即所谓的宗教人士、精神人士,则会坚持认为首先应当去转变心灵。

所以你便拥有了两种类型,强调或夸大两者中的任何一个,都会破坏它自身的目的。主张环境在先的人同声称精神第一位的人,都是由于他自己的夸大以及错误的强调而最终破坏掉了自己的目的。但是照我看,解决方法、抑或思想方式、智慧的真正苏醒——单单这种智慧就能够解决社会同个体的无数冲突与难题——在于这二者之间的完美平衡,在于超越这二者,而这种平衡是一种简单的、直接的方法。

研究各个体系、方法,哲学层面的或是经济层面的,对其进行彻底的探究以便展开比较,需要付出巨大的努力,很少人会有时间、能力或是意愿去洞悉那些复杂的推理与理论。当你没有时间去探究无数相互争斗的专家们所做的阐释,那么会出现怎样的情形呢?你会选择你所喜欢的那个专家,选择那个你认为他的看法是合理的专家,由于你没有时间去彻底探究他的体系和方法,结果便会单纯地去接受他的权威。专家越大,权威越大,遵从就会越大。

因此,追随者们逐渐变得盲目,仅仅去接受那些教条。领袖毁灭了追随者,追随者反过来也毁灭了领袖。我们渐渐制造出了另外一套建立在一系列新的教条之上的愚昧——这些教条最初是理论——尔后我们沦为了它们的奴仆。

依我之见,理论的价值甚微。原因在于,如果一个人与过去的和现在的环境始终发生着冲突,他便会不断地去探明、去洞悉,便会试图去理解,结果就将充实地活在当下。对于这样一个人来说,是不需要理论或阐释的。不过,这需要坚持不懈地去展开思索,需要实现重大的觉察,需要去洞悉那始终变化着的环境的真正涵义。由于大部分人都无法做到这一点，所以他们便去接受那些理论，于是理论就成为了他们的主人、事实、实相。

自然的，这同样还适用于那些被我们视为精神导师的宗教专家们。也就是说，我们把宗教当做了一种组织化的信仰，你会发现，专家的权威是至高的。模式被设定出来，你出于公众舆论的压力，出于恐惧等原因而被迫去遵从该模式。在我眼里，你崇拜权威、崇拜专家，却不了解他有哪些局限，而这正是剥削、利用的真正根源所在。

因此，生命的整个过程，原本应当是不断的圆满，从而也就是不断地去洞悉实相，结果却因为这种对于权威、专家、信条和理论的崇拜而被破坏殆尽。生命的全部过程，便是要让个体去屈从，让他去服从和遵循。结果他便渐渐地对一切事情都无知无觉起来，除了模式以外，他尽可能地在模式的指令之内去生存，他把这个叫做是生活。环境仅仅变成了塑造他的模子。于是个体只不过是被夸大的环境的表现——这个环境包括过去的和现在的环境、继承的和得到的环境。

依我之见，这并不是真正的人、真正的个体。一旦你认识了过去的及现在的环境的涵义，并因而摆脱了环境的制约，那么智慧就将被唤醒，而这一智慧的表现便是真正的人。

如今你正受到环境的限定，你是过去的和现在的环境的产物。你所表现的——你将其称作为个性或者自我表达——不过是表现出了那一局限着你的环境。在我看来，真正的个性的表现是智慧。只要心灵挣脱过去的和现在的环境的局限，就可以将智慧唤醒。

我们接下来必须要探明的事情是，是否有某种体系、方法能够有助于去唤醒这一智慧呢？抑或它仅仅是施加了另外一系列的愚昧以及更多的局限呢？原因是，假如我们可以找到某种完美的体系、方法，就会把自己交付给它，变得睿智起来。

照我看，体系、方法，不过是思想的结晶，群体，不过是那一思想的表现。这些凝固的思想，若你加以遵循的话，能否将智慧唤醒呢？又或者，你是否应该开始凭借自己的力量领悟到，由于进行了群体和个体这样错误的划分，所以才制造出了愚昧，而不是把自己视为个体或群体呢？也就是说，不要把你自己当成一个个体或某个群体，而是应当以全新的视角去思考，从根源处去思考，如此一来便能懂得每一种环境、每一种局限的真正涵义。原因在于，如果我们无法在情感上、理性上实现主动，无法远离任何一种体系、方法，只是单纯地去遵循某种方法，在它里面做到活跃和能动，并不能唤醒智慧。

当这种智慧被唤醒的时候，将会与其他的智慧真正地携手合作，而不会同愚昧联手。举个例子，关于战争，会发生什么呢？为了理解关于战争的整个问题，我们必须从根源上展开思索，而不是从国家主义、种族主义或者阶级的观点出发去思考，所以战争是错误的。只要智慧发挥了作用，就没有发动战争的借口了。但由于我们大多都被那些政客、剥削者统治着，我们被逼迫着卷入了一场又一场的战争，并就战争的不可避免及必要性给出了诸多的理由。

只要你没有展开彻底的、清晰的思考，没有从根源上去思考这一问题，那么你就会今天和平、明天开战。原因在于，你并未凭借自己的力量去探明那些导致战争的令人惊骇的残酷、种族仇恨与剥削。只有当你以及那些政客、统治者们身上的智慧被唤醒的时候，和平之花才会绽放。

若想探明什么是实相，一个人需要拥有大智慧。在我看来，智慧并不等于书本知识。你可能一方面所学颇丰，一方面却仍旧十分的愚蠢。你可能阅读了许多哲学家的著作，但却不知道创造性的思考是何等的愉悦。只有当心灵和头脑开始通过冲突、通过不断的觉察使自己走出过去的愚昧，摆脱那些正在被累积起来的愚昧，才能展开充满活力的思考。

其他人能够告诉你何谓实相吗？有谁可以告诉你神是什么吗？没有人做得到，你必须凭借自己的力量去探明。因此，要想弄清楚什么是永恒——如果没有永恒，生命就将沦为一堆混乱无序的琐事，毫无意义可言，成为盲目的痛苦——你就得拥有智慧，而为了唤醒这种智慧，你就必须让心灵和头脑挣脱愚昧的罗网。

愚昧的第一个原因便是意识。意识执着于自身，从而制造出了群体跟它自己之间的差别。这一意识的本质，便是想要有所得，总是想到"我的"。这种受限的意识，便是愚昧、痛苦的根源和原因。它的表现之一，就是不断地渴望安全，身体上的、情感上的、精神上的安全，一个人全部身心范围内的安全。当你寻求这种安全的时候，个体同社会之间就注定会发生冲突，膨胀的个体会去对抗群体，从而导致永无休止的矛盾、争斗和痛苦。

你会发现，对于物质层面的安全感的寻求，表现为占有欲及其全部的残酷、剥削以及骇人的愚昧，诸如国家主义、民族主义、阶级斗争、种族仇恨。此外，从情感层面来看，爱也变成了单纯的占有，丧失掉了它那生机勃勃的极喜。爱成为了一系列充满占有欲的冲突，爱的柔情、爱的宽广深厚、爱那永恒的特质、爱的深刻的极喜，都因为这种占有欲而被毁灭掉了。尔后便会出现精神上对于确定性的寻求，这便是为什么人们会去崇拜权威、崇拜导师；这便是为什么你会不断地需要最终的结论，以便你的心灵能够去依附于它；这便是为什么你会不停去探究真理和神。如果一个人向你保证了神、真理、永恒的确定性，你就会对他心生崇拜之情，因为这让你感到慰藉与安全。

这种对于安全感的需求，逐渐地摧毁掉了智慧。心灵，通过经验，仔细地累积着那些获得了保护的、自我防卫的安全感和记忆，这些东西妨碍了你去不断地调整自己以适应生命那永恒的运动。

经验，大多时间是在制造安全感以及那些自我防卫的记忆。当你带着这种障碍去迎接生活的时候，势必会带来冲突与痛苦。这并不意味着你应该忘记过去。我想解释的是，正如我们在物质层面寻求安全感一样，所以我们精神上也渴望从不确定走向确定,而确定反过来又会变成不确定,这里面永远都不会有完整的时刻。

我向你们保证,一旦你处于彻底的赤裸与无望的状态,那么,在这种极为重要的不安全的时刻,便会燃起至高的智慧的火焰,便会感受到获得真理后的极喜。当你去寻求安全感的时候,就会心生恐惧,从而导致许多的幻觉、错误的克制、压制、歪曲、对死亡的惧怕以及询问来世。

为什么有这么多的人都对来生感兴趣呢?因为此生是如此的肤浅,如此受到环境的限定,充满了如此之多的冲突和混乱,是如此的缺乏理性、没有欢愉、没有极喜,所以他们便去诉诸未来,由此导致了去探寻来生。

永恒是一种不断的"变成",它并不属于那个被我们唤为"我"的意识,而是属于智慧。这种智慧,摆脱了个体,也摆脱了群体,摆脱了那个制造出了种种界分与差别的意识。意思便是说,当心灵告别了所有的幻觉或无知,就能够去探明那无限的当下了。这是一件你无法解释的事物,你无法把它给推理出来。它超越了一切的论证,它必须要被经历和体验,而这需要相当大的毅力以及不断的坚定。

在我看来,这似乎便是世界的状态。由各种理论的冲突所引发的混乱和无序,带来了愚蠢的实践同界分。随着时间的流逝,我们只不过累积着理论的知识,增加着可怕的界分,制造着大量相互冲突的实验运动。我们陷入到这种冲突之中,智慧被彻底地忘在一边,而智慧才是生命的真正表现与模式。

这就是我们周遭的世界的情形。我们应当采取怎样的行动呢?我们的态度、我们的思想应当是怎样的呢?你打算通过革命、通过经济变革、政治剧变来等待环境变得完美起来吗?这种等待,只不过是一种逃避罢了。诉诸未来,仅仅是以希望作为幌子而做的另外一种逃避而已,只是一种拖延。抑或,你是否并不把自己视为个体或群体,而是开始以全新的视角去思考，从根源上去思考——于是摆脱许多披着美德外衣的愚昧，摆脱许多你视为当然并全盘接受的东西——如此一来，当你拥有了真正简单和直接的思想即至高的智慧，你的行动便能结出硕果？你打算怎么做呢？是坐等将来，指望环境会因为某个奇迹、其他某个人的行动变得完美起来呢，还是通过你自己与那无法逃避的环境之间的冲突去实现深刻的察觉、展开完整的行动呢？

对于大多数人来说，这便是问题所在：要么仅仅去等待，让时间就这样白白地流逝掉；要么能够去探明生活的真正涵义以及它的种种冲突与悲伤——不去制造出一系列新的愚昧和幻觉——从而过一种直接的、简单的生活。前者会走向彻底的无序、肤浅和乏味，大部分人都过着这样的肤浅的生活，无论是从事着高强度的工作还是没有在工作；后者则会通往永恒的极喜。

只要你坐等其他人去行动，坐等政府来改变环境，就一定会以绝望告终。与此同时，你自己的生活将会变得越来越肤浅，越来越流于表面化。此外，还会伴随着现代社会的所有空虚，以及那些所谓的宗教人士们的空虚。

就像我在演讲之初指明的那样，智慧是唯一的解决之道，它能够给这个满是冲突的世界带来和谐，给行动中的心灵和头脑带来和谐。没有任何体系、方法，抑或仅仅去改变环境，能够让一个人摆脱无知与幻觉，而这些东西正是痛苦的根源所在。当你处于完整的、充实的状态，依靠自身的觉察，便将懂得这许多局限性的障碍的真正涵义。单单这一点就能带来持久的智慧，而这智慧将为我们揭示出永恒。

（在纽约市市政厅的第一场演说[①]，1935年3月11日）

[①] 这篇报告还包含了克里希那穆提1935年3月3日在好莱坞以及3月7日在芝加哥所做的演讲的主旨思想。——英文版编者

在行动中实现充分的觉知

朋友们：

　　在回答一些向我提出的问题之前，我想指出，我一直在表达的以及我将要去指明的，并不是某个新鲜的智力玩具，不是一套新的理论，好让我们能够对其展开争论，以获得智力上的刺激，也不是为了向某种已经疲倦不堪的情感提供一种新的感觉。只有当你对其加以检验，才能探明其含义的真正意义和深刻性。否则，在一个充满无休止的冲突的世界里，它是不会具有任何价值的。

　　若想展开试验，一个人就得从自己开始入手。毕竟，你不可能用其他人来进行检验。假若你不去凭借自己的力量去进行检验的话，你就不会知道该试验的结果或意义了。所以，你不要去想你的邻居，而是应当着手去探明怎样才能够真正从自身进行检验。为了服务世人，一个人就必须从自己开始做起。倘若他真的能够用自己来进行检验，如此一来就可以进行持续不断的调整，而不是去适应某种老套的自我约束，不是去盲目地遵从某种模式，不是无休止地去实践某个观念，那么，生活中的这样的试验，就将带来行动的重大变化，就将让他的整个生命发生巨变。我想建议你对我所提出的观点加以检验，看一看它们是否在你的日常生活中具有某种实际的价值，而不要只是蜻蜓点水般地去思考一二。

我们大多数人都是在某些偏见、传统、恐惧的浸染下长大的，被环境迫使着去遵循、去服从，我们从这一背景出发去展开思考和行动。这个背景已经成了我们身上的一种无意识的部分，我们从这一无意识的中心出发去思考、感受与行动。我们所有的行为，都是源自于心灵和头脑的这种局限，所以很自然地就会变得越来越受限，越来越狭隘，越来越被限定住。结果，无意识的存在——那些我们不曾去质疑或认识的习惯性的想法和感受——始终都在歪曲、干扰和模糊着那些有意识的行动。如果我们没有实现认知，进而摆脱这一成长的背景，那些偏见、那些恐惧，自然就会不断地去干扰和限定意识。觉知便是行动，便是洞察。所以，我们的行动因为恐惧、因为传统而始终受到束缚和局限。行动，未能让我们获得解放和自由，而是只会增加我们的冲突与问题，于是生活也就会成为了一系列的冲突和争斗。

为了逃避这些争斗，我们制造出了某些幻觉，以减轻痛苦，这些幻觉在我们看来变成了真实。也就是说，我们有着无数的难题和冲突，为了逃避它们，我们确立起了一些定期的、被认可的释放。这些释放便是组织化的宗教、获取、建立和遵从某个传统以及通过感官展开的诸多的逃避。

如果你们去观察自己的行为，就会注意到这是你们大部分人身上所发生的情形：即你通过某种既定的传统的背景或者恐惧的背景而去展开行动，结果便让你的冲突和争斗与日俱增。你并没有通过行动让自身获得解放，相反的，你展开了各种释放或逃避。这些东西变得如此的真实，如此被需要，以至于心灵发现很难使自己摆脱它们的束缚。

让自己挣脱那越来越受到局限的行动的原因，也就是说，摆脱无意识，并不是指去探究过去，而是指在当下的行动中去察觉。不要去思考你是否听命于传统、恐惧和偏见，而是应当在行动中实现充分的觉察。在那觉知的火焰中，局限的根源、比如恐惧，自会显现出来。意思便是说，如果你被彻底地唤醒，在行动中实现了充分的觉察——这种觉察需要你投入全部的身心——那么你会发现所有这些隐藏的、潜在的歪曲将会涌现出来，妨碍了你去展开充分的、完整的行动。于是你便需要花费时间去应对它们，倘若觉知的火焰格外的猛烈，那么这火焰就将烧毁掉这些局限性的原因。

不要去遵从某种模式，不要按照某条布置好的行动路线去走，因为这么做注定会捆绑住你的思想和情感。假如一个人能够在行动的时刻实现充分的觉察——只有当思想和感受极为强烈的时候，才会发生上述的情形——那么，他意识里那些暗藏的、未被探究的深层的部分，就会展露出来。但如果你仅仅通过自我分析去审视无意识，就将发现，你的行动会越来越受到局限，越来越流于表面化，从而失去了自身的意义和深刻，结果生命也就会变得肤浅和空虚。只要你开始着手去察觉，去全面地、彻底地应对某个问题，将其视为一个整体去对待，那么你就会看到，各种各样的限定、继承的或得到的自我保护的想法，是如何爬进你的心里去的。尔后你将发现——假如你真的对其展开检验的话——心灵和头脑并没有处于冲突之中，并没有彼此发生矛盾，你将发现你正在寻找的那个源头、根源，你将发现那充满了生机的极喜与真理。

不要去寻求宁静、幸福——或者试图去发现什么是真理和永恒，抑或神是否存在——如果，在觉知的火焰中，心灵与头脑能够使自己摆脱恐惧、偏见、歪曲以及局限性的原因的束缚，那么，这种自觉便是真正的生命的极喜、真理的极喜。

问：一个人应当怎么做才能摆脱孤独和恐惧呢？

克：首先让我们去探明一下我们现在都做了些什么，然后才能去探究应当如何。如果我们感到孤独，那么我们会怎么做呢？我们会试图通过结伴，通过工作、娱乐、崇拜、祈祷以及所有众所周知的、狡猾地确立起来的各种逃避来躲避孤独。我们干吗要这么做呢？因为我们觉得，通过这些逃避的手段、通过这些缓解和释放，就能够将孤独给掩盖起来了。我们能否掩盖某个生来就是病态的事物呢？我们或许可以暂时地将孤独给遮掩起来，但它将始终存在下去。

所以，只要有逃避，孤独就必然会延续下去。孤独是没有替代品的。倘若我们能够彻底地认识到这一点，倘若我们能够懂得孤独、恐惧是无法去逃避的，那么会发生什么呢？你们当中的大部分人都无法回答，因为你们从未曾彻底地直面这个问题。你不知道，假如所有逃避之路都被完全堵住了，没有丝毫逃避的可能，将会出现怎样的情形。

我建议你对此展开一番检验。当你感到孤独的时候，若你展开充分的觉察，那么你将会看到，你的心灵想要逃开、想要躲避。一旦心灵意识到它正在逃避，与此同时又洞悉了逃避的荒谬，那么，在这种觉知之光的照耀下，孤独便将消失不见。当你面临着某个难题，同时又无法有任何出路的时候，那个难题就会停止了，这并不意味着说你要去接受它。你正在寻求着某种疗治孤独的方法、某个替代品，结果问题就不是孤独的涵义了，而是有什么灵丹妙药可以消除掉孤独，有什么最好的法子可以逃避孤独或者将其给掩盖起来。然而，只要心灵不再去寻求逃避，那么孤独或恐惧就会具有截然不同的涵义了。

你不会接受我的观点，你唯一能说的，便是你不知道。你不知道孤独和恐惧会不会消失。不过，通过体验，你将会懂得孤独的全部涵义。只要我们仅仅去寻求某种治疗孤独或恐惧的良方，就会变得极其肤浅，不是吗？如果一个人拥有他想要的一切，或者如果一个人渴望拥有一切，那么对他而言，生活将会变得十分的肤浅。当你仅仅需求疗治方法的时候，生命就会是空虚的、毫无意义可言。但如果你真正面临着某个燃眉之急的问题，没有一丝逃避的可能，那么你会发现，这一难题对你而言就成为不可思议的事情。它不再只是一个问题，它的极端重要性强烈显赫，它须得受到省察，须得你去承受，须得你去弄懂。

问：您认为一个人在日常生活中应当妥协吗？

克：你觉得战争与和平之间有可能出现妥协吗？也就是说，假如你真的认为战争——为了某个爱国主义的理由或其他任何理由而大开杀戒——从根本上来说是错误的，你会认为你能够在发起或参与一场战争这一问题上去妥协吗？同样的道理，你觉得在渴望有所得和放下贪念之间会出现任何的妥协吗？

假若你在这一刻心存贪念、想要有所得，下一刻你又放下了贪念，那么就会出现妥协。如果一个人没有获取、贪婪之心，如果他真的没有渴望有所得，如果他并未受到贪欲的驱使，就不会出现任何的妥协。然而，当你充满了占有欲，同时又在环境、观念和理想的驱使下去消除贪欲，你便会开始去妥协，尔后你着手去寻找到最好的、危害性最小的方法来实现折衷。倘若你真的摆脱了贪欲的制约，尽管你可能生活在这样一个充满了占有欲的世界里，就不会有任何的妥协了。你必须要弄清楚自己究竟是不是贪婪的，这很简单。要做到这个，你不能着手去分析自己的行为，这么做只会导致行动的局限，而是应该在行动的那一刻实现充分的觉察。

时间并不能让你挣脱贪欲的罗网，也就是说，你无法通过拖延至将来而学会不去心存贪念。只有在当下、而非未来，你才能够走出贪欲的泥沼，你只能够马上洞察它的涵义。然而，由于我们不愿意立即领悟这一点，于是我们便自欺欺人地说，经由岁月的洗礼，我们以后会学着放下贪念的。我们只能在当下认识到贪婪是何等的愚蠢，而非在未来。缓慢的心智的成长、演进，并不能够让我们不受贪欲的制约获得自由。

我的一位朋友大约在十年前成为了一名牧师，有一天他告诉我说，他花了十年时间才领悟到自己的行为是多么的愚蠢。我想知道是否如此——抑或他受到了自身欲望、野心、恐惧和传统的巨大裹挟,以至于无法展开清晰的思考,而只有当他醒悟之时,才能开始实现思想的清晰和澄明呢?当他受到恐惧、权威和传统的裹挟与影响的时候,会发生怎样的情形呢?假如他在下定决心的那一刻实现了充分的自觉,就不会耗费十年之久才能懂得那一行为是何等的愚蠢了。

问题在于:妥协应当存在吗?当你心存贪念,同时又不愿意成为一个贪婪之人的时候,自然便会出现妥协。在对立面的冲突之中,必然会有妥协,没有任何方法可以解决这个问题。一旦生命成为了对立面之间的无休止的冲突,它就将毫无意义可言,沦为一场愚蠢的争斗。但如果你真的理解了贪欲的全部涵义,那么,在这种自由里面,便会迎来生命的充实以及它那永恒的美。

问:您指出记忆是一种障碍。为什么呢?

克:凡是被我们直接感知、彻底理解的事物,是不会在心灵里留下丝毫疤痕的。假若你彻底地活在某种体验之中,哪怕你可能会回忆起该事件,那么它便不会制造出那些你用以自我保护的反应了。如果我拥有某种经历、体验,我并未完全认识到它的涵义,心灵就将仅仅变成冲突的中心,除非我彻底理解了那一经验,否则这个冲突将会继续下去。只要心灵背负着这些冲突,它就会仅仅变成一座仓库,储存着那些自我保护的反应即所谓的记忆。我们带着这些防御性的记忆去迎接生活,于是便会在生活与自己之间竖起一道屏障,由此也就滋生出了所有的冲突、恐惧和痛苦,这便是我们大部分时间所做的事情。心灵只是变成了一座仓库,堆放着无数自我保护的记忆,而不是处于一种富有活力的空寂的状态。这种防御性的反应的重负,即我们所说的"我"这一受限的意识。

你带着这一受限的意识去迎接生活及其所有的经历——该意识只不过是一系列自我保护的、固若金汤的记忆。经历,仅仅是制造和增加了更多的自我保护的记忆，而不是驱散掉了这一层层的记忆从而让生命的活力得以释放，结果生活也就变成了无休无止的冲突、混乱与痛苦。心灵并没有向生活充分地敞开，实现彻底的空无——这里的"空无"，不是从词语的消极涵义来说的——彻底地卸下自我保护的盾牌，而是沦为了一部警告和指引的机器，以便去保护、防御自身。在我看来，这些自我保护的、防御性的记忆，从根本上来说便是障碍，因为它们妨碍了生命的圆满，而这种圆满本身便是真理。

依靠自身的力量去思考为什么你的心灵如何没能做到柔韧。彻底的柔韧、完全的敞开、高度的适应能力，便是智慧。当你拥有了某种经历，去观察一下会发生什么。你所有的偏见、你的记忆、你的那些自我保护的反应，全都会涌现上来，告诉你该如何去行动，如何指挥自己，你已经下好决心怎样去应对全新的事物。毕竟，若想认识真理、神、未知，你愿意怎么称呼都成，心灵和头脑就必须处于不做准备、不设防的敞开的状态。在这种分外重要的不确定、不设防的状态里，你便会迎来永恒。当你保护自己的时候，你建立起了狡猾的安全、确定性、潜藏的记忆，而要想摆脱这些东西的束缚，需要大智慧。你无法漠视它们的存在，或者努力将其抛置脑后，只有当你充分地察觉到了行动本身，才能够发现这些障碍。

你们聆听我的演讲，必定也是一种经历和体验。如果你对我所说的话颇有兴趣，便会发现你是带着各种各样的反对在迎接我的观点。你没有抱持一种开放的姿态，没有怀着探明的渴望去展开检验。只有当心灵和头脑处于警觉和柔韧的状态，具有很强的适应能力，不去听命于那些理论、确定性和保证，你才能够开始去发现记忆的障碍，即那些自我保护的、防御性的反应。这些疤痕，即我们所谓的记忆，不断地出现在生命的运动即永恒与我们自身之间，从而带来了冲突和痛苦。

问：我怎样才能唤醒智慧呢？

克：你为何想要去唤醒智慧呢？你真的能够将智慧给唤醒吗？抑或心灵能否使自己摆脱诸多的愚昧，从而发现自己是智慧的吗？请领悟这个问题的涵义。这位提问者想要知道，自己怎么做才可以将智慧唤醒，他希望知道方法、方式和技巧。当心灵渴望去知道"如何"的时候，它实际上是在寻找某个确定的体系、方法，于是它便会沦为这一体系、方法的奴仆。但倘若你开始凭借自己的力量去探明什么是愚昧，那么心灵就将变得极其的敏锐和警觉了。只有当你探明了、理解了何谓愚昧，进而躲开了这些愚昧，才能够唤醒那真正的智慧。

当你询问"一个人怎样才能唤醒智慧"的时候，你实际上是在需要规则、制度，如此一来你便可以强迫你的心灵去遵从某种窠臼。你把这个说成是应对生活的积极做法，即确切地告诉你该做些什么。实际上这是对于思想的排拒和否定，会让你沦为某种体系和方法的奴仆。可如果你真正开始去察觉你的环境、过去的和现在的环境，开始去察觉你自己的思想和行为，那么，当你懂得了什么是愚昧的时候，便能将真正的智慧唤醒了。给智慧下定义，容易使心智受到奴役。

我们可以凭借自己的力量去探明何谓愚昧，一个人不必把各种愚昧总结一番，列份长长的清单。我们应该依靠自己的力量去弄清楚愚昧的真正原因，假若我们能够这样做到，就无需拟一份关于愚昧的详细目录了。

是什么导致了愚昧呢？所有源于"我"这一受限的意识的思想、情感和行为，滋生出了愚昧。只要心灵仅仅是一个自我保护的、渴望有所得的实体，那么，任何源于该心灵的行动就必定会导致混乱与痛苦。

问：您所说的环境具体是指什么意思呢？

克：存在着某种外部的环境，比如国家、地方、阶级，诸如此类。

尔后还有内部的环境，比如继承的、获取的传统和观念。所以我们可以把环境划分为外部的和内部的，然而实际上并不存在这种明确的划分，因为这二者其实是紧密交织在一起的。

举个例子，一个人出生在印度，他是在某种宗教制度下被教育长大的，此外还有许多的信仰、种姓的偏见、社会及经济的有利条件和不利条件，等等。他带着这一继承的背景，发展出了对于心灵和头脑的进一步的限定。他不但从他的父母、他的宗教、他的国家、他的种族那里继承了某种限定，而且还把自己基于他所继承的背景的反应、记忆和偏见附加了上去。

他始终都带着这个背景在生活，即他所继承到的以及获得的偏见、想法、恐惧、欲望、希冀和记忆，所有这一切就构成了环境。他带着这个背景，带着那受限的心灵去迎接生活，他试图去理解生命那永恒的运动。意思便是说，他从某个固定的点出发，尝试着去迎接那永远都在向他招手的生活。于是很自然的，在那个固定的点与那一始终鲜活的、运动着的事物之间，必定会发生冲突。只要有冲突存在，就一定会生出想要去释放、缓解、逃避的渴望。宗教，只不过变成了一种对抗智慧的防御性的反应。宗教、阶级意识、贪欲，所有这些都只不过是逃避的方法，是为了避开冲突，避开那在固定的点或偏见——记忆、恐惧、受限的意识、"我"——同生命的运动之间出现的冲突。

只有当出现了彻底的和谐与统一，抑或当固定的点不复存在，也就是说，当心灵和头脑能够自由地、迅捷地随着生命之流、随着真理去游走的时候，才能实现真正的觉知。而极喜就蕴含在这种觉知之中，这便是永恒。

只要一个人没有领悟到环境的真正涵义，那么心灵和头脑就会被囿于受限的意识那一固定的点，由此也就滋生出了冲突与悲伤，使得那一固定的点与生命的永恒的运动之间发生永无休止的争斗，并且因此导致对抗生活、对抗智慧的防御性的反应。生活，变成了一系列的冲突和释放。你如此彻底地让这些幻觉、这些逃避来将自己团团包围住，以至于，对你来说，它们已经成为了真实。你希望从它们身上获得幸福与宁静，然而它们永远都不可能给予你这些。依靠不断的觉察，依靠洞悉，依靠心灵始终保持警觉的状态，依靠质疑，那么，一堵堵由意识的固定的点竖起的高墙，就一定会被攻克。唯有如此，才能迎来永恒。

认识永恒，需要大智慧，而不是某些愚昧的神秘主义。它需要不断的洞察，只有当你不断地去冲破，去攻克那一堵堵传统、贪欲、自我保护的反应的高墙，才能够有所洞见。你或许可以逃避到某种幻觉中，你把这种幻觉美其名曰为安宁、永恒、神，然而这并非是实相，因为疑问、痛苦依旧存在着。可是，一旦你充分察觉到了生命的永恒的运动，便能够让心灵和头脑走出痛苦与幻觉。只有当心灵摆脱了受限的意识那一中心、那一固定的中心，才能够领悟这一点。

（在纽约市市政厅的第二场演说，1935年3月13日）

愚昧的本质在于通过价值观念逃避冲突

朋友们：

　　我想在回答问题之前先做一番简短的讲话，解释一下某些或许理解起来有点困难的问题，我会试着尽可能表述得简单和清楚一些的。

　　我认为，我们大部分人都试图去探明什么才是真正的幸福，因为，若未拥有充满智慧的快乐，生命就将变得极其的肤浅、琐碎和乏味。所以，在去追寻我们所谓的幸福的过程中，我们从一种经验走向另一种经验、从一种信仰转向另一种信仰、从一种理论转向另一种理论，直到发现这些信仰、这些理念让我们感到满意为止。这种对于幸福的寻求，必然会导致一系列的逃避——正如我曾经指出来的那样，这些逃避，或许是通过权威，通过感官上的享受，通过单纯的经验的增加、权力的增加——这些逃避成为了标准或价值观念，我们用它们去把冲突掩盖起来。

　　毕竟，当你意识到冲突的时候，便会心生烦忧，结果就会导致不快乐。为了逃避这种不快乐，你寻求着各种经历，发展起了某些价值观念、标准、衡量准则，这一切都成为了你的逃避。于是你就渐渐地对一切都变得无知无觉起来，除了那些标准、那些模式以外，你的生活也就只是围于这些你在寻求幸福的途中所确立起来的价值观念的局限和束缚当中。

　　如果你去审视一下，就会发现，你的心灵和头脑被困在了一系列的准则或价值观念之中。由于受到这样的束缚，所以心灵总是会提供更多的价值观念，确立更多的准则，始终都处于评判的状态。除非心灵走出了这种不断去提供价值观念的过程，否则它永远都不可能是鲜活的、崭新的，永远都不可能处于富有活力的空寂的状态，假如我可以在不引起误解的情况下来使用这个词语的话。因为，充满生机的空寂、空无，这种状态本身就可以让你迎来真理。

冲突、痛苦，其过程，便是打破这种提供价值观念的习惯。你怀有一系列通过经验、通过传统确立起来的价值观念，这些价值观已经成为了你的指引。你带着这些过去的标准和价值观念去迎接某种新的经历，结果必然就会引发冲突。这种痛苦，便是打破心灵所依附的那些旧的价值观念。

愚昧的真正本质，在于通过一系列既定的价值观念、抑或通过形成一套新的价值观念去逃避冲突。智慧的本质，便是用一颗没有重负的心灵，用一颗全新的心灵去认识生命或体验。你不是不带任何预先构想的要求去迎接生活，而是用一颗已经怀有偏见的心灵、一颗几乎无法做到迅捷的调整、一颗不具备快速适应能力的心灵去走向生活。由于未能立即洞察生命的运动，于是便制造出了痛苦。冲突说明了绑缚，这是无法被克服的，不过必须要去理解它的涵义。依靠一系列新的价值观念去克服障碍，这么做只不过是另外一种形式的逃避罢了。

你或许会说，一个不去提供价值观念的心灵，实际上是原始人才会怀有的心灵。从某种意义上来说的确如此，原始人迎接生命的态度是无意识的、不完整的，未能充分认识生命的意义。然而，若想充分地迎接生命，若想彻底地认识其涵义，需要心灵不为过去所限定，而只有通过深刻的自觉，通过洞悉、探明，方能做到这一点。这要求在当下采取完整的行动，不会受到恐惧的驱使，也不去寻求得到奖赏，这是不同于原始人的心灵的。这是彻底的排除众议、特立独行的智慧。

只有当你用一颗不背负重担、一颗敞开的心灵去迎接生活、迎接未知、迎接那不可度量的事物，才能体验到洞悉真理后的极喜。一旦心灵不去背负那些价值观念、记忆、预先构想出来的信仰，它便能够去迎接未知，而在同未知相遇的过程中，就会迎来智慧以及感受到当下的极乐。因此，冲突的过程，便是将一个人唤醒，让他实现充分的觉知。如果我们没有不断地去觉察，就会制造出一系列的逃避，即我们所说的价值观念，尽管它们可能会发生变化，我们试图通过这些价值观念找寻到幸福。

价值观念成了逃避的手段。假如一个心灵处于冲突之中，它直面该冲突，并未试图去根据某些价值观念来解释那一冲突，那么这样的心灵就会实现充分的、彻底的觉知。尔后，心灵将领悟到生命的实相，并且体会到当下的极乐。

问：您是否倡导摒弃世俗的享乐以及自我牺牲，并将其视为寻觅个人幸福的手段呢？

克：并不存在所谓个人的幸福，所以也就没有达至它的手段。存在的，只有那充满生机与活力的生命的极喜，其表现是多样的。这种牺牲、摒弃享乐、克己的观念，是错误的、虚幻的。你觉得，通过放弃某些东西、遵循某些行为便可以找寻到幸福，所以你实际上是在做交易，是在用你的牺牲、你的克己去换取幸福。不存在任何的克己或放弃，存在的只有觉知，在这种觉知里面，你将会获得那充满生机的幸福，这种幸福并不是个人的、个体的。

让我换种方式来表述好了。我之所以开始去累积财富，是因为我以为幸福就蕴含在财富的累积之中。然而我最终却发现，财富并不能带给我幸福。因此我便开始放弃财富，试图去达到、去寻求自我克制的状态，而这只不过是另外一种形式的获取罢了。但如果我懂得了财富、占有欲的固有涵义，那么，在这种觉知之中，便能迎来那充满生机的幸福。

问：在生命的所有阶段、在万事万物中都可以找寻到必需的事物，这难道不正确吗？

克：我并不认为存在着必需的和非必需的。什么是必需呢？什么又是非必需呢？某一天我想要一个东西，于是该事物变成了最为必需的、最为重要的。然而一旦我拥有了它，它就会变成非必需的了。尔后我又会渴望其他的东西，我又开始了同样的过程，从一种以前必需、如今不再必需的事物，转向另外一种现在必需、日后又会不再必需的事物。

换句话说，只要你怀有欲望，就永远不可能获得永恒的洞察。由于大多数人都是欲望的奴仆，所以他们始终处在必需和非必需的冲突之中。单纯的物质上的财富，已经无法再让你感到满足，于是你便从物质上的占有转移到智力上、情感上对于美德、真理或神的拥有。你从那些曾经是必需的事物那里，向前迈进了一步，转向了抽象的事物。这些抽象的理念，变成了必需。

我们看待生活，能否不要从这种必需和非必需的观点出发，而是从睿智的、全面的视角出发呢？我们为何要划分成必需的和非必需的、重要的和不重要的呢？原因是，我们总是从获取、占有的层面去思考。可如果我们从觉知的观点出发去看待生活的话，就不会再出现这种划分了，尔后我们便会始终把生命视为一个整体去对待。这是最为困难的事情之一，因为我们一直是在宗教及经济的体制下被训练长大的，这些体制将一系列的价值观念施加、灌输给了我们。如果一个心灵真正能够做到不去提供价值观念，而是努力过一种充实的生活，不去渴望有所得——那么，对于这样的心灵来说，就不会存在程度不一的价值观念的变化了。于是，永久与短暂之间、静止与生命那永恒的运动之间，也就不会出现冲突了。

问：您谈论有关生活的基本问题，这很好，然而普通人会如何呢？

克：我们在讨论什么呢？就我所知，我们讨论的是怎样充满智慧地去生活，从而过一种庄严的、文明的人生——而不是现在这种你争我夺、残忍无情地去获取、去剥削，无论是某个阶级、还是某个导师的利用和剥削，无论是经济上的还是宗教上的争斗与剥削。这一切自然适用于我们所有人，也就是说，适用于普通民众。我不会把自己同普通人划分开来的，那些关心普通民众的人们却习惯于把自己和一般人区分开来。他们关注普通人，为什么？他们声称："我可以放弃传统，但是一个大街上的普通人会如何呢？假如他放弃传统的话，就会陷入混乱。"所以他必须拥有某种传统，而那些关心他的人们则不必。

倘若你并没有从界分、差别的层面去思考，阶级差别或需求的差别，倘若你领悟了某个事物本身的涵义，那么你便能够帮助那个大街上的人去挣脱传统的制约，同时又不会在他身上施加任何的影响或重负。意思便是说，只要你相信传统是毫无意义的，只要你洞察了它的涵义，自然就可以帮助他人，同时又不会对他施以任何的强加或剥削。一旦你理性地认识到了生命的本质，便能帮助其他人走出这片残酷的混乱和无序。

如果我们、如果在座的所有人，都真正地、深刻地感受到了这一切、真的理解了这一切，那么我们就将饱含智慧地展开行动。首先，很明显，一个人应该从自身开始做起。他必须去应对、触及那些根本性的东西，原因在于它们是最简单的。在某个正在变得越来越复杂的文明中，假如我们未能凭借自己的力量去认识这些简单的、根本性的东西，那么我们就只会让混乱、剥削和无知与日俱增。

因此，我们所讨论的问题，适用于每一个人，你们拥有机会——不幸的是，这种机会并不是每一个人都能够拥有的——只要你实现了自觉，只要你开始着手去认知，进而展开行动，那么这样的行动就将有助于去消除无知即痛苦的根源了。

问：一个人怎样才能去应对记忆及其图像的困扰呢？

克：首先，通过认识到记忆是如何形成、如何被制造出来的。正如我在前几天试图去阐明的那样，记忆，不是别的，而是不完整的行动。我并没有把那种回忆事件的能力包括在内。然而记忆是没有获得彻底认知、没有得到充分实践的行动的残渣、疤痕。除非那一行动得到了全面的理解，否则，关于该行动的记忆或者心灵上的疤痕将会继续存在下去。心灵通常是那些不完整、未完成的行动留下的残渣或疤痕。如果一个人怀有阶级意识，抑或如果他抱持着宗教上的偏见，那么他自然就无法去彻底地迎接生命里的经历，他带着这种偏见去应对人生的体验，结果也就势必会导致冲突。只要一个人没有充分地认识该冲突的成因和涵义，就一定会出现更多记忆的疤痕或障碍。在这种冲突中，假若他仅仅去逃避或是寻求替代物，那么，作为某种障碍的记忆就必然会不断地破坏理解的充分性。而充分的觉知，本身便是行动的圆满。我希望我解释得不是那么复杂难懂。

例如，假设一个出生在印度的人抱持着某些宗教偏见，他带着这些歪曲的思想去迎接生活，于是自然无法洞察到生命的全部涵义，因为他总是通过这些曲解去看待生活，结果也就一定会有冲突产生。他由此发展出了一系列自我保护的记忆，他把这些记忆称作为价值观念。这些防御性的反应，势必会进一步地破坏、歪曲他对于经历或生活的认知。

当一个人充分认识到偏见抑或任何其他的曲解不断地在腐蚀、歪曲、破坏觉知的充分性，那么他便会开始实现自觉。在这种觉知中，他将会发现那些障碍。只有通过觉知的火焰，通过充分的自觉，而非通过自我分析，他才能够洞察那些始终在歪曲着体验的偏见、逃避以及自我保护的价值观念。只有当你充分地去体验的时候，才会发现和认识那些妨碍洞察的障碍，而不是依靠智力上的自我分析或自我剖析。假如你在充分的体验中实现了深刻的觉知，就将认识到曲解、妨碍、局限是怎样涌现出来的。

只要心智能够挣脱这些价值观念的罗网——这些价值观念，不过是出于自我保护的目的而被储存起来的你所继承的或获得的记忆——那么生命就将处于一种永远的"变成"的状态。不过，正如我所指明的那样，这需要相当的坚定和决心，需要你不断地去探究痛苦、冲突的原因和涵义。倘若你安逸自在地去生活，或者仅仅去寻求满足，就无法体会到那永恒的当下的极乐。只有当你处于巨大的危机、冲突之中，心灵才能使自己摆脱掉所有这些自我保护的累积物和增加物。

尔后就将只有生命的极喜与真理存在了。

问：如果每个人都放弃了全部财富，就像您所建议的那样，那么商业以及生活中的普通追求会出现怎样的情形呢？假如我们不生存于世的话，商业和财富就没有必要了，难道不是吗？

克：我从未说过要人们放弃俗世的一切。我曾经指出，获取、贪欲导致了争斗、剥削、阶级差别、战争、等等。倘若一个人领悟到了占有欲的真正涵义——无论是物质上的占有还是对人、对观念的占有，而这种占有欲从根本上来说都是各种形式的对于权力的渴求——倘若心灵能够挣脱占有欲的束缚，那么世界就会迎来充满智慧的幸福与安宁。我们经由无数个世纪确立起了一种以获取、占有为特征的制度，我们始终都在寻求着个人的权力和权威。只要这一切在我们的心灵和头脑里继续存在着——我们或许可以通过革命、通过危机、通过战争来暂时地改变体制——但只要有我们这种贪欲存在，就一定会回到原来的体制上去，只不过是换了一种形式罢了。就像我曾经说过的那样，通过拖延，最终是无法学会摆脱贪欲的，必须要马上探明贪欲的涵义，而这便是困难所在。假如我们不能立即领悟到占有欲是何等的错误和荒谬，那么个人、进而群体就无法拥有一种不同的文明、不同的生活方式。

所以，我的全部抨击，如果我可以使用这一词语的话，并非是指向任何一种体制，而是针对那种想要去占有、去获取、最终是想要获得权力的欲望。现在你觉得财富能够带来幸福，但倘若你对此做一番深刻的思索，会认识到这种对于权力的欲望是没有终点的，它是一种永无休止的争斗，在这里面，冲突、痛苦是一刻不停。不过最为困难的事情之一，便是让心智走出贪欲的泥沼。

你知道，在印度，我们有某些叫做"苦行者"的人。他们为了探寻真理而隐遁于世，他们通常都只有两条缠腰布，一条系着，另外一条是为第二天准备的。在探寻真理的路途上，一个苦行者会寻找各种各样的导师。在四处流浪的时候，他被告诉说某个国王获得了顿悟，被告诉说他能够将智慧教授给他，于是这位苦行者便去到国王那里。你可以看到国王与苦行者之间的鲜明对照：国王拥有一切，宫殿、珠宝、侍臣、权力；而苦行者拥有的，仅仅就是那两条缠腰布。国王向他传授了有关真理的知识，这时候宫殿突然起火了。国王真诚地继续着自己的教诲，可那位苦行者、那位虔诚的、圣洁的人却受到了极大的干扰，原因是他的另外一条缠腰布着火了。

你知道，你们所有人都是同样的情形。你或许在衣服、房子、朋友上不怀有占有欲，但你执着于某种暗藏的想要有所得的欲望，这种占有的念头正在啃噬着你的心智。只要这些潜藏的、未被发现的毒药存在着，你就一定会陷入无休无止的冲突与痛苦之中。

问：您声称自己并不隶属于任何组织，然而很明显，您正试图让人们沿着某种路径去思考。如果没有某个旨在将您的理念呈现于公众面前的组织，那么思想的世界能够被改变吗？

克：我想知道自己是否正在让你们的思想沿着某条确定的路径去走，

愚昧的本质在于通过价值观念逃避冲突　　235

我希望不是如此。我努力想指明的是思考的必要性，关爱他人的必要性。若想实现深刻的思考，若想拥有真爱，你就不可以有一个仓库去储藏那些自我保护的反应或记忆。很显然，一旦你陷入爱河之中，你的心灵就会处于敞开的、柔韧的状态。假如我仅仅是让你沿着某些路径去思考，那么请对我小心提防为妙，因为尔后我会强迫你，进而利用你，而你也会为了自己的种种目的而去利用我。

我想要表达的是，要想让真爱之花绽放，要想让思想富有生机与活力，一个人就必须对生活持一种彻底敞开的、开放的姿态，不要怀有任何自我保护的反应，就像当你陷入爱河的时候那样。因此你应该同生活谈场恋爱，而这需要的是大智慧，而非信息或知识。当你用开放的姿态去彻底地迎接生命的时候，当心灵对生活完全敞开的时候，就能够将那一大智慧唤醒。

你问道："如果没有某个旨在将您的理念呈现于公众面前的组织，那么思想的世界能够被改变吗？"自然不会了——你必须拥有某个组织——这是显而易见的，所以我们对此不必展开讨论了。不过，当你谈论组织的时候，我认为你所指的是不同的意思。通过舆论、通过施加压力来让人们去皈依某些信仰，强迫他们、促使他们去接纳某个方法、某些理念——大部分组织成立的目的都是为了这个，而不是仅仅为了印刷和散发书本、册子。一切宗教就是这样形成的，那些追随者们就是这样子来毁灭掉他们的导师的：那便是将他们的教义变成绝对的教条，然后成为了剥削、利用他人的权威。为了这一目的，就需要有组织这一错误的方式，可是如果你对我所阐释的这些观念感兴趣的话，自然就会帮助去印刷和散发小册子，同时却不会想要让人们皈依，对他们加以利用。

问：即使在超越了需要组织化的权威这一阶段之后，大多数人还是会因为在欲望和恐惧之间的内心冲突而倍感困扰。您能否解释一下怎样去辨别呢？或者您认为什么才是正确的欲望呢？

克：有正确的欲望这种东西存在吗？必需的欲望和非必需的欲望吗？今天你想要一顶帽子，明日你又渴望一部车子，诸如此类，以满足你的各种欲望，然而某一天你则希望达至最高的真理或神，你经历了整整一系列的欲求。所有这一切当中，什么是必需的呢？生活所需的各种物质是必需的，爱是必需的，认识真理是必需的。所以为什么要把欲望分成错误的和正确的、重要的和不重要的呢？你能够不去区别地看待欲望，而是以理性的姿态去应对它吗？你们的心灵被那些相互矛盾的价值观念弄得裹足不前，以至于无法实现正确的洞察。

我想知道我是否阐释清楚了这个问题。假设你有很强的占有欲，请不要对你自己说什么："嗯，今天下午，我听到您教诲我们说不要怀有占有欲，所以我将要摆脱这一欲望的束缚。"请不要展开对立的抵制。假如你是一个有占有欲的人，请你充分地、彻底地意识到这一点，尔后你将看到会发生什么。心灵必须挣脱这种矛盾的欲望、比较性的欲望，它实际上是一种抵挡痛苦的自我保护的反应，尔后你便将领悟到贪欲的全部涵义。你只能够单独地来认识贪欲或任何其他的问题，而不能够用比较、用对立的方法来理解某个问题。一旦不再有任何对立的、矛盾的欲望，那么，唯有如此，才能洞察欲望的全部涵义。欲望中不断的矛盾、对立，滋生出了恐惧。只要有恐惧存在，就一定会展开逃避，结果也就会使得欲望、理性、达至圆满的迫切及其对立面之间发生永无休止的争斗。

在这种争斗中，智慧、真正的圆满，彻底丧失掉了。只要心灵被困在这种对立面的冲突之中，就只可能去展开逃避，去寻求替代物，进行诸如必需的和不必需的、正确的和错误的这样的划分。在这里面，不会有任何充满生机的幸福。

问：有时候一个人需要使自己远离外部的混乱，以便有助于去认识真理本身，难道没有这样的时候吗？

克：如果你把需求摆在首位，那么它们就会成为你的主人，而智慧却将被破坏殆尽。探明你有哪些需求，需要大智慧，因为需求不断在改变着，不断在更新着自己。但倘若你开始着手去发现你真正的需求是什么，探明之后，你让自己为这些需求所限，那么你的生命将会变得极其的肤浅、狭隘和琐碎。

所以，同样的道理，假若你之所以渴望孤独，仅仅是为了弄明白何谓真理，那么孤独也就只是一种逃避的手段罢了。然而，当你在活跃的生命状态中去展开探寻的时候，自然便会出现某些孤独的时期。于是这些孤独的时刻就不是虚幻的，而是自然的、自发的。

问：您在周一指出，若想拥有真正的智慧，一个人就得经历一种巨大的孤独的状态。这是否是达至真正智慧的唯一方法呢？

克：让我们思考一下我们现在都在做些什么吧。我们寻求着安全，不停地用各种确定性把自己包围起来。只要出现了某种完全不确定的、质疑的状态，我们就会立刻逃离开去，于是我们便确立起了令人感到舒适的安全感和确定性。请仔细思考一下这个问题，你将发现事实情形便是如此。只有当你摆脱了对于安全感、确定性存有的一切希冀，只有当你彻底地袒露自我，当你摆脱了所有自我保护的反应和衡量标准，才能步入洞察真理后的极喜之境。只有当你真正领悟了一切逃避及其涵义，方能迎来彻底的独自一人的时刻，进而体会到当下的幸福。

（在纽约市市政厅的第三场演说，1935年3月15日）

PART 04

巴西 1935 年

认识真理需要一个人自己展开觉知

朋友们：

　　由于报刊杂志上有这么多关于我的误解，所以我觉得最好发表一番讲话以澄清一下立场。人们通常都渴望听命于他人、某种奇迹或是哲学理念，我担心许多人都是带着这种渴望来到这里的，指望着只要聆听了我的讲演，便能够找到某条捷径来解决自己的诸多难题。任何人或者任何哲学体系，既不能解决他们的问题，也无法实现他们所谓的救赎。认识真理或生命，需要一个人自己展开洞察，需要他怀有坚定不移的意志以及澄明的思想。可惜我们大部分人都太过懒惰，以至于无法独立地去思考。我们盲目地接受和追随他人抑或依附于那些理念，这些观念，其实只是我们在遭遇冲突和痛苦的时候所采取的各种逃避的手段罢了。

　　首先，我想要解释的是，我并不隶属于任何团体。我既不是神智学者，也不是神智学派的使者。我到这儿来，也不是为了向你们传播任何形式的信仰。我觉得，一方面去追随他人、去依附于某种信仰，一方面又有能力去展开清晰的思考，这是不可能办到的事。也便是为什么大多数的党派、团体、教派、宗教组织都沦为了剥削与利用的手段。

　　我也不会带来某种东方的哲学，力劝你们去接受它。当我在印度发表演讲的时候，我被告知说我所表达的是一种西方的哲学观念；而当我来到西方国家的时候，他们又告诉我说我带来的是一种东方的神秘主义，这种神秘主义在行动的世界中是不可行的、无用处的。可如果你真正对此做一番思考，会懂得，思想是没有国界的，不会为任何国家、气候风土、民族所局限。所以，请不要认为我将要表述的观念源自于某种特殊的种族的偏见、特质或是个人的特性。我要说的是现行的——所谓现行，意思是它可以被应用到人类的当前生活——它不是一种基于某些信仰和希冀的理论，而是切实可行的、能够被应用到人的身上的。

只有通过检验、通过行动，才能够理解我即将要表达的观点的全部涵义。我们大部分人都喜欢讨论同自己的日常行为并无关系的哲学问题，然而，我所谈及的，并不是某种哲学抑或某种思想体系。只有依靠检验、依靠行动，方能认识到它的深刻意义。

我所说的，并不是某种仅仅要被讨论、被争论的理论或者智力上的信仰。它需要展开相当的思考，只有在行动中，你才可以探明它究竟是不是正确的、可行的，而非通过智力上的争论。它不是某种要被记住的方法，也不是一套能够被学会、被自动实践的结论。它必须要你带着批判的精神去理解。批判，不同于反对。如果你具有真正的判断力和批判精神，就不会仅仅去表示反对，而是会努力去探明我所说的观点本身是否具有某种内在的价值。而这需要你去展开清晰的思考，如此一来你才能够冲破词语的幻象，不会让你的偏见、宗教上的或者经济上的偏见妨碍你从本源上去思考问题，简单地、直接地去思考问题。我们所有人都是带着许多的偏见、成见被教育长大的，我们是在各种正在腐烂和衰败的传统中被培养起来的，为环境局限和制约，因此我们的思想不断受到歪曲，结果也就妨碍了行动的简单。

以有关战争的问题为例好了。你知道，我们围绕战争的正义性和非正义性，展开了如此之多的讨论。显然，看待这一问题不可以有两种方式。战争，无论是自卫性的战争或是侵略性的战争，从根本上来说都是错误的。若想从问题的根本处出发去展开思考,心灵就得彻底摆脱国家主义这种疾病。我们之所以无法展开根本的、直接的、简单的思考,原因在于,随着岁月的流逝,偏见及其种种荒谬性,披着爱国主义这一美妙的外衣被发展、利用了起来。于是,经由无数个世纪,我们制造出了许多的习性、传统和偏见,这些东西使得个体无法对于那些至关重要的人类的问题展开充分的、根本的思考。

要想认识生活的诸多难题以及它那各种各样的痛苦,我们必须凭借自己的力量去探明根本的动机、原因及其结果和影响。除非我们充分意识到了自身的行动及其因果,否则便会去利用、剥削他人,同时也会被他人所利用,便会沦为那些体系、方法的奴隶,我们的行为就将仅仅是机械化的。除非我们通过理解自身行动的根源的涵义,从而有意识地让行动摆脱其局限性的结果,除非我们有意识地摆脱掉我们在自己周围确立起来的旧的思想模式,否则便无法洞察到我们在自己周遭制造出来并且身陷其中的无数幻觉。

每个人都必须要问自己究竟在寻求什么,抑或他是否仅仅受到环境和情势的驱使,并因而变得不负责任、欠缺思考。你们当中那些心中燃烧着不满的火焰,具有批判精神和判断力的人,想必应该早已问过自己这样一个问题:那便是每个人寻求的是什么。你所寻求的是,究竟是安全、慰藉,还是对于生活的认知呢?许多人都会声称他们在寻求真理,可如果他们去分析一下自己的憧憬、自己的探寻,会发现,他们实际上寻觅的是慰藉与安全,这其实是在逃避冲突和痛苦。

倘若你寻求着慰藉与安全,那么你的寻求就一定是建立在获取之上的,因而也就是以剥削和残忍作为基础的。倘若你说自己寻求的是真理,你就会沦为幻觉的奴隶,因为真理是无法被追逐到的、寻找到的,它是必然会发生的。也就是说,只有当心灵完全摆脱了它在追寻自身安全和慰藉的过程中所制造出来的一切幻觉,才能够体会到获得真理之后的极喜，尔后便能迎来真理的黎明。让我换种方式来表述好了。我们必须要问一问自己：我们的生活、思想与行动，是以什么作为基础的？假如我们能够充分地、诚实地回答这个问题，便可以凭借自己的力量去探明是谁制造出了这些让我们沦为囚徒的幻觉与假定的实相。

只要你真的对此做一番思考，将会发现，你的整个生活的基础，便是去追逐个体的安全与慰藉。在追寻安全感的过程中，自然会滋生出恐惧。当你去寻求慰藉的时候，当心灵试图去躲避争斗、冲突和痛苦，势必就会制造出各种各样的逃避的方法，这些逃避的方法也就变成了我们的幻觉。所以，由个体寻求安全感所导致的恐惧，便是幻觉的起因。这迫使你为了寻觅安全和慰藉而从一种宗教派别转向另一种宗教派别，从一种哲学体系转向另一种哲学体系，从一位导师转向另一位导师。你把这个过程美其名曰追寻真理与幸福。

根本就不存在任何的安全或慰藉，存在的只有思想的澄明，这种澄明会让你认识到痛苦的根源何在，这一认识本身就可以让人类获得解放。而当下的幸福，就蕴含在这种解放之中。我认为，存在着某种永恒的实相，只有当心灵摆脱了所有幻觉的制约，才能够发现这一实相。因此，假如一个人声称可以提供给你慰藉，请你千万要提防他，因为这里面一定会有利用和剥削，他布下了一个陷阱，而你则会像一条网中的鱼儿那样被困在其中。

当你寻求慰藉和安全的时候，生命就将被划分成宗教或精神层面的与经济或物质层面的。你通过财产去寻求物质上的安全，财富能够给予你权力，你希望通过该权力来获得幸福。为了得到这种物质上的安全和力量，一定就会出现剥削、利用。你的邻居会通过某个方法故意去利用、剥削你，这种剥削的残忍性会是暗藏的。当一个人去寻求个体的安全时——他自己的家庭也同样被包括在内——这种寻求便会制造出阶级差别、种族仇恨、国家主义、民族主义，最终则会走向战争。有意思的是，假如你对此做一番思考的话，会发现，原本应当谴责战争的宗教，实际上却对战争起到了推波助澜的作用。那些应当是人类教育者的神职人员们，鼓励了由国家主义制造出来的一切空虚和愚昧，从而让人们在怀有民族仇恨情绪的时候被蒙蔽了心智。你创造出一种基于个体的安全和慰藉之上的体制，你把这种体制叫做宗教。你创立了宗教组织，它们不过是思想的固化形式，这些组织向人们保证个体的永生不朽。我会在之后的一次演讲中来探究有关永生的问题的。

所以，由于寻求个体的安全，由于需要个体的永续，你便制造出了某种宗教。它通过神职人员、通过仪式、通过所谓的理想去对你进行剥削和利用。这一被你称为宗教的体制，是因为你自己需要安全感而被制造出来的。它变得如此的强大，如此的现实，以至于很少有人能够摆脱其传统与权威的重压。当你去质疑宗教在我们周围确立起来的价值观念，你便开启了真正的批判之门。

每个人都被困在这种框框中，只要一个人听命于那未被探究、未被质疑的环境及价值观念，包括过去的和现在的，那么这些东西就必然会破坏行动的完整。这种破坏，使得寻求安全感的个体与群体之间，个体与生命那永恒的运动之间势必会发生冲突。是我们每一个人制造出了这种剥削的体制以及那沉重到足以将人碾碎的种种限制，所以，只要认识了这一结构的基础，我们每一个人也能够有意识地将该制度打破，而非仅仅通过确立起一系列新的价值观念，因为价值观念只不过是另外一系列的逃避罢了，尔后我们便将开始洞察到生命的真正意义。

我坚持认为，存在着某种实相，随便你怎么称呼它都可以。只有当心智洞察了幻觉并且摆脱了其错误的价值观念，实相才能够存在并被认识，尔后永恒便将登场。

（在里约热内卢的第一场演说[①]，1935年4月13日）

[①] 这场演说还包括了1935年4月21日在圣保罗首场演讲的主要内容。——英文版编者

不憧憬来世,就能达致永恒

朋友们:

在回答向我提出的一些问题之前,我想发表一番简短的导言,希望表达一些理念,我们应当以富有判断力的智慧去审慎地思考这些观念。我并不打算探究细节,不过,一旦你仔细思考了我所说的并且将其付诸行动,那么你便会发现,在这样一个极为残酷,混乱状态已达至骇人地步的世界里,我的观点具有切实的重要性。

首先,我们必须要认识到,只要个体同群体之间存在着差别,就一定会出现冲突、剥削和痛苦。世界上的冲突,实际上便是那寻求圆满的个体与群体之间发生的矛盾。当个体表现出自己作为一个人所具有的独一无二的力量时,势必就会与群体爆发冲突,而这种冲突只会让这二者之间的界分变得更为严重。一个对另一个的强加,抑或一个被另一个消灭掉,均无法让世界摆脱剥削以及压制的残酷。只要我们没有理解个体与群体之间的真正关系以及个体在群体当中的真正作用,就必然会不断燃起战火。在我看来,个体同群体之间的这种界分是人为造成的,是不正确的,尽管它表现为一种真实。只要我们没有真正懂得群体的意识是如何形成的,什么是个体以及他的作用是什么,就必然会遭遇永无休止的矛盾。

今天晚上，在回答提问之前，我想尝试着去解释一下我所说的个体究竟是什么意思。群体意识，只不过是个体意识的延展，所以让我们去关心一下个体的思想和行为吧。虽然我的观点可能对你来说比较新鲜，但请你不要带着任何成见去加以审视。

个体是过去的产物，他通过现在的环境表达着自身——过去是被继承的、不完整的，而现在则是被这种不完整产生出来的。过去，只不过是不完整的思想、情感和行动——也就是说，因为无知而被局限的思想、情感或行动。

让我换种方式来表述好了。假如一个人通过传统、通过经济环境、通过遗传、通过宗教训练发展起了某种背景，他试图经由这一受限的背景去表现自己，那么很自然的，他的行为、思想和感受就一定是被局限住的。意思便是说，他的心灵被过去歪曲了、扭曲了，他带着这种局限试图去迎接生活，去理解生活中的种种经历。因此，无知源自于在诸多障碍下的行动，而个体并未彻底认识到这些障碍的涵义，心灵出于自我保护的目的而竖起了这些障碍。

每个人始终都在寻求和制造着自身的安全，结果他对于生活的整个反应，便是不断的自我保护。只要心灵通过那些自我保护的理念、价值观去寻求衡量标准以保护自身，就一定会滋生出无知，正是无知妨碍了心灵展开充分的、完整的行动。于是它便发展起了自己的特性，即我们所说的个性，而这势必又会导致同其他许多个性的冲突，这便是痛苦的根源所在。

依我之见，个体解放的真正涵义，在于让心灵摆脱过去的制约，摆脱无知以及它那局限性的环境。在这种解放的过程中，将会迎来真正的智慧，而这种智慧本身便能够使人类免受痛苦的侵蚀，走出残忍和剥削的泥沼。所以，当心灵摆脱掉了以下的习性和传统——即为了自我保护、通过累积的手段去寻求和制造价值观念，完全袒露自我，彻底地、自由

不憧憬来世，就能达致永恒　　247

地去迎接生活,只有在这个时候,才能洞察到永恒的实相。

问:有可能过一种既没有个体的剥削、也没有商业剥削的生活吗?

克:我们大部分人,都为单纯的感官上的占有所驱使。我们想要有所得,于是便开始积累越来越多的东西,以为通过累积财富便能寻找到幸福和安全。只要我们喜欢累积,只要我们心存贪欲,就一定会出现剥削。只有当我们摧毁掉了那些自我保护的价值观念,从而将智慧给唤醒,才能挣脱剥削的罗网。可如果我们仅仅试图发现自己的需求是什么,然后为这些需求所囿,那么我们的生活就将变得肤浅、琐碎与渺小。然而只要我们饱含智慧地去生活,不去为了自我保护而累积外物,便不会再有任何的剥削以及它那诸多的残酷了。仅仅通过控制一个人的经济条件,抑或仅仅通过放弃世俗的享乐而试图去解决这一难题,在我看来,是对待这样一个复杂问题的错误策略。只有当你自觉地、理性地认识到自我保护是无知的、无用的,你才能够免受剥削。

所谓唤醒智慧,是指通过质疑去探明我们所获得的那些传统价值观念的真正涵义——无论是宗教的、社会的还是经济的传统——这些价值观是我们继承到的,抑或是我们有意识地确立起来的。当你去质疑的时候,如果这种质疑是正确的、重要的,你就能睿智地探明自己究竟有哪些需求。智慧,便是幸福的保证。

问:我们是否应当把手中的剑折断,将其变成犁刃,哪怕我们的国家正在遭受敌人的袭击?保卫自己的祖国,难道不是我们的道德职责吗?

克:在我眼里,战争从根本上来说就是错误的,无论它是防御性的战争还是侵略性的战争。我们的整个文明是建立在一种获取的体制之上的,是以贪欲作为基础的,这种体制自然会导致阶级的、种族的、国家的界分，并且最终走向战争。你依照商业领袖或政客们的指引，可能会把它称作自卫战或侵略性战争。只要存在着这种剥削性的经济制度，就一定会战火纷飞。当一个人面临着这样的问题时，他要么会去参战，要么不受自身贪欲的左右去做出决定——有时候他会把这种贪欲美其名曰爱国主义、理想、诸如此类。一旦认识到这整个的体制必然会导致战争，那么，作为一个个体，他就将开始理性地让自己挣脱这一体制的束缚。而这本身，在我看来，便是真正的解决之道。

出于贪欲，我们经由无数个世纪建立起了这种压迫性的剥削制度，这种体制将我们全部的感受能力、我们对他人的关爱毁灭殆尽。当我们询问说："我们难道不应该为国而战吗？这难道不是我们的道德职责吗？"这一疑问本身，从本质上来说就是错误的，从根本上来说就是残酷的。若想走出这种极度的愚昧——即战争——一个人就得重新学会从根源上去思考。只要人类被划分成了各个宗教、派别、教条、阶级和国家，就一定会爆发战争，一定会出现剥削，一定会遭受痛苦。只有当心灵开始着手去让自己摆脱这些局限，才会迎来真正的智慧，单单这种智慧便能永久性地解决这一文明那野蛮的残酷。

问：我们怎样才能够最好地帮助人类去理解您的教诲，并且将其付诸生活之中呢？

克：这很简单：从你自己开始着手，在你自己的生活中去实践我的教诲。我所教导的是什么呢？我并不打算向你们提供某种新的体系、方法抑或一套新的信仰。然而我要说的是，请你们去探究一下是什么原因导致了这种剥削、导致了爱的缺失、导致了恐惧、永无休止的战争、仇恨、阶级差别以及人与人之间的隔阂。从根本上来说，原因便是每个人都渴望通过获取、通过权力来实现自我保护。我们全都想要帮助世界，但我们从来不曾从自己开始做起。我们希望去改革这个世界，然而我们自己必须首先实现根本性的转变。因此，请大家开始着手让心灵和头脑挣脱这种占有欲吧。而这需要的，并不是单纯的放弃财富、摒弃世俗的享乐，而是洞察和智慧。

问：您如何看待性的问题呢？性在我们的日常生活中有着举足轻重的地位。

克：性之所以会变成一个问题，是因为没有爱。难道不是这样吗？当我们怀有真爱之时，就不会出现任何问题了，而是只有适应和理解。只有当我们丧失了真爱的感受——真爱是一种深刻的情感，它里面不会有任何的占有欲——才会滋生出性的问题。只有当我们彻底屈从于单纯的感官，才会出现无数关于性方面的问题。由于大部分人都失去了创造性的思考的欢愉，所以他们很自然地便会转向单纯的感官上的性的享乐，于是性也就变成了一个问题，吞噬着他们的心灵。只要你没有开始去质疑和理解环境以及诸多价值观念的意义——你出于自我保护的目的而在自己的周围确立起了这些价值观念，这些观念把那极为重要的、富有创造力的思考给榨干了——于是你很自然地就会去寻求各种各样的刺激，由此也就滋生出了无数的问题。除非你满怀智慧、从根本上认识了生命本身，否则没有其他任何办法可以解决那些难题。

请你们对我所说的这一切加以检验。请你们开始去探明宗教、习性、传统以及这整个的道德系统的涵义——这一道德体系始终都在逼迫着你们朝着某个特定的方向去走——请你们开始去质疑这一切事物的意义，同时不带有任何的偏见，尔后你们便将唤醒那富有创造力的思考。这种充满生机与活力的思想，可以消除由无知导致的诸多难题。

问：您相信轮回转世吗？它是事实吗？您能否从您自身的经验中给我们提供一些证据呢？

克：轮回转世这一观念，与那些绵延的山脉是一样的古老了——该观念认为，通过许多次的再生，人将经历无数次的人生，最后达至圆满、真理和神。那一再生的事物是什么？那一持续的事物是什么？在我看来，那个被视为永续的事物，不是别的，而是一系列的记忆层面、一系列特性、一系列不完整的行动——这些行动因为恐惧而受到了局限和阻碍，而恐惧又是源于自我保护。这种不完整的意识，便是我们所说的自我、"我"。正如我在这番简短的导言开始所阐明的那样，个体，就是各种行动累积的结果，这些行动受到了某些继承来的、获取到的价值观念和局限的阻碍。我希望我没有讲述得太过复杂和哲学化，我会努力讲得简单一些。

当你谈到"我"的时候，你的意思是指某个名字、某个形体、某些观念、某些成见、某些阶级差别、特性、宗教偏见、诸如此类。这些东西是由于你渴望获得自我保护、安全与慰藉而被发展起来的。所以，依我之见，这个建立在幻觉之上的"我"，并不是真实的。因此，问题并不在于是否存在着轮回转世，来世的再生是否是可能的，而在于心灵能否摆脱"我"、"我的"的局限。

你之所以会问我究竟相不相信轮回转世，是因为你指望通过我的保证便能够推迟当下的觉知和行动，并且最终获得生命的极喜或永恒。你想要知道，当你被迫活在一种受限的环境中，机会也极其的有限，那么你是否能够经由这种不幸和冲突，最终体验到生命的极喜以及达至永恒。由于现在时间已经很晚了，所以我只能简单地谈谈，我希望你们能够对此做一番仔细的思考。

我认为永恒是存在的，在我看来，它是一种个人的体验。只有当心灵不去诉诸某个来世，憧憬着自己能够在这个来世生活得更加完美、充实和丰富，那么它就能够达至永恒了。永恒，便是无限的当下。若想认识当下及其全部的涵义，心灵必须摆脱那种为了自我保护而去获取的习惯，一旦它处于完全赤裸的状态，唯有如此，才能够迎来永恒。

问：为了能够领悟真理，我们究竟是该独自一人工作呢，还是应当展开集体性的工作呢？

克：假如我可以建议的话，请把有关真理的问题搁置一边吧。我们更应当做的，是去思考一下，究竟为了个人的利益去工作是明智的呢，还是为了集体的利益去工作是明智的。无数个世纪以来，每一个人都在寻求着自身的安全，因此他就会变得残忍无情、争强好斗、剥削和利用他人，结果便导致了困惑与混乱。如果作为个体的你去思索一下所有这一切，你便会开始自觉自愿地为了整体的福祉而工作。在这种自发的行动中，个体永远都不会沦为群体手里的一个机械化的、单纯的工具，于是群体和个体之间也就永远不会发生冲突了。只有当每个人在充分的觉知中展开完整的行动，诸如个体那富有生机的表现遭到反对以及个体与群体发生冲突这样的问题就会消失不见了。而这本身便能带来充满智慧的合作，在这种合作中，因恐惧和贪婪出现的强迫，是没有一席之地的。不要坐等着在驱使之下去展开集体性的行动，而是应当着手去唤醒那一智慧，应当摆脱掉一切贪欲和愚昧的羁绊，尔后便能体会到集体工作的愉悦了。

（在里约热内卢的第二场演说，1935 年 4 月 17 日）

是什么欲望推动我们与死去者的灵魂交流

朋友们：

我接到的很多问题，都是关于个人的命运及其希冀的：比如他们是否能够在某个行业里头获得成功，比如他们是否应当离开这个国家而去北美定居，比如什么样的人才是真命天子，诸如此类。我无法回答这些问题，因为我并不是一位占卜师。我知道这些问题是真实存在的、让人烦劳不已，然而它们必须得由每个人自己去解决。

在提给我的无数问题中，我挑选了一些具有代表性的问题出来。但是我觉得，假如你把我将要说的和已经说的话，看成了某种能够让你的心灵自娱自乐的哲学理论而去接受的话，那么我回答提问，无论对你而言还是对我来说，都将是一番徒劳。我要表达一些重要的观念，它们适用于生活，一旦你理解了这些观念，它们就将有助于你去解决自己日常生活里的诸多难题。我不打算从任何特殊的视角去解答这些提问，因为我觉得，所有问题都应当被视为一个整体去应对，而不应该单独地、孤立地去对待。如果我们可以做到这一点，那么我们的思想和行动就将变得健全与平衡。

请不要因为这些问题当中的某些问题是由那些资产阶级或者有闲阶层提出来的就不予考虑，它们都是人类的问题，所以也该予以思考，而不应该被认为仅仅属于某个特定阶层。

问：您如何看待灵媒以及和死去的灵魂之间的交流呢？

克：你可以对此一笑而过，又或者严肃地去看待。首先，让我们不要去讨论灵魂究竟是否存在，而是去思考一下是什么欲望推动着我们去与灵魂交流的，因为这才是问题中最为重要的部分。

许多做这种事情的人，在他们和死人交流的过程中，渴望的是获得指引、被告知该做什么，因为他们对于自己的行为始终都不确定，他们希望通过和死者进行交流，能够寻找到指引，于是自己也就省去了思考的麻烦。因此，欲望便是想要获得指引、以便他们可以不必犯错误、不必遭受痛苦。有些人对大师也是抱持着同样的心态，大师被看做是更加先进的人，从而能够通过其使者来引导人类，诸如此类。

崇拜权威，便是对觉知的排拒。希望不遭受痛苦，滋生出了剥削与利用。因此，这种对于权威的寻求，破坏掉了行动的完整性，想要获得指引则会导致不负责任，因为你怀有一种强烈的渴望，那便是在不遭受冲突和痛苦的情况下轻快地、愉悦地行驶在人生的河流上。出于这一原因，一个人便有了信仰、理想、体系、方法，指望可以避免争斗和痛苦。然而这些信仰、理想实际上都只是逃避罢了，它们便是冲突的根源所在，带来了更为严重的幻觉和痛苦。只要心灵通过指引、通过权威去寻求安全与慰藉，就永远无法消除掉痛苦的原因即无知。

问：为了达至真理，一个人必须放弃婚姻和生儿育女吗？

克：真理，并非是一个通过某些行为就可以达至的终点。它是一种觉知，这种觉知，来自于不断地去适应生活，而这需要大智慧，因为大多数人都无法以敞开的、不设防的姿态去适应生命的运作。他们制造出了某些理论和理念，指望着这些事物可以指引自己。于是人就被困在了传统、成见以及那些具有约束力的道德的条条框框里头,屈从于恐惧和自我保护的渴望。之所以会出现这种情形,是因为他无法去不断地探明那始终处于运动状态的生命的涵义,结果他便发展出了某些"应该"和"不应该"。一种充实的、完整的生活——我的意思是指一种充满智慧的生活,没有任何的自我保护——要求心灵必须摆脱所有的禁忌、恐惧和迷信,不再有什么"应该"和"不应该"。只有当心灵充分认识了恐惧的涵义及成因,才能够出现上述情形。

大部分人都遭受着冲突与痛苦,都在婚姻中不断地去调整和适应。对于多数人来说,想要达至真理的渴望,实际上只不过是在逃避这种争斗罢了。

问:您否定宗教、神、永生。假如不相信这些根本性的东西,那么人类如何能够变得更加完美、从而更加幸福呢?

克:正是因为你仅仅去信仰神、永生,正是因为你仅仅相信这些东西,所以才会出现如此多的不幸、痛苦和剥削。只有当你展开了完整的行动——不是通过任何信仰,也不是通过他人权威化的断言——方能探明是否存在着真理与不朽。只有在充分的行动中,实相才会显现出来。

对于大部分人来说,宗教、神、永恒,不过是逃避的手段罢了。宗教只是帮助一个人去逃避生活的冲突和痛苦,进而逃避了对于生命的认知。当你同生活以及性、剥削、嫉妒、残忍等诸多的问题发生了冲突,由于你从根本上来说并没有生出想要去认识这些问题的渴望——原因是,若想理解它们,需要你展开睿智的行动——由于你不愿意去付出努力,所以你便会无意识地试图去逃避到那些传承下来的理想、价值观念和信仰中去。于是不朽、神、宗教也就仅仅变成了一个避难所,供那个处于冲突之中的心灵去寻求庇护。

在我看来,不管是相信还是不信神、永生,都是错误的。原因在于,除非心灵彻底摆脱一切幻觉的羁绊,否则便无法认识实相。唯有如此,你才能够确认——不是相信,也不是否认——神及永恒的实相。当心灵完全摆脱了因自我保护而被制造出来的诸多障碍和局限,当它处于敞开的状态,彻底地袒露自身,自发地去认识那自造出来的幻觉的成因,只有在这个时候,所有的信仰便将消失不见,让位于实相。

问:您反对家庭制度吗?

克:假如家庭是剥削的中心,假如它是建立在剥削之上的,那么我反对该制度。(笑声)仅仅是赞同我的观点有什么用处呢?你们应该行动起来去改变它。想要获得永存的渴望,导致了家庭的诞生,家庭,变成了剥削的中心。所以问题的关键实际在于:一个人能否在没有剥削的情况下生活?而不是家庭生活究竟是对还是错,生养孩子究竟是对还是错。问题的实质在于说,家庭、财产、权力、是否并不是来自于想要获得安全、想要自我永续的渴望。只要存在着这种欲望,家庭就会成为剥削的中心。

我们能够在没有剥削的情形下生存于世吗?我认为我们可以做到。只要你为了自我保护而去展开争斗,只要心灵寻求着安全与慰藉——通过家庭、宗教、权威或传统——就一定会出现剥削和利用。只有当心灵领悟到了安全的虚幻性,并且不再受到自身制造幻觉的能力的诱惑,剥削才会停止。假如你对我所说的话加以检验,将会认识到我并没有在消灭欲望,将会认识到你可以充实地、身心健全地活在这个世界上,你的人生可以不受任何的局限,可以摆脱痛苦的侵蚀。若想探明这一点,只有通过展开检验,而不是通过否定、通过隐遁于世抑或通过单纯的效仿。只要有智慧在运作——一旦你怀有恐惧,一旦你渴望获得安全,智慧就不会再发挥作用——就不会出现任何剥削与利用了。

大多数人都坐等着发生某场变革,希望该变革能够奇迹般地改变这

—剥削体制。他们坐等着出现革新,以实现自己的希冀以及那些未完成的憧憬,然而他们却在这样的等待中慢慢地老去,因为在我看来,单纯的变革并不能够改变人类那些基本的欲望。但倘若个体开始去展开富有智慧的行动,不受任何的强迫,不去考虑当前的情势抑或变革对于未来许诺些了什么,就将迎来充实与完整,这种充实的极喜是无法被摧毁掉的。

(在圣保罗的第二场演说,1935年4月24日)

只要存在既得利益，就会出现剥削

朋友们：

经由无数个世纪以及身处的当前的文明中，人们看到了聪明的个体是如何去剥削群体的，而群体反过来又是怎样去压榨个体的。个体和群体即社会、各个宗教以及领袖、独裁者的理念之间，总是会不断地出现这种相互的作用。某些国家中还存在着男人对女人的倾轧，而在其他国家中则是女人对男人的压迫。只要存在着既得利益，就会出现或隐蔽、或明显的剥削，无论是在私人财产方面的还是在宗教或政治的领域。

超越文字的表面去洞悉其真正的涵义，同时又不被误导，总是一件困难的事情。然而，一旦我们充分认识了当前的道德的涵义，就将凭借自己的力量在行动中发现新的道德及其细节。大部分人在听了我的演讲之后都会认为，我仅仅向他们提供了一些模糊的观念，毫无实用性可言。然而，我在这里并不打算向你们提供某套新的规则或是某种新的行动准则，因为它们只不过是另外一种形式的剥削，是又一个囚禁你们的牢笼。你只是离开了旧的监牢，尔后被关进了新的，这么做完全是徒劳的。可如果你开始去审视、去探明当前的行为准则及整个道德结构的基础，那么，一旦你发现了我们所谓的道德的真正成因，就会开始懂得什么才是正确的个体行动的方式，而这种行动便会是道德的。这种充满智慧的行动，摆脱了一切的诱惑与强迫，它是真正的道德。

我们当前的道德，其建立的基础，是个体对于自我的保护。它是一种封闭的、受限的体系，犹如一个覆盖物，将个体困在了群体之中。个体被视为某种邪恶的动物，必须要被关在道德的笼子里。我们已经沦为了群体的道德的奴仆，我们每个人都因为渴望获得自身的安全与慰藉而帮助着确立起了这一群体的道德，我们每一个人都对这一道德体系起到了推波助澜的作用。该体系是基于获取、贪欲以及狡诈的自我保护。在这种封闭的、所谓的道德体系当中，我们制造出了静止的宗教、静止的神、没有生机的形象与僵化的思想。这座封闭的道德的监牢，已经如此的强大、如此具有压制力，以至于大部分人都活在恐惧之中，害怕去冲出这座监牢，因此也就仅仅去遵循、服从监牢的规则和管理了。

通过这种封闭的道德，抑或单纯地去逃避它，我们将无法发现真理。假若我们仅仅是破坏掉旧的道德准则，却没有认识它，希望借此去逃避这种道德，那么我们不过是制造出了另外一种形式的自我保护，从而建造起了另一座监牢。只要心灵寻求着安全，寻求各种方法、方式以保障自身的安全，就必然会制定出法律和体制来保护自我。这种对于自我安全的寻求，将认识实相挡在了门外。只有当心灵彻底地袒露自身，完全摆脱这种自我保护的念头，方能探明实相。

所以，你必须要深刻地察觉到究竟是什么导致了这座监牢，导致了你的心灵不断地忙着去确立、累积自身的安全和慰藉，不断地去展开逃避。一旦你充分意识到了根源何在，心灵就会在体验的那一刻洞悉到正确的行动方式，于是道德也就将变成纯粹个人化的，它不会被弄成剥削的手段。只要懂得了原因并且时时保持觉察，心灵就将开始冲破这一自我保护的道德的遮盖物，这一道德已经具有碾碎一切的力量，极大地摧毁了智慧。在觉察的过程中，也就是在唤醒智慧的过程中，心灵从道德体系的束缚中突围而出，汇入到实相的河流之中。实相，不会变成静止的宗教、剥削的手段，也不会在牧师的祈祷书中渐渐地僵化。

问：单纯的经济或社会的变革，能够解决人类所有的问题吗？抑或必须通过某种内部的、精神上的革新，才能达到这一目的呢？

克：变革或许会到来，假设你建立了一个共产主义的政府，而不是确立了资本主义制度。然而你觉得单纯的外部变革就能使人类诸多的难题迎刃而解吗？在当前的体制之下，你被迫让自己去适应某种思想、道德和谋生的方式。如果通过变革建立起一种不同的制度，那么它就会成为另外一种形式的强迫，或许会变得更好一些，可单纯的强迫如何能够带来觉知呢？你要满足于继续毫无智慧地活在当下的体制当中，指望着、坐等着发生某种奇迹般的外部变革，而这种外部的变革同样还会让你的心智产生转变，是这样吗？很显然，唯一的解决之道，便是领悟到当前的体制是建立在自私的剥削之上的，在这种体制中，每个人都无情地去寻求自身的安全，结果也就时刻处于战斗状态，想要去保护自己的优越性以及获取到的东西。一旦认识到这一点，睿智者便将不会坐等某个变革到来，而是会开始着手去从根本上改变他的行动、他的道德，会让他的心灵和头脑挣脱贪欲的罗网。这样的人，将不受任何体制的束缚，因而也就能够饱含智慧地活在当下。假如你真的渴望去探明正确的行动的方法，那就请你努力去认识必然、充实地活在当下吧。

问：我并未皈依任何宗教，但我是两个团体的成员，它们让我获得了知识以及精神上的智慧。如果我退出了，那么我怎样才能达至完美呢？

克：倘若你认识到一切组织化的宗教团体及其既定的利益、剥削都是无意义的，认识到它们的信仰都是建立在权威、迷信和恐惧之上的，因而彻头彻尾是愚昧的、荒谬的——倘若你真正领悟了这一切的涵义——那么你就不会去隶属于任何宗教派别或团体了。你觉得某个团体或某本书籍能够给予你智慧吗？书本和团体可以提供给你信息，但如果你认为某个团体能够带给你智慧，那么你就会单纯地去依赖它，于是它就将变成你的压榨者、剥削者。假如智慧可以通过某个宗教团体或派别来获得的话，我们所有人都该变得聪慧起来了，因为我们已经在宗教的浸染下生活了上千年。然而智慧无法通过这种方式来获得，智慧，是对于那始终处于流动状态的生命或实相的认知，只有当心灵处于敞开的状态，对一切抱持接受的态度和适应能力，也就是说，只有当心灵不再因为它那自我保护的欲望、反应和幻觉而受到阻碍的时候，才能够认识那永恒的生命之流，从而迎来智慧。任何团体、宗教、神职人员、领袖，都无法给予你智慧。只有经由我们自己的痛苦——我们试图通过加入宗教团体，通过让自己沉迷于哲学理论而去逃避这些痛苦——只有通过觉察到痛苦的根源，进而摆脱其制约，那散发着馥郁芳香的智慧之花，才会自然而然地绽放开来。

问：我渴望拥有很多东西，这些东西是我的生活中没有的。您能否告诉我如何才能得到它们呢？

克： 你为何想要拥有许多的东西呢？我们所有人都必须得有衣服、食物以及栖身之所。然而，当你渴望拥有很多东西的时候，在这种欲望背后的是什么呢？我们之所以会想要得到许多的东西，是因为我们以为，通过占有、通过财富，我们便会获得幸福；通过获取，我们便能拥有权力。所以这个问题背后所隐藏的，是对于权力的欲望。在追逐权力的过程中，你将会遭遇痛苦，经由这种痛苦，智慧会被唤醒，智慧将为你揭示出权力其实是毫无意义的，于是你便能认识到自己的需求究竟是什么。你可能不会想要许多物质上的东西，你或许领悟到贪欲是何等的荒谬，但你却可能渴望获得精神世界的权力，而这种欲望同物欲其实并没有什么不同，它们是一样的，只是你把一个叫做是尘世的、物质的，而给另外一个起了个更雅致的名字——精神的。可是，从本质上来说，它们都只不过是你寻求自身安全的手段罢了，在这里面，永远都不会有幸福或智慧。

问： 您似乎否定纪律和道德标准的价值。如果没有纪律和道德的约束，生活岂不就会混乱无序吗？

克： 正如我在今天晚上演讲一开始的时候所指明的那样，我们把道德、纪律变成了一个庇护所，以便保护自我，结果我们的道德、纪律也就失去了任何深刻的意义，不具有任何的真实性。虽然你们确立了一系列的纪律、宗教以及严格的道德框架，可难道世界因此就没有了战争、无情的剥削、彻底的无序了吗？所以，让我们去探究一下这种道德和纪律的结构吧，该结构是被我们确立起来的，它倾轧着我们，摧毁了人类的智慧。当你极其审慎地、不带任何成见地去察看这一封闭的道德和纪律的结构，便将开始认识并发展出真正的道德，这种道德不会被制度化，不会变得僵化。

你现在所拥有的道德、纪律，其建立的基础，是个体通过宗教和经济剥削去寻求自身的安全。你们可能在周日高谈阔论所谓的真爱与兄弟情谊，到了周一却在各自的行业领域去剥削、压榨其他人。宗教、道德、纪律，仅仅如同伪君子的外衣。在我看来，这样的道德，根本就是邪恶的。由于你们不择手段地去寻求经济上的安全，由此滋生出一种与该目的相适应的道德，结果便在全世界制造出各个宗教，这些宗教许诺说，若你们遵守了它们那些封闭的戒律和道德，就将获得永生。只要存在着这种封闭的、受限的道德，就一定会燃起战火，一定会剥削盛行，人与人之间的真爱之花将无法绽放。这种道德、这种戒律，实际上是基于自我中心以及残忍无情地去寻求个体的安全。当心灵挣脱了这一受限的意识的中心——该意识是以自我扩张为基础的——便将精致地、巧妙地去适应生活，而这需要的并不是规则、管理，而是至高的智慧，这种智慧，将会表现在真正洞察之后所展开的完整的行动之中。

问：我并不在乎死后会发生什么，可我害怕死亡。我应该去对抗这种恐惧吗？我怎样才能战胜它呢？

克：通过活在当下。永恒，并不存在于未来，它始终都蕴含在当下。对于恐惧，没有任何的灵丹妙药或是替代物，唯一的方法，便是去认识恐惧的原因。心灵始终为过去的记忆所限，这些记忆妨碍了当下行动的圆满。因此，当下的行动是不完整的，于是便滋生出了对死亡的惧怕。

活在当下，并非是某种智力上的技艺。它需要的是对行动的认知，以及让心灵摆脱幻觉的制约。心灵拥有制造幻觉的能力，而我们凭着那种能力，通常都在忙于各种事情——制造幻觉、进行逃避、掩盖起那些我们不愿意去认识的事物。心灵制造着幻觉，将其作为一种逃避的手段。这些幻觉带着它们具有的力量，妨碍了行动的完整，妨碍了我们去充分地认识当下，于是旧的幻觉制造出了新的、更多的障碍和局限，这便是为什么我们开始认为时间是觉知、成长的手段。觉知，始终都是在当下，而非未来。心灵之所以拒绝立即实现洞察，是因为这意味着必须理性地去反抗它在寻求自身安全的过程中所确立起来的一切。

问：我让我的想象毫无畏惧地四处游走，这么做对吗？

克：实际上你可能害怕很多东西。这场想象之旅，其实是另外一种形式的逃避，想要逃避那些生活的难题。如果它是一种逃避的话，那么就是彻头彻尾地浪费精神能量。只有当这种能量挣脱了传统与自我保护的欲望施加在它身上的恐惧和幻觉，才能够富有生机、产生效力。

问：您是在宣扬个人主义吗？

克：我担心这位提问者并没有很好地理解我所说的话，我根本就没有在倡导个人主义。不幸的是，大部分人都没有机会去表现自我，他们或许觉得自己的行动是自愿的、自由的，然而悲哀的是，他们仅仅是一部部机器，在环境、情势的强迫下按照某种常规去活动。因此，怎样才能够达至个体的圆满，即最高形式的智慧呢？我们所说的个体的表现，在大多数人那里，不过是一种反应罢了，在这反应里面，毫无智慧可言。

不过还存在着另外一种个性，一种独一无二的个性，它源自于自发的、觉知的行动。也就是说，假若一个人认识了环境，并且带着富有辨识力的智慧去展开行动，他就能拥有真正的个性。这种独特的个性，不是分离的，因为它便是智慧本身。

智慧是独特的、唯一的。可如果你仅仅迫于环境而去行动，那么，虽然你或许认为你是一个个体，但你的行动不过是一种反应，它里面不存在任何真正的智慧。原因在于，当下的个体，仅仅是一种反应，这反应里面毫无智慧。世界上一派混乱无序，每个人都在寻求着自身的安全，都在不假思索地想要去展开行动。

智慧是独一无二的，它无法被划分为你们的智慧和我的智慧。只有当智慧缺席之时，才会被分隔成许多部分，诸如你们的和我的。这种丑陋的界分，导致了剥削、残忍与悲伤。

（在里约热内卢的第三场演说，1935年5月4日）

行动，是指不受阻碍的智慧的运作

朋友们：

每个人都试图寻找到幸福、真理或神，每个人都会根据自己的智力、宗教背景和环境来给他所寻找的事物起不同的名字。你来到这里，希望发现某种确定性——你能够以这种确定性为中心去建立起自己的全部生活与行动。

你为什么要去寻求终极的确定性——你希望这一实相能够带给你幸福，能够去解释人类的残忍和痛苦？你寻求的原因是什么呢？从根本上来说，这种寻求的原因——人性上的原因，而不是智力上的原因——便在于，由于你的身上、你的周围存在着如此之多的痛苦，于是你想要逃避当下，逃到某种理想主义的未来的乌托邦里去，逃到某种理智上的思想体系中去，抑或逃到某种信仰的权威和保证中去。一个坠入爱河的人，是不会去寻求爱或幸福的；然而一个没有沐浴在爱中的人、一个不幸福的人、一个遭受痛苦的人，便会去寻求和困住他的东西相反的事物。当你发现自己身处不幸之中，当你感到巨大的空虚与绝望，你便会着手去寻找某个出路、某种逃避。这种逃避，被美其名曰寻求实相、真理，你爱怎么称呼都成。

大多数人都会声称自己寻求着幸福，然而他们实际上是在试图去逃避,试图逃开那将他们困于其中的冲突、不幸和空虚。由于对爱、对思想都感到不确定,于是一个人的全部寻求便会指向确定性和满意,因为爱和思想始终都在寻求能够依靠的确定性。这些被称作实相、幸福以及对不朽的探寻。你希望得到确信,存在着某种永恒的事物、某种超越了混乱和痛苦的事物。

假如你对此做一番真正的思索——请不要仅仅是在智力上去聆听我的演讲——假如你真正去想一想自己的探寻并且对其展开一番审视,那么你会发现,你正在试图去逃避这种混乱与不幸——你把它们想象成了某种实相和幸福。你想要抽一口大麻,因为它可以让你感到满足,可以让你沉沉睡去。我们能够充分认识的唯一事实、唯一实相,便是这种混乱、痛苦与冲突——逃避这一切,只不过是在制造幻觉。如果你去逃避现实,那么你就只会走向幻觉、希冀和憧憬,它们没有任何真实性可言。所以,逃避现实,势必会导致幻觉,哪怕这种幻觉可能因为时间和传统而披上了实相的外衣。

请不要说"没有任何东西超越混乱和痛苦吗?"我想要解释一下我们的心灵是怎样运作的,我们的反应是什么。一旦充分地、彻底地认识了这一切,我们便能朝着那一只有通过现实而非幻觉才可以被认知的事物迈进了。请让我重复一点:寻求幸福、真理或实相,源于想要去躲避痛苦的监牢,因此这么做从根本上来说就是错误的、虚幻的。除非你清楚地领悟到这一点,除非你实现了充分的认知,否则你将无法彻底理解我接下来在演讲中所要说的。鉴于此,我会展开充分的探究。

当我们因为痛失所爱而深感痛苦,当我们的生活因为没有实现某事而倍感空虚,或者当我们因为完全的不确定而陷入失望,我们便会开始去制造对立面,去追逐那一形象,指望它可以带领我们达至宁静、圆满和充实。于是我们有意或无意地、明显或隐蔽地被拖着距离现实、距离当下的痛苦越来越远。

假设死亡让你痛失某人,你感到十分的痛苦,于是便开始去询问有关来世的问题,你想知道它究竟是不是一种事实,尔后你会开始去探究轮回转世的理论。你实际上是在做什么呢?你正试图去逃避那一痛苦。因此,解释以及所谓的事实,只不过犹如毒品一般缓解着痛苦的剧烈程度。只要你渴望去逃避,就一定会制造出幻觉。由于我们不断地遭受着痛苦的侵蚀,所以便制造出了无数的幻觉。我们当下对实相的寻求,只不过是在寻求某种更大、更宏伟的幻觉。

假若你充分地认识到这一点,那么你便会领悟到,寻求幸福、确定性、真理,其实只是一番徒劳,你将不会再关注去测定那不可度量的事物。心灵必须一劳永逸地让自己摆脱这种想要逃避的欲望,唯有如此,它才能够做好准备去探明痛苦的根源,因为痛苦正是我们每个人所熟悉的主要现实。

若想从根本上理解痛苦的原因,心灵就得挣脱理想的束缚,因为理想只不过是各种形式的对于现实的逃避罢了。当心灵察觉到了自身,便将领悟到,它仅仅是在效仿模式、追逐和遵循那些目标、信仰与理想,它为了自己确立起这一切,将其作为逃避混乱和困惑的手段,于是心灵便把这些信仰、理想添加在混乱和痛苦之上。换言之,理想,不过是幻觉罢了,它让你获得希望,并且鼓励你去逃避当下。假如你未能彻底认识这一点,我会举例来说明的。

我们怀有关于友爱、关于兄弟情义的理想。然而现实中所发生的又是怎样一番情形呢?战争、国家主义、阶级界分、人与人之间的对抗和剥削,人们皈依了不同的宗教,教义将他们划分成各个阵营,导致他们之间的隔阂——这便是现实中发生的情形。所以,你怀有的理想又有什么好处呢?你会说:"我们最终将达至那一理想。"可这对于当下又有什么价值可言呢?当你明确地知道,只要你的生活中存在着由宗教、贪欲、剥削所导致的各种界分,那么人与人之间就不可能会有兄弟情谊。既然如此，那你干吗还想怀有那些理想呢？你的那些理想，仅仅是那些不愿意在当下展开行动的人们在感情上的催眠剂罢了。可是如果你不去抱持任何的理想，而是洞察混乱和残忍的现实，不被那些变成了理想的希冀遮蔽双眼，那么，当你去解决这些难题的时候，友爱之花自然就会绽放开来，所有人类之间自然会实现真正的团结。因此，理想，实际上是让你有机会不去直面当前的衰败和剥削，这种衰败和剥削，也有你参与的一份。大部分人都在追逐着信仰和理想的权威，因为他们不想去认识当下，这便是为什么他们从未曾凭借自己的力量去探明痛苦的根源、进而将其消除掉的原因之一。

经由无数个世纪，我们已经建立起一种充满幻觉的环境，比如权威、模仿、信仰、理想，这些东西让我们有机会去展开隐蔽的逃避。人们在局限的监牢之内遭受痛苦，他们试图在这座监牢里找到某些方法来解除自己的痛苦，他们在自己的周围确立起无数的幻觉。然而还有一些人却真正领悟到了这一结构的虚幻本质，原因是他们的痛苦更为强烈，也更富有智慧，他们不愿意逃避到来世。在剧烈的痛苦中，他们发现了免受痛苦侵蚀的真正的自由。

所以你必须问一下自己：你究竟是在幻觉的包围下、在经由无数个世纪确立起来的环境的束缚下去寻求着某种解决方法来消除自己的痛苦，结果也就制造出了更多的幻觉，并且让你自己在那座监牢中越陷越深——还是想要去冲破你经由无数个世纪在自己周围确立起来的那诸多的幻觉。因为，在探明的过程中，你将认识到痛苦的根源，并且将其消除掉。唯有如此，心灵才能领悟真理。对于实相的寻求便是一个幻觉，因为它只不过是种逃避罢了。当觉知把所有的逃避与幻觉都扫清的时候，只有在这个时候，心灵才能洞察到那永恒的、不可度量的事物。

问：您对于慈悲以及社会慈善机构有何看法呢？

克：社会慈善机构，不过是那些慈善家们将自己无情地从某人那里搜刮到的利益的极小一部分返还给了他罢了。你先去剥削他，让他工作无数个钟点，让他没日没夜地干活，你通过狡诈和欺骗积聚起大量的财富，然后来个华丽的转身，拿出少得可怜的一点儿钱财分给那个可怜的受害者。（笑声）我不知道你们为什么会笑，因为你们做的事情其实是一样的，只不过具体方式有所不同罢了。你或许并不那么狡诈、聪明、无情，不足以去积聚财富、成为一个慈善家，但你却在精神层面、理想层面积累着你所谓的知识，目的是要保护自己。

慈悲对自身是没有察觉的，不会先去累积财富，然后再分发出去一点点。慈悲，犹如花朵——是一种自然的、敞开的、自发的状态。

问：十诫应当被破除吗？

克：它们难道不是已经被破除了吗？它们如今还存在着吗？或许在那僵化的祈祷书里头，十诫还作为理想受到推崇，但在现实中它们是不存在的。因为，许多个世纪以来，人们出于恐惧而被指引着、被迫使着去按照某些准则来行动。然而，道德的至高形式，是为了一件事情本身的缘故而为之，而不是出于某个动机抑或为了得到奖赏。我们必须独立地探明什么才是真正的道德，而不应该在强迫下去遵从某种模式。最难办到的事情之一，便是凭借自己的力量去探明如何才能展开真正的行动，因为这需要相当的智慧，需要不断地去调整和适应，需要你在行动的那一刻实现深刻的觉察，而不是去遵从某个法则或体系。只有当心灵通过觉知使自己摆脱了恐惧和强迫，才能够做到这一点。

问：神是否存在呢？

克：我想知道，假如我说是或否的话，会有什么价值呢？无论是否定还是肯定，都无法揭示出实相。一个人必须依靠自己的力量去探明，所以你既不可以去认可，也不能够去否定。倘若我做出肯定的回答，那么会发生什么呢？在你那个信仰的博物馆里，将会再新添一种信仰。倘若我说并不存在神，那么你的另外一个博物馆里也会多一样东西。是或否，对你来说没有任何重要性。如果我说神是存在的，我就会变成某个权威，你或许会根据这一模式来塑造自己的生活。如果我说神并不存在，同样也会制定出某种模式来。若你怀着某种成见，无论这种成见是去赞成、还是去反对，你都无法解决这个问题——即神究竟是否存在。你能够去做的，便是为心灵备好土壤，然后看一看会发生什么。也就是说，让心灵挣脱所有的幻觉、所有的恐惧、偏见和憧憬，不要带着任何预期，无论这种预期是什么。那么，这样的心灵就可以弄清楚神究竟是否存在了。一个人怀有一颗推测的、好奇的心灵，为了获得智力上的乐趣，他试图去解决这个问题。然而这样的心灵无法寻找到真正的答案。你能够做的全部，便是去冲破你在自己周围制造出来的这种虚幻。而这要求的，并不是去探究神存在与否，而是要用你的全部身心在当下展开完整的行动。

问：难道不需要由神职人员来指引无知者通往正确吗？

克：当然没这个必要。不过谁是无知者呢？这个问题只可以向你们每个人提出来，而不能够提给一个被称为无知者的模糊的大众。你即大众。你需要牧师吗？由谁来宣布谁是无知者？没人有这个权力。由于你是如此的无知，于是你便需要有位牧师，可牧师能够带领你走出无知、迈向正确吗？如果你仅仅认为一个无知之人——他生活在某个地方，你不知道这个人——需要牧师，那么你就会让压榨以及宗教的种种诡计永远存续下去。你只有通过自己的觉知，通过亲身去经历痛苦，方能达至正确，除此之外，没有任何人可以给你指引。

问：身处不完美之中，能够达至完美吗？

克： 除了身处不完美之中，你还能在哪里实现完美、认识完美呢？然而，关于达至完美，这整个的观念，从根本上来说就是错误的。你必须要十分仔细地思考一下这个问题。当你谈论完美的时候，你的意思是指获得某个结果、某种确定性、某种力量，这种确定性和力量，可以带给你安全，由此永远都不会滋生出冲突和悲伤。完美，并非是某个终点，某个绝对的、固定的点，而是一种不断的"变成"。一旦心灵摆脱了对立面的制约，就将迎来实相那永恒的运动。完美是行动，是那永远流动的实相，而不是某个绝对的目标——某个你经由无数的经验、记忆、教训和痛苦朝其迈进的目标。若想认识这永恒的生命之流，心灵就得彻底走出终结、确定性，因为这些东西只不过是自我保护的欲望的产物。

如果你去思考一下我在今天晚上所说的话，就会发现，我们经由许多个世纪制造出了一个围栏，它将我们囚禁了起来，于是也就摧毁了我们那富有生机的智慧。一旦心灵通过觉知开始去打破这座监牢的高墙，就将展开完整的行动，就将迎来正常、正确，就将免受悲伤的侵蚀。

问： 自我中心，难道不是宗教与经济剥削的根源吗？

克： 先生，这是显而易见的。正是自我中心主义，制造出了一个个宗教的牢笼；正是自我中心主义，导致了人与人之间的剥削与利用。这位提问者明白这一点，但他对此能够做些什么呢？我们知道，那些聪明的、狡诈的人会去无情地压榨其他人；我们知道，富足当中存在着贫穷。然而，这位提问者在询问自己，他是否并未参与到这种残酷而愚蠢的获取性的争斗中去？假如他真的感受到了所有这一切那骇人听闻的残忍，并且展开睿智的行动，那么他就会变成一团火焰，将自己周围的那些愚蠢统统烧毁。

（在里约热内卢的第四场演说，1935 年 5 月 10 日）

探明正确的行动，将实现真正的圆满

朋友们：

我被告知说，我的观点太过复杂，毫无实用性，在每个人都必须为了自己的生存而奋斗的日常生活中是根本无法做到的。有些人未经思考就反对我的看法，其他一些人同样也是不假思索地就接受了我的理念，并未去展开审视，而是指望着我的观点能适应他们那已经现存的体制，结果也就排拒了行动的更新能力。

我们关注生活，但生活不仅意味着面包、住所、衣服和工作，还意味着爱与思想。假若我们孤立地去看待工作的问题、爱的问题、思想的问题，就无法理解生活的全部涵义。这些问题是相互关联的、不可分割的，所以必须要被视为一个整体去认识。只有那些生活安逸的人、那些遵循传统模式或制度的人，才会试图把工作同生活划分开来，他们希望通过孤立地思考每个问题而去克服由这种界分导致的冲突。

世界上有许多所谓的宗教人士，他们把工作、职业看做是世俗层面的东西，看做是仅仅需要被忍受的事情。他们只关心真理和神。还有一些人，他们唯一关心的，便是为全人类的福祉而去重新组织这个社会。如果我们想要认识行动即生活，就得将其当做一个整体来对待，而不能把它划分成若干个水密箱，就像大多数人所做的那样。生活，便是思想、情感与工作的和谐的行动,当这三者彼此发生矛盾的时候,就会出现痛苦、冲突与不和谐。我们渴望的是和谐的生活、展开完整的行动以及达至圆满——难道不是这样吗?而要做到这些,就必须拥有至高的智慧。这种智慧,便是无所畏惧,不去剥削和利用他人,不去寻求任何奖赏。如此一来,行动便将重获自由。从本质上来说,每个人都渴望、都努力想要生活在这种行动之中,然而,当他想要去发现生命那和谐的运作时,却经常会被某些并不重要的问题牵引着误入歧途,比如他应当遵循哪种体系方法,比如是否存在着大师、真理、神。

为什么我们没有活在这种睿智的、和谐的行动中呢?假如我们实现了这一点,那么生活就将变得十分的简单,有着极为明确的目的并且充满了活力。所以,正在寻求这种和谐生活的我们——至少,许多人都不断地宣称自己寻求的正是和谐的人生——为何不曾认识到这一点呢?一个主要原因,正如我曾经努力去阐明的那样,便是我们孤立地去思考那诸多的生活的难题。这种划分,导致了错误的思考,进而引发了工作中的剥削、复杂与混乱,结果也就把真爱挡在了门外。只有通过正确的思考,你才能认识这些问题并将其解决。

若想探明何谓正确的思考,我们首先就要了解自己的思想中哪些东西是错误的、虚幻的。若我们能够凭借自身的力量知道我们的思想中哪些是谬误,则可不受任何外来的强加,自然就会懂得什么是正确了。经由无数荒谬的念头,经由许多幻觉的屏障,是无法洞察实相的。因此,我们必须关注于努力探明何谓谬误、何谓虚幻。

我们的思想是建立在习惯之上的,一种它已经习以为常、延续了无数个世纪的习性。它正遵循着某种模式、某种体系方法,按照某个理想来塑造自己——它确立了该理想,将其作为逃避当前冲突的手段。只要思想去遵循某种体系、方法、习性,抑或单纯地去遵从某个既定的传统、理想,就必然会出现错误的思考。你之所以会去遵循某种体系、方法,或者是依照某个模式来塑造自己，是因为你怀有恐惧，怀有关于对错的恐惧，而对错则是根据某个体系的传统确立起来的。假如思想仅仅在某种模式的窠臼中去运作，未能理解环境的涵义，那么就必定会出现有意识的或无意识的恐惧，而这样的思想势必将走向混乱和幻觉以及导致错误的行动。

在有关工作的问题上，思想的传统习惯，便是去追逐个体经济上的安全与舒适。于是我们便在全世界范围内发展起一种体制，在这种体制里面，剥削是正当的，获取、贪欲是受到推崇的，由此自然便会导致阶级冲突、国家主义和战争。

我们的爱是建立在占有之上的，由此滋生出了嫉妒、复杂以及有关性的问题。试图孤立地去解决这些问题当中的任何一个，而不是将其视为一个整体去对待，会制造出冲突和痛苦，并且使其永续下去，从而导致更多的幻觉和错误的思想。

只要思想去寻求、去遵循某种模式，去顺从某个它尚未认识的环境，只要思想仅仅根据习惯来展开活动，就一定会导致冲突与不和谐。所以，如果你真的想要理解生命的美以及它的丰富，那么，首要之举，便是去察觉环境——心灵所依附的过去的和现在的环境——一旦你认识到了心灵出于自我保护而制造出来的那些幻觉，那么，无需心灵去苦苦寻求，自然就将迎来自发的、睿智的行动，而这种行动，便是生命最高的圆满。

所有这一切，适用于那些渴望实现觉知、渴望拥有充实生活的人，而不适用于那些仅仅追求舒适的人，也不适用于那些满足于解释的人，因为解释只不过犹如眼里的灰尘。所以，假如你想要寻找到这样的人生，你就必须展开质疑，必须深刻地认识传统和理想，必须消除掉心灵在寻求自身安全的过程中制造出来的那许多的幻觉，通过这种种的手段来让你的心灵获得净化。于是，当你实现了真正的洞察，就将迎来那不可度量的事物，继而感受到巨大的极喜。该事物是无法被想象出来的，无法被预先构想出来的，只能够通过体验。

问：我们难道不能够通过逝者的声音和灵魂提供给我们的建议而在日常生活中获得指引吗？

克：我知道，你们当中有些人会对这个问题不太耐烦。你们可能认为，从鬼魂那里寻求建议是种愚蠢的行为。为了让这个问题也适用于其他人，让我们解释得稍微简明、易懂些吧。你们有些人或许不会去参加降神会，或许没有沉迷于自动书写，但你们并不介意去寻找大师。他们可能生活在某个十分遥远的国度，你们通过他们的使者来接受其讯息。从根本上来说，这又有何区别呢？没有任何的不同，都是在寻求来自他人的指引。有些人试图同那些死去的灵魂取得联系——通过灵媒、自动书写以及其他幼稚的手段——有些人则去寻求所谓的大师的指引，方法便是通过大师的代表人，这么做同样是十分幼稚的。因此，当你自己分外勤奋地渴望从那些所谓的大师的代表人那里获得讯息与方法，那么就请不要去谴责那些去找灵媒、参加降神会的人。还有一些人，他们依赖牧师、仪式、传统和惯例以获得指引。这些人都是一样的。

一个人是否应当通过灵媒从鬼魂那里，通过代表人从大师那里，通过牧师从救主那里寻求指引——蕴含在这个问题背后的，是渴望在权威的羽翼下寻求庇护所。我们暂时不要去关心大师以及所谓的鬼魂究竟是否存在这一问题。你为什么寻求指引和建议呢？你为什么渴望指引呢？这才是问题的关键所在。你对那些死寂的、暗藏的、过去的事物赋予的价值，要远远超过你对那些鲜活的、当下的事物给予的。这是因为，根据这些死寂的、暗藏的、过去的事物，你的心灵能够刻画出自己现在的形象，尔后带着这些幻觉满意地生活下去。然而，当下与生活，并不会让你带着满足沉沉睡去。于是，为了逃避这种冲突，也就是为了躲避当下，你便会去寻求指引、建议。一个寻求指引的人，一个制造出偶像去崇拜的人，将会活在恐惧之中，将会受到剥削与压榨，他的智慧将会慢慢地被摧毁，就像在世界的各个领域所发生的情形那样。渴望通过中介从鬼魂和大师那里得到指引，源自于对痛苦的恐惧。

任何人、无论他是谁，能够帮助你免受痛苦的侵蚀吗？如果他人可以拯救你，那么就不会再有权威的问题了，你只须找到最方便、最适合的权威，然后加以推崇。然而我以为，除了你自己通过实现觉知以外，没有人能够帮助你走出痛苦的泥沼。只有你自己领悟到痛苦的原因，而不是依靠他人的阐释，方能开启通往极乐的大门，方能体会到觉知之后的极喜。只要你去寻求建议和指引——这只不过是逃避冲突的手段而已——只要你不去凭借自身的力量探明痛苦的根源，而是仅仅被各种解释弄得困惑不已，就没有人能够帮助你摆脱痛苦——任何神职人员、书本、理论、体系、灵魂、大师，都无法办到。因为，那一实相，那种挣脱了痛苦的自由，就存在于你自己的身上，你只有依靠自己，才能获得。

问：那些伟大的导师们——耶稣、佛陀、赫尔墨斯以及其他人所撰写的教义——对于达至真理有价值吗？

克：如果你不去误解的话，我会说，他们的教义毫无价值。因为，人类的心灵在自我保护的欲望上面是如此的隐蔽、如此的狡诈，结果也就扭曲了这些教义，使其去迎合自己的目的，并且制造出了各种体系、方法和理想，以作为逃避的手段，由此产生出那些僵化的教会与利用他人的神职人员。全世界的各个宗教，通过它们的体系及其组织化的剥削的诡计，试图教导人们去关爱他人、去思考、去过一种健全的、理性的生活。可是，体系能够制造出真爱吗？或者能够教导你去无私地思考吗？由于你并不希望去做这些，由于你不愿意怀着一颗敞开的心灵去充实地、睿智地生活，所以你便制造出某种体系。这种体系已经成为了你的主人，它与思想、爱是对立的，并且会毁灭掉后者。因此，不断增加体系，这种做法根本就是毫无用处的。倘若心灵摆脱了它那自我保护的需求及欲望的幻觉，便将迎来真爱和智慧，尔后也就不会再有这种因宗教与信仰而产生的界分，不会再有人与人之间的对抗。

问：如果您被预先告知了自己的命运，那便是要成为一位世界导师，而这的确也变成了事实，那么，宿命论本身难道不是事实吗？因此，我们不也就仅仅是自身那既定命运的奴仆吗？

克：假如你的行动为过去、恐惧或环境所限定，从而也就会是不完整的，那么就必须得有明天来完成那一行动。意思便是说，只要你的思想为传统、阶级意识、恐惧或者宗教偏见所囿，它就不可能在行动中使自身获得完整，结果它便制造出了自己的命运、自己的局限。也就是说，你自己那不完整的行动，带来了自身受限的命运。只要存在着不完整的行动，就一定会有痛苦，而痛苦又会制造出自身的局限。真正的行动是不做任何的选择，可如果行动因为选择的偏见而受到阻碍，那么所有未来的行动就一定会制造出更加严重、更加狭隘的局限。所以，你应当开始着手去展开完整的行动，而不是仅仅去询问究竟是否存在宿命。一旦你认识到完整行动的必要性，便会在行动中发现那些存续了无数个世纪的偏见，目睹它们如何开始去阻碍那一行动，缩减着它的完整性。当行动的流淌即智慧出现的时候，生活就会成为一种持续的"变成"的状态，不会再面临选择的冲突。

问：什么是人类的意志力呢？

克：所谓意志力，不过是一种针对阻力的反应罢了。由于渴望保护自我，渴望舒适和慰藉，于是心灵便制造出了许多的障碍，结果也就导致了自身的不完整与痛苦。为了走出这种痛苦，心灵开始去对抗这些自造出来的阻力和局限。这种冲突滋生出、发展出了意志，心灵认同该意志,于是便产生了"我"这一意识。假如这些障碍并不存在,行动中就会出现持续的完整和圆满,而不是去克服某个冲突。你试图去消除、克服这些自我施加的局限,这么做只会导致抗拒,即我们所说的意志。可如果我们明白了为何会制造出这些障碍,就不会有克服、战胜了。要知道,克服只会制造出进一步的抵制和阻力。这些障碍、这些阻碍,是因为想要去保护自我而形成的,结果永恒的生命的运动同那一渴望之间便会发生冲突。这种冲突,滋生出了痛苦以及许多被小心翼翼培养起来的逃避。只要有逃避,就一定会出现幻觉,一定会竖起一个个的障碍。

意志,不过是其他形式的幻觉。这些幻觉,是心灵在寻求自我保护的过程中制造出来的。只有当心灵挣脱了自身幻觉的中心,并且实现了富有生机的空无,方能洞悉实相。洞悉,并非意志的产物,即并非源于抗拒。意志,是由冲突的选择造成的,但洞悉却是不做任何的选择。

问:何谓行动?

克:行动,是指不受阻碍的智慧的运作,不因为恐惧、强迫、自我保护的选择的冲突而受到妨碍。这样的纯粹的行动,本身便是生命的体现。这并不是某种哲学层面的回答,仅仅被视为一种理论,在日常生活中没有实用性。我们关心着每时每刻的行动,当心灵通过圆满使自身获得更新的时候,我们将会懂得这种不受阻碍的行动所带来的极喜。一旦思想获得了自由,不受任何的阻碍,我们便能认识行动的全部涵义。也就是说,当你冲破了那些虚假的幻觉、错误的价值观念——这些东西是由你制造出来的,它们已经成为你的环境、你所背负的重担——便将迎来实相的流动、生命的流动,而它们便是行动本身。你们每个人都必须着手去洞悉贪欲的涵义,我们的思想与行为的整个结构,就是建立在这种获取和贪婪之上的。在你去摆脱它的过程中,只有当你没有实现觉知的时候,只有当你受到强迫的时候,才会出现痛苦。然而,若想体验到不受阻碍的行动所带来的那种极喜,思想就得挣脱理想的模式,就得不会因为不去累积而感到不确定。一旦心灵能够在没有选择的冲突下实现洞悉,便能迎来行动的极喜。

(在里约热内卢的第五场演说,1935年5月18日)

宗教是对当下的逃避

朋友们：

　　世界上的大部分人——他们身处何方并不重要——都对现存的环境感到不满、不安，他们努力想要找到某个一劳永逸的方法，以摆脱这种不幸与混乱。每个专家都会提供各自的某种解决之道，然而，正如通常发生的情形那样，他的方法会同其他专家提供的所谓良方产生矛盾。于是，每个专家都会形成一个群体，围绕在他的那一理论周围。不久之后，帮助人类的目的就将被忘却脑后，而各个派别、专家之间则会展开无休止的争辩。

　　我并非专家，因此不会提供某种新的体系或理论来解决诸多的问题。但我乐于做的事情，是去唤醒个体的智慧，如此一来，每一个人便能着手展开睿智的行动，而不是变成某个体系或专家的奴仆，因为这本身就可以带来一种相互协作、有建设性的行动。如果我们每个人在任何环境下都能够凭借自己的力量去探明什么才是正确的行动，就将实现真正的圆满，并且拥有一种和谐而充实的人生。很自然的，我说的话，适用于那些心中燃烧着不满的火焰、那些敢于去反抗的人们，那些试图去找到一条睿智的途径去展开行动的人们；我的话，适用于那些身处痛苦之中，渴望挣脱一切剥削的人们。

大家都关注于通过自己和团体、和其他个体之间的冲突和争斗去唤醒这种智慧。世界上存在着既定的权威,无论是古代的还是现代的,这种权威始终都在逼迫着、扭曲着个体,使其按照某个特定的方向去行动。我们有一整套思想的体系,这种体系是经由岁月被发展起来的,我们每个人都对此起到了推波助澜的作用,每个人有意或无意地都被困在了这种残忍无情的运动之中。于是便有了集体的和个体的意识,有时候二者是统一的,但多数时候则是直接对立的。这种对立,便会开启痛苦之门。于是,在既定权威与个体之间,在那延续了无数个世纪的传统与每个人急切地想要不被传统和权威所窒息、而是达至圆满的渴望之间,便会出现我们的冲突、不满和争斗。要知道,单单这种圆满,便能迎来那富有活力的幸福。

在行动的世界里,即我们所说的物质世界、经济世界、社会世界里,存在着某种体制,该体制妨碍了个体实现真正的圆满。即使每个人都觉得自己在当前的体制下独立地展开着活动,但如果你真正去审视一下的话,会发现,人只不过犹如一个奴隶,犹如一部既定秩序的自动化机器。这一体制内部存在着阶级差别,它是建立在获取性的剥削之上的,从而会导致国家主义和战争,它让财富积累到了少数人的手里。倘若个体能够充分地去表达自我、能够达至圆满,他便会不断地去反抗这种体制。原因是,假如你去审视一下,将发现,这一体制从根本上来说是非理性的、残忍的。如果个体想要去认识这一外部的体制,他就得首先觉察到那个将其囚禁于其中的监牢,觉察到那个因为他那好斗的贪欲而被制造出来的监牢,并且着手通过自身的痛苦和智慧去突围而出。

接下来还存在着一个内部的体制,它同样是残忍的、剥削性的,这一体制便是我们所谓的宗教。我所说的宗教,是指组织化的思想体系,该体系将个体困在了某种模式的窠臼之中。毕竟,基督教、印度教、佛教,是如此之多的一系列的信仰、理念和规则,它们已经在恐惧和传统下被风干了，它们通过信仰与虚幻的希冀，在那些利用他人的神职人员的帮助之下，迫使个体沿着某条路径去展开盲目的、非理性的思考和行动。世界上的各个宗教，及其既得利益、信仰、教义和传统，正在把人与人分隔开来，就像国家主义同阶级正在做的事情一样。指望着有一天世界上将会实现宗教的大一统，要么是印度教、要么是佛教、基督教，这种希冀完全是徒劳的，尽管这是那些传教士们怀有的梦想。不过，我们能够从一种截然不同的观点来看待这整个的关于宗教的理念。

请耐心去听我将要表达的观点，不要抱持任何的成见，因为，宗教和政治一样，是一个非常麻烦的问题。如果一个人怀有宗教信仰，那么，当某个人开始去质疑宗教的整个结构时，他往往就会变得极为教条化、极为狂暴，以至于无法展开清晰的、有条理的思考。因此，我想恳求你们当中那些或许是第一次听我演讲的人，务必要不带着任何敌对的情绪去听，同时还要怀有一种渴望，那便是探明我的话的涵义。

假若我们在当下能够以智慧去认识生活，能够满怀热爱之情生活在这个世界上，那么宗教就将变得毫无价值、毫无用处。因为，那些剥削者不断地告诉我们说，我们无法独立地做到这样，结果我们便不得不相信必须要遵循某个体系或方法。于是，由于没有获得帮助以解放自身，人就被鼓励着去遵从某种体系，并且被困于其中，就像一个囚犯会因为恐惧而去听从权威一样，指望他能指引自己克服生活里的种种冲突与困惑。

没有实现深刻的认识，而是仅仅想摆脱宗教的观念，自然就会导致行动、反应和思想流于表面化。如果我们真正能够带着深刻的智慧来生活，便不会去逃避自己的不幸和争斗了——而宗教已经成为了这种逃避。意思便是说，由于我们发现生活是如此之难，有如此之多的问题以及那些似乎永无止境的痛苦，于是我们便会渴望去逃避，而宗教正提供了一种极为方便的逃避的方法。每个周日，人们前往教堂去做祷告，去实践友爱，可在这一周余下的时间里他们却忙于无情的剥削和残酷，每个人都寻求着自己的安全。结果人们就过着一种伪善的生活，周日是为了神，其他日子则是为了自我安全。于是，我们把宗教当做了一种便利的逃避，每当我们遭遇到困难和不幸的时候，就会去诉诸它。因此，通过这种被称为宗教的体系及其信仰和理想，你找到了一种权威化的逃避，以躲避当下那永无休止的争斗。毕竟，宗教及宗教团体所提供的那些理想，只不过是对当下的逃避罢了。

我们为何渴望理想呢？原因在于，我们无法认识当下，无法认识日常生活及其残忍、痛苦与丑陋，于是便希望通过某个理想来指引自己穿越人生的河流。于是，理想本身，从根本上来说就变成了对当下的一种逃避。我们的心灵制造出各种对于当下的逃避，尔后则被困于其中。殊不知，当下即永恒。由于被囚禁在这些逃避之中，所以心灵自然就会同当下发生不断的争斗。因此，我们应当凭借自己的力量去认识心灵是如何给自己制造出了这些逃避的方法的，而不是去寻求新的方法、新的监牢。所以，问题的关键在于：你们是满足于活在这座幻觉的监牢——这座虚假、愚蠢和痛苦的监牢里头，还是说，作为个体的你们，心中燃烧着不满的火焰，要举起反抗的大旗呢？你们是否愿意摆脱这种体制，从而依靠自己的力量去探明何谓实相呢？假如你仅仅满足于待在那座监牢里，那么，唯一会将你唤醒的事物便是痛苦。然而，当那痛苦袭来之时，你会渴望去躲避它，结果也就将制造出另外一座监牢。于是你便从一种痛苦走向了另一种痛苦，于是你只会进入到更大的束缚之中。可是如果你意识到任何形式的逃避，无论是理想的逃避，还是信仰的逃避，都只是一番徒劳，那么你就将带着深刻的觉察领悟到信仰、传统和理想的真正涵义。一旦懂得了它们的真正意义，那么，挣脱了一切幻觉的心灵，就能够去发现真理与永恒。

所以，我们应当直面现实，洞察它的真实模样——及其所有的剥削、残酷与兽行——并且理解这一体制的全部涵义,而不要仅仅去寻求新的体系、新的方法去替代当前的思想模式、剥削模式、隐蔽的逃避的模式。只有当你遭遇巨大的痛苦,才能做到上面所说的。通过这种深刻的质疑和探寻,你将能凭借自己的力量达至生命的圆满,即智慧。假如没有实现这一点,那么生命就会变得肤浅、空虚和痛苦,仅仅是一种没有终点的不间断的重现与循环。

因此,只要那些陷入痛苦中的人们努力去认识当下的全部深意,不怀有丝毫的恐惧,也不想去逃避,那么,无需神职人员和救赎者,他们就能够认识那永恒的事物。而这种永恒之物,是无法用任何言语去度量的。

问:如果大部分人的智慧都受到了很大的局限,以至于他们无法凭借自身的力量去发现真理,那么,难道无需大师、老师去为他们指点迷津吗?

克:倘若我们仅仅以为愚钝之人需要智慧,那么我们就会让那些愚钝者始终处于愚钝的状态。假如你觉得一个愚昧之人需要导师、大师作为指引,你便会制造出一种环境,将他一直困在愚昧之中。只要睿智之人领悟到有必要去对愚钝者伸出援手,不是向他灌输任何体系、信仰或教条,而是帮助其变得聪慧起来,那么愚钝之人就不会受到剥削与利用。然而,问题不在于愚钝的人是否需要大师、救主,而在于你是否需要他们。当你真正去质疑这种需要的时候,就将发现,没有人可以拯救你于水火,没有人可以带给你觉知,因为觉知需要通过你自己的洞察和探明。智慧,不是来自大师或老师的馈赠,它属于你自己那富有创造力的感知与行动。

问:人难道无法依靠科学来获得解放吗?

克:科学,或许可以帮助人类摆脱许多的悲伤,但依然还有无数的痛苦、不幸和剥削，尽管科学已经格外先进了。每个人都知道战争的兽行与丑陋，都知道既得利益和国家主义会结出怎样的恶果，但科学用什么办法阻止过这种痛苦、这种病态呢？必须要改变的，是人的心灵。然而，当你现在有力量去带来一种健全的、理性的转变时，干吗还要坐等未来的某一天呢？

问：我希望知道，我们是否需要祷告以及如何去祷告？

克：先生，祷告者的根本念头，难道不就是为了寻求超越自身的帮助和觉知吗？如果事实果真如此的话，我们就会去依赖某个事物，而这么做将使我们在自身的智慧层面上显得更加的薄弱。

问：真有灵魂存在吗？

克：关于这个问题，我想再次请各位听众不要带着任何成见、固执去听我要说的话。当你谈论"灵魂"的时候，你所指的是某种介于物质和精神之间、肉体和神之间的事物，于是你便把生命划分成了物质、精神与神这三个部分。难道不是这样吗？谈论"灵魂"的你，其实对此一无所知，你仅仅是因为权威或者基于某种希冀、某种未实现的憧憬接受了它，假如我可以这么说的话。你基于权威而接受了许多根本性的观念，就像你把"灵魂"认可为一种事实一样。

请思考一下我将要表达的观点，不要抱持任何成见，不要怀有任何预先构想的观念，如此一来方能探明何谓实相。我们充分认识到的唯一事实，我们必须要让自己去关心的唯一事实，便是痛苦。我们察觉到这始终存在的不圆满、局限和不完整，是它们导致了冲突与痛苦。意识到了痛苦，便是你可以由此展开探寻的唯一事实，只有当你领悟了痛苦的原因并用智慧挣脱其束缚，方能体会到洞悉实相后的极喜。一旦心灵使自己摆脱了一切的幻觉和希冀，便将迎来实相的极乐。

经由所有这些冲突与不幸，一个人感觉一定存在着某种实相、某个神、某种无限的智慧，你爱怎么称呼都可以。这种感觉或许只是一种源于痛苦的反应罢了，因此是不真实的，于是它的追逐必定会导致与日俱增的幻觉。抑或它可能是一种本能的渴望，想要去发现那无法被度量或被体系化的真理。如果我们能够弄清楚是什么导致了冲突、谁是冲突的制造者，那么，当我们将冲突的原因连根拔除的时候，便能实现人的真正的幸福。这种几乎永无止境的争斗、这种看似没有尽头的悲伤，是被那一受限的意识即我们所说的"我"引起的。我们在自己的周围制造了许多错误的价值观念与虚幻的理想，心灵已经沦为这些东西的奴隶。这些幻觉与当下之间会发生不断的争斗，只要存在着这些自我保护的幻觉，就必定会有不间断的冲突。这种冲突，在我们的心灵里制造出了"我"这一观念。于是，由这一受限的意识，滋生出了如下的划分：暂时的"我"与永恒的"我"。当心灵彻底摆脱自我保护的幻觉以及那些错误的价值观念——正是这些东西导致了受限的意识及其愚蠢——那么，每个人便将凭借自己的力量认识到究竟是否存在实相了。

如果我仅仅去声称灵魂是存在的，我便只会给你已经怀有的诸多信仰里面增添一种新的信仰。所以这又有什么价值呢？然而，我们察觉到的唯一真实，便是这种争斗、痛苦与剥削，我们已经听命于它们的支配。当我们用智慧使自己获得了解放，不去逃避，便将在短暂中探明永恒，在幻觉中洞察实相。

（在尼泰罗伊的演说，1935 年 5 月 28 日）

PART 05

乌拉圭1935年

渴望安全就会出现权威

朋友们：

有一种独特的聆听的艺术，尤其是当你聆听那些你或许并不太习惯的理念时。所以，我想恳请你们不要带着任何成见去听我将要表达的观点，这并不意味着你必须得拥有一颗消极的心灵。你们中有些人，或许会觉得自己已经拥有了一种确定的生活模式，所以仔细聆听并不重要。对那些出于好奇而来到这里的人，我实在是没有什么可说的。

若想做到正确的、适宜的聆听，就必须做到既不去反对，也不去敌对。大多数人都具有某种背景，即怀有某些传统、成见、希冀和恐惧，他们把这些东西提出来以作为防护，这其实只不过是一种反对，但他们却把这个美其名曰为批判。例如，倘若你是个基督徒，或者从属于其他某个宗教，抑或从属于某个特殊的党派，那么你就会试图带着自己的那些成见去反对我将要说的话。这并不是真正的批判。然而，存在着一种能动的批判，这需要一个澄明的、敞开的心灵——察觉到一个人的偏见和局限，与此同时努力去探明演讲者所说的内容有何内在的价值。因此，把那始终困住心灵的传统背景与思想习性抛到一边吧，以批判的姿态去探究，不要盲目地去接受我的观点。

我要说的话，其实很简单，并不是非常哲学化的、形而上的，也不复杂。我刚从印度回来,那里的人们容易觉得我的观点是形而上的、没有实用性,所以经常会漠视我努力提出的那些理念。若想认识当下的混乱及其所有的不幸、冲突和难题,需要拥有真正的批判精神——不是接受、认可,而是以批判的眼光去展开审视。假如你仅仅去接受某套理念或者某种新的思想体系,你就只是用新的去替代旧的,因而无法从根本上认识你们每个人所面临的痛苦和诸多难题的原因。我的意图,并非想提出某种新的理论、思想体系、新的实践或是戒律,而是希望去唤醒你们对于当下的觉知。因为,一旦一个人认识了将他困于其中的现存的混乱与不幸,就能凭借自己的力量懂得如何去过一种充实、睿智和庄严的人生。

当你遭受痛苦的时候,你很容易去求助于既定的权威,或是确立起一个新的权威,这种做法根本就无法帮助你去认识痛苦的原因并摆脱其制约。可如果你真的理解了当下的涵义,那么你就不会去诉诸任何权威了,无论这权威是什么,而是会实现睿智的、能动的觉察,你将能够不断地使自己去适应生命的运作。因此,只要每个人可以认识当下,他就将凭借自己的力量探明怎样过一种睿智的、充实的生活。也就是说,通过探明是什么导致了现存的混乱、人类的痛苦、精神上和经济上的剥削,并将这一原因根除掉,那么每个人都将实现真正的圆满。

在寻求安全和慰藉的过程中,人有意或无意地把生活划分成两个部分:我们可以暂时地把这些划分称作为物质的和精神的。所谓物质层面的生活——是指经济或社会的世界——它完全是建立在获取之上的,于是自然便会发展出阶级差别。意思便是,每个人在其寻求自身安全与慰藉的过程中,都制造出了一种经济的和社会的体制、一种残酷的剥削制度。由此滋生出国家主义这一疾病,及其所有的荒谬和残酷,这必然会导致战争以及人与人之间的界分。各种获取财富的手段和机器,掌握在少数人的手里,于是便引发了巨大的痛苦。为了维系这一既得的利益,各个政党得以形成，这些党派完全漠视个体，只是利用他来让自身获得更多的力量与重要性。事实上，这种体制，完全是基于个体和家庭的安全，因此必然会造成无情的剥削、阶级差别、国家主义和战争。个体如此勤勉地经由无数个世纪确立起了这种由错误的价值观念构成的复杂传统，而他自己则被困于其中。简单来说，不必去探究那些你能够凭借自己的力量发现的细节，这种思想体系与习性，正在影响、支配和迫使个体去遵从这一建立在获取和贪欲之上的文明。尔后，在精神世界里，同样存在着贪婪，只不过是以不同的形式罢了。或许这对于你们当中有些人来说比较陌生，但你可以熟悉普通的物质层面的获取。由于这对你而言可能有些新鲜，所以请审慎地、仔细去聆听。

在精神世界中，寻求安全，是通过对于永生的渴望表现出来的。每个人都会渴望获得永生。这便是所有的宗教许诺的东西，即来世的不朽，其实这只不过是一种隐蔽形式的以自我为中心的安全罢了。如果任何人许诺了这种自私的永续，即你所谓的永生，那么他将会有意或无意地变成你的权威。看一看世界上的各个宗教，你将发现，由于你渴望获得安全、获得救赎、获得永续，于是你便制造出一种隐蔽的、残忍的权威，你已经完全听命于它的指使，它不断地破坏着你的思想、你的真爱。若想认识这一权威，你必须有某些媒介，即你所说的神职人员。殊不知，他们实际上是剥削、利用你的人。（鼓掌）鼓掌或许太早了些——因为正是你们制造出了这些剥削者。（笑声，鼓掌）你们有些人可能不会有意识地制造出这些精神领域的权威，但你会不知不觉地、隐蔽地制造出其他类型的剥削者。你可能不会前往牧师那里，可这并不表示说你就没有剥削他人或者被他人剥削。

只要你渴望得到安全、确定性，就一定会出现权威，而你则把自己完全地交付给了这些人。他们许诺说会指引你，会帮助你去实现那一安全。于是，纵观全世界，各个宗教都变成了既得利益以及组织化的、封闭的信仰的容器。(鼓掌)先生们,我可以建议一下吗?请不要鼓掌打断我的演讲,因为这有些浪费时间。

由于宗教许诺了永生,因此它们便制造出许多的理想,而这仅仅是一种逃避当下的手段罢了。毕竟,你们的理想是什么呢?它们不过提供了一种逃避现实的隐蔽的方法。让我举个例子好了,或许可以把这个问题讲得更清楚一些。你们宣称兄弟友爱的理想,你们大多数人正是在这一理想下被教育长大的。然而现实中上演的又是怎样的情形呢?阶级差别、宗教及其信仰、教义的差别、各种界分、国家主义以及它的剥削和战争。所以,你们的理想有何好处呢?理想,不过变成了毒品,使你无法去展开清晰的思考、去充分地认识当下。

各个宗教及其信仰、教义和信条,成了横在人类之间的巨大屏障,把人与人划分开来,使其彼此对立,限制了人们,并且摧毁了他的智慧。请理解我所说的宗教究竟是什么意思。我所说的宗教,是指组织化的思想和信仰,它已经成为既得利益的容器,而权威正是深深地植根于其中。

因此,我们将生活划分成了物质的和精神的。当我们遭遇重大危机的时候,当我们遭遇剧烈的痛苦和不幸的时候,便会去求助于这两个领域的专家们。一旦剧烈的痛苦袭来,我们就会从这些权威和专家那里寻求慰藉。当你去求助于他人的时候,会发生什么呢?你会逐渐地、无意识地制造出权威,你把自己彻底地交付给了它,你仅仅成为了那个思想体系的一个部分。这两个领域里存在着无数的专家,你沦为了他们手里的工具,以便去对抗其他的专家及其团体。

对于所有这一切,你的解决方法是什么呢?一方面,你或许会声称,人只是泥土,可以被塑造成任何形状,人不过是环境的产物,是被环境控制与塑型的。假如真是这样的话,那么,他那富有生机的表现、他的圆满、他那充满智慧的幸福、他的道德行为,所有这些问题都将不具有任何的重要性、不具有任何特殊的意义。如果你从根本上认为人不过是泥土，可以被环境塑型，你就一定会制造出环境、法则、权威，这些东西将无情地去控制、支配个体的表现与行动。又或者，假若人并非只是可以被塑造成某个样子的泥土，那么你的观念和行为便将发生彻底的转变。

也就是说，先生们，只存在两种可能：一种是完全的支配和掌控，一种则是自发地创造出正确的环境，以实现人的圆满。你必须属于这两者中的一种，你不可能同时扮演这二者。你要么仅仅把人视为一种社会存在，于是你便会无情地去塑造和控制他的整个社会及创造性的活动。抑或，假如他并非只是一种社会实体，而是具有其他更多的涵义，那么，你的思想与行为势必将发生根本性的变革。尔后，你的那些获取性的行为、你那基于安全的思想，必定会经历一场彻底的转变。假使你认为人自身拥有至高的智慧的能力，你就必须去除掉那无数的恐惧、赏罚——你正是用这些东西去引导和支配他。可如果你觉得人不过是可以被塑型的泥土，那么你就会让所有支配和强迫他的恐惧与惩罚变得越来越多。

因此，作为个体的你们，必须凭借自己的力量去探明你的行动是建立在什么基础之上的，究竟是基于强迫，还是基于自发的觉知。我们目睹了如此多的剥削、如此多的不幸和痛苦，我们似乎找不到一个全面的解决方法。我们满足于那些所谓的速效药。但倘若我们能够从根本上真正认识这一有关强迫、控制的问题，就将找到一个正确的、持久的方法，从而解决生活中的许多痛苦和苦恼。这意味着说，由于每个人都被过去的和现在的环境严重地扭曲着，因此他必须开始去质疑那些他所听命的无数价值观念的真正涵义。若想做到这一点，他就得始终怀有觉醒的兴趣与警觉，好让心灵摆脱一切压力和影响，好让心灵变得澄明和简单，如此一来他就能直接地感知到何谓实相了。

个体的自我本位，主要有三种表现形式——假如我可以这样划分的话。一种是寻求永生，渴望自我得到永续，而这妨碍了我们去充分地认识当下，即妨碍了我们去充分地认识那唯一的永恒。只要心灵去追逐自身的自我本位的永续，认为这便是不朽，那么就不可能会有实相的流动，不可能会有那独一无二的智慧。这种智慧，既不是你的，也不是我的。若想认识到这一点，心灵就得摆脱那一意识——这种意识是通过许多的障碍、通过权威、通过那些基于获取性的、自我保护的恐惧的价值观念而被创造出来的。当心灵挣脱了自身自我本位的局限与障碍，当它实现了富有活力的空无，便能迎来实相。这种实相是不可度量的，无法通过讨论而得到，而是必须要去体验、去感受的。然后是第二种形式，即以所有隐蔽的残忍和剥削去实现的那种对外物的自私的获取、占有，心灵渴望通过这些去确立自身的安全与慰藉。最后一种形式是追逐感官的享乐。

假如你渴望去认识真理，那么心灵就得摆脱这些障碍和局限。作为个体的你们，应该充分意识到自身的行动。你不可以将自己交付给权威、专家，而是必须不断察觉到自己的行为及其原因，尔后心灵就将洞悉到那些把思想困于其中的束缚和障碍了。于是，此刻正裹足难行、无知无觉的心灵，将会逐渐地实现觉察，并因而发现它在寻求自身安全的过程中给自己制造出来的那些局限。一旦心灵处于彻底的赤裸的状态，便能迎来那富有创造力的智慧，迎来那不断的"变成"。

问：您的真理是什么？

克： 不能够有你的真理和我的真理这种划分，存在的只有真理。只有当心灵摆脱了"你的"和"我的"，你才能认识它那独一无二的特质。"你"与"我"仅仅是回忆，是基于抗拒智慧的自我保护和累积。当心灵不再执着于"我的"，便能迎来鲜活的生命与真理。

存在的只有爱。然而当你把真爱囚禁在占有的高墙之内，它就会变成"你的"，它所具有的美将迅速地枯萎。

问：假若您此刻正活在永恒之中，已经消除了时间的概念，已经打破了那些将您跟过去绑缚在一起的关联，那么您如何能够去谈论您的过去、谈论您以前的经历呢？这些难道不是关联吗？

克：如果行动源自于某种成见、某种障碍，它便会制造出更多的局限以及带来痛苦。但倘若行动是来自于洞察，那么它就会始终更新着自身，永远都不会是局限性的。行动的这种解放，并不意味着你不可以去记住那些事件，而是指那些过去的事件不会再去控制行动了。

只要一个人通过诸多的偏见这一背景去展开行动，那么很显然，这种受到阻碍的行动必然会导致对于心灵的进一步的局限。如果一个人怀有宗教偏见的背景，行动就必定会在当下制造出冲突。但假使他开始去质疑并因而理解了价值观念、传统、理想、过去的累积的涵义——正是这些东西构成了他的背景——那么心灵就将在免受痛苦的情形下领悟到行动之美，而你也将懂得我所说的经验指的是什么了。我们怀有许多的偏见、恐惧、累积的价值观念，它们不断地阻碍着行动的圆满，结果是残缺以及明天的重负也就会与日俱增。

（在蒙得维的亚的第一场演说，1935 年 6 月 21 日）

权威是洞察实相的最大障碍

朋友们：

大家向我提出了许多问题，在回答某些问题之前，我想要以引言的方式简单谈几句。

我认为，假如你仅仅把我的话当做是共产主义的或无政府主义的理念而拒绝接受，抑或声称我的观点毫无新意而予以漠视，那么这种做法就是相当愚蠢和荒谬的。一个人若想探明我的话是否具有某种重要价值，若想检验一下我的看法从本质上来说是否是正确的，他就得对我的理念展开试验，而不是仅仅抱着拒斥的态度。要想弄明白我所提出的某个理念的性质，你就必须以审慎的、自觉的思想将其付诸行动。唯有如此，你才会懂得日常生活里的行动所具有的更新的特性——因为我们最为关心的，是那能展现出生命的充实与丰富的睿智的行动。若想凭借自己的力量探明这种行动的方式，就应该既不去单纯地排拒我一直努力在阐明的观念，也不要盲目地去接受，而是必须展开真正的、有意识的检验，尔后你将认识到行动所具有的那始终更新的特性。

若要过一种充实的、睿智的人生，我们就得依靠自己的力量去探明那些妨碍实相自由流动的障碍或偏见究竟是什么。一旦认识了它们的原因及存在的涵义，我们便将自发地、没有任何强迫地去把它们抛开了。

唯有如此，方能迎来实相的运作。

在其他障碍当中，有一种障碍对心灵会造成无法估量的损害。在我解释这一阻碍是什么之前，请不要一跃而过、急着去做结论，或是从对立面的层面去思考。要想理解其深意，心灵必须具有相当的柔韧性，具有很强的适应能力，而不是仅仅去做结论。正是这种做法，妨碍了我们不断地去洞察实相。

对于实相的流动的最大障碍，其中一个便是权威。它是最具破坏性的阻碍之一——当我们渴望获得自我保护与安全的时候，便会制造出这些障碍。为了方便起见，让我们把权威划分成内在的权威同外在的权威这两种类型。外在的权威便是环境、传统、习性、封闭的宗教道德、专家的权威以及既得利益的权威。存在着这种外部的环境，它不断把自己强加在个体的身上，限定着他、扭曲着他。只要我们没有认识到，环境的这种局限性的压迫及其腐蚀性的影响，正在强迫着我们按照某种特定的模式来展开行动——这种行动经常被视为是自愿的、自发的——只要我们没有领悟它的真正涵义，就一定会出现不断的冲突与痛苦，进而使得行动的局限与日俱增。通过对这一外部的强迫做出反应，我们开始发展起了一种内在的权威和法则。这种权威是建立在恐惧之上的，是基于那些自我保护的安全和慰藉的记忆。我们不断调整自己去适应这种内部的权威和法则，让自己的行为与其保持一致。这种内在的权威以自身隐蔽的方式控制和局限着思想与行动，因而也就导致了自身的冲突和痛苦。于是我们便有了来自外部和内部的强迫，这种强迫是由于我们渴望获得安全与确定性而被发展起来的，它不断扭曲着、破坏着我们的洞察。

心灵若想认识实相，它就必须彻底卸下那些重负，保持一种鲜活的、不受影响的状态。也就是说，你应该一方面充分察觉到既得利益的潜在影响，即我所说的环境的影响；另一方面又要意识到内在的强迫，这种强迫是基于那些获取性的、自我保护的恐惧和记忆。当你开始实现觉察的时候，当你开始认识到，任何形式的影响或权威，无论是隐蔽的还是明显的，都一定会扭曲思想，那么，心灵在摆脱自身局限的过程中就能够实现真正的洞察。因为权威的行动——从根本上来说，这种行动是基于自我保护的欲望———定会让愚昧及其幻觉变得越来越多，从而破坏了那富有创造力的行动，直到个体渐渐地变成自动化的反应。当个体有意识地去认识权威的深层涵义时，当心灵处于彻底赤裸的状态，当它实现了富有活力的空无，便能迎来极乐。

你们向我提出了许多问题，我在其中挑选了一些在我看来具有代表性的。假若你的那个问题没有被选上，也请听一下我将要回答的那些回答。因为我觉得，你会发现，其实我把你的提问也一并回答了。

问：在您的首场演讲中，您给我们的印象是，您在摧毁那些旧的价值观念，在扫清道路。那么在接下来的演讲里面，您打算确立起新的价值观念，把您教义的核心内容传授给我们吗？

克：我不可能去摧毁那些由每个人制造出来的价值观念，它们已经变成了剥削的手段，要么是来自社会的剥削，要么是宗教的剥削。你们通过自身的努力，通过认识到现存价值观念的真正涵义，便能开始摧毁那些从本质上来说已经错误的价值观念。假如我仅仅去摧毁旧的，确立起一套新的价值观念，那么你们并不能因此成为自由的人，而是只会变成新的价值观念的囚徒。这没有本质的不同，仅仅是变换了监牢罢了。所以请理解这些演讲的目的。真理无法传递给你们。你必须通过自身那富有创造力的觉知，必须凭借自己的力量在虚妄中发现实相。若我只是确立起一种新的思想体系或结构，那么它就会变成另外一种权威和监牢。可如果你依靠自己的洞察，开始探明何谓真实，便会释放出那充满活力的智慧即真理的能量。真理是独一无二的，它并没有许多面，它是一个完整的统一体。每个人都应该在没有任何强迫的情形下达至真理，不去追随任何人,不去调整自己以适应某种体系或模式。你必须反抗那些错误的价值观念,这些观念是人类经由无数个世纪建立起来的,它们现在正被无情地施加在个体的身上。作为个体的你们,在渴望获得自我保护与安全的过程中,确立起了它们。你怎样称呼它无关紧要,我抱持怎样的价值观念,对你来说也不太重要。真正重要的,是你在遭遇痛苦的时候,究竟是真的摧毁了那些将你围困住的错误的价值观念呢,还是制造出了更多的把人囚禁起来的障碍。

这位提问者问道:"在接下来的演讲里,您打算确立起新的价值观念,把您教义的核心内容传授给我们吗?"我们大部分人都在寻求解释,殊不知解释不过是眼里的灰尘罢了。如果你在我所提出的观点中挑出某个来,认识到它的全部涵义,就能够开始释放那富有创造力的智慧了。通过自身的行动,你将达至圆满,而不是依靠某种特殊的思想体系。

问:您认为,如果一个人文化水平很低、备受压迫、薪水微薄,却还有老婆孩子需要养活,那么他能够在没有帮助与指引的情况下从精神上和经济上拯救自己吗?

克:就经济层面而言,人当然不可以是个人主义的,许多世纪以来,他一直都是抱持着个人主义,结果也就导致了混乱、剥削与不幸。然而从精神层面来讲——如果我可以使用这一已被极为滥用的词语——他应该成为一个完整的个体。也就是说,当他开始凭借自己的力量去探明那些他因为寻求保护和安全而确立起来的错误的价值观念,并且将其扔到一旁,那么他便会唤醒自己身上的真正的智慧。现在,在这种错误的、个人主义的体系中,他正遭受着无情的驱使。

一旦你开始自发地去进行质疑,去探究宗教和焦虑确立起来的那些错误的价值观念,就能唤醒那独一无二的智慧。这种智慧便是富有创造力的协作,是没有任何的强迫、没有任何奴从的调整与适应。假使没有这种智慧，你们的行动就只会犹如机器一般。

若想实现根本性的转变——这种变化将带来集体的协作——那么个体的思想就必须是完整的、正确的、自由的。但这是最难实现的事情之一，因为我们经由无数个世纪，已经被训练着去服从、去适应某个准则。有一种渴望，已经悄悄地在我们的内心根深蒂固了，那便是想要去制造权威并且加以遵循。只要有问题出现，我们便会去寻求帮助，同时也会极其容易地找到帮助。于是，我们逐渐地、几乎是毫无意识地就确立起了权威，我们将自己完全地交付给了它，直到没有任何思想能脱离那一体系、脱离既定的传统与观念。

这位提问者想要知道，一个文化层次很低、生存状态很差的人，是否能够在精神层面达至那一独一无二的、真正的智慧。只要他开始以饱满的姿态去质疑和探明既定的价值观念的涵义，从而让那富有活力的思想得到解放，那么他是能够拥有真正的智慧的。不幸的是，这样的人几乎没有时间留给自己，他们操劳过度，一天下来早已筋疲力尽。但你们应该是受过教育的人，你们时间上比较悠闲，所以能够领悟到，人还可以拥有一种正确的环境，他在这种环境里生活与思考，不会受到永无休止的强加和剥削。

仅仅通过教育，是无法发现智慧的深刻性的。卑微地去服从权威，抑或强加社会的道德，均无法带来智慧。只有当你勤勉地探明了何谓正确的价值观念，方能迎来智慧。一旦这独一无二的智慧登场，就不会再有剥削、支配，不会再有无情地去追逐个人的成功。

问：我们怎样才能够确定，一旦摧毁掉了那些科学的、宗教的、道德的以及心理上的偏见，便能迎来幸福呢？

克：你希望我向你保证说，只要放弃了某个东西，你便能够获得某物以作为回报。（笑声）我们用一种商品交易的心态去对待生活，并未领悟到,偏见从本质上来说是错误的。在放弃自己的财物之前,我们被保证说将会得到些什么作为犒赏,这便是追求美德的全部实相。然而,为了得到其他的东西而去放弃,抱持这种心态,永远都无法寻找到幸福。这样的心态,永远都不会理解真理的纯粹性。只有为了它自身的美,而不是将其作为一种报偿,方能认识真理。

只要你认真地去思考一下,就会发现,我们的整个思想体系,都是建立在这种报偿观念之上的。毕竟,一个有文化教养的人,他的行动,不会是为了去寻求某种回报。这需要的,不仅是认识到报偿的虚幻性,而且还得认识、洞悉那些固有的价值观念。假若你是位真正的艺术家或者是一个真正热爱自己工作的人,那么你就不会去渴望得到奖赏了。只有一个并不热爱生活的人,才会不断地以或明或暗的方式去寻求报偿或者奖赏,因为他的行为都是出于恐惧。这样的一个人,如何能够理解实相的迅捷流动及其潜在的特性呢?

问:您是试图去解放个体呢,还是去唤醒他身上对于自由的渴望呢?

克:如果你没有感到痛苦,如果你并未处于冲突中,如果你的生活中没有面临难题或危机,那么就没有什么可说的了。意思便是,倘若你处于沉睡的状态,那么生命的活动首先应该是去唤醒你。然而,当你开始遭受痛苦的时候,通常会发生怎样的情形呢?你会立即去寻求某种疗治的方法,以便让你的痛苦得到缓解。于是,在你寻求慰藉的过程中,你逐渐地再一次通过你的努力让自己沉沉睡去。其他人能够做的,仅仅是指出你是怎么做这个的。通过寻求慰藉,即你所谓的寻求神、寻求真理,你让自己又陷入了沉睡的状态。当心灵因为震惊即你所说的痛苦而被唤醒,这个时刻你就该去探究痛苦的原因了,而不要去寻求什么慰藉。只要你展开观察,便会看到,当剧烈的痛苦袭来之时,你的想法便是去找到某种药方、某种慰藉。你的确会找到某个疗治之法，但这么做只会让心灵变得迟钝和愚蠢，不再去探究痛苦的成因，结果便会制造出幻觉。

让我换种方式来表述好了。一旦心灵困在某个习惯性的思想的窠臼里，那么生活中就不会出现冲突，尔后也不会有痛苦，不会有被唤醒的兴趣。可是当你经历了某种震惊，也就是所谓的痛苦，这种经历让你从习性中觉醒，于是你的第一反应便是去寻求另外的慰藉，思想会再一次地习惯于这种慰藉。心灵不断地寻求着各种确定性，如此一来它便将是安全的，不会受到干扰，结果生命也就充满了各种恐惧与自我保护的反应。然而，经验始终都在破坏着我们的确定性，不过我们偷偷地渴望去制造出其他的确定性来。所以生活便沦为了无休止的争斗、痛苦、创造和破坏。但倘若心灵不去寻求结果、结论与安全，就会发现它将展开不断的调整，将认识生命的运作的涵义。这里面本身就蕴含着永恒的实相与幸福。

问：您所说的"宗教"指的是什么意思呢？我觉得自己通过耶稣而与上帝重新结合在了一起。您又是通过谁和神重新结合在一起呢？

克：我所说的宗教，是指组织化的信仰、信条、教义和权威。这是宗教的一种形式；此外还有仪式的宗教，其实不过是感官上的刺激，情绪上的激动，展现壮观宏大的场面；再者就是个人体验的宗教。第一种形式的宗教，通过恐惧，通过信仰、信条、教义，强迫个体为了自身的利益去遵从某种模式。第二种宗教，通过展示、通过华丽的盛观，给那些礼拜的人们留下所谓神圣的印象。至于第三种宗教，即个人的体验，我们现在就来谈谈吧。

组织化的宗教，必定会导致人与人之间的界分和冲突，你能在全世界范围内目睹这一景象。印度教，与基督教、佛教以及其他组织化的宗教一样，有自身特殊的信仰和教条，这些东西几乎成为了横亘在人们之间的一道无法穿越的屏障，摧毁了人的真爱。当这些宗教从根本上来说是建立在恐惧之上的时候，那么它们又会具有何种价值与意义呢？一旦你们洞悉了组织化的信仰是何等的虚幻与荒谬，一旦你们领悟到，你无法依靠任何信仰去认识实相，任何权威、无论这权威是什么，都不能唤醒智慧，那么，你们作为个体、而不是作为组织化的群体，就将摆脱这种破坏性的强加。这意味着，你应该从根源处着手，去质疑信仰的整个观念，而这包含了巨大的痛苦，因为它并非只是一种智力上的过程。一个人只要是仅仅从智力上去探究有关信仰的问题，那么他除了找到些灰尘以外，将一无所获。如果一个深感痛苦的人能够去质疑这一建立在恐惧和权威之上的整个结构，他便会找到为其解渴的生命的泉水了。

此外还存在着个体的经验，它还被叫做宗教体验。若想揭示与此相关的那些幻觉，需要我们表现出更大的坦诚、付出更大的努力。当出现如此多的困惑、不幸与不确定的时候，我们便会想要去找到平衡、安宁和幸福。也就是说，我们渴望去逃避冲突，躲到某个将带给我们满足与希冀的事物中去，而不是去洞察痛苦的原因。于是，我们带着这种渴望，制造、发展出幻觉，这些幻觉让我们感到十分的满足，给了我们鼓励与快乐。我们通常把这些幻觉的感受和颤栗，称作是宗教体验。假如你以真正客观的态度、不带任何成见地去审视这些所谓的宗教体验，会发觉，它们只不过是自我发展起来的对于痛苦所做的补偿。因此，人们所谓的宗教体验，仅仅是逃避到幻觉中去，他们将幻觉称为真实，他们活在这幻觉里，认为它便是神、真理、诸如此类。倘若你遭受着痛苦，那么请你去洞悉痛苦的根源，并且着手摆脱这一原因，而不要去寻求幸福、寻求所谓的对立面，尔后你将会迎来那无法用言语度量的实相。

一个渴望去认识真理的心灵，应该从这三种幻觉中挣脱出来：摆脱组织化的信仰及其权威和教条，摆脱仪式化的宗教及其壮观、宏大的场面和带给人的感官上的刺激，摆脱那些自造出来的幻觉以及它们带来的满足感和具有破坏力的快感。当心灵真正不去抱持任何的偏见,不去寻求获得奖赏,也不去培养某种神性抑或渴望得到永生,那么,在这种清晰的洞察中,实相便会登场。

问:我是一名牧师,我认为我在相当程度上代表了大多数的神职人员。我并不拥有任何的启示抑或神秘的体验,但我诚恳地相信我从讲道台上布道的观念,因为我在圣书上读到过这些内容。我的话给那些听我布道的人们提供了慰藉。由于我不曾拥有过这种直接的体验,那么我是否应当停止去帮助他们、离开我的牧师职位呢?

克:先生,你所说的帮助他人是指什么意思呢?假若你想要去安抚他们,让他们沉沉睡去,那么你就一定会有启示和权威。由于存在着如此多的痛苦,所以我们以为,给人们慰藉便是在帮助他们。殊不知,这种给予慰藉,不过是让他们沉沉睡去,于是慰藉者就变成了剥削者。

请不要只是对这个问题付之一笑,忽略而过,声称它并不适用于你。你所寻求的究竟是什么呢?如果你寻求的是慰藉,你便会找到安慰你的人,然后被麻醉心智,获得满足。可有人能够真正教导你吗?他人可以帮助到你的,便是凭借你自己的力量去弄清楚你是否在逃避现实、躲入幻觉中去。这意味着说,演讲者、布道者本人,必须挣脱幻觉的羁绊,尔后他才能够去帮助他人,即使他没有阅读过那些圣书。他将帮助个体清醒地意识到生活的真相,摆脱所有的幻觉。一旦洞悉了某种幻觉,心灵便能通过深刻的觉知挣脱其束缚,并且摧毁幻觉的制造者,也就是"我"、自我这一受限的意识的中心。

如果你之所以真渴望去帮助他人,是因为你自己理解了现存的彻底的无序和痛苦,那么你就不会提供给他某种会让他昏昏欲睡的麻醉品,而是会帮助他去凭借自己的力量探明是哪些因素妨碍了智慧的出现。实现真正的教导,不去支配,不去断言,这是很难的事情。老师和学生都得摆脱权威那隐蔽的影响，因为权威扭曲了、破坏了一切的觉知。

问：您相信神吗？

克：重要的是去探明你为何会去寻求神，因为，当你感到幸福抑或当你陷入爱河的时候，你不会去寻求爱和幸福。你不会去相信爱——因为你便是爱。只有当没有欢愉、没有幸福的时候，你才会努力想要寻找到它。你之所以会去寻求神，是因为你告诉自己说："我无法理解这种生活，以及它的不幸、不公正、剥削、残酷、善变的爱和始终的不确定。假如我可以认识实相即神，那么所有这一切都将消失不见了。"

对于一个身陷囹圄的人来说，自由只可能存在于想象之中。你对于实相、对于神的寻求，不过是在逃避现实罢了。如果你开始让自己摆脱痛苦的原因，让心灵摆脱追求个人野心与成功的无情暴行，摆脱获得个体安全的渴望，那么你便会迎来真理与实相。尔后你也就不会询问他人神是否存在了。对于大部分人来说，寻求神，不过是为了逃避冲突和痛苦。他们把这种逃避美其名曰宗教或是寻求永恒，殊不知，他们真正寻求的，仅仅是一剂可以让自己沉沉睡去的麻醉剂。

人类痛苦的根源，在于他的自我本位。这种自我中心意识有许多的表现，尤其表现为他通过永生、财富和权威而去寻求安全。一旦心灵摆脱了这些导致冲突的原因，你便能在不怀有任何信仰的情况下认识那不可度量的事物即实相。一个因信仰、成见而负重难行的心灵，一个处于防备状态的心灵，是无法探明未知的。心灵应该彻底的赤裸，没有任何的负重，不怀有任何的憧憬或希冀，尔后便将迎来那无法被言语度量的实相。

所以，请不要去徒劳地寻求神，而是应该去探明那些令心灵无法洞察真理的障碍。一旦心灵实现了充满生机和创造力的空无，那不可度量的事物便将登场。

问:什么是永生呢?

克:要想认识永生及其真正的涵义,你的心灵就得摆脱一切宗教偏见的制约。意思便是,你已经怀有一种关于永生应该是怎样的理念,这是因为你急切地渴望作为一个受限的意识能够永续下去。世界上的各个宗教,都许诺了这种以自我为本位的永生。假如你想认识永生,那么你的心灵就得摆脱这种渴望个体获得永续的念头。

当你说"我"必须永续下去的时候,这个"我"是指什么呢?这个"我",不过是形体、名字、某些特性和记忆、某些恐惧和偏见、某些受限的欲望和未实现的行动。所有这一切就构成了"我",它成为了那一受限的意识——自我。你希望这一受限的意识能够永续下去。也就是说,当你询问是否存在永生的时候,你所探询的是这个"我"能否永续下去。这个"我",从本质上来说是一种挫败的意识。

让我换种方式来表达好了。当思想或表达处于真正富有活力的时刻,就不会有"我"这一意识了。只有当遭遇冲突和痛苦的时候,心灵才会察觉到自身的局限,即所谓的"我"。我们对于局限已经如此习以为常,以至于渴望它能永续下去,我们以为这便是不朽。因此,如果有人向你保证这种永生,他就会变成你的权威。这种权威,或明显或隐蔽地开始通过恐惧去利用你、剥削你。所以,正在寻求着这种以自我为本位、虚妄的永生的你,制造出了那些剥削者以及他们全部的残酷。但倘若你真的摆脱了那一受限的意识及其幻觉、希冀和恐惧,便将迎来那永恒的运动、那不断的"变成"。这种运动与"变成",是属于生命本身的,而不是属于"我"的。

问:您难道不觉得,那些成功地教导了年轻一代,不怀有任何宗教观念抑或关于来世想法的运动或社会剧变,是人类发展历程中迈出的积极一步吗？

克：宗教观念并非仅仅局限于来世，它要深广得多。渴望获得安全，导致了关于来世的想法以及许多其他的微妙之处。这些东西引发了恐惧。若想摆脱这一切，需要相当的洞察。只有一个不确定的心灵，方能理解真理；只有一个未防备的心灵、一个不为恐惧所束缚的心灵，方能向未知敞开。所以，让我们去关注局限以及它的成因吧。

问题在于：我们能否训练孩子们不去寻求安全？要想教育他人，你就得从自己开始做起。你是否从根本上摆脱了这种关于安全的念头呢？你是否完全对生活敞开，不竖起任何自我保护的高墙呢？要想弄清楚这个，必须开始去觉察，开始去质疑所有将心灵围困住的价值观念。尔后，通过自身智慧的觉醒，你将领悟安全的真正涵义。

（在蒙得维的亚的第二场演说，1935年6月26日）

争斗与痛苦的根源何在

朋友们：

大家向我提了很多问题，都是有关当前的社会环境的：比如酗酒、卖淫、文明、等等。我还被问到，为什么我不去加入某些团体和政党，以便更好地帮助世人。

在回答所有这些问题时，我觉得，假如我们能够真正领悟到在我们人类的争斗下面潜藏的根本原则，便将理解这些问题并且真正予以解决了。我们必须认识争斗与痛苦的根源何在，尔后我们的行动就必然会带来一种彻底的变革。我们的全部兴趣都应当转变一下，不要关注于去解决某个特殊的问题，不要指向某个目标或明确的目的，而是应该去把生活当做一个整体来认识。若想做到这一点，就得洞悉那些捆绑住了思想和行动、那些被施加在心灵之上的局限，并且将其消除。如果思想真的能够摆脱我们在寻求安全的过程中强加在它身上的无数障碍，那么我们就会把生活视为一个整体去应对，而极乐正蕴含在这当中。

心灵制造出了权威，尔后沦为了它的奴隶，于是行动也就不断地受到阻碍和捆绑，这便是痛苦的原因。只要你去观察一下自己的思想，就会发现它是如何被困在过去和现在之间的。思想始终都在受着过去的指引，同时又调整自己去适应未来，因此行动在当下就是不完整的，从而在我们的心灵里制造出不圆满的念头,由此引发了对死亡的恐惧、对来世的思考以及诸多源于不完整的幻觉。如果心灵能够彻底认识当下的涵义,那么行动就将实现圆满,不会制造出更多的冲突和痛苦。之所以会有冲突与痛苦,是因为那受限的行为,是因为那些出于恐惧而被施加在思想上面的种种阻碍。

想要让思想获得解放,以便行动可以自由地运作而不会给自己制造出各种局限和阻碍,心灵就得摆脱来自过去的不间断的强加,同时还要不受未来的模式的制约,因为这么做不过是在逃避当下罢了。这并非像听上去的那么复杂。观察一下自身的心灵的运作,尔后你会发现,它为过去所指引,或者它调整自己去适应某个将来的理想或模式,结果当下的涵义就被彻底地掩盖了起来。同样的,行动正在制造出自身的局限,而不是让思想同情感获得解放,行动正不断地受到过去和将来的影响。

过去,便是传统以及那些被我们认可的价值观念,但我们却并未深刻理解这些观念的涵义。于是便有了道德价值观,你不断拿自己的行为同它做着比较。只要你深刻审视一下这些价值观念,就会发现,它们是建立在自我保护和安全之上的;就会懂得,单纯地让行动去适应这些价值观念,并不是真正的圆满,也并非合乎道德。请再一次审视一下你自己,你将看到,记忆是如何不断地去限制你的思想,进而束缚你的行动的。这种记忆,实际上是出去自我保护而去适应生活,这种行为经常被称为自律。这样的克制、自律,不过是一种抵挡痛苦的自卫方法,是一种抗拒经历、抗拒生活本身的狡猾的保护。因此,过去——即传统、价值观念、习性、记忆——正在局限着思想,结果行动也就会变得不完整了。

未来,不过是通过某个理想去逃避现实罢了。我们试图让当下、让即刻的行动去适应这一理想。这些理想,仅仅是一些因为不完整和挫败而产生的防护、希冀同幻觉,于是未来就在行动和圆满的路上设置下了一道障碍。思想原本应当处于不断的运动之中,结果它却让自己要么去依附过去,要么去依附未来,由此产生出"我"这一受限的意识,这个"我"也是不完整的。

若想理解实相,理解生命的运作即永恒的深刻涵义,思想就得摆脱这种对于过去和未来的依附以及它们的影响。心灵应该处于完全赤裸的状态,不要有任何的逃避,也不要有任何的支撑,要抛弃那种制造幻觉的能力。在这种澄明中,在这种简单中,真理之花将会绽放,生命的极喜将会到来。

问:从智力上来说,我理解了您所说的话。但我怎样才能将其付诸行动呢?

克:我怀疑,如果我可以这么说的话,你是否真的理解了我的话,哪怕是智力层面的理解。因为,当你谈到理性上的理解时,你的意思是指,你从理论层面领悟了某个观念,但并未懂得它的深层涵义,而只有在行动中才能明白其深意。我们大多数人都想要逃避行动,因为这必然会制造出那些将导致冲突的环境和情势,而狡猾的思想躲避着干扰和痛苦,于是它便告诉自己说:"我从理性上认识了这一点,但我怎样才能将其付诸行动呢?"如果某个观念真的对你具有意义的话,你就根本不会去询问如何把它付诸实践了。假若一个人说道:"告诉我该如何展开行动",那么他其实根本不愿意去深刻地思考一下问题,而只是渴望被告知该做些什么。正是这种做法导致了权威、遵从、宗派主义等有害的体系。

我担心你们大多数人在听了这些演讲之后都会说:"您没有给我们提供任何实用性的东西。"你的心灵习惯于系统化的思想和无意识的行动,你愿意去遵循某种能够带给你更多安全的新的体系、方法。假如你挑选出我所提出的某个观念,然后通过行动去真正地、深刻地探究一下,那么你便会发现,完整的行动具有一种不断更新的特性。单单这个,便能带来真正的生命的极喜。

问：您相信灵魂的存在吗？这种永续，是指在肉体死亡之后获得永生吗？

克：大部分人都相信灵魂以某种方式存在着。如果你仅仅以防卫的心态去反对我的观点，抑或引用某个权威来捍卫你的信仰——这种信仰是因为传统和恐惧而被培养起来的，当这种信仰只是某种模糊的希冀时，是不可以被称为直觉的——那么你是不会理解我将要说的话的。幻觉对自己进行了无限的划分，灵魂便是其中的一部分，它来自于幻觉。首先有肉体，接下来是住在身体里的灵魂，最后则是神或实相：这便是你对于生命的划分。

"我"这一受限的意识，便是不完整的行动的产物。这种受限的意识正在制造着自身的幻觉，它被困在自己的无知当中。当心灵摆脱了自己的无知与幻觉，便能迎来实相，而不是"你"变成了那一实相。

请不要去盲目地接受我的观点，而是应该着手去质疑和理解你自己的信仰是如何形成的。尔后你将发现，心灵是怎样暗暗地对生活进行了划分。你将开始认识到这种划分的涵义，懂得它是一种隐蔽形式的、以自我为本位的对于永续的渴望。只要存在这种幻觉及其全部的细微之处，就不可能迎来实相。由于这是最具争议性的问题之一，而且关于它存在着如此多的偏见，因此一个人必须格外小心，不要被舆论弄得摇摆不定，盲目地去赞成或是反对有关灵魂的观念。一旦你认识了实相，就能够去解答这个关于灵魂究竟是否存在的问题了。若想认识实相，心灵就得完全挣脱恐惧的局限以及它那以自我为中心的对于永生的渴望。

问：关于性的问题，您有何看法呢？

克：为什么性会成为一个问题呢？它之所以会演变成一个难题，是因为我们丧失掉了那种创造力，即我们所说的爱。由于没有真爱，于是性就成为了问题。爱,仅仅变成了占有,而不是以最睿智的方式去适应生活。当我们失去了真爱,仅仅依赖感官,那么爱和性就将成为一个残酷的问题。要想深刻地认识这个问题,要想活在真爱之中,心灵就得挣脱占有欲的羁绊,而这需要大智慧和洞察。

对于这些至关重要的问题,没有任何速效药可以解决。假如你真的想要用智慧去解决它们,就必须改变那些导致这些问题的根本原因。可如果你仅仅表面化地去应对它们,那么由它们而来的行动便会制造出更为严重、更加复杂的问题来。一旦你深刻地认识了占有欲的涵义———这里面充满了残忍、压迫和漠视———一旦心灵使自己摆脱了那一局限,那么生活就不会再是一个难题,不会再是一所供人学习的学校,所谓生活,是指以饱满的爱充实地活着。

问:您是相信自由意志、宿命论、抑或因果报应呢?

克:我们有能力做出选择,只要有这种选择的能力,尽管受到限定,尽管不公平,就一定存在着有限的自由。现在,我们的思想正被过去的经验、记忆所限定,所以它无法实现真正的自由。假如你希望认识永恒的当下,假如你想要让自己当下的行动达至圆满,那么你就必须懂得是什么原因导致了局限,这种原因会带来意识与受到阻碍的意识之间的界分。正是这一受限的意识及其受到阻碍的行动,导致了不完整,引发了痛苦。只要行动没有制造更多的局限,就将迎来那永恒的生命的运动。因果报应,抑或当下的行动的局限,是因为你对于价值观念、理想、希望的认知受到了阻碍———每个人都并未充分认识这些观念、理想和希冀。只有深刻地洞察到这些障碍,心灵才能使自己免受行动的局限。

问:在一个以基督教为中心的宗教里面,我热心于统一的基督教阵线。我只接受组织自身所怀有的价值观念,同时强调个体应当努力去寻找到自身的救赎。您是否认为统一的基督教阵线是可行的呢？

克：每个宗教都坚称只有一个真正的宗教，即它自己，并且试图让那些遭受痛苦的人们待在它的限定之内。于是，各个宗教便制造出了人与人之间的界分。关键在于：你为什么渴望某种类型的宗教呢？这里的宗教，是指一种组织化的信仰、教义、信条的体系。你之所以会依附于它，是因为你希望它能够扮演起向导的角色，在你遇到麻烦的时候，给予你慰藉。所以，组织化的宗教就成为了一个庇护所，成为了一种逃避，逃避来自经历和生活的不间断的影响。由于渴望获得保护，于是你便建立起一种你称之为宗教的人为的结构。从本质上说，它是一种针对现实的安慰性的麻醉剂。

倘若心灵洞察到自己确立起一个个的庇护所，逃避生活，那么它便会开始摆脱掉一切未受质疑的、此刻正在束缚着自己的价值观念。当心灵真正意识到这一点，就不会出现某个宗教与其他宗教展开竞争的景象了，而是他将会走出他那自造出来的幻觉，从而唤醒自己身上的真正的智慧。单单这种智慧本身，就可以摧毁一切人为的界分以及诸多不容异说的残酷。

问：您就权威发表的评论，受到了某些方面的欢迎，被视为是对教会发起的攻击。您难道不觉得，您应当向您的听众们清楚地说明一下，"攻击"一词是被误用了吗？您的努力应当得到更好的理解，并且被看做是一种启迪的手段，难道不是吗？因为，攻击难道不会导致冲突吗？您的目的难道不是和谐吗？

克：传统、信仰、教条，难道不应当受到质疑吗？我们经由无数个世纪确立起来的社会的、道德的价值观念，难道不应该被质疑吗？难道不该去探明它们的涵义吗？通过展开深刻的质疑，将会出现个体的冲突，从而唤醒智慧，而不是仅仅愚蠢的反抗。这种智慧，便是真正的和谐。和谐,不是盲目地去接受权威,也不是简单地满足于未受质疑的价值观念。

先生,我的观点非常的简单。我们怀有许多的价值观念、传统、理想,我们未经任何质疑便接受了它们。因为,只要我们开始去质疑,就一定会展开行动,由于害怕这样的行动所引起的结果,于是我们便仅仅继续让自己去接受、屈从、适应这些错误的价值观念。只要我们单纯地去接受它们,未能自发地去探明其涵义,那么这些价值观念就会一直是错误的。可是一旦我们开始去质疑,努力去认识它们的深层涵义,必然就会滋生冲突。

现在,你无法理性地认识这些价值观念的真正涵义。只有当出现冲突的时候,只有当遭遇痛苦的时候,你才会开始去探明。然而,除非你展开了深刻的觉察,否则痛苦将只会使得你去寻求慰藉。如果某个人给予你慰藉,他便会成为你的权威,于是你便获得了其他的价值观念,你将再一次地不进行任何质疑、不假思索就接受了它们。思想被困在这一恶性的循环之中,我们的痛苦将日复一日地持续下去,直到我们死亡为止,所以我们便希望来世能够获得幸福。这样的存在状态,充满了恐惧,受到权威的束缚,完全是在浪费生命,不可能达至圆满。

假如你开始凭借自己的力量去探明那些既定的价值观念的深层涵义,那么你便能领悟到怎样才能过一种睿智的、最有意义的生活。这种充满智慧的行动,便是真正的和谐。因此,请不要去寻求单纯的和谐,而是应该去唤醒智慧。请不要试图去掩盖现存的不和谐与无序,而是应当充分地认识到它的原因——即我们那些以自我为中心的欲望、追逐和野心。

问:当您自己从未体验人类的痛苦时,您如何能够去谈论这个问题呢?

克：我们想要去评判他人。你应当去察觉自己的痛苦，然后审视一下我的话是否具有某种价值，而不是把你对我观点的理解，建立在我是否遭受过痛苦上面。如果我的话没有价值，那么无论我有否感到过痛苦，都不具有任何意义。当心灵探明自身痛苦的原因并且摆脱其束缚，便能够拥有一种满怀深刻的爱的生活。

问：您觉得降神术的现象中是否存在着某种实相呢？还是说它们仅仅是一些自我暗示？

克：即使你在极为严格的条件下审视了降神术的现象之后——因为关于这一切存在着如此多的庸医术与欺骗——这又有什么价值呢？这个问题背后蕴含的是什么呢？我们大部分人之所以想要知道答案，是因为我们渴望获得指引，抑或是因为我们希望同那些失去的亲友们取得联系，指望由此可以让自己摆脱孤独，或是掩盖我们对于解释的苦恼。所以，对大多数人来说，存在于这个问题背后的欲望便是："我怎样才能够躲避痛苦的侵蚀？"由于恐惧，于是你渴望得到指引，以便避开痛苦，以便不去陷入到与现实的冲突之中。因此你丢弃了某个教会、某个宗派、某个理念的权威，而去依赖这种新的降神术的权威。可是，权威依然跟以前一样指引着你、支配着你。你的生活，因为控制、因为逃避，变得越来越肤浅，越来越不完整。为什么要那么看重权威、看重对死者的认知，而不是去重视活着的一切呢？

只要你渴望受到指引，渴望在权威里寻求到安全，那么生命就一定会堕入巨大的痛苦和空虚之中。只有当你探明了那些虚幻的事物，才能迎来生活的充实、深刻的觉知以及爱的极乐。

问：我们应当消灭欲望吗？

克：我们之所以希望去消灭欲望，是因为欲望会导致冲突和痛苦。

你无法消灭欲望，如果你能够办到的话，那么你就只会变成一具空壳。然而，让我们去探明是什么导致了痛苦，是什么催促着我们去消灭自己的欲望吧。

欲望始终都在试图去实现，当实现的时候，便会有痛苦与欢乐。于是心灵仅仅变成了一座记忆的仓库，去指引、去警告。为了在欲望实现的时候可以不制造出痛苦，心灵就开始用那些基于恐惧的价值观念和强加去限制和保护自己。结果，欲望渐渐地变得越来越受限、狭隘，而这种局限也就带来了痛苦，是痛苦促使我们去克服、消灭欲望，抑或迫使我们去找到一种新的欲望的对象。假若我们消灭了欲望，死亡便会到来，假若我们仅仅去改变欲望的对象，找到某些新的欲望的理想，就只是在逃避冲突，结果也就不可能拥有充实与完整。一旦你不去追逐那些受限的、以自我为本位的目标或理想，那么欲望本身便是生命那永恒的运动。

问：如果，就像您所指出的那样，存在着永生，那我们假定说，我们不去渴望获得它，就势必会在经历的自然过程中实现它，从而不会制造出剥削者。但倘若我们渴望获得它，就会把那些为我们提供永生的人变成我们的有意识或无意识的剥削者。您想要传达的是这个意思吗？

克：我试图解释我们是如何制造出了权威，是权威令剥削成为必然。当你渴望那以自我为中心的永续即你所谓的永生，便会制造出各种权威。如果你希望那一受限的意识即"我"能够永续下去，那么，那个向你许诺说自我将会永生不朽的人，就会成为你的权威，而这将导致某个派别的形成，诸如此类。所谓不朽，根本就不是以自我为中心的延续。只有当心灵不再囿于自身那有限的意识，只有当它不再去追逐自身的安全，方能认识那不可度量的事物。只要心灵寻求自己的安全、慰藉，制造着自身的局限，就无法实现永恒的"变成"。

问：男人是否从某种意义上来说要高于女人呢?

克：显然，女人是不会提出这个问题来的！智慧，既不是高等的，也不是低等的——它是独一无二的。所以我们不要去讨论谁高一些、谁低一些，而是应该去探明如何才能唤醒神性。只有通过不断的觉察，你才可以做到这一点。只要你怀有恐惧，就一定会屈从于宗教的、社会的许多愚昧和强迫，抑或是听命于你的妻子、你的丈夫或你的邻居。然而，一旦心灵在觉察和痛苦中深刻地洞悉了安全的虚幻性及其许多错误的价值观念，便将迎来智慧，即一种永恒的"变成"。

（在蒙得维的亚的第三场演说，1935年6月28日）

实现个体的觉醒

朋友们：

要想带来某种集体的行动，就必须实现个体的觉醒，否则，大众只会变成少数人手里的工具，以达到剥削的目的。所以，要么你让自己沦为被剥削的对象，要么你开始去唤醒真正的智慧。所谓真正的智慧，是指过一种充实的、完整的人生，没有任何的剥削。

什么事物能够唤醒个体，让他摆脱他那些自我满足、以自我为中心的累积呢？不断地唤醒心灵，使其挣脱自身的局限，这种过程，才是真正的、正确的经验。当这种经验的行为发生在一个受限的心灵身上，便会有痛苦被唤醒。对于我们大部分人来说，渴望去依附确定、安全，依附思想习惯、依附传统，是如此的重要，以至于，如果有任何事物前来动摇我们，想让我们走出这种安全的窠臼，想让我们摆脱那些既定的价值观念，并因而导致不安全，都会被我们称为痛苦。每当痛苦袭来，便会生出强烈的渴望，想要去逃避它，结果心灵就制造出更多虚幻的价值观念，给我们带来满足与慰藉。这些价值观念，是因为那些抗拒智慧的自我防卫而被确立起来的。我们所谓的价值观、道德观，实际上是建立在这种抗拒生命运动的自我防卫之上的。心灵已经沦为了一个无知无觉的奴隶，完全听命于这些价值观念的驱使。我们怀有理想、价值观念和传统,当遭遇冲突或痛苦的时候,我们便不断地在它们里面去寻求庇护。所谓智慧,是指洞悉虚妄的事物,智慧,需要通过痛苦方能被唤醒,可是一旦建立了另外一套价值观念——它们将会带给我们某种虚幻的慰藉——那么智慧就将再一次地陷入沉睡之中。除非心灵挣脱了所有的幻觉,除非那富有创造力的智慧来临,否则必定会有无休止的冲突和痛苦。

问:教师的职责之一,是否是向孩子们指明,任何形式的战争,从本质上来说都是错误的?

克:如果一个教师真的教导了战争的全部涵义及其愚蠢,那么他会怎样呢?不久他便会丢掉工作。所以,明白了这一点,他便开始采取了妥协的姿态。(笑声)你们全都发笑了,你们声称这绝对是事实,然而正是你们这些人维系着这整个的思想体系。假如你们出于人性真正感受到了战争的丑陋与残酷,那么,作为个体的你们,就不会推波助澜地去助长这些会导致国家主义并最终引发战争的举措了。毕竟,战争只是源于某种建立在剥削和贪欲之上的体制。我们指望,通过某个奇迹,这整个的体制就将发生改变。我们不想去展开个体的、自愿的、自由的行动,而是坐等着其他人建立起某个体制,在这里面,我们自己不负有任何责任。假如真发生这样的情形,那么我们就只会沦为另外一种体制的奴隶。

倘若一位老师真的觉得自己不应该教授关于战争的内容,因为他理解了它的全部涵义,那么他便会有所行动。只要一个人深刻地、理性地感觉到某个事物本身的残酷性,他就会展开行动,而不会去想将有什么事情发生在自己身上。(鼓掌)

问:教育的真正目的是什么?

克:如果你认为人不过是一部机器,是可以按照某种模式来被塑型的泥土,那么你就一定会有无情的强迫、严格的戒律,因为你不想去唤醒个体的智慧以及那富有创造力的思考,你只是希望个体依照某个体制来被限定。这就是全世界范围内所上演的情形,有时候是以隐蔽的方式出现的,其他一些时候则是以明显的方式。你目睹了各种各样的强迫被施加在人的身上,从而渐渐地摧毁了他们的智慧、他们的圆满。

你们当中那些怀有宗教倾向,谈论着神和永生的人,绝大部分从根本上来说并不相信个体的圆满,原因是,出于恐惧,你允许在宗教思想这一结构里的强迫、强加。要么必须有个体的圆满,要么是人的彻底的机械化,这两者中间不可能有所谓的折中。你无法一边主张人应该适应某种模式,应该遵从、遵循,应该有权威,而与此同时又认为他是一个精神实体。

一旦你开始理解人的生命的深刻涵义,就能实现真正的教育。然而,若想认识这一点,心灵必须洞悉权威和传统的真正涵义,从而摆脱它们的束缚。一旦你深入地研究权威的所有细微之处,就能回答关于这一问题的那些肤浅的提问了。当心灵寻求安全的时候,势必会出现或明显或隐蔽的强迫。所以,如果一个心灵想要让自己从强迫中解放出来,它就不应该去寻求安全、确定性的局限。要想认识权威及强迫的深层涵义,你需要展开敏锐的、审慎的思考。

问: 您否定权威,然而,通过向世人演讲或传播教义,您难道不是在制造权威吗,即使您坚称人们不应该承认任何权威?您如何能够阻止人们去把您当做他们的权威来追随呢?您能否解答一下呢?

克: 如果一个人渴望去服从、遵从某个人,那么是没人可以阻止他的。不过这并不是最不理性的,它会带来巨大的不快和挫败。假若你们当中那些听我演讲的人能够真的开始去深刻地思考一下有关权威的问题,那么你们就不会去追随任何人了,包括我在内。不过,正如我指明的那样,遵从与效仿,要比真正让思想挣脱恐惧的束缚从而摆脱强迫和权威容易得多。前者是简单地将自己交付给他人，这当中总是怀有得到什么作为报偿的念头，而后者则是绝对的不安全。由于人们宁愿选择慰藉、安全的幻觉，所以他们便去遵从权威及其挫败。可如果心灵洞悉了慰藉或安全那虚幻的本质，便能迎来智慧，便能迎来那全新的、充满生机的生活。

问：对于一个怀有宗教倾向但同时又有能力展开深刻思考的人，在听了您的演讲之后，他可能会失去自己的宗教信仰。但倘若他的恐惧依旧，那么这对他来说又有什么好处呢？

克：是什么导致了人内心的信仰呢？从根本上来说，是恐惧。你声称："假如我摆脱了信仰的制约，那么我将只剩下恐惧，因此也就一无所获。"于是你宁可活在幻觉中，依附于它的幻象。为了逃避恐惧，你创造出了信仰。当你通过深刻的思考消除掉信仰的时候，你便会直面恐惧。唯有如此，你才能消除恐惧的原因。一旦你彻底认识和消灭了所有的逃避的方法，你就可以直面恐惧的根源。只有在这个时候，心灵才能使自己挣脱恐惧的魔爪。

只要心存恐惧，那么，你在寻求安全的过程中确立起来的那些宗教和权威，就会给你提供麻醉剂，你把这个美其名曰对神的信仰或热爱。结果你便只是掩盖起了恐惧，而恐惧会以许多暗藏的、隐蔽的方式表现出来。所以，你继续排拒旧的信仰、接受新的，然而，真正的监牢、恐惧的根源，却从未被消除。只要存在着"我"这一受限的意识，就一定会滋生出恐惧。除非心灵挣脱了这种受限的意识，否则恐惧必定会以这种或那种形式留存下来。

问：您觉得，通过把国家变成一部人类各个领域的全能的机器，让一个人去最大程度地统治政府和国家，能够解决社会问题吗？换句话说，法西斯主义本身是否具有某种有用的特征呢？还是说应该将其视为人类最高福祉的敌人去对抗呢？

克：如果在某种组织中存在着基于获取和贪欲的阶级或等级的差别，那么这样的组织就会成为人类的障碍。假如你的生活观是国家主义的、阶级意识的或是贪婪的，那么怎么可能会有人类的幸福可言呢？由于这个原因，人们被划分成了各个国家，这些国家被专制政府统治着，结果也就导致了战争。正如占有欲和国家主义将人们划分成不同的阵营，宗教及其信仰和教义，也使得人与人之间分隔来开。只要存在着这一切，就一定会出现界分、战争、争辩与冲突。

若想认识这些问题中的任何一个，我们就得以全新的姿态去思考，而这需要巨大的痛苦。由于很少有人愿意去经历这个，因此我们便接受了政治党派以及他们的胡言乱语，并且以为由此就可以解决那些根本性的问题了。

（在蒙得维的亚的大学发表的演说，1935年7月6日）

PART 06

阿根廷 1935 年

价值观念是囚禁我们的监牢

朋友们：

　　我们大多数人都意识到了在我们的周围存在着诸多形式的冲突、痛苦和剥削。我们目睹人们剥削、压榨着自己的同类，男人剥削女人、女人倾轧男人。我们目睹了阶级的划分、国家主义、战争以及其他巨大的残酷。每个人想必都曾经问过自己：在这个无序的、愚昧的环境中，他应当采取怎样的行动呢？他要么会对所有这一切完全的无知无觉；要么，由于察觉到了这些，他一定会经常想到不要增添或屈从于世界上的强加与残酷。

　　你们大部分人都希望可以找到某个方法来摆脱这种痛苦，于是便来到这里，听这些演讲。假如你仅仅寻求某个新的行动体系抑或某种新的方法来战胜痛苦，那么你会感到失望的。我并不打算提供某种新的体系或是某种模式，好让你按照它来塑造自己，因为，这么做无法解决那些困难和痛苦。仅仅去适应某个方案，没有展开深刻的思考，没有实现充分的认知，只会导致更为严重的困惑与空虚。可是如果你能够凭借自己的力量探明了如何展开正确的行动，那么，在任何环境下，你的智慧都将始终引导着你。倘若你求助于某个专家，你就只会变成其思想体系的机器中诸多齿轮中的一个。此外，在专家自身当中，也存在着许多的矛盾和分歧。每个专家都在自己的思想体系周围形成了一个派别，结果这些派别也就引发了更多的混乱与剥削。

正如我说过的那样，我不会提供某种你能够让自己去适应的新的模式。可如果你深刻地探明和理解了痛苦的原因，就将凭借自己的力量发现正确的行动方法，这种行动方法是无法被体系化的。因为，生命处于不断的运动之中，一个无法适应的心灵，必然会感到痛苦。若想认识及探明生活的深刻涵义，你就得用一颗柔韧的、适应力强的心灵，一颗满怀急切的心灵去迎接生活。心灵必须具有判断力，必须是敏锐的、觉察的。被培养起来的偏见的敌对，防卫性的反应这一传统背景的敌对，这些敌对，严重妨碍了觉知的澄明。也就是说，假如你们是基督徒，这就意味着你们在某种传统下被教育长大，会怀有某些成见、希冀和理想，你们通过这一背景，通过这些偏见去看待生活以及它那始终变化着的种种表现。这经常会被看做是对生命的具有判断力的认知，殊不知其实这只会制造出更多防卫性的敌对。

如果我可以建议的话，请大家在今天晚上的演讲期间，努力去抛开你的成见，努力忘掉你是名基督徒、是个共产主义分子、是个社会主义者、是个无政府主义者抑或是个资本主义者，然后去审视一下我将要说的话。不要把我的观点当成共产主义的、无政府主义的或是没有任何新意的内容，因而仅仅予以漠视。毕竟，若想理解我们所关注的生活，那么我们就不应该把理论同现实混淆起来，理论、理想只不过是表现了希冀和憧憬，它们提供了一种对于现实的逃避。只要我们能够直面现实，洞悉其真正的价值，就将探明什么具有永恒的意义，什么是完全无意义的、破坏性的。

所以，我不打算去讨论任何理论，理论完全是毫无用处的。如果我们能够通过质疑懂得现实的涵义，那么就将开始唤醒智慧了，这种智慧将会成为生命中永恒的、能动的、指导性的原则。

现在，我们怀有某些宗教和经济层面的既定的价值观念，并且依照它们来指导自己的生活。我们必须要去探究一下，这些价值观念是否破坏和妨碍了我们的思想和行动。一旦深刻认识了我们在自己周围确立起来的究竟是什么，懂得这些东西已经变成囚禁我们的监牢，那么我们就不会陷入到另外一套错误的价值观念和幻觉之中了。这并不意味着说你必须接受我所抱持的价值观，或是认可我所做的阐释，抑或从属于某个你可能觉得我所代表的群体。我不属于任何团体、任何宗教，任何组织或党派。

在这座由错误的价值观念建起的监牢中，人几乎都要窒息了，但他却对这囚牢无知无觉。只有通过深刻的质疑，通过遭受痛苦，他才能够察觉到他在自己周围建立起来的这一切，而不是通过单纯地去接受他人的言论。假如他仅仅去接受的话，那么他就会陷入到另外一座监牢、另外一个囚笼之中。只要你独立地、理性地去探究这个被每个人推波助澜确立起来的体系，那么，通过源于痛苦的觉知，你便会凭借自己的力量懂得正确的行动方式了。

这些在传统与幻觉中被风干的价值观念，究竟是建立在什么基础之上的呢？倘若你展开深刻的洞察，会发现，这些价值观念和理想，是建立在恐惧之上的。而恐惧，又是来自于个体对安全的寻求。在寻求这种安全的过程中，我们把生活划分成了物质的和精神的、经济的和宗教的。这种人为的划分完全是错误的，因为生活是一个不可分割的、统一的整体。我们制造出这一人为的划分，当我们理解了是什么导致了这种物质的和精神的界分，就将懂得生命的行动是一个统一的整体。所以，让我们首先去认识一下这个结构，即我们所说的宗教吧。

你们每个人的身上，都存在着这种或那种形式的对于永续的渴望，都在寻求获得精神层面的安全，即你所谓的永生。如果一个人向你提供或者许诺了这种安全、这种以自我为中心的永续，这种自私的永生，那么他就会变成受到你崇拜、祷告和遵从的权威。于是你慢慢地把自己交付给了那一权威，结果恐惧也就被狡猾地、偷偷地培养起来。一种被称为宗教的体系，对于带领你达至某个被许诺的永生来说，成为了至关重要、必不可少的因素。为了维系这种人为的结构，就需要有信仰、理想、教义和信条。你必须得有神职人员，以便去解释、运行和支撑这座自造出来的监牢，结果，全世界的神职人员们都变成了剥削者。

在你去寻求个人安全即你所谓的永生的过程中，你开始制造出许多的幻觉和理想，它们成了或明显或隐蔽的剥削的手段。为了让你安心，为了解释你为何渴望获得来世和当下的自身的安全，就一定得有中保、使者，由于你的恐惧，他们变成了你的剥削者。因此，从本质上来说，是你们自己制造出了这些剥削者，无论是经济层面的还是宗教领域的剥削者。要想认识这一宗教的结构——纵观全世界，该结构已经变成了一种剥削人类的手段——你就得理解自身的欲望以及它那隐蔽的、狡猾的行动方式。

宗教，是一种组织化的愚昧形式，它已成为你的破坏者，成为权力、既得利益和剥削的工具。作为个体的你们，应该醒悟到这种与智慧对立的结构。这一结构，源于你自己的恐惧、欲望、渴求以及隐蔽的追逐。对于大多数人而言，宗教只不过是对智慧的抗拒。你可能并不怀有任何宗教倾向，你可能并不相信什么永生，但你怀有一些秘密的欲望，它们推动着你去剥削、支配他人，并且变得残酷，而这一切必然会制造出某些环境，这些环境会迫使和刺激人们在某个幻觉中去寻求慰藉与安全。无论你是否怀有宗教倾向，恐惧都会在人们当中弥漫开来，渗透到他们的行动中去，而且一定会制造出某种形式的幻觉：宗教幻觉、权力的幻觉、或是智力上对于理想的幻觉。

纵观整个世界，人人都在寻求这种永生的安全。恐惧使得他在某个组织化的信仰即所谓的宗教及其信条、教义、庆典和迷信中去寻求慰藉。

从根本上来说，这些组织化的信仰、宗教把人与人分隔开来。如果你去审视一下它们的理想、它们的道德观，将会发现，它们是建立在恐惧和自我本位之上的。紧随这些组织化的信仰而来的，是既得的利益，它们暗暗地变成了残酷的权威，通过人的恐惧而去利用他、压榨他。所以，你明白了人是如何由于自身的恐惧、由于那自造出来的权威、由于那封闭的、以自我为本位的道德，让自己如奴隶一般被绑缚起来的。他已经丧失掉了思考的能力，因而也就无法过一种幸福的、充满创造力的生活。他的行动是源于这种窒息和局限，因此必然会始终处于不完整的状态，始终破坏着智慧。

个体，通过对自身安全的寻求，经由无数个世纪，制造出了一种基于获取、恐惧和剥削之上的体制。他已经彻底沦为这个被他自己制造出来的体制的奴隶。自私的家庭的限定、以及它自己的安全，制造出了一种环境，这个环境逼迫个体变得残酷无情。在最为狡猾和无情的少数人手中，这种体制变成了机器，提供各种剥削的手段，由此滋生出了荒谬的阶级划分、国家主义和战争。每个专制政府及其国家，势必会挑起战火，因为它的行为是以既得利益为基础的。于是，你一边有宗教，一边有物质环境，它不断地扭曲着、破坏着人的思想与行动。

几乎所有的人都没有察觉到智慧，也没有意识到他们周围的愚蠢。可如果一个人的思想和行动是建立在恐惧与权威之上，那么他怎样才能够认识到什么是愚蠢、什么是智慧呢？因此，我们每个人都得实现觉知，都得意识到这些局限性的环境。我们大多数人都坐等着发生某个奇迹，从而走出这种无序与痛苦，迎来秩序。我们每个人都应该实现个体的觉察，以便探明何谓局限，何谓愚蠢。通过这种深刻的洞察，智慧便将登场。但倘若心灵是受限的、愚蠢的，那么它就无法理解什么是智慧。试图从理性层面去领悟智慧的意义，这么做完全是一番徒劳，极其乏味。一旦我们凭借自己的力量去探明，一旦我们摆脱了诸多的愚昧和局限，每个人就将实现一种充满真爱与觉知的人生。

由于恐惧,我们制造出了某些障碍,它们不断地妨碍着完整的生命的运动。以国家主义的愚昧及其全部的荒谬、残忍和剥削为例。作为个体的你们,对此抱有怎样的态度呢?你会展开何种行动呢?不要说什么这并不重要,不要说什么你对此并不关心,或者你从不接触政治。如果你从根本上审视一下这个问题,就会发现,你是这部剥削机器的一部分。作为一个个体,你必须要去察觉到这种愚蠢和局限。同样的,你还得意识到宗教中权威的愚蠢和限制。一旦你察觉到了这一切,就将懂得其中的深意了。当未受质疑的权威性的价值观念绑缚住了你的心智,那么你如何能够清晰地思考、充分地感受呢?

所以,我们怀有诸多的愚昧和局限,比如理想、信仰、教条、国家主义以及家庭的占有观念,它们慢慢地摧毁了智慧——我们几乎对这一切无知无觉。然而,每个人都在试图过得充实和快乐,试图理性地探明何谓神、何谓真理。可是,一个受限的心灵、一个被无数障碍围困起来的心灵,如何能够理解那至高的智慧与美呢?要想认识那至高的智慧,心灵必须摆脱那些因为恐惧和贪欲而被制造出来的障碍和幻觉。你怎样才能察觉到、意识到这些庇护所和幻象呢?只有通过冲突,通过痛苦,而不是通过理性的讨论,因为这么做只是在部分地应对这个问题。

让我解释一下我所说的冲突是指什么。假设你开始认识到,组织化的信仰、宗教从本质上来说把人与人分隔开来,妨碍他去过一种充实的、深刻的人生,通过不去屈从于它的苛求和愚蠢,你开始制造出重要的冲突,那么你就将发现,你的家人、你的朋友以及公众舆论,全都在同你作对,于是你感到了巨大的痛苦。只有当你遭受痛苦却并不试图去逃避它的时候,只有当你领悟到解释都是徒劳无用的,当所有逃避都被阻拦的时候——只有在这个时候,你才能够开始真正地、深入地探明你的心智中那些妨碍实相与生命自由流动的障碍究竟是什么。假如你仅仅去接受我的观点,跟着我鹦鹉学舌般地声称国家主义、信仰、权威是障碍,那么你就只会制造出另外一个权威,然后在它里面寻求暂时的、虚幻的庇护。一旦作为个体的你们真正理解了这一有关恐惧和剥削的整个结构,便能迎来圆满,迎来那始终处于"变成"状态的生命即永恒。可这需要的是智慧,而非知识:这种深刻的觉知,来源于行动,而不是来源于单纯的认可,不是源于去遵从某个人或模式,也不是源于试图让自己去适应某个体系或权威。

如果你想要领悟生命之美以及它那深刻的运动及欢愉,那么心智就必须察觉到那些正在妨碍行动圆满的价值观念和障碍。正是局限、自我中心主义,阻碍了洞察,引发了痛苦,结果也就无法实现任何圆满。

(在布宜诺斯艾利斯的第一场演说,1935 年 7 月 12 日)

如何兼顾集体的工作和个体的圆满

朋友们：

有许多问题提交上来了，在回答其中一部分问题之前，我想做一番简单的引言。

我认为，任何人类的难题都无法孤立地得到解决。我们每个人都面临着许多的问题、许多的困难，我们试图孤立地去解决它们，而不是将其视为一个统一的整体中的一部分。如果我们遭遇某个政治难题，便会试图孤立地去解决它，把它同宗教问题分离开来。抑或，假如出现了某个个人的宗教问题，我们则会试图把该问题与社会问题割裂开来，诸如此类。也就是说，一方面有个体的问题，一方面又存在着集体的问题，我们试图孤立地、割裂地去应对这些难题。由于我们这样行事，结果便只会制造出更多的混乱与不幸。仅仅孤立地解决某个问题，就会制造出其他一些问题来，于是心灵也就被困在了一张由无数未解决的难题织成的巨大的网里。

让我们理解那一定会在多数人的心灵中出现的问题吧：有关个体的圆满和集体的工作的问题。倘若集体的工作是强迫性的，正如它正在形成的那样，每个人都被逼迫着拖入其中，那么个体的圆满就将消失不见，每个人都只会沦为某个集体观念或集体权威体系的奴隶。因此，问题的关键在于：我们怎样才能带来集体的工作，与此同时又能实现个体的圆满？否则，就像我所说的那样，我们就会仅仅变成自动化运作的机器、齿轮。只要我们能够理解个体的圆满所具有的深刻涵义，那么集体的工作就不会成为一种破坏性的力量抑或是智慧的绊脚石了。

每个人都应该凭借自己的力量去探明智慧，尔后他的表现才会是真正的圆满。如果他没能这样做到，如果他仅仅去遵循某个拟定好的方案，那就永远无法达至圆满，而只会有出于恐惧的顺从。如果我拟定出某个方案，抑或给你提供了某种体系方法，你以为借此就可以实现圆满，那么这根本就不是真正的圆满，这只是去适应某个特殊的模式罢了。请格外仔细地去审视一下这个问题，因为，要不然的话，你将认为我是只破不立。倘若你只是单纯地去效仿，就不可能迎来圆满。我们的宗教思想和道德行为的基础，便是不断地去遵从某个模式。生活，不再是一种完整与深刻的圆满，不再是对于生命的充分的觉知，而只是出于恐惧和强迫去遵从某种体系，这便是权威的开始。

若要达至圆满，就得有大智慧。这种智慧有别于知识，你或许博览群书，但这并不能让你拥有智慧。只有通过行动，通过把行动视为一个统一的整体来认识，方能唤醒智慧。我觉得，展开讨论以及从智力上探明何谓智慧，是在浪费时间和精力，因为这么做并不能卸下无知和幻觉的重担。所以，让我们凭借自己的力量去探明那被放置在心灵之上、妨碍了智慧充分苏醒的障碍究竟是什么，而不要去询问何谓智慧。如果我给出某种解释，说明什么是智慧，而你则予以赞同，那么你的心灵就会把它变成某种界定明确的体系。同时，出于恐惧，心灵将会扭曲自身以适应该体系。但倘若每个人都能够依靠自己的力量发现那些被施加在心灵之上的诸多障碍，那么，通过觉察，而非通过自我分析，心灵便将开始解放自己，从而去唤醒真正的智慧，即生命本身。

被施加在心灵之上的最大阻碍之一，便是权威。请认识这个词语的全部涵义，而不要跳跃到对立的结论上去。请不要询问："我们应该摆脱法则的制约吗？我们能否做自己喜欢的事情呢？我们怎样才能摆脱道德、权威的束缚呢？"权威是非常隐蔽的，它有许多的方式，它那渗透性的影响力是如此的微妙、如此狡猾，以至于需要相当的洞察力才能认识其涵义，而不是仓促的、不假思索的结论。

一旦实现了深刻的觉知，就不会再把权威划分成外部的权威与内部的权威，适用于大众的权威和适用于少数人的权威，从外部强加的权威与从内部培养起来的权威。然而不幸的是，存在着这种外部的权威和内部的权威的界分。所谓外部的权威，便是那些被强加在我们身上的准则、传统和理想。这些东西只不过犹如一道围栏，将个体限制在其中，把他视为一个动物，依照某些要求和条件来训练他。你发现，在封闭的宗教道德里，在体制和党派的准则里，始终都在上演着此番情形。我们发展起了某种内在的向导、某种体系、某种戒律，以抗拒这种权威的强加，我们努力按照它们来展开行动，于是也就迫使经历去适应这种自我保护的欲望和希冀的窠臼。

只要有权威存在，只要你仅仅去适应权威，就无法实现圆满。每个人都因为恐惧以及对于安全的渴望，制造出了这种权威。你必须要去认识自身的欲望，欲望制造出了权威，而你则沦为它的奴隶，你不可以仅仅是去漠视它。当心灵洞悉了权威的深层涵义，并且摆脱了恐惧及其隐蔽的影响，就将迎来智慧的曙光，而这便是真正的圆满。

只要有智慧存在，就会迎来真正的协作，而不是强迫。可如果没有智慧的话，那么集体的工作就将仅仅变成一种苦役。真正的集体工作，是圆满的自然结果，而圆满即智慧。在唤醒智慧的过程中，每个人都帮助着制造出一种其他人也可以实现圆满的机会和环境。

问： 某些报纸还有其他一些媒体说，您过着一种同性恋的、无价值的生活；说您没有任何真正的讯息，只不过重复着那些教育您的神智学者们的胡言乱语；说您攻击除您自身的宗教以外其他所有的宗教；说您只破不立，没有任何新意；说您的目的是想在人们的心里引发疑惑、不安和混乱。您对此有何看法呢？

克：我觉得，我最好一条一条地来回答这个问题。（听众中传出叫喊声："这是中伤！这是诽谤！"）先生们，就一会儿工夫，请不要认为我受了侮辱，而你们必须要去捍卫我。（掌声）

有人曾说我是个同性恋，过着毫无价值的生活。我担心他无法去做出判断。评判他人是大错特错的，因为，评判意味着你的心灵屈从于某个标准。事实上，幸或不幸，我并不是所谓的同性恋，但这并不能够把我变成一个崇拜的对象。我认为，人们身上那种崇拜他人的倾向，无论崇拜的是谁，都是对智慧的破坏。崇拜之中，不可能涵盖对他人的理解与爱，崇拜，其实是来自于暗藏的恐惧。只有一个受限的心灵才会去评判别人，这样的心灵，是无法认识生命那鲜活的特性的。

又有人说，我没有传递任何真正的讯息，只不过是在"重复着那些教育我的神智学者们的胡言乱语"。事实上，我并不属于通神学会，也不属于其他任何团体。从属于某个宗教组织，将会破坏智慧。（听众中发出了反对声）先生们，这是我的看法。你不必认可，但你必须探明我所说的究竟是不是正确的，而不是仅仅予以反对。当我在印度演讲的时候，也发生过此类情形，他们告诉我说，我是在宣扬印度教思想。当我在那些佛教国家发表演说时，他们对我说，我的观点是佛教思想。而神智学者和其他一些人则认为，我是在以新的方式解释他们的那套特殊的教义。重要的在于，聆听我演说的你们，理解了我话里的涵义，而非是否有人觉得我是在重复某个团体的胡言乱语。通过你自己的痛苦，通过你自己对于行动的觉知，便能迎来智慧，即真正的圆满。所以，重要的，不在于我是否从属于任何团体，抑或仅仅是在重复着某些古老的观念，而在于你应该深刻理解我所提出的这些观念的涵义，从而在行动中去完成它们。尔后你将凭借自己的力量探明我的话究竟是对还是错，是否对生活具有重要的价值。不幸的是，我们格外容易去相信那些被印刷成白纸黑字的东西。如果你能够真正地、彻底地去思考某个观念，就将发现真正的行动之美、生活之美。

有人说我对所有的宗教都发起了攻击，除了我自己抱持的宗教以外。我并不从属于任何宗教，因为在我看来，一切宗教都不过是一种抗拒生活、抗拒智慧的自我防卫。

这位提问者指出，我的目的是想在人们心灵里引发疑问、不安与混乱。你必须把质疑的安慰剂提纯出来，以便实现觉知，要不然，你就只会沦为既得利益的奴隶，无论这既得利益是属于组织化的宗教的，还是属于金钱上的抑或社会传统的。倘若你开始真正地去质疑那些围困住你、束缚住你的价值观念，哪怕这么做可能会带来困惑与不安，倘若你坚持不懈地在行动中去深刻地理解它们，便将迎来澄明与幸福。然而，澄明或理解，都不可能以肤浅的、人为的方式出现——必须得通过深刻的质疑。

质疑，将能唤醒智慧。智慧，源于痛苦。可如果一个人的心灵为既得利益、权力和剥削的罪恶所困，他就会宣称质疑是有害的，是一种羁绊，会引发混乱，会带来破坏。假若你希望真正唤醒智慧，你就得开始通过质疑和痛苦去认识价值观念的涵义。假若你想要理解生命的运动，心灵就必须摆脱所有自我保护的价值观念。

问：我清楚地知道，您决心去摧毁我们所怀有的全部理想。如果这些理想被摧毁的话，难道文明不会就此崩塌、人类不会重返野蛮状态吗？

克：首先，我无法去摧毁你所制造出来的那些理想。如果我可以摧毁它们，你就会制造出其他的理想来取代原来的，从而成为这些理想的囚徒。我们应该探明的，并不是摧毁了理想是否会导致人类重新回到野蛮状态，而是这些理想是否真的有助于人类拥有一种充实、睿智的人生。虽然你们确立了许多的理想、宗教以及封闭的道德，可世界上难道因此就没有了野蛮、无序、不幸和剥削了吗？所以，让我们去弄清楚理想究竟是一种助力呢，还是一种障碍。若想认识这一点，你的心灵就不应该怀有成见，抑或处于防御的状态。

当我们谈论理想的时候，我们指的是那些发光点，我们想要依靠这些光点来指引自己度过生命的困惑与不幸。以下便是我们所说的理想的涵义：即那些将帮助人们引导自己度过当前生活的混乱状态的未来的理念。暗暗地渴望理想并希望它们永续下去，这表明你想要毫无痛苦地渡过生命的海洋。由于你并未充分认识当下，所以你便渴望拥有指引，这种指引会以理想的形式。于是你说道："生活是这样一种巨大的冲突，它里面有如此多的不幸和痛苦，所以理想能够给我鼓励与希望。"于是，理想便成了一种对于当下的逃避。你的心智被它们困住了，被其压得寸步难行，它们提供了某种隐蔽的逃避手段，逃避那永远鲜活的当下，从而掩盖、避开了此刻的冲突与痛苦。于是，你渐渐地开始活在理论之中，无法去理解现实。

让我举个例子好了，希望可以把我的意思讲得更清楚一些。作为基督徒，你们宣称要热爱自己的邻居：这便是理想。那么，现实中的情形又是怎样的呢？并没有爱存在，相反，我们有的是恐惧、支配、残忍以及国家主义和战争的全部恐怖与荒谬。理论是一回事，事实则是完全相反的情况。倘若你暂时地抛下你的那些理想，真正地去直面现实，倘若你不去活在某个罗曼蒂克的将来，而是去直面那正在发生的景象，不抱持任何的幻觉，把自己的全部身心都投入其中，那么，你将有所行动并且领悟到实相的运动。

现在，你正把现实与理论混淆起来。你必须把现实与理论、希望、憧憬区分开来。一旦你直面现实，就能展开行动了。可如果你逃避到理想中去，逃避到幻觉的安全中去，那么你就不会有所行动。理想越重大，它就越有力量去把人们困在幻觉当中、困在监牢里头。只有当你认识了生活及其全部的痛苦、欢乐和深层的运动，心灵才能使自己挣脱幻觉和理想的桎梏。

当心灵因为那些变成了理想的希冀和憧憬而裹足难行的时候，它便无法去认识当下。可是，一旦心灵开始去摆脱这些未来的希冀与幻觉，那么行动就将唤醒智慧，这种智慧便是生命本身，便是那永恒的"变成"。

问：我对您的观点深感兴趣，但我遭到我的家人同牧师的反对。我对他们应当采取何种态度呢？

克：如果你想要认识真理、生命，那么，家庭就不会作为一种影响、一种庇护所而存在。牧师，作为一种强加以及隐蔽的剥削，也就不会再成为生活里的决定性因素。所以，应该由你自己来回答这个问题才对。倘若你希望认识生命之美，希望过一种深刻的、充满极喜的人生，希望不会再不断地制造出局限，那么你就得摆脱宗教中的组织化的信仰及其剥削，摆脱家庭对你的占有以及它那狡猾的、自我保护的庇护——这并不表示说你必须得扔掉一切，变成一个放浪形骸的人。如果你渴望实现深刻的觉知，拥有一种睿智而圆满的人生，那么家人、牧师抑或公众舆论都不能够成为阻扰。

当你真正开始去思考的时候，什么是公众舆论、什么是牧师、什么是家人？若想有所探明，一个人难道不应该特立独行、不要任何支撑吗？这绝不意味着说，你不可以去爱，不可以结婚生子。由于渴望获得安全和慰藉，于是你便开始制造出一种环境，它通过你的恐惧来影响、局限和控制你的心智。一个想要认知真理的人，必须摆脱对于安全和慰藉的渴望。

问：有些人称您是救世主，其他一些人则说您是名反基督者。那么您实际上是什么呢？

克：我觉得，我是什么并不是太重要。真正重要的是，你是否理性地理解了我的观点。如果你对美怀有深刻的欣赏之情，那么，是谁画了这幅画或写了这首诗也就无关紧要了。（掌声和反对声）先生们，我并不是在逃避问题，因为我认为，我是谁丝毫也不重要。原因在于，假如我开始去声称抑或否定，我就会变成一个权威。但倘若你通过自身的洞察认识到了我的观点里哪些是正确的、至关重要的，并且将其付诸实践，那么你就能达至圆满。毕竟，最为重要的事情是：你能够拥有一种充实的、完整的人生——而非我究竟是谁。

问：真正的宗教感受与作为组织化的信仰的宗教，这二者之间的区别在哪里？

克：在我回答这个问题之前，我们必须要理解我们所说的组织化的信仰是什么意思。一种建立在权威之上的信条、教义和信仰的结构，及其庆典、感觉和剥削——这便是我所说的组织化的宗教及其许多的既得利益。存在着那些个体的感受和反应，也就是一个人所说的宗教体验。你或许并不从属于某个组织化的宗教以及它那所有隐蔽的权威的影响、强加和恐惧，但你可能怀有一些个体的经验，即你所说的宗教感受。我不需要再次解释组织化的信仰即宗教是如何从根本上绑缚住了思想和爱的，因为我已经相当充分地探究过这个问题了。

那些经验、即我们所谓的宗教，可能是源自于某个幻觉，所以我们必须要认识它们是怎样形成的。只要出现冲突与痛苦，心灵自然就会去寻求慰藉。在寻求慰藉以便远离痛苦的过程中，心灵制造出了幻觉，由这些幻觉，它滋生出某些体验和感受，即它所说的宗教，抑或是用其他术语来称呼。一旦理解了痛苦的原因并摆脱其束缚，心灵就将认识生命本身的运动、即实相的运动，而不是某种对一个受限的、主观的心灵起作用的客观经历。由于大部分人都遭受着痛苦，由于他们都怀有某种宗教体验，于是这些体验就仅仅成为一种逃避，逃避痛苦的根源，躲入到某个幻觉中，而这种幻觉通过不断的接触和习惯，也就看起来像是真的了。你必须凭借自己的力量探明，你所谓的自己的宗教体验，究竟是一种对于痛苦的逃避呢，还是说是摆脱了痛苦的原因获得自由，从而认识实相的运动。如果你寻求宗教体验，那么它就一定是虚幻的，因为你只是希望去逃避生活和现实。可是一旦心灵挣脱了恐惧及其诸多的局限，就能迎来生命的流动与极喜。

问：我怎样才能摆脱恐惧呢？

克：我认为，这位提问者想要知道的是，如何使自己摆脱恐惧的深层的、主要的原因。

若想真正不受恐惧的制约，你必须丢掉所有自我中心的意识。要做到这一点格外困难。自我中心是如此的隐蔽，它又是通过如此多的方式表现着自身，以至于我们几乎没有察觉到它。它通过对安全的寻求表现出来，无论是这个世界的安全还是其他某个世界即来世的安全。它渴望获得此刻的和未来的安全，结果便妨碍了智慧与圆满。只要存在着这种对于安全的渴望，就一定会滋生出恐惧。如果一个心灵渴望获得永生，渴望自己那受限的意识可以永续下去，那么它就一定会制造出恐惧、无知和幻觉。一旦心灵能够摆脱对于安全的欲求，也就不会再有恐惧。若想探明心灵是否在追逐安全，就必须展开觉察，实现充分的觉知。

（在布宜诺斯艾利斯的第二场演说，1935年7月15日）

通过表面的反应去行动将会引发混乱

朋友们：

如果我们的行动仅仅是源于某些表面化的反应，那么它们就一定会导致混乱、不幸以及自私的个体的表现。只要我们能够认识自身行为的根本原因，并且摆脱其束缚，行动就必然会给世界带来智慧与协作。

我们的多数行为，都是来自于强迫、影响、支配或恐惧。不过还存在着一种行动，它源于自发的觉知。我们每个人都面临着这样一个问题：我们有能力展开这种自发的智慧的行动吗？还是说我们应该受到逼迫、指挥和控制呢？若想达至圆满，若想充分地认识生命，就必须采取自发的行动。

如果行动来自于某种表面化的反应，就一定会让心灵变得肤浅和狭隘。以嫉妒为例吧。我们指望，通过肤浅地去应对这个问题，就可以将其终结，就可以摆脱嫉妒的束缚了。我们试图去控制、升华或者忘掉它。这种行为，只不过是治标不治本的做法，并未认识引发嫉妒的反应的根源何在。根本原因，便是占有欲。由某个反应、某个症状产生的行动，并未理解原因，那么它就一定会走向更为严重的冲突和痛苦。当心灵摆脱了那一原因即占有欲，那么症状也就是嫉妒便会消失无踪。只去应对症状、应对某个反应，将是一番徒劳。

我们必须凭借自己的力量探明和理解我们是怎样朝着既定的剥削体制而去行动的——我们是仅仅表面化地应对这个问题，从而让问题与日俱增，还是说，我们的行动源于摆脱了贪欲的自由，正是贪欲导致了剥削。若我们深刻思考一下剥削的原因，会发现，剥削是由贪欲滋生出来的。尽管有时候我们或许可以解决那些表面的问题，但除非我们真正摆脱剥削的根源，否则，其他一些问题和冲突将会继续出现。

举个例子。我们从一个或大或小的令人迷惑的教派转到另一个教派及其教义、信条、组织化的权威和剥削，我们从一位老师转到另一位老师，从一个组织化的信仰的囚笼陷入到另一个笼子。之所以会存在组织化的信仰——这种信仰，控制和操纵了人类——个根本原因，便是恐惧。除非一个人真的摆脱了恐惧的束缚，否则，他的行为一定是受限的，从而制造出更多的痛苦。

我们每个人都面临着这样一个问题：我们是应当通过反应采取表面化的行动呢，还是该通过理解剥削的原因来唤醒智慧呢？假若我们仅仅通过表面的反应去行动的话，就不可避免地会引发更为严重的界分、冲突和不幸。然而，一旦我们真正懂得这一切无序的根本原因，并且通过觉知来展开行动，那么真正的智慧便将登场。而单单这种智慧，就能够创造出正确的环境，让每个人都可以达至圆满。

问：如果您摒弃了占有欲、金钱、财产，就像您声称自己所做的那样，那么您如何看待组织您各地巡游、在您做演讲的剧院中出售您的书籍的委托单位呢？您难道不也是在剥削他人并且被他人剥削吗？

克：无论是委托单位还是我本人，都不会从这些出售行为中获利的。租下这座剧院所花费的开销，是由一些朋友负担的。售书所得，会被用来印刷更多的书籍和小册子。我们有些人觉得这些观念对人们大有裨益，所以就希望去广为传播，在我看来，这种渴望并非剥削。你不必花钱来购买这些书籍，也不必前来听这些讲座。(掌声)如果不来到这里，你也不会失去一次精神上获得启悟的机会。

当某个人抑或某种未受质疑的价值观念或理念，或明显或隐蔽地支配、催促你去朝着某个特定的行动进发，那么就会出现剥削。我们努力想要做的，是帮助你去唤醒自身的智慧，如此一来，你便可以凭借自己的力量探明导致痛苦的根本原因。倘若你并未依靠自身的力量去探明，并且摆脱掉所有这些压迫你的心灵和头脑的局限，那么你便无法迎来真正的幸福或智慧。

问：对于一个受过教育的人来说，放弃一切权威、戒律、信条、教义或许是正确之举。然而，对于没受过教育的人，这么做难道不是有害的吗？

克：谁是没有受过教育的，谁是受过教育的，这是难以界定的。然而，我们能够做的，便是凭借自己的力量、独立地弄清楚权威及其所有的涵义是否真的是有益的。请理解权威的深层涵义。当一个人渴望去保护自己，抑或在某个希冀、理想或某套价值观念中去寻求庇护的时候，他就会制造出自己的权威来。这种权威、这种自我防卫的思想体系，妨碍了他去充实地生活，妨碍了他达至圆满。对于安全的渴望，滋生出了戒律、信仰、理想和教条。你们应当是受过教育的人，假如你们真正摆脱了权威及其全部涵义的制约，自然就能为那些依然被权威、传统和恐惧所压制的人们创造出一种正确的环境。

因此，这个问题的关键，不在于一个未受过教育的不幸的人会发生什么，而在于，作为个体的你们，是否已经理解了权威、戒律、信仰与教条的深层涵义，并且真正挣脱了所有这一切的束缚。去思考一个未受教育的人如果没有得到控制，将会有什么事情发生在他身上，从根本上来说这就是一种错误的想要去帮助他的方法。这种心态，其实是一种剥削的思想。只要你让这个所谓没受过教育的人有机会去唤醒自身的智慧,而不是被你支配着或逼迫着去遵从你的那套体系方法或是思想模式,那么他就能实现圆满了。

问:您是否认为那些被剥削的人与失业的人,应当组织起来去消灭资本主义呢?

克:如果你们觉得资本主义制度正在压制、破坏个体的智慧与圆满,那么,作为个体的你们,就应该真正理解该制度的成因,从而让自己摆脱其桎梏。正如我所指明的那样,该制度是建立在获取、贪欲之上的,是建立在个体的安全之上的,包括宗教层面的安全和经济层面的安全。一旦作为个体的你们充分洞悉了这一体制,并且挣脱了它的羁绊,自然就会出现一种真正的理性协作的组织。但倘若你仅仅是确立起某个组织,却并未实现洞悉和探明,那么你就将沦为它的奴仆。只要每个人真的努力去摆脱那些以自我为中心的欲望、野心和成功,无论这种智慧可能会以怎样的形式表现出来,那么这些东西就不会再支配和压迫人类了。

问:您所说的道德和爱是指什么意思呢?

克:让我们审视一下当今的道德,以便探明真正的道德应当是怎样的。我们的整个道德体系,宗教层面与经济层面的道德,究竟是建立在什么基础之上的呢?其基础,便是个体的安全,是个体对于自身安全的寻求。当今的道德,是以彻头彻尾的自私自利为基础的。幸运的是,有少数人走出了这一封闭的道德体系。

若想弄清楚什么是真正的道德,我们就得依靠自身的力量开始通过觉知来让自己摆脱这一封闭的道德体系,这意味着说,你必须开始去质疑当今道德的价值观念。你必须探明,你的行为是依照什么样的道德准则展开的——你的行为究竟是源于强迫、传统,还是源于你对安全的渴求。如果你仅仅去遵从一种强调个体安全的道德，就不可能迎来智慧，也不可能实现真正的人类的幸福。作为个体的你们，必须理性地同这种自私的道德体系展开斗争，因为，只有通过理性的斗争，通过痛苦，你才能领悟这些道德准则的真正涵义。你不可以只是在智力层面上探明它们的真正价值。我们大多数人都害怕去质疑，原因是，这种质疑会带来明确的行动，需要我们的日常生活发生明确的改变，所以我们宁可仅仅从智力层面去讨论何谓真正的幸福。

这位提问者还想知道什么是爱。要想了解何谓真爱，我们就得认识自己当前对于爱的态度、思想和行动。假若你真正地去思考一下有关爱的问题，将发现，我们的爱是建立在占有之上的。我们的法律、伦理规范，是基于这种想要去拥有和掌控的欲望。当你怀抱这种占有欲的时候，怎么可能迎来深刻的真爱呢？一旦心灵挣脱了占有欲的罗网，那么爱的极乐、爱的美丽便将登场。

问：我们应当屈服于那些反对我们的人呢，还是该躲避他们呢？

克：两者都不要去做。如果你仅仅屈服于他们，那么很显然，这里头不会有任何的觉知；如果你只是去逃避他们，那么这里面有的便是恐惧。只要你的行为不是基于某种反应，而是基于对根本原因的充分认知，你就不会再提出究竟是屈服还是逃避的问题了。尔后，你将展开睿智的、真正的行动。

问：您给了我们一些混乱的理论，并且煽动我们去展开无用的反抗。我希望您能对此做一番解答。

克：我并没有向你们提供任何的理论，也没有煽动你们去反抗。如果我能够促使你们去揭竿而起，如果你们屈服了，那么就会有另外一个人出现，让你再次睡去。（笑声）所以，重要的是去探明你是否在遭受

通过表面的反应去行动将会引发混乱　　345

着痛苦。一个饱受痛苦侵蚀的人，无需在他人的催促下去反抗，不过，他必须清醒地认识到痛苦的原因，而不要被各种解释和理想给哄骗得昏昏欲睡。假如你非常仔细地去思考一下，会发现，只要有痛苦袭来，他便会渴望得到慰藉，希望能够沉沉睡去。当你感到痛苦时，你的即刻反应，便是需求安慰。那些给你安慰的人，对于你来说就成了权威，你盲目地去追随他们。通过这一权威，你的痛苦被解释过去了。真正的痛苦的作用，是要将智慧给唤醒，然而，由于你去寻求慰藉，结果也就否定掉了痛苦的作用。

你必须问自己，你作为一个个体是否满足于当前的宗教、社会及经济的环境。如果不是的话，你对它们会展开何种行动呢，不是作为某个群体或大众，而是作为个体？当你询问自己这个问题时，势必会同所有这些宗教的权威和教条、所有这些建立在自私的欲望之上的道德以及那一少数人剥削多数人的体制发生冲突。我并没有煽动你们去反抗，也没有给你们提供新的理论。我认为，一旦心灵摆脱了那些自私、狭隘、愚蠢的欲望，你便能够拥有充实和睿智的人生。当你开始去探明你在自己周围确立起来的那些价值观念的真正涵义，当心灵和头脑挣脱了恐惧的罗网——正是恐惧，制造出了教条、信仰和理想，这些东西不断地妨碍着你——就能达至圆满，就能迎来实相的流动。

问：人类在战争中应当彼此厮杀，这是正常的吗？

克：要想弄明白这种行为究竟是不是合乎自然的、正常的，你就得探明战争是否是必需的，战争是否是解决政治或经济问题的最为明智的方法。你必须质疑那一导致了战争的整个体系。

就像我所指出来的那样，国家主义是一种疾病。国家主义被用作为剥削大众的手段，它是既得利益的产物。请仔细地思考这个问题，并且展开独立的行动。国家主义以及各个专制政府，没有把人类视为一个整体去看待，它们是建立在阶级差别与既得利益之上的——你认为这种国家主义是正常的、文明的、理性的吗？它是剥削的产物，是为了少数人的利益而去煽动人们参战的工具，难道不是这样吗？我们还确立起了关于战争的心理上的必要性，这是愚蠢的最明显的形式。只要我们能够因爱国主义被煽动起来，就一定会屈服于某个错误的反应，由此也就滋生出了无数的问题。如果你深刻地质疑国家主义和贪欲的整个观念，就永远不会去询问战争是否是正常的了。有些人反对我的看法，因为他们觉得自己的既得利益受到了干扰，当我发表反对国家主义的言论时，其他一些人则会感到高兴，原因是他们在其他国家里有着既得利益。

要想满怀智慧地生活，没有国家主义、阶级的差别，没有宗教在人与人之间制造出来的界分，那么，作为个体的你们，就要走出贪欲的泥沼。这要求你展开相当的觉察、满怀兴趣以及付出行动。只要个体没有摆脱对于自我安全的寻求，就一定会出现痛苦、战争和混乱。

问：您向我们许诺了人世间的一个新的乐园，可惜它是无法企及的。您难道不认为，我们需要的是速效药、是立即的解决方法，而不是某些遥远的希冀吗？全世界实现共产主义，难道不就是这剂速效药吗？

克：我并没有向你们许诺尘世间的某个未来的极乐之境，我告诉你们的是，你们可以依靠自身的智慧的觉醒与行动，通过去质疑你们周围的那些虚幻的、错误的事物，从而把这个世界打造成一个乐园。没有任何体系、方法可以拯救人类，唯一的途径，便是他自己的自发的智慧。假如你只是去接受某种体系，你就会变成它的奴隶。但倘若你通过自身的痛苦、通过去质疑那些价值观念和传统，那么你便会开始唤醒真正的智慧，尔后，你将建立起一个乐园，那里不会再有人与人之间的剥削。

先生们，是什么妨碍了我们每个人去过一种理性的、文明的、庄严的人生呢？我们每个人都在寻求另一个世界中的永生和安全，于是宗教及其所有的剥削、支配和恐惧便成为了一种必须。在这个世界里，我们寻求另外一种安全，所以便建立起一种残酷无情、争强好胜的战争体系、阶级差别以及其他的一切。正是你们每一个人，制造出了这种差别与不幸，所以也得由你们去改变它。可是如果你仅仅去求助于某个团体来改变当前的环境，那么你就无法体会到达至深刻圆满后的极喜。

因此，正是你自己的觉醒，你对于价值观念的深刻质疑——单单这种质疑，便可以带来行动——才能在这个世界上创造出一个充满幸福与智慧的环境。当作为个体的你们通过行动开始认识生命的真正涵义，那么世界就能迎来一个如天堂般美好的乐园。

问：您相信灵魂不灭吗？

克：灵魂的观念，是建立在权威和希冀之上的。在我进一步探究这个问题之前，请不要抱持一种防御的姿态。我们正试图去探明何谓真实，而不是何谓传统，也不是你相信什么，所以我们应该首先去探寻一下是否存在着灵魂。若想探明这一点，你就得不抱持任何的成见，既不去赞同，也不去反对。由于渴望获得永生，于是我们便制造出了灵魂的观念。我们觉得自己无法去认识这个世界及其所有的痛苦、不幸和剥削，因此就渴望在另外一个世界中活得更加充实、更加完整。我们认为，一定存在着某种其他的实体，它要比这个实体更加精神化。灵魂的观念，从本质上来说，就是基于以自我为中心的永续。

实相、真理或神，你爱怎么称呼都可以，并不是自我中心的、个人的意识。当你寻求安全、永续的时候，你认为灵魂和实相是不同的。由于制造出了这种区分，于是你便问道："它是永生不灭的吗？"当心灵摆脱它那受限的意识及其想要永续下去的渴望，就能迎来永生——不是个体的、个人的永续，而是生命本身的不朽。

幻觉可以把自己划分成许多个部分，但真理却无法如此。由于心灵制造出了幻觉，于是它便把自己划分成了永恒的存在即灵魂与暂时的存在。这种划分，只会制造出更多的幻觉。

一旦心灵挣脱了一切的局限和束缚，便将获得不朽。不过，你必须要去探明是什么局限妨碍了心灵去充实地、完整地生活。渴望获得永续，便是最大的局限。这种渴望是记忆的产物，记忆犹如一个向导，犹如一种自我保护的警告，抗拒着生活和经历。由此滋生出了一股力量，这力量使得你去效仿、遵从和听命于权威，于是你的心里就会不断地涌现出恐惧。所有这一切都构成了"我"这一观念，正是这个"我"渴望获得永生。当心灵摆脱了这种自我中心——这个意识通过许多方式表现出来——便能迎来实相，你愿意怎么称呼都可以。只要存在着这种神性的意识，你就不会从属于某个宗教、派别或是家庭。只有当你失去了这种神圣感的时候，你才会怀有宗教倾向，才会屈从于一切荒谬、残酷、剥削与痛苦。只要心灵没有向生命的运动、迅捷的生命之流敞开，就无法迎来实相。若想紧随实相的游走，心灵必须处于彻底赤裸的状态，不去进行自我保护。

（布宜诺斯艾利斯的第三场演说，1935 年 7 月 19 日）

环境是有益的还是有害的

朋友们：

我来到阿根廷，不是为了让你们皈依任何信条，抑或力劝你们去加入某个特殊的团体。可一旦你们通过行动理解了我将要表达的看法，那么你们就将拥有幸福，而幸福是来自于智慧、来自于圆满。如果你们每个人都能够充实地生活，能够实现深刻的圆满，整个世界就会变得更加的幸福和丰富——不过，困难之处，便是充实地、完整地生活。若想充实地生活，你必须凭借自己的力量发现你的独特性，因为，单单这种探明，便能达至圆满。只有通过我们自己的真正的圆满，才能解决无数社会的及经济的难题。依赖环境，或是依靠某个宗教去指引我们，将是通往圆满之路上的危险的绊脚石。

在这场简短的演讲期间，回答提问之前，我想谈一谈个体以及真正的圆满，看一看现存的社会、道德和宗教环境，究竟是一种真正的助力呢，还是一个危险的障碍。在探究环境是有益的还是有害的之前，我们必须理解什么是个体，什么是个体的独特性，以及他通过什么方式才可以获得圆满。

我想非常简要地谈谈在我看来何谓个体。我并不打算使用心理学上的术语或是某个复杂的行话，我将会用普通的词语及其普通的涵义。个体，是指过去和现在累积的、受限的记忆。也就是说，每一个个体，都只是一系列受限的记忆，这些记忆妨碍了他去充分地、睿智地适应生活，适应那恒动的当下。这些记忆带给了每个人一种单独的特性，这便是你们所说的个体的独特性。

这些记忆是建立在什么基础之上的呢？是什么局限产生出那一受限的意识的呢？如果你加以审视，会发现，这些记忆源于抗拒生活、抗拒痛苦的自我防卫。由于培养出了这些自我保护的反应，给它们起了一些好听的名字，诸如道德、美德、理想，于是心灵便活在这个安全的围栏之内，活在这一自造出来的安全那受限的意识之内。这些记忆，在经验的影响下，其力量和抗拒性都获得了增长，从而远离了鲜活的现实，直到出现彻底的不完整。这导致了恐惧及其诸多的幻觉，对于死亡的恐惧以及对于死后世界的害怕。

让我换种方式来表述。每个人都渴望获得确定性和安全，并且怀着这一渴望去迎接生活，怀着这一目的去寻求经历，结果他就没有彻底地认识经历、认识生命本身。只要行动是来自于对安全的渴望，那么它就一定会导致不完整。由于这种不完整，人也就总是被记忆指引着，因而只会再一次让我们的生命变得更加空虚和隔绝。所以，这种延续不断的不完整的行动，妨碍了个体的圆满。所谓圆满，是指生命的充分的表现，不受那些被限定的记忆与自我中心的阻碍。也就是说，当你带着所有的记忆去迎接生活的时候——这些记忆是建立在安全以及对安全的渴望之上的——那么，由此滋生出来的行动，无论该行动是怎样的，都一定会带来空虚和不完整，从而也就无法实现圆满和觉知。个体的意义，便是心灵通过自身的特立独行，通过它那被限定的隔绝，通过深刻地察觉到它那自造出来的局限，必定可以消除掉那些导致受限的意识的障碍和阻力。

你们必须极为深入地、仔细地去思考这个问题，不要仅仅是去接受它或排拒它。心灵被记忆、所谓的美德以及自我保护的道德所限定,而记忆又是建立在安全之上的,结果也就在达至圆满的路上受到重重的阻碍。一旦认识到这一点,我们便可以弄清楚,社会、道德、宗教是否有助于个体去解放自身以及彻底地达至圆满。

要么,现存的社会及其道德观念和宗教,从根本上来说是正确的,从而能够帮助个体实现圆满;要么,假如它并不是正确的,那么我们就必须彻底地变革自己的思想与行动。所以,变革依赖于个体的思想和行为。你必须要去探究一下,你的宗教和道德观念究竟是不是正确的。在我看来,它们并不是正确的:因为,社会是建立在获取和贪欲之上的,道德价值观是以自我保护的安全为基础的,从根本上来说,是建立在恐惧之上的——尽管我们把这种恐惧美其名曰对神、对真理的热爱,试图将其掩盖起来。若想达至真正的圆满,就不能够有这种占有或者获取的意识,也不能够有这些建立在自我保护、以自我为中心的安全之上的道德价值观念,不能够有这些宗教以及它们对永生的许诺——这其实不过是另外一种形式的自私和恐惧罢了。

所以,作为个体的你们,必须意识到那座将你围困起来的监牢。只要你展开了觉察,便将开始探明什么是愚昧、什么是智慧。只有通过你自己的智慧,方能实现圆满,而不是通过接受权威。因此,真正重要的是个体,因为,只有依靠他自己的智慧,才能达至圆满,才能体验生命的极喜。这并不表示说我在宣扬个人主义。恰恰相反:正是以个人主义为特征的宗教信仰的体系,正是基于个人主义的道德观以及获取性的行为,妨碍了真正的圆满。所以,正在倾听的你们,必须要实现觉知,必须要通过你自己的睿智的洞察去冲破那座监牢。而这要求心灵不断保持警觉的状态,不可以去遵从他人,也不可以去接受权威,原因在于,这里面存在的只有恐惧,而正是恐惧破坏掉了一切洞悉。

问：我相信我并没有任何的依附，不管是哪一种依附，但我仍然不觉得自己是自由的。这种被禁锢的痛苦感受究竟是什么呢？我该做些什么才好呢？

克：人更多的是寻求解脱，而不是渴望去认识痛苦的原因。当他因为占有欲倍感痛苦的时候，便会努力发展出对立面，也就是超然物外。换言之，他之所以变得超然，是为了不受伤害，他把这种对立面称为美德。如果他真正探明了是什么导致了痛苦，那么，当他以整个身心去深刻认识它的时候，心灵就将获得自由，过一种充实的、完整的生活，而不会陷入到另外一座监牢、对立面的监牢之中。

问：您也反对像铁路这类的组织吗？

克：我一直所指的是那些我们因为自我保护的恐惧而制造出来组织。世界上的大多数组织，都是建立在剥削之上的，但我尤其指的是世界各地的那些宗教信仰的组织。

我坚持认为，这些宗教的、教派的组织，是人类的真正绊脚石。你们当中那些从属于宗教组织的人，请不要在我说这些的时候抱持一种防御的姿态，而是应该努力去探明事实情形是否如此。如果你发现并不是这样子的，那么怀有宗教组织就是正确之举。但是，在声称宗教组织的必要性之前，你应该真正客观地去审视一下它们。你打算如何去探究它们呢？若想客观地审视某个事物，你的心灵就得处于完全客观的状态。这意味着，你必须去质疑你迄今为止所抱持的抑或这些组织所提供的每一个信仰、每一个理想。通过这种质疑，会出现一种不同寻常的冲突，只有在发生冲突的时候，你才能够开始理解组织化的信仰的真正涵义。假若你仅仅是从智力层面去审视它们，那么你就永远无法认识其真正意义。这便是为什么大部分的宗教都严禁其追随者去进行质疑的缘故。质疑，已经成为一种宗教的桎梏、一种障碍。你出于自身的恐惧发展起某些信仰、理想和幻觉，你已经沦为它们的奴隶。只有通过自身的痛苦，你才能领悟它们的真正涵义。

问：有一些人，他们一方面剥削着成千上万的人，另一方面又把几百万、几千万的美元捐赠给那些宗教机构。为什么呢？（笑声）

克：你们对这个问题发出嘲笑声，殊不知，你们其实都牵涉在内。我们剥削别人，我们累积财富，然后我们成了慈善家。或许你们当中有些人并没有无情地、狡诈地去累积财富，但你们以其他的方式做着同样的事情，比如追逐美德。

所以，在慈善家那虚假的慈悲的背后，在这种虚假地、急切地想要累积美德的行为背后，蕴含的究竟是什么呢？因为恐惧，因为许多防卫性的反应，慈善家想要拿出一点点钱来补偿那些被他剥削的受害者。（笑声）你尊敬他，你赞美说他是多么的优秀啊！这并不是慈悲，这只不过是自我中心罢了。

你为什么要去追逐美德，并且努力累积美德呢？这是一种防卫性的反应，以抵挡痛苦的侵蚀。假如你真的去审视一下你的美德，会发现，它是基于一种想要躲避痛苦的以自我为中心的念头。这种自我保护，并不是美德。只要认识了你的本来面目，不去通过所谓的美德来逃避它，就能发现生活的美与丰富。

由于渴望获得安全，于是慈善家便从财富带给他的那种权力中来保护自己，来使自己的地位更为牢固。如果一个人追逐美德，他便会在自己的周围竖起一堵堵保护的高墙，以抗拒生命的运动。有德行的人与慈善家是一样的，二者都惧怕生活，他们都没有去热爱生活。

问：我们幸福于自己拥有那些基于耶稣的教义的信仰及传统，然而，在您的祖国印度，还有成千上万的人距离幸福十分的遥远。您告诉我们的一切,基督早在两千多年前就已经教导过人们。您向我们宣讲又有什么用处呢?还不如跟您的同胞们去做演说。

克:思想无国界,也不为任何种族专有。(掌声)现实为宗教或种族差别所囿,由于这位提问者把世界划分成基督教的和印度教的、划分成了印度和阿根廷,所以他也就推波助澜地给世界带来了不幸和痛苦。(掌声)当我在印度谈论国家主义的时候,他们对我说道:"去英国,告诉那里的人们,国家主义是愚不可及的观念,因为英国妨碍了我们的生存。"(笑声)而当我来到这里,你们则告诉我说:"去其他地方吧,让我们保有自己的信仰与宗教,不要来打扰我们。"(笑声)

如果你自己的信仰和传统让你感到满足,那么你就不会去听我的看法了,因为你的传统和信仰,是当你遭遇麻烦时去寻求慰藉的庇护所。你不想去直面生活,于是你便说道:"我感到心满意足,不要来打扰我。"倘若你真的渴望认识真理,倘若你想要懂得何谓真爱,那么你就必须摆脱这些信仰及组织化的宗教。不可以有"你的宗教"与"其他人的宗教"这样的划分,你的信仰和教义不可以同别人的处于对抗的状态。当我们不再需要任何的布道者,当每个人都实现了真正的圆满,幸福之花便会在世界绽放。由于个体尚未达至圆满,所以我感觉自己可以帮助他来实现这一点。

如果你认为我是在干扰你,是在制造痛苦,那么你自然就会继续抱持你所从属的那个宗教及其所有的剥削与幻觉。可是,生活并不会将你丢下不管。生命之美,就蕴含在其中。无论你如何想把自己保护在确定性、安全和信仰的围栏之内,生命的潮水都会冲垮你所筑起的全部防护。可一旦你不去怀有任何的支撑,不去渴求任何的安全,便将懂得生命的极乐。

问:那种被当下不完整的行动制造出来的记忆,也就是您所说的我们必须要去摆脱的记忆,究竟是什么呢?

克:在这场演说的简短的导言里,我试图解释作为自我保护的记忆,是怎样绑缚住了我们的思想与行动的。让我来举个例子吧。

如果你是作为一个基督徒被教育长大的,那么你便会带着某些信仰以及那一受限的心智去迎接生活和经历。这些成见和局限,自然会妨碍你去充分地认识生活中的经历,于是你的思想和行动中就会出现不完整。这种导致不完整的障碍,便是我所说的记忆。这些记忆,犹如一种自我保护的警告或向导,抗拒着生命的运动,以帮助你去躲避痛苦。因此,我们的大部分记忆,都是抗拒智慧、抗拒生活的自我保护。一旦心灵挣脱所有这些自我保护的反应和记忆,便能迎来生命与实相的充分的运动。

或者再举一个例子:假设你是在某个社会阶级的环境及其所有的势利、约束和传统下被教育长大的。带着这种妨碍,带着这种重负,你无法去认识生命,也无法拥有充实的生活。所以,这些自我保护的记忆,便是引发痛苦的真正原因。若你想要免受痛苦的侵蚀,就不可以抱持这些自我保护的价值观念,你渴望通过它们来指引自己。

如果你仔细地思考这个问题,如果你的心灵察觉到它自己制造出来的那些事物,你便会探明你是怎样给自己确立起这些向导和价值观念的。这些东西只不过是记忆罢了,记忆是一种自我保护,以抗拒那永恒的生命的运作。只要一个人去听命于那些自我保护的记忆,他便无法认识生活,也无法去热爱生活。他对生活展开的行动,都是自我保护的行动。他的心灵是如此的封闭,以至于迅捷的生命的运动难以进入其中。他寻求永恒、不朽,这是一种远离生活的永恒与不朽,于是他便始终活在一系列的幻觉之中。对于这样一个意识为记忆所围的人来说,永远都不可能迎来生命那永恒的"变成"的状态。

问:寻求神性或不朽,这里面是否没有任何危害呢?这难道不会变成一种局限吗？

克：倘若你去寻求的话，它就会是一种残酷的局限，因为你的寻求不过是对生活的逃避。可如果你不去逃避生活，如果你通过行动深刻认识到它的冲突、烦恼和痛苦，那么心灵便将挣脱自身的局限，迎来永恒，生命本身便是永恒。你试图去寻找到永恒，你没有让它自然地出现。一个努力想要陷入爱河的人，永远都不会懂得何谓爱。这就是发生在那些渴望永生的人们身上的情形，因为，对他们来说，永生是一种安全，是一种以自我为中心的永续。只要心灵不再去寻求安全——这种寻求是相当隐蔽的——便能迎来生命的极乐，而生命本身即不朽。

问：您为何漠视性的问题呢？

克：我没有漠视。但倘若你希望认识这个问题，那么就不要试图去孤立地解决它，不要把它同其他的人类问题隔离开来。它们是一个统一的整体。

一旦你遭遇到挫败，性便会成为一个难题。当原本应当是我们生命的真正表现的工作，仅仅是机械化的、愚蠢的、毫无用处的，就会出现挫败；当我们原本应当丰富而充实的情感生活，因为恐惧而受到阻碍的时候，挫败就会登场；当原本应当处于警觉、柔韧和无限状态的心灵，背负着传统、自我保护的记忆、理想与信仰而寸步难行的时候，就会带来挫败。结果，性变成了一个被过分强调的、非正常的问题。只要实现了圆满，就不会有任何的问题。一旦你自发地陷入爱河之中，性就不会是个难题。如果在一个人的眼里，性仅仅是感官上的东西，那么对他来说，性就会变成一个急迫的问题，将他的心智慢慢吞噬掉。只有当心灵通过行动摆脱了一切自我施加的局限、幻觉和恐惧，你才能解决这个难题。

有很多问题是关于轮回转世、死亡、来世、招魂术、灵媒以及各种其他问题的，我无法一一解答，因为时间有限。可如果你有兴趣的话，你可以阅读一下我已经发表的观点。你寻求解释,然而,解释犹如一个饥肠辘辘的人眼中的尘土。只有行动,方能唤醒心灵,如此一来它便能够开始去探明、去洞察。只要实现了洞悉,解释就没有任何价值了。

把以下这个问题作为一个例子:"您对于神有何看法?"若你仅仅满足于某个解释,这就表明你的生命是贫乏的。我担心,大部分的人都满足于此。你们的宗教是建立在他人的解释、揭示和经验之上的。所以,我给你们提供另外一种解释,或是给予你们另外一种信仰,让你们那个死气沉沉的信仰的博物馆里头又多添了一个新的陈列品,这么做有什么用处吗?只要你深入地去思考一下关于寻求神的这整个的观念,就会发现,你是在暗暗地、狡猾地去逃避生活的冲突。一旦你认识了生活,一旦你领悟了生命的深刻涵义,那么生活本身就是神,而不是某种远离你的生活的超智慧的力量。不过,这要求思想具有相当的洞察力,而不是去寻求得到满足抑或解释。在认识冲突和痛苦的过程中,当所有的安全和支撑都变得毫无用处的时候,当你没有任何阻碍地直面生活,神便会登场。

(在布宜诺斯艾利斯的第四场演说,1935 年 7 月 22 日)

职业和个人生活的划分妨碍了圆满

朋友们：

对于我们大多数人来说，职业同我们的个人生活是远离的。有一个职业和技术的世界，还有一个由隐蔽的感受、观念、恐惧和爱所组成的生活的世界。我们被训练着去适应一个职业的世界，只是偶尔我们会穿过这种训练和强迫，听见实相那模糊的低语。职业的世界，已经逐渐变得压倒一切，变得如此的艰巨，占据了我们几乎全部的时间，以至于我们没有机会去展开深刻的思考与感受。结果,真实的生活、幸福的生活，变得越来越模糊，推至远方。于是，我们便过着一种双重的生活：一种是职业的、工作的生活，另一种则是由那些隐蔽的渴望、感受和希冀所构成的生活。把生活划分成了职业的世界与怜悯、爱及思想的深入游走的世界，这种划分，对于人的圆满来说，是一种致命的障碍。由于大多数人的生活中都存在着这种界分，所以让我们去探究一下我们是否无法跨越这道破坏性的鸿沟吧。

从事某个职业，并非是一个人的自然表现，这种情形很少有例外的。它不是一个人的圆满，也不是其全部身心的完整表现。如果你展开一番审视，将发现，它只不过是小心翼翼地训练一个人去适应某个严苛的、僵化的体制。这种体制，是建立在恐惧、贪欲和剥削之上的。我们必须通过深刻的、认真的质疑,而非流于表面的质疑,去探明这一体制、这一个体被迫去适应的体制,是否真的能够让人的智慧获得解放,从而带来自身的圆满。假若该体制能够真正地解放个体,使其实现深刻的圆满——这种圆满,并不是单纯的以自我为中心的自我表现——那么我们就应该给予它百分之百的支持。因此,我们必须审视一下这一体制的整个基础,而不是被其表面的影响所裹挟。

如果一个人是在某种职业中被训练起来的话,他就很难领悟到这一体制是建立在恐惧、贪欲和剥削之上的。他的心灵已经沉溺于利己主义,所以无法针对这一基于恐惧的体制展开正确的行动。比如,若一个人受着军事的训练,那么他就不会明白军队不可避免地会导致战争。或者再举一个例子,若一个人的心灵为某种宗教信仰所扭曲,他就不可能认识到,作为组织化的信仰的宗教一定会囚禁他的全部身心。于是,每种职业都制造出某种心态,这一心态妨碍了一个完整的人实现充分的觉知。

由于我们大多数人都被训练着或者已经被训练着去扭曲自己以适应某种模式,因此我们无法懂得,把诸多人类的难题视为一个整体去对待而不是将它们划分成许多个部分,这是何等的重要。因为我们已经受到了训练,受到了扭曲,所以我们必须要把自己从模式中解放出来,重新去思考,以全新的姿态去行动,以便把生活当做一个整体去认识。这要求每个人必须经由痛苦来摆脱恐惧的束缚。虽然存在着许多形式的恐惧——社会的、经济的、宗教的——但原因只有一个,那便是渴望获得安全。当我们依靠自身的力量打破了心灵为保护自己而制造出来的一堵堵高墙——心灵的这种行为只会滋生出恐惧——便能迎来真正的智慧。这种智慧,将会给这个无序而痛苦的世界带来秩序与幸福。

一方面,存在着宗教的模式,该模式妨碍了个体智慧的觉醒;另一方面,又存在着社会和职业的既得利益。在这些既得利益的模式中,个体受着强迫性的、残酷的训练,自身的圆满完全遭到无视。结果,个体被迫使着把生活划分成两个部分：一个是作为谋生手段的职业，及其全部的愚蠢与剥削；另一个则是那些主观的希望、恐惧和幻觉，及其全部的复杂性和挫败。这种界分，滋生出冲突，不断地阻碍着个体的圆满。当前混乱的环境，便是这种不间断的冲突与个体的强迫所带来的结果和表现。

心灵必须使自己摆脱它因恐惧而制造出来的各种强迫和权威，从而唤醒那一独特的、个体的智慧。只有这种智慧，才能够带来人的真正圆满。只有不断地去质疑心灵已经习以为常并始终去适应的那些价值观念，方能唤醒这种智慧。对于这一智慧的觉醒来说，个体是最为重要的因素。假如你盲目地去遵从某个设定好的模式，你就无法唤醒智慧，而只是出于恐惧去遵循、去适应某个理想或体系。

唤醒这种智慧，是一项最为困难、最为艰辛的任务，因为心灵是如此的胆小，以至于它始终都在制造庇护所以保护自己。一个想要去唤醒智慧的人，必须实现充分的警觉，必须始终保持觉察的状态，而不是逃避到某个幻觉中去。原因在于，一旦你开始去质疑这些标准和价值观念，便会出现冲突和痛苦。为了逃避痛苦，心灵开始制造出另外一套价值观念，进入到某个新的围栏的局限之内。于是它便从一座监牢转移到了另外一座监牢，却误以为它是鲜活的、进步的。

一旦唤醒这种智慧，就将打破那种错误的划分——即把生活划分成职业的或外部的需要，以及内心从挫败退隐到幻觉中去——并且将会带来行动的完整。于是，单单通过智慧，便能实现人的真正圆满与极乐。

问：您如何看待大学和官方的、组织化的教育？

克：对于一个受到大学训练的个体来说吗？所谓的教育是指什么呢？他被训练为自己去争斗，结果便让自己去适应某个剥削体制。这样的训练，势必会给世界带来混乱与不幸。你们在某个剥削的体制内被训练着去从事某些职业,无论你是否喜欢该制度。这一体制,从根本上来说是基于贪婪的恐惧,所以一定会在每个人的身上制造出障碍,从而把他同其他人隔离开来,以保护自身。

以某个国家的历史为例。在这个例子当中,你将发现,国家的英雄、战士获得了讴歌与赞美。你还会明白,种族的自负、权力、推崇、声望的刺激,这些东西只不过表明了愚蠢的狭隘和局限。因此,通过报纸、书籍以及旗帜的飘舞,我们被渐渐地灌输了国家主义的情绪,被训练去把国家主义当做一种真理来接受,结果我们也就被人利用了。(掌声)再次以宗教为例。由于宗教是建立在恐惧基础上的,所以它摧毁了真爱,制造出了幻觉,把人与人隔离开来。为了掩盖这种恐惧,你声称宗教是对神的热爱。(掌声)

于是,教育已经变成单纯地去遵循某个体系,它仅仅强迫个体去遵从,结果也就妨碍了他达至真正的道德和圆满,而不是去唤醒他的智慧。

问:您认为当前的法律和体制——它们是基于自我中心以及对个体安全的渴望——能否帮助人们过上一种更好的、更幸福的生活呢?

克:我想知道为什么向我提出这个问题?这位提问者自己已经认识到这些东西使人们无法充实地、完整地生活,难道不是这样吗?如果他确实如此的话,那么他对于这整个的结构会采取何种行动呢?单纯的反抗,相对来说是没有用处的,而是应该依靠自己的力量、通过自身的行动来获得解放,释放出那富有活力的智慧,从而迎来生活的极乐。这意味着,你自己必须负起责任,不要坐等着某个集体性的团体来改变环境。倘若你们每个人都能够真正感受到个体圆满是何等的必要,就会不断地去摧毁那一由权威和强迫形成的牢固结构——人为了自身的慰藉和安全始终在寻求这一结构,并且加以依附。

问：据说您反对一切形式的权威。您的意思是否认为，在家庭或学校里面，没有必要存在某种形式的权威呢？

克：一旦你自己理解了权威的全部涵义，就能够回答学校或家庭中是否应当有权威存在这个问题了。

我所说的权威，是指出于恐惧而去遵从某种模式，无论是环境的模式还是传统和理想的模式，抑或记忆的模式。以宗教为例，你将发现，经由信仰、信条，人被困在了权威的监牢之中，因为每个人都在通过他所谓的永生来寻求着自身的安全。这其实只不过是渴望以自我为中心的永续。一个声称存在永生的人，也就保证了他的安全。（笑声）所以，因为恐惧，他渐渐地开始接受权威，宗教的威胁、恐惧、迷信、希冀和信仰的权威。抑或，他抵制了外部的权威，发展起自己个人的理想，而这种理想变成了他的权威，他依附着这一内在的权威，指望可以免受生活的伤害。于是，权威成为了抗拒生活、抗拒智慧以保护自我的手段。

当你领悟了权威的深层涵义，就不会再有无序，而是将唤醒智慧。只要存在着恐惧，就一定会出现各种隐蔽的权威和理想，每个人都屈从于这些事物，借此躲避痛苦。结果，每一个人都因为恐惧制造出了剥削者。只要有权威、强迫，就无法迎来智慧，而单单智慧本身便能够带来真正的合作。

问：怎样才能按照东方的感受性来组织西方世界的解放呢？

克：恐怕我并不是太明白这个问题。对于大多数人来说，东方是某种神秘的、精神的世界。殊不知，东方人其实是跟你们一样的人，也同你们一样遭受痛苦、剥削他人、心存恐惧、怀有精神上的憧憬以及许多的幻觉。从表面上来看，东方的风俗习惯与我们不同，然而从根本上来说，我们都是一样的，无论是西方人还是东方人。有些东方的种族，重视自学，重视探明生与死的真正涵义，思考幻觉与真实。大部分人都对印度怀有一种浪漫的想法，不过我并不打算去谈那个国家。请不要希望调整自己去适应某个想象中的精神之域，比如东方，而是应当意识到那个将你围困起来的监牢。一旦理解了它是如何建造起来的，一旦洞察了其真正的涵义，心灵就将摆脱恐惧和幻觉的羁绊了。

问：社会应当如何看待罪犯呢？

克：这完全得取决于你所说的罪犯指的是谁了。（笑声，掌声）如果一个人之所以会行窃，是因为难以克制，那么就应该把他当做一个有盗窃癖的人去对待和照顾。如果他之所以偷窃，是因为饥肠辘辘，我们还是会称他为罪犯，原因在于他拿走了属于别人的东西。正是体制令他受饿，令他处于饥渴状态，正是体制把他变成了一个罪犯。我们强迫所谓的罪犯进监狱改造，而不是去改变那一体制。于是，便有人怀着自己的理念来干扰宗教或世俗权力的既得利益，你把他称作是危险的罪犯，并且努力想要除掉他。

至于你会把谁称为罪犯，得取决于你看待生活的方式。假若你贪婪、充满了占有欲，而另外一个人声称贪欲会导致剥削、痛苦和残忍，那么你会把此人叫做是罪犯抑或是理想主义者。由于你无法明白无所欲求、无所依附是何等的伟大并且是可行的，所以你便以为他是和平的破坏者。在我看来，你能够不去依附、摆脱占有欲地活在这样一个充满了贪欲和剥削的世界里。

问：我们许多人都察觉到了周遭的这种腐化的生活，并且参与其中。我们怎样做才能挣脱它那令人窒息的影响呢？

克：你可以在智力层面进行觉察，而这样就不会有行动出现。可是如果你用自己的全部身心去察觉的话，就将展开行动，而单是这种行动本身便能够让心灵走出腐烂的泥沼。倘若你仅仅是从智力层面去觉察，就会提出像这样的问题来。尔后你说道："给我某个体系、方法去遵循吧，如此一来我就可以避开那必然会带来痛苦的行动了。"由于这种需求，人们便在全世界制造出了剥削者。

一旦你真正用自己的全部身心意识到某个事物是一种障碍、一剂毒药，那么你便能彻底摆脱它的制约。倘若你察觉到屋里的一条蛇——这种意识通常来说是极为强烈的，因为其中含有恐惧——你永远都不会去询问别人说怎样才能摆脱那条蛇。（笑声）同样的道理，如果你实现了充分的、深入的觉察——例如，察觉到了国家主义或是任何其他的局限——你就不会去询问该如何摆脱它了，你凭借自己的力量领悟到了它彻头彻尾是愚蠢的。只要你完全意识到了在宗教和政治中对权威的接受会摧毁智慧，那么，作为个体的你，就会让心灵摆脱宗教和政治的全部愚蠢与虚饰。（掌声）一旦你真的感受到了这一切，就不会仅仅是鼓掌叫好，而是会独立地展开行动。

由于渴望获得安全，于是心灵便给自身施加了许多的障碍。这些障碍成为了智慧的绊脚石，因此也就妨碍了人达至充分的圆满。假如我真的提供某个新的体系和方法，那么它也不过是一种替代物罢了，无法让你以全新的视角去展开思考。但倘若你意识到自己是如何出于恐惧而制造出了许多的局限，并且使自己挣脱这些局限的束缚，你便将感受到那丰富的生命之美，便将迎来那永远处于"变成"状态的生活。

先生们，你们能邀请我来演讲实在是太好了，我很感谢你们的聆听。

（在拉普拉塔国立学院的演说，1935年8月2日）

个体觉醒便会迎来集体的幸福

朋友们：

当一个人听到了某个新的东西，他很容易就不假思索地漠视它。由于我从印度来，人们倾向于想象我会带给他们某种在日常生活中毫无价值的东方神秘主义。请在听这场演讲的时候，不要怀有任何的成见，也不要漠视我的观点，称我是神秘主义者、无政府主义者、共产主义分子或是任何其他的名称。如果你们能够不带偏见、而是以批判的精神去聆听的话，将会发现，我所说的话具有一种根本性的价值。最难的是真正做到有判断能力，因为人是如此习惯于通过对立和偏见的遮盖去审视那些理念和经验，以至于他破坏了觉知的澄明。假如你们是基督徒，就像你们大多数人的确如此，就一定会通过你们的宗教提供给你们的某个偏见去审视我的话。又或者，假如你碰巧属于某个政治党派，那么你自然便会用该党派的偏见去思考我的观点。我们无法通过任何偏见，无论是某个体制、党派还是宗教的偏见，去解决人类的种种难题。

世界上的各个角落都在不断地上演着痛苦，似乎永无止境。世界上还存在着一个阶级对另一个阶级的剥削。我们目睹了帝国主义及其全部的愚蠢、战争与既得利益的残酷，无论是理念、信仰还是权力中的既得利益。尔后便出现死亡的问题以及渴望在另一个世界获得幸福和确定。

你为什么从属于某个宗教或教派，其中一个根本原因，便是它向你许诺了来世的一个安全的处所。

我们目睹了所有这一切，我们当中那些以积极、睿智的心态对生活抱有兴趣，并渴望根本性变革的人，认为应当展开群体性的运动。而为了带来一场真正的集体性的运动，就必须唤醒个体。我所关心的，正是这种个体的觉醒。假若每个人都能唤醒自己身上的真正的智慧，便将迎来集体的幸福，不会再有剥削与残酷。只要个体睿智的圆满受到了阻碍，就一定会出现无序、痛苦和残忍。倘若你在恐惧的迫使下去协作，就永远不会实现个体的圆满。所以，我并不关心创立某个新的组织或政党，抑或是提供某个新的替代物，我所关心的是唤醒这种智慧，单单这智慧本身，便能解决人类诸多的不幸和痛苦。

我们大多数人都不是真正的个体，而是仅仅表现着某个由传统、恐惧和理想所构成的集体体系。只有当每个人通过冲突和痛苦领悟到那个将他困于其中的环境的深层涵义，方能成为真正的个体。如果你只是集体的表现，你就不再是个体。但倘若你理解了此刻正支配着世界的集体意识的全部涵义，那么你便将开始去唤醒智慧。这种智慧，才真正表现了个体的圆满。我们不过是过去的和现在的环境的产物与体现，我们是强迫和施加的结果，我们被塑造成了某种模式，传统的模式、既定价值观念和信仰的模式、恐惧和权威的模式。为了方便起见，我们将把这种困住我们的模式划分成内部的模式和外部的模式、宗教的模式和经济的模式，然而实际上并不存在这样的划分。

宗教，不过是组织化的信仰体系，其基础是恐惧以及对安全的渴望。只要存在着利己主义，只要渴望获得安全，就一定会生出恐惧。你通过宗教寻求所谓的永生，渴望在来世获得安全。那些向你保证和许诺这种永生的人，就会成为你的向导、老师和权威。于是，由于你自己那以自我为中心的对于永续的渴望，你便制造出了剥削者。

当心灵渴望通过永生得到安全的时候，它就一定会制造出权威，这一权威始终都在制造着恐惧和压制。所以，为了引导你、控制你，于是便有了理想、信仰、教义、信条，由此滋生出所谓的宗教。尔后，为了照顾你那些因恐惧而产生出来的虚幻的需要，就出现了神职人员，他们成为剥削、压榨和利用你的人。结果你便有了各个宗教及其既得利益、恐惧、压迫和剥削，它们将人囚禁起来，阻挠了真正的智慧的觉醒以及个体的圆满。宗教还使得人与人之间隔离开来。每个人都有意或无意地、或明显或隐蔽地被困在了这种模式之中。从外部来说，我们制造了一种基于剥削之上的个体安全的体系。由于贪欲和家庭制度，我们制造出了阶级差别，发展起了国家主义、帝国主义等疾病以及巨大的愚蠢和战争。

你们怀有这种模式、这种环境，几乎我们所有人都没有察觉到这种环境，因为它是我们的一部分，它是我们的欲望、恐惧和希冀的体现。当你们有意识地或完全去遵从这一体系的时候，你们就不是真正的个体。只有当你处于冲突之中，而不是其他任何方式，才能造就真正的人。你必须投注自己的全部身心去改变环境，这种做法会导致冲突、痛苦，由此带来觉知的澄明。

如果你对这个囚禁你、塑造你、指引你的机器、模子无知无觉，那么如何能够实现个体的圆满呢？当这些未受质疑的价值观念不断地扭曲着、破坏着你的充分的觉知，如何能够迎来完整与极乐呢？一旦作为个体的你们彻底意识到这座监牢并且突围而出，唯有如此，才会达至真正的圆满。智慧本身，就能够解决人类的不幸和痛苦。

问：有可能不抱持某种偏见地生活吗？您自己难道不也对宗教和精神组织怀有成见吗？

克：我并不认为我对宗教或精神组织抱有偏见。我曾经从属过它们，我已经懂得它们全都是愚昧的，已经洞悉了它们各种剥削的方式。关于它们,不再有任何的幻觉了,所以也就不存在成见。

接下来的一个问题可以把我们带往更深层面的探究,那便是:人能否不怀有任何幻觉地生活呢?换句话说,存在着如此多的痛苦、如此多的精神上和情感上的苦闷,存在着这般无情的残忍与剥削,那么一个人能够不以各种方式去逃避这种恐怖而生活吗?只要一个人渴望去逃避,就一定会制造出幻觉,而他则会躲在这幻觉中去寻求庇护。倘若你的工作、你的生活没有任何的圆满,你势必就会逃避到某个罗曼蒂克的想法或幻觉中去。所以,只要你自己同生活之间发生着冲突,你就一定会怀有偏见和幻觉,它们向你提供了逃避。这种逃避,或许是通过宗教,或许是经由单纯的行动,抑或是借助感官。

一旦你深刻认识了那些在你自己与生活之间引发冲突的障碍,进而摆脱它们的制约,那么心灵就不会再需要幻觉了。你应当关心的,是凭借自己的力量探明你是否在逃避生活,而不应该是评判我或其他人。逃避,破坏了心灵那富有智慧的运作。当心灵通过冲突使自己摆脱它在寻求自我保护的过程中所确立起来的一切隐蔽的逃避,那么幻觉和偏见就将消失无踪了。

问:围绕您的观点所展开的大部分讨论,都是因为您频繁地使用"剥削"一词而引发的。您能否准确地告诉我们,您所说的剥削,究竟是什么意思呢?

克:只要心存恐惧——恐惧,是寻求安全的结果——就一定会导致剥削。最难的事情之一,便是让心灵挣脱恐惧的罗网。人们如此欣然地声称自己并不害怕,可如果他们真的想要探明自己是否摆脱了恐惧的羁绊,就必须在行动中进行检验。他们必须理解传统和价值观念的整个结构。一旦他们使自己摆脱了这一切,就会制造出冲突,在那一冲突中,他们将发现自己究竟是不是自由的。我们大部分人的行动,都是遵从既定的价值观念，却并不懂得它们的真正涵义。假若你渴望去探明自身存在的连续性，步出陈规惯例，那么你就将洞悉到许多奴役你心灵的隐蔽的恐惧。当心灵把自己从恐惧中解放出来，便不会再有剥削、残忍和痛苦。

问：对于我们当中那些急切地想要理解您的教诲的人，您会给出什么建议呢？

克：如果你开始去生活，并因而认识了生命，那么你就必定领悟我正教授的内容的涵义了。先生们，你们难道没有发现，假如你去追随任何人，这个人究竟是谁并不重要，那么你就会制造出更多的强迫、更多的局限，结果也就破坏了智慧以及真正的圆满。真理是不属于任何人的。只要心灵在行动中挣脱恐惧的制约，从而走出权威、强迫的羁绊，便能理解何谓真理了。

问：您指出，理想会妨碍我们对于生活的认知。这怎么可能呢？很显然，一个没有理想的人同野蛮人没有多大的区别。

克：我们不要去思考谁是野蛮人、谁不是，因为在这个世界上，要界定这一点十分困难。（笑声）而是应当去想一想，理想，对于认知的丰富和充分，究竟是否是必要的。我认为，理想、信仰，从根本上来说，妨碍了人去充实地生活。

当生活处于无序的状态、充满了痛苦和残酷的时候，理想就似乎是必需的。由于被困在了这种混乱之中，于是你便依附于理想，将其作为一种逃避的手段，认为必须要有理想方能穿越这片混乱的海洋，因此它们便是虚幻的、欺骗性的。当你没有认识当下的痛苦和烦恼，你便会躲避到某个理想中去。当你没有热爱自己的邻居，你便会谈论所谓的友爱之情。同样的道理，当你谈论和平的理想时，那么你就没有真正探明是什么导致了隔离、战争及其全部的残忍和愚蠢。我们的心灵因为背负着理想而裹足难行，以至于无法清楚地洞悉实相。所以，请让心灵摆脱你的那些理想吧，因为它们不过是受挫的希冀，唯有如此，你才能够认识当下及其全部的涵义。不要去逃避，而是在当下采取行动吧。行动将会揭示出美，而任何理想都无法为我们展现出美。

问：您所说的"不完整的行动"，确切来说是指什么意思呢？您能否给我们举出一些这样行动的例子来呢？

克：我们每个人都是在某个背景下长大的。这一背景，只不过是记忆罢了。这些记忆，不断地妨碍着行动的完整。也就是说，如果你是在某个传统的侵染下长大的，那么这种记忆便会阻碍你去充分地认识经历或行动。它不断增长着，变成了一种与日俱增的局限和障碍，把自己同生命的运动隔离开来。只要行动是不完整的，就无法实现圆满，从而也就会滋生出恐惧，由此使得你去寻求来世的安全。行动的完整，是生命、实相持续的运作或流动，不受任何自我保护的记忆的局限。

问：有些破产的富人偶尔会选择自杀，既然财富似乎并不能带来永久的幸福，那么，若想拥有真正的幸福，一个人应该如何是好呢？

克：积累财富的人，依赖金钱所带来的权力去获得自己的幸福。一旦那种权力被移走，他们就得直面自己彻头彻尾的空虚。只要一个人渴望获得权力——要么是通过金钱得到的权力，要么是通过美德而获得的——就一定会沦为空虚的状态。没有任何疗治方法可以解决这种空虚，因为权力本身便是幻觉，而幻觉则是源于以自我为中心的局限与恐惧。只有当你洞悉了权力本身的虚幻性，才能实现觉知，而这需要心灵始终处于警觉的状态，而不是在累积之后再去摒弃。只要存在获取的意识——这种意识摧毁了爱与澄明——生命就一定会落入空虚、肤浅和挫败之中，这里面，没有任何的圆满可言。

问：您的一些追随者声称，您便是新的弥赛亚。我想知道您究竟是个冒名顶替者，依靠他人为您确立的声望而活着呢；还是您内心真的关心人类，能够对人类的思想做出建设性的贡献呢？

克：我觉得，其他人怎么说我，或者并没有说我，这根本就不重要。如果你仅仅是追随者，那么你就无法懂得生命的丰富和充实。重要的，是你不受权威、舆论的强加，凭借自己的力量去探明我的话是否具有某种深刻的意义。有些人仅仅声称我的话有意义，结果便推波助澜地制造出一个空虚的舆论的牢笼，从而局限了那些缺乏思考精神的人。其他人则宣称我的观点是错误的、不切实际的，于是便会十分容易地制造出一种对立的舆论，结果也就让那些无知无觉的人被困在了词语的罗网里。

这位提问者询问说，我是否依靠他人给我确立起来的声望而活。请相信我绝对不是这样的。靠过去而活的想法，会破坏智慧。大部分人在达到某个高度之后，便会依赖取得的荣誉而活，结果也就慢慢地走向衰退。由于怀有这种致命的习惯，所以他们试图把我也拖进他们自己的幻觉中去。在我看来，生活便是行动的完整，行动的完整，即生命本身的美，它既不去寻求奖赏，也不去逃避痛苦。若想领悟我所说的真理，作为个体的你们就得展开检验，并且凭借自己的力量去探明，而不是去依赖舆论。

我究竟是不是一个冒牌货，得由我去探明，而不是由你们去判断。你如何能够判断我是不是一个冒名顶替的人呢？你只会根据某个标准去进行衡量，而所有的标准都是局限性的。评判他人，从根本上来说就是错误的。我知道我的观点是什么，没有任何的恐惧、幻觉或是自我欺骗。生活源于生命。只有通过冲突，你才能唤醒智慧，而不是通过判断的欲望。唯有处于冲突和痛苦之中，你才会理解何谓真实。然而，当你开始遭受痛苦的时候，你必须保持深刻的觉察，否则的话，你将会逃避到某个幻觉中去。除非你开始认识到逃避是徒劳的，要不然，痛苦和逃避的恶性循环将会一直持续下去。唯有在这个时候，智慧才会登场，而单单智慧本身便能够解决人类的诸多难题。

问：您指出，凡从属于某个宗教或抱持某种信仰的人，都是恐惧的奴隶。仅仅不去从属于任何宗教，就能够让一个人挣脱恐惧的羁绊吗？您自己并不属于某个宗教，那么您是真的摆脱了恐惧的制约，还是说您只是在宣扬某个理论呢？

克：我并没有在宣扬单纯的理论，我是出于充分的觉知才谈论的。不去从属于任何宗教，并不表明一个人就挣脱了恐惧的桎梏。恐惧是如此的隐蔽、如此的迅捷、如此的狡猾，以至于它隐藏在许多地方。若想对恐惧隐退的路径来一番追根溯源，就必须怀有想要探明恐惧的强烈而迫切的渴望。这就意味着，你得愿意完全抛下一切的利己主义。但你希望获得安全、今生的和来世的安全，所以，由于渴望安全，于是你便培养起恐惧，由于害怕，于是你便试图通过宗教、理想、感官和活动的幻觉去逃避。只要存在着恐惧，心灵就一定会被困在由诸多幻觉织成的罗网中。假如一个人真的想要去探明恐惧的根源，从而使自己从恐惧的约束中解放出来，他就必须察觉到自身行动的动机和目的。只要这种觉察是深刻的，那么它就将消灭掉恐惧的原因。

问：被你视为愚行的国家主义的特征是什么？所有形式的国家主义都是糟糕的呢，还是说只有其中的一些是不好的？您的国家正在努力挣脱英国的束缚，这难道不是很棒吗？您为什么不去为自己国家的独立而战呢？

克：热爱一个国家中任何美的东西，是正常的、自然的举动。然而，当那种热爱被剥削者利用以谋取自己的利益时，便是我所说的国家主义。国家主义被煽动成了帝国主义，于是，那些强者便去分裂、剥削弱者，他们一只手捧着《圣经》，另一只手则高举着刺刀。这种狡诈而残酷的剥削的思想，统治着整个世界，由此必定滋生出战争。这种国家主义的情绪,便是最为严重的愚行。

每个人都应当自由地、充实地、完整地去生活。只要一个人努力想要去解放的只是他自己的国家而不是全人类,那么就一定会出现种族仇恨以及民族的、阶级的界分。必须将人类的问题视为一个整体去解决,而不是局限为国家的或民族的。

问:您怎么看待您的敌人,也就是在阿根廷反对广播您的演讲的那些神职人员及其既得利益呢?

克:视某个人为敌人,这种行为愚不可及。一个人,要么实现了觉知,从而给予帮助;要么未能觉知,结果便加以阻挠。愚行,只会妨碍智慧的传播。你们每个人都怀有一些既得利益,你们依附于它们,并且通过不断的思想和行动增加这些既得利益。如果一个人攻击你的既得利益,你的立即反应便是去防御,去展开报复。一个有东西要去保护的人,始终都会处于恐惧之中,结果便会展开最残忍、最不体谅他人的行动。但倘若他没有任何东西可以失去,因为他不去累积什么,那么他就会无所畏惧,就会过一种充实的生活,从而实现真正的圆满。

问:经历有价值吗?

克:当怀有经历的时候,会发生什么呢?它会在心灵上留下一个印记,即我们所说的记忆。我们带着这个印记、这个记忆去迎接下一个经历,我们从那一经历积累了更多的记忆,让印痕变得更多起来。每个经历都会在心灵上留下印记。这些聚集起来的一层层的记忆,从本质上来说是基于想要保护自己免受痛苦的欲望。也就是说,你所接触到的经历,已经是准备好的,是被你过去的记忆所保护的。实际上,你并没有充分地活在那个经历中,而是仅仅学着如何去抗拒经历、抗拒生活以保护自己。如果一个人只是把经历用作一种手段,以便进一步去抗拒生活、保护自我,经历对他来说就会变得毫无价值。但倘若你完全地、充分地活在某个经历中,不怀有保护自我的渴望,那么它就不会破坏洞悉,尔后将揭示出生活全部的高度与深度。

把经历当做一种手段,好让自我保护的高墙竖得更多、变得更为牢固,这种行为通常却被称作是发展、演进。你认为,经由时间,这种记忆、这种自我保护的印记,能够达至真理、完美或神。它不能。真正的经历,是要推倒那些自我保护的高墙,把心灵、意识从那些妨碍洞察和圆满的印记中解放出来。

问:您认为什么样的行动会对世界最有作用呢?

克:没有恐惧而发生的行动,也就是源于智慧的行动,从根本上来说才是真正的、正确的行动。如果你的行动是基于恐惧、权威,那么这样的行动就一定会引发混乱和困惑。当你让心动挣脱了所有恐惧的羁绊,便能迎来真爱与智慧。

问:对于人来说,性的问题难道不是一种束缚吗?

克:假如我们仅仅从表面去应对这个问题的话,就无法找到解决的方法。无论是在情感层面还是精神层面,我们大部分时间都受着权威和恐惧的阻挠。我们的工作,原本应当体现出自身的圆满,结果却已经变得机械化,变得令人厌倦不已。我们只是被训练着去适应某个体系,于是便出现了挫败和空虚。我们被迫出于经济上的必需而从事某个职业,所以我们真实的表现便受到了阻挠。由于恐惧,我们逼迫自己去接受宗教的诸多迷信和幻觉。我们那些挫败的、受限的欲望,试图通过性表现出来,于是性就成为了一个大问题。我们试图孤立地去解决这个问题,将它同其他的人类问题分隔开来,因此也就无法找到解决的方法。我们用占有欲、用单纯的感官享乐摧毁了真爱,结果性就变成了难题。只要存在真爱，不去怀有占有或依附的意识，性便不会成为一个问题了。

问：为什么会有压迫者和被压迫者、富人和穷人、好人和坏人呢？

克：他们之所以会存在，是因为你让他们这样的。压迫者的出现，原因是你愿意让自己屈从于压迫，同时也急切地想要去压迫别人。你以为，只要变得富有，就能获得幸福，于是你便制造出了贫穷。你通过自己的行动制造出了压迫者与被压迫者、富人与穷人，并且支持、维系着那些导致了所谓的坏人、罪犯的环境。假如作为个体的你们被自己身上及周遭存在的所有这些隐蔽的痛苦所折磨，那么你们就会懂得如何不带丝毫的恐惧、不去寻求获得奖赏、自愿地展开行动了。

问：哪一个必须首先得到保证呢，是集体的幸福还是个体的幸福？

克：我们必须思考的，不是这两者当中哪一个应当优先保障，而是什么才是人的真正的圆满。我认为，当心灵摆脱了它于寻求安全的过程中在自己周围设下的种种局限，你就能懂得何谓人的真正的圆满了。遵循某个体系抑或效仿他人，并不能达至圆满。

障碍是什么呢？那便是，想要在今生和来世保护自我的欲望。只要你渴望去保护自己，就一定会心生恐惧，从而制造出许多的幻觉。其中一个幻觉，便是某个理想、信仰或传统的权威和强迫，是抗拒生命的运动以保护自我的记忆。恐惧，滋生出许多的局限与束缚。一旦心灵察觉到自身的某个局限，那么，在它摆脱该局限的过程中，幻觉和局限的真正制造者就会被揭示出来，即那些自我保护的记忆，也就是所谓的"我"。从这一受限的意识中解放出来，便是真正的圆满。只有智慧的觉醒，才能保证个体的幸福，从而也就保证了集体的福祉。

问：我听说您反对爱，是这样吗？

克：如果我反对爱，那么就是太愚蠢了。占有欲摧毁了爱，我反对的是这个。为了有助于你去占有，于是你便制定了法律，即所谓的道德，并且得到国家和宗教的支持。爱被恐惧阻挠了，恐惧，毁灭了爱的美丽。

问：我们要对自己的行动负责吗？

克：大部分人更加愿意做的，是不去对自己的行为负责。毕竟，如果你不负责的话，请问由谁来负责呢？世界上的无序，是由个体不负责任的行动导致的。不过，唯有通过个体的有意识的行动，方能扫除掉压迫、剥削和痛苦。我们并不想展开深刻的行动，因为这意味着会给自己带来冲突和痛苦，于是我们便试图逃避完全的责任。那些身陷痛苦中的人们，必须要意识到自身行动的完整性。

问：您的观点，尽管只破不立，但对我却很有吸引力。我认可您的看法，并且已经将它们付诸实践有好些日子了。我抛弃了宗教的观念、国家主义和占有欲，但我必须坦诚地说，我因为疑惑而痛苦不已，并且觉得自己可能仅仅是换了一个笼子罢了。您能够帮助一下我吗？

克：如果一个人确切地告诉你该做些什么，并且给你提供了某个可以去遵循的法子，那么，在你看来，就是积极的、正面的行为。殊不知，他不过是帮助你去效仿、遵从，所以他实际上是在破坏智慧，并且带来一种抗拒。倘若你仅仅是放弃了宗教、国家主义和财富，但却并没有认识它们那深层的、本质的涵义，那么很显然，你就会落入另外一个笼子中，原因是你希望有所回报，你实际上是在寻求某种交易，因此也就没有实现任何深刻的认知，而单单这种认知本身就能够打破一切牢笼与束缚。一旦你真正理解了宗教、国家主义、占有欲及其全部的涵义，便能清除掉它们身上的毒素，尔后智慧就将登场。智慧，是摆脱了所有奖赏的意识。

问：您是某个世界宗教的创立者吗？

克：如果你所说的宗教是指新的教义、信条，另一个囚禁人的监牢，在他心里制造出更多的恐惧，那么我自然不是。当你丧失掉了神性的意识、美的意识，就会去信奉宗教或是加入某个教派。我希望唤醒智慧，单单这种智慧，便能帮助人达至圆满、幸福地生活以及免受痛苦的侵蚀。不过，这个世界上究竟是只会出现遵循者、继而是破坏者，还是会迎来真爱与人类的团结，就得由你们来决定了。

问：您能否跟我们谈谈您关于神和灵魂不灭的看法呢？抑或这些事物只不过是那些聪明的人为了剥削成千上万的人而发明出来的愚昧呢？

克：成千上万的人之所以会被剥削，是因为他们渴望自己能够在来世持续下去，即他们所说的永生。他们想要来世的安全，于是便制造出了剥削者。你习惯于这样一个观念：那便是自我、"我"是某种会永续下去的事物。自我，不过是一系列的记忆罢了。你是什么呢？一个形体，一个名字，怀有某些偏见、特性、希冀和恐惧。（笑声）有某个事物超越了这个自我，超越了这些局限，它既不是你的，也不是我的，它是永恒的，始终处于"变成"的状态，它就是实相。你无法用言语来度量它，也不能通过解释来认识它。只有依靠行动的解放，方能认识实相。仅仅去探寻神、生命、真理，你随便怎么称呼都可以，说明你想要逃避当下、逃避无知的冲突。当心灵不过是一座仓库，堆放着无数累积起来的、自我保护的记忆，也就是"我"这一意识，便会出现无知。这一受限的意识，妨碍了觉知，妨碍了你去认识生命的运动以及永恒的"变成"。

（在罗萨里奥和门多萨的演说[①]，

1935年7月27日、28日和8月25日、27日）

---

① 精简自1935年7月27日、28日以及8月25日和27日所做的演讲。——英文版编者

PART 07

智利 1935 年

只有行动才能解决障碍达到圆满

朋友们：

　　若想解决我们人类的难题，需要展开清晰、简单和直接的思考。你们有些人可能想象着，只要听了我做的几场演说，你们的问题便可以迎刃而解了。你们渴望有速效药来疗治烦恼和悲伤，希望表面化的改变就可以革新自己的思想及整个身心。只有一种方法能够寻觅到睿智的幸福，那便是通过你自己的感知、洞悉。只有依靠行动，你才能解决那些横在通往圆满之路上的障碍。如果你能够凭借自己的力量简单地、直接地意识到那些妨碍了深刻而充实的生活的局限，以及它们是如何被制造出来的，那么你自己就可以将它们解决了。

　　我恳请你们在听我演讲的时候务必要超越那些便利的、令人感到满足的幻觉，正是幻觉将思想划分成东方的与西方的。真理，超越了一切地域、民族和制度。虽然我来自印度，但我的看法并没有受到那个国家的思想的限定。我关心人类的痛苦，这种痛苦在世界的各个角落上演着。请不要把我的话抛置一边，认为它们没有实用性，只不过是某种东方的神秘主义。我恳求你们不要从准则、体系、警句这些层面去思考，而是应当让心灵摆脱无数个世代所形成的背景，并且以全新的视角去展开直接的、简单的思考。请不要以为，只要称呼我为无政府主义者或共产主义者，抑或给我冠以其他一些方便的名称，你们就理解我的话了。我们必须以全新的姿态去思考，必须把人类的问题当做一个整体去认识，唯有如此，我们才能和谐地、理性地生活。一旦实现了真正的个体的圆满，便能迎来集体的、全人类的真正的幸福。

如果你们每个人都能够达至圆满，都能够过一种完满和谐的生活——这需要的是大智慧，而不是去追逐那些以自我为本位的欲望——那么就能实现全人类的幸福了。尽管我们必须彻底变革思想和欲望，但它须是个体自发的觉知的结果，而不是源于强迫。由于你们大多数人都对幸福和圆满深感兴趣，来到这里不仅仅是出于好奇，所以，倘若你们能够仔细理解我所说的话并展开行动，那么你们就会感受到生命真正的极乐。

世界各个角落都存在着剧烈的痛苦，富足中有饥饿。有一个阶级对另一个阶级的剥削，有男人对女人的倾轧，也有女人对男人的压榨。有国家主义的荒谬，这种国家主义，不过是以集体的方式表现出以自我为中心的对于安全的寻求。这种无序，从客观上反映出人们内心的痛苦。从主观层面来说，则存在着不确定以及对死亡、不完整和空虚怀有痛苦难忍的恐惧感。我们在主观世界和客观世界里的行动，都只是表现了那以自我为本位的对于安全的渴望，于是心灵便制造出许多的障碍、局限，除非我们彻底地、充分地认识这些障碍，并且自发地使自己摆脱它们的束缚，否则无法达至圆满。

只要我们依靠自己的力量认识了这些局限，并从它们的制约中解放出来，就能够产生真正的、必需的行动，从而改变环境。许多人都认为，为了带来个体的圆满，必须得有一场群众运动。然而，若想发起一场真正的群众运动，先得彻底地革新个体即你们的思想和欲望。在我看来，这种个体的、自发的改变，才是真正的变革。它应该从你开始，从每一个个体开始，而不是从某个模糊的、集体的大众开始。不要被"群众运动"这样的词语催眠了。每个身陷痛苦中的人，都必须有所改变，他应该认识到自身痛苦的原因以及他在自己周围制造出来的那些障碍。仅仅去寻找替代品是毫无用处的，因为这么做无法解决我们人类的问题与烦恼，这只不过是错误地去适应某个错误的环境。我们大部分人，在寻求替代物的过程中，都仅仅去执着于自己那些以自我为本位的追逐。

请不要在演讲结束的时候，抱怨说我并没有提供给你们某个积极的、正面的体系或方法。我将试着去解释，我们的痛苦是如何被制造出来的。一旦你凭借自己的力量探明了痛苦的原因，便能展开直接的行动。单单这种行动本身，就是积极的、正面的。这种源于觉知、源于智慧的行动，不是对某个体系、方法的仿效。

每个人都在寻求安全，包括主观世界和客观世界的安全。他在主观层面的寻求是为了获得确定性，如此一来心灵就可以依附于它、不受干扰。他的客观层面的寻求则是为了得到安全、权力和幸福。当你渴望安全、确定性的时候，会发生什么呢？一定会有恐惧产生。假若你去察觉自己的思想，会发现，它植根于恐惧之中。道德、宗教以及客观环境，从根本上来说都是建立在恐惧之上的，因为它们源于个体对安全的渴望。虽然你可能并不怀有任何宗教信仰，但你主观上却渴望得到安全，这不过是一种宗教的情绪。让我们认识一下我们所谓的宗教的结构吧。

正如我所指明的那样，如果一个人渴望安全，就一定会心生恐惧。为了获得心理上的确定性，于是你便去寻求你所谓的永生。在寻求这种安全的过程中，你接受了那些向你许诺永生的老师们，你开始视其为权威，你崇拜他们、惧怕他们。只要存在这种恐惧，就必然会出现教义、信条、信仰、理想和传统，正是这些东西囚禁、限制了心灵。

你所谓的宗教，只不过是一种组织化的个体的自我保护，以便获得心理上的安全。为了执行这种基于恐惧的权威，就必须得有神职人员，而他们则成为了剥削、利用和压榨你的人。是你们自己制造出了剥削者，原因是，你们因恐惧制造出了剥削的原因。宗教已经成为一种组织化的信仰，一种固化形式的思想、道德、压迫和支配。宗教的神便是恐惧——尽管我们用爱、仁慈、兄弟情谊等词语去掩盖深层的恐惧——宗教，只不过是主观上屈从于某个向我们保证安全的体系。我并没有在谈论某种理想的宗教，我所谈论的是世界上现存的宗教，是剥削的宗教、有着既得利益的宗教。

尔后便出现了客观上对于安全的寻求和剥削，这种寻求是通过以自我中心的权力来进行的，尤其是建立在恐惧之上的权力。如果你审视一下我们当前的体制，会发现，它不过是一系列狡猾的人对人的剥削。家庭，成为了剥削的中心。请不要误解我所说的家庭，我的意思是指令你感到安全的中心、要求你去利用、剥削你的邻居的中心。家庭，原本应当是真爱的体现，而不是排外的表现，结果如今却成了以自我为本位、谋取自身永生不朽的手段。由此发展出了高等的与低等的阶级以及种种将财富聚集在少数人手里的手段。随即而来的便是国家主义的疾病，国家主义，俨然变成了剥削和压迫的手段。国家主义这一危险的疾病，正在将人们分隔开来，就像宗教所做的一样。由此滋生出专制政府，其主要工作便是备战。战争并不是必需的，杀戮另一个人类，绝非必须之事。

因此，由于寻求自己的安全，于是你便制造出许多的障碍，你根本就没有意识到它们。这些障碍不仅把你变成了一部机器，而且还妨碍你去成为一个真正的个体。当你察觉到这些局限的时候，就会出现冲突。你不希望有冲突，你只是渴望满足和安全，结果这些障碍就继续制造着悲伤与混乱。然而，只有当你同那些此刻正压制和局限着心灵的价值观念去展开斗争，才能寻觅到真正的幸福、圆满和实相。从智力层面审视这些价值观念，并不能揭示出它们的真正涵义。单纯的理性的审视，不会引发冲突和斗争，只有经历痛苦，你才能开始认识到它们那深层的、隐含的意义。

大部分人都在某个系统中机械地、呆板地运动着，所以，他们得直面那些自己并未察觉到的价值观念和障碍，这是必须要做的。这种察觉将会唤醒真正的智慧，而单单智慧本身便能够带来圆满。这种独一无二的智慧，将揭示出永恒。如同太阳穿过黑暗的云层显露出来，放射出明亮而清晰的光芒，通过你自己的洞悉，在你自己行动的纯粹中，便能迎来那始终在更新着的生活。

问：您在宣传革命的理念，可是，除非您组织起一帮追随者，他们在事实上带来一场革新，否则这么做又能收获什么真正的好处呢？假如您反对组织，那么您怎样才能达至某个结果呢？

克：你不可以追随任何人，包括我在内。只有通过你自己的自发的觉知，才能创立一个必要的组织。可如果某个组织被强加在你的身上，你就会仅仅沦为该组织的奴仆，受其剥削。既然已经有这么多剥削着你的组织了，再增加几个又有何益处呢？不过，重要的在于，你们每个人能够从根本上认识到，通过觉知，将会出现不会妨碍个体圆满的真正组织。我并不反对所有的组织，我反对的是那些有碍个体圆满的组织，尤其是被称为宗教的组织，及其恐惧、信仰与既得利益。它本该是帮助人的，但实际上却深深阻碍了他的圆满。

问：如果没有神职人员去维系和宣传道德的话，社会岂不就陷入混乱和无序了吗？

克：很显然，当今的世界，充斥着彻底的无序、剥削和不幸。你还能推波助澜吗？我们应该思考一下，我们所谓的神职人员和道德，究竟是什么意思。

我所说的神职人员，是指这样一种人：他的行动是建立在既得利益之上的，于是也就加剧了恐惧。他或许并不属于任何宗教组织，但却可能属于某个思想体系,于是便会制造教义、信条与恐惧。一个神职人员会暗暗地或明目张胆地强迫他人,让其去适应某种模式。

若想理解何谓真正的道德,我们首先必须认识现在的道德是什么。如果我们能够弄清楚它是如何在我们周围发展起来的,并且使自己从其诸多的愚蠢和残酷中解放出来,那么智慧就将登场。而智慧的行动才是真正道德的,因为它不是建立在恐惧之上。倘若你客观地审视一下,会发现,我们当今的道德,是基于严重的自我本位,基于对安全的寻求,不仅是今生的安全,还包括来世的安全。由于贪欲、获取、由于占有欲,你确立起某些法则、某些舆论,你把它们称为道德。一旦你自发地摆脱了占有欲、贪欲的羁绊——这需要深刻的洞悉——便将迎来智慧。而智慧方能保证真正的道德。

你会说:"这对我们受教育的人来说很好,我们不需要某个人在这一道德体系中来支撑我们,但那些普通民众怎么办呢?"当你把其他人视为没有文化的人时,那么你自己也不是,因为,这种所谓的对他人的体谅,滋生出了剥削。当你询问他人的时候,你真正关心的是你对于冲突和干扰的恐惧。假如你认识了当前的错误的道德及其隐蔽的残忍,便将迎来真正的智慧。单单这智慧本身,就能保证美好的道德,它涵盖了一切,没有丝毫的恐惧。

问:性格,是局限的代名词吗?

克:如果性格仅仅是以自我为本位的对于生活的抗拒,那么它就会成为一种局限。发展起对生活的抗拒,成为自我保护的手段。在这里面,没有任何的智慧可言,于是行动也就只会制造出更多的限制与不幸。我们发展起了一套体系,并且完全活在其中,我们必定会拥有所谓的性格,殊不知它不过是一种被小心翼翼培养起来的抵制,一种抗拒生活的自我防卫。

一个人如果希望充实地生活，那么他就必须拥有智慧。性格是智慧的对立物，性格，不过是一个绊脚石、一个局限。在发展它的过程中，不会有任何的圆满。

问：您真的相信您所说的一切吗？

克：我正在把我所认为的真理告诉给你，而不是信仰。这是我自己生活的果实，不是追逐某个理想，因为理想只是局限。只要存在着局限，便会有信仰。可如果你实现了圆满——不是去获取某个东西抑或是功成名就——便能迎来鲜活的实相。

信仰来自于幻觉，而实相则摆脱了一切幻觉的束缚。你无法去评判我是否经历过我所说的这些，我只是一个可以知道这一切的人，而你则必须要凭借自己的力量去探明我的话究竟对你是否具有某种深刻的意义。若要做出判断，你就得有某个度量的标准，而这种标准是源于某个偏见或挫败，正如普遍发生的情形一样。

请探究一下我所说的话，因为在这探究中，你将开始认识到生活的真正意义。只要你去判断，那么你不是去谴责就是去赞同，这种思想和情感的界分、分裂，无法带来觉知。

（在圣地亚哥的第一场演说，1935年9月1日）

从受限制的齿轮转变成真正圆满的个人

朋友们：

在进入演讲的主题之前，我想声明一下，我不属于任何组织，我是受了一些好心的友人的邀请才来到智利的。从属于某个组织，对于清楚地思想来说并无太大益处。由于在报纸上和其他一些地方说我是个神智学者，我还被贴上了其他一些标签，所以我觉得，声明一下我不属于任何教派或团体是相当有必要的。我坚持认为，强迫思想进入到某个窠臼之中，这么做是极为有害的。

思想不属于任何国家，它既不是东方的，也不是西方的。真理，不会单属于任何种族。请不要对我的话置之不理，认为是共产主义的或无政府主义的观点，或者认为我的看法对当今的难题没有任何特殊的意义。我的观点必须得从其自身的内在价值去理解，而不应该被看做是一套新的体系。此外，请不要觉得我是只破不立。人们通常所说的建设性，是指提供某个体系、方法，如此一来你就可以机械地去遵循它，无需太多思想。

我们都认为世界必须得有一场彻底的变革。我们目睹了如此多的一个种族对另一个种族、一个阶级对另一个阶级的剥削；目睹了各个宗教对其追随者们的利用；目睹了如此多的贫穷和不幸，与此同时却又看到那些富人的骄奢淫逸。我们目睹了国家主义、爱国主义的疾病散播到了世界各地，以及由其引发的战争，它摧毁了人类的生活、你的生活，而生活原本应当是神圣的。

所以，我们看到了周遭彻底的无序与剧烈的痛苦。人的思想和感情领域，必须得有一场强有力的、普遍的变革。有些人说："这个问题留给那些专家吧，让他们想出一个合适的方法，我们遵循即可。"其他一些人则认为，应该发起一场群众性的运动，以便彻底地改革环境。假如你只是把整个人类的难题留给专家去解决，那么作为个体的你就会变成一部肤浅而空虚的机器。

当你说到群众运动的时候，你所指的群众是什么意思呢？怎样才能奇迹般地发生一场群众运动呢？只有当个体实现了审慎的觉知并且展开行动，才会有群众运动。若想领悟这个人类的问题，而不是做出表面化的反应，我们必须展开直接的、简单的思考。一旦认识了真理，我们的问题便能迎刃而解。个体应该从根本上发生转变。要想带来一场真正的群众运动，一场不会剥削、利用个体的群众运动，你们每个人就得对自己的行动负起责任。你们不能不假思索，不可以如机器一般。我们大多数人都害怕展开深刻的思考，因为这意味着必须付出巨大的努力，我们感觉这是一种不确定的危险。然而，我们必须认识到那些束缚住心灵的局限，一旦我们使自己从这些制约下解放出来，便能实现真正的圆满。

每个人始终都在寻求着自身的安全，这种寻求或明显或隐蔽。只要他在主观层面或客观层面渴望获得安全，就一定会心生恐惧。由于恐惧，在客观层面，他发展出一种体系；由于恐惧，在主观层面，他让自己屈从于他人。所以，让我们去认识一下他所制造出来的这些体系的涵义吧。

这一客观的体系，从本质上来说是建立在剥削之上的。个体寻求着自身的安全，因此家庭就成了剥削的起点和中心。家庭，变成了自我永续的手段。尽管我们声称热爱自己的家庭，但这个词被滥用了，因为这种爱只不过是占有欲的表现。由这种占有性的依附，发展起了阶级差别，攫取财富的手段被保护在少数人的手里。由此滋生出各个国家，结果也就再一次地把人们划分开来。想一想，把世界划分成各个阶级、国家、宗教、派别，这是何等的荒谬啊！对国家的热爱，被转变成了一种剥削的手段，走向了帝国主义，下一步便是战争、便是杀戮。从客观层面来说，个体的心灵被困在了剥削体制中，这种体制导致了不断的冲突、争斗、痛苦和战争。这一客观表现，只不过是来自于欲望以及对自身安全的寻求。

在主观层面，人制造出了一种被称为宗教的体系。各个宗教，尽管它们宣称爱，但从根本上来说却是建立在恐惧之上的。只要存在着恐惧，就一定会有权威。权威，产生出了教义、信条和理想。宗教，不过是固化的、僵死的信仰。为了管理、执行这一切，于是便有了神职人员，他们成为了剥削、利用你的人。（掌声）

我担心你们赞同得太过轻易了，正是你们制造出了这些剥削者，你们渴望获得安全，你们依附于那些许诺说可以保证你们获得永续的事物。单纯地逃避这种欲望，躲进某个行动中去，并不意味着你就摆脱了这一隐蔽的、以自我为本位的渴求。

于是，在客观世界，你们建立了一种体制，该体制无情地妨碍每一个个体的圆满；在主观世界，你们也建立起了一种组织化的体系，它通过权威、教义、信仰和恐惧，正在破坏着个体对于实相和真理的洞悉。由这种主观层面和客观层面对安全的寻求产生出来的行动，不断在制造着局限，并带来挫败。这里面没有完整、没有圆满。

只有当每一个个体实现了真正的圆满，方能迎来整个人类的幸福。为了达至个体的圆满，此刻只是诸多重复性的反应，只是社会与宗教这部机器中的无数齿轮的你们，必须去质疑所有的价值观念、道德的、社会的、宗教的价值观念，从而成为真正的人，并且凭借自己的力量去探明它们的真正涵义，而不应去遵从任何人或体系。尔后你将懂得，这些价值观念从根本上来说是建立在自我中心、自私自利之上的。单纯地去仿效这些价值观念——它们的深层涵义你并未理解——必定会走向挫败。作为个体的你，应该觉醒过来，应该同那些你因为渴望获得安全而确立起来的价值观念展开斗争，而不是坐等发生某个奇迹般的变化或是群众性的运动。

只有当你遭受痛苦的时候，才能做到这一点。你们大部分人都希望躲避冲突和痛苦，所以更愿意从智力层面、理性层面去审视价值观念，更愿意处于安逸自在的状态。你们声称，若想改变环境，必须唤醒大众，必须发起一场群众运动。于是你就把行动的责任推给了一个叫做"大众"的模糊的事物，而每一个个体则继续遭受着痛苦。你把自己保护在了一个安全的角落里，你狡猾地、自欺欺人地将这个称做为道德，结果就让无序与痛苦变得更多。这里面没有幸福、智慧或圆满，有的只是恐惧与悲伤。你们每个人都应当醒悟到这一切，并且改变自己的思想和行为的方式。

问：您觉得国际联盟能够成功地阻止一场新的世界大战爆发吗？

克：只要存在国家的界分和专制的政府，怎么可能让战火熄灭呢？当有阶级划分的时候，当有剥削的时候，当每个人都寻求着自身个体的安全、制造着恐惧的时候，怎么可能阻止战争的发生呢？假若你们每个人自己都处于战争状态的话，世界就无法绽放和平之花。若想给世界带来真正的和平，如此一来人就不会因为某个被叫做"国家声望"、"国家荣誉"的理想而被屠杀——这其实只不过是既得利益——那么，作为个体的你就必须让自己摆脱贪欲的束缚。只要存在着贪欲，就一定会出现冲突和不幸。所以，请不要只是去求助于某个体系、方法来消除人类的痛苦，而是应当变得睿智起来。丢掉所有压制心灵的愚蠢，以全新的视角简单地、直接地去思考战争、剥削和贪欲等问题。尔后，你就不必坐等着政府——如今，政府不过是既得利益的体现——去改变世界上那些荒谬、残酷的环境了。

问：离婚可以解决性的问题吗？

克：要想认识这个问题，我们就不应该孤立地去对待它。如果我们想要理解某个问题，就得对其展开充分的、全面的思考，把它视为一个整体去对待，而不是当做一个部分去孤立地解决。

为什么会有这个问题出现呢？如果你深刻地去审视一下，会发现，由于恐惧，你的创造力受到了权威和强迫的阻碍和局限。由于恐惧，由于我们所谓的道德——其实这种道德是基于以自我为本位的安全——心灵和头脑无法去深刻地生活。于是性就成了一个大问题，因为只有感官上的享乐，没有真爱。如果你希望释放思想和情感的创造力，继而解决性的问题，那么心灵就必须摆脱那些自我强加的障碍与幻觉。若想快乐地、睿智地生活，心灵就得挣脱恐惧的罗网。这种觉醒将带来爱的极乐，这里面，没有丝毫的占有。当爱因为恐惧、嫉妒、占有而被摧毁的时候，就会出现性的问题。

问：教会难道不会有助于人的道德提升吗？

克：当今的道德是什么呢？一旦你深刻认识了现存的道德的涵义，并且让自己从它那自私、自我本位的局限中解放出来，智慧便将登场，而这种智慧才是真正道德的。真正的道德，不是建立在恐惧之上的，因此也就摆脱了强迫。现存的道德，尽管宣扬爱与高尚的情操，但却是基于自我安全和贪欲。你希望这种道德维系下去吗？由于你的恐惧，由于你渴望自身能够永续下去，所以教会才被建立起来。宗教的道德和商业的道德，都是源于强烈的自我本位的安全，所以并非真正的道德。你必须彻底改变自己的道德观。教会同其他组织都无法帮助你,因为他们自己都是建立在人的愚蠢和贪欲之上的。

如果全世界的政府和教会都推崇那些有着最强的贪欲、最善于攫取的人,那么怎么可能会有真正的道德呢?道德的整个结构是被你们支持和维系着的,所以,唯有通过你自己的思考和行动,才能彻底改变它,并且带来真正的道德、真正的智慧。

问:有来世吗?死亡对您来说意味着什么呢?

克:你为什么关心来生?是因为此世的生活丧失了它的深刻意义,在这个世界上没有实现圆满,没有永久的爱,有的只是冲突与悲伤。于是你便希望有来世,希望自己可以在那里幸福地、充实地生活。由于你在此生没有机会达至圆满,所以你就希望来世能够实现。抑或你想要同那些逝去的人重逢,其实这不过表明了你自身的空虚。如果我说存在着来生,而另一个人则说没有所谓的来世,那么你就会选择那个能够带给你更大满足的人,结果也就沦为了权威的奴隶。因此,问题的关键,不在于是否有来生,而在于你应该认识到生命的全部,而生命即永恒,并且应当让行动不再去制造局限。

假如一个人实现了圆满,不让自己脱离实相的运动,那么,对他来说,就不存在死亡。一个人要怎样生活才能让自己的行动是圆满的呢?一个人怎样才能与生活相爱呢?若想同生活相爱,若想达至圆满,心灵就得通过深刻的觉知,挣脱那些阻碍它、挫败它的局限。你必须察觉到、意识到盘踞在心灵中的所有障碍。正是每个人的无知无觉,不断妨碍着、阻碍着智慧,这种无知无觉,令生命变得不完整。你必须通过行动、通过生活、通过痛苦,把所有这些隐蔽的、潜藏的东西给拖出来。一旦心灵不再出于恐惧去关注来世,而是充分地认识当下及其深刻的涵义,就将迎来实相、生命的运动,而这种实相,既不是你的,也不是我的。

问：您的话或许对受过教育的人有用，但是难道不会让那些未受过教育的人陷入混乱吗？

克：很难界定谁是有学识的人，谁不是。（笑声）你或许满腹诗书，有大帮的同事，是许多俱乐部的会员，钱包满满，但却是极其的无知。

当你去关心那些未受教育的人时，这通常说明存在恐惧，说明你不希望受到干扰抑或自己的成就被夺走。于是你便声称将会出现无序和混乱，仿佛现在的世界没有混乱和痛苦似的。不要去关注未受教育的人，而是应该想一想，你的行动是否是明智的、无畏的，这么做本身就能够创造出新的环境。可是如果你没有实现觉知，而是仅仅去关心未受教育的人，那么你就会变成一名神职人员，继而成为一个剥削者。假如应当是受过教育的你们、有闲暇功夫的你们不去对自己的行为负上全部的责任，就会出现更为严重的无序、不幸与痛苦。

问：在空虚的时候，当一个人想到自身的存在毫无用处，他就会去寻找对立面，也就是说，他会去服务其他人。这难道不是在逃避冲突吗？这种时候，我该怎么做才好呢？通常，在听了您的演讲之后就会出现这样的时刻，类似于一种懊悔的感觉。您对这一切有何看法呢？

克：假如你只是对我的演说做出反应，而不是通过行动、通过生活深刻地理解我的观点，那么你就只会意识到自己的空虚与肤浅，所以你觉得自己应当去发展对立面，但这不过是一种逃避。依靠行动——不是通过行动去逃避——这种空虚就会让位于圆满。不要去关注这种不幸、肤浅。一旦心灵使自己摆脱了它那自我施加的局限，就将迎来完整和充实。

（在瓦尔帕莱索的演说，1935年9月4日）

什么是横在圆满之路上的障碍

朋友们：

今天下午，我想简单地谈一谈行动和圆满。我们意识到了经由我们的行为而出现的挫败和局限。通过某个行动，我们似乎制造了许多的问题出来，我们的生活，变成了一系列永无止境的难题及其冲突和不幸。心灵在其运动中，似乎增加了自身的局限。行动，原本应当是解放性的，结果仅仅加剧了自身的挫败。若想认识有关行动和圆满的问题，心灵就必须摆脱既得利益的观念。只要存在着既得利益——无论是某个理想、信仰、希望中的既得利益，还是任何其他事物中的既得利益——就一定会有恐惧，任何源于恐惧的行动，都一定会带来挫败和局限。

我将试着去解释一下，真正横在圆满之路上的障碍究竟是什么。我并不打算描述何谓圆满，因为，单纯地去解释圆满，无法向我们指明那些局限以及让心灵从其束缚中解放出来的方式。请想一想为什么必须要认识什么是障碍，以及它们是如何被制造出来的，而不是去思考何谓圆满。如果我去界定什么是圆满，心灵就会形成一个僵化的体系，然后仅仅去模仿它。对于圆满的渴望，变成了一个巨大的绊脚石。假若我们能够凭借自己的力量探明那些束缚心灵的障碍究竟是什么，并且摆脱其制约，而不是去效仿，那么，在这种自由中，便会迎来圆满。

圆满,不是去寻求安全。只要你渴望获得安全、确定和慰藉,那么这种寻求就一定会滋生出恐惧。大多数人都在或明显或隐蔽地渴望着这种安全,并且通过他们的行动制造出恐惧。因此,只要心存恐惧,就一定会对确定性抱着强烈的渴求。这种欲望制造出了自身的局限,而权威或强制便是其中的一种。

权威,有许多隐蔽的表现形式。它表现为,渴望去遵从某个理想、某个人或某种体系。为什么我们想要去遵循某个理想呢?生活是无序的,充满了冲突、斗争与痛苦,于是我们以为,只要可以寻觅到某个理想,就能够指引我们自己穿越这片痛苦的混乱了。然而事实上我们究竟在做些什么呢?我们制造出所谓的理想,将其作为逃避冲突和痛苦的手段。我们觉得,只要让自己去遵循、听从某个理想,那么我们就能认识自己那充满矛盾和悲伤的生活了。我们试图躲进理想的幻觉之中,而不是去摆脱那些妨碍我们过一种文明的、充满爱与关怀的人生的原因。我们指望着,通过自制、通过效仿某些理想和信仰以塑造我们的心灵和头脑,便可以达至饱含智慧的人的生存状态。这种效仿,导致了一种虚伪的生活态度。怀着逃避生命运动的渴望——生活始终是属于当下的——我们想要去认识生活的目的何在。怀着逃避现实的渴望,心灵使自己屈从于理想的强迫,其实这些理想只不过是抗拒生活的自我保护的记忆。

尔后便出现了这种由自我防护的记忆所施加的强迫。我们大部分人都以为,通过一系列不间断的经历,心灵便可以摆脱自身所有的局限。然而事实并非如此。发生的情形是,每一个经历都会在心灵上留下某些印痕、自我保护的记忆,这些东西被当做一种防御的手段,以抵抗新的经历。也就是说,你有了某个经历、体验,你认为自己从中有所收获,但你学到的是要小心谨慎,不要再次被痛苦折磨。所以,经由每一次的经历,你发展起一层层的记忆,而它们则是横在心灵与生命的运动之间的障碍。

理想、记忆及其全部的涵义，妨碍了每个人去彻底地活在行动中、经历中。你提出了你所有的理想的偏见、自我保护的道德和记忆，而不是充分地与经历、与自己的整个身心同在，正是这些东西阻碍你去达至圆满。只要没有实现圆满，就会始终对死亡怀有恐惧，以及去思考所谓的来生。于是，当下、生命那鲜活的运动，渐渐失去了它全部的美与意义，剩下的只有空虚和恐惧。

如果想要获得真正的圆满，心灵就得挣脱理想、记忆及其全部涵义的约束。由于渴望获得安全，于是这些记忆和理想就变成了强迫的手段。只要你寻求得到安全，就不可能实现圆满。

问：您常说："察觉、认识环境的全部涵义。"这是否必然意味着将展开与环境发生冲突的行动呢？或者说，它只是单纯的感知，在行动中并无任何激烈的表现？

克：一个人怎样才能真正探明是否没有展开行动呢？不会有智力层面的探明。要么实现深刻的认知，要么制造出单纯的理论。如果你想要认识环境，不仅是客观环境，还包括如此隐蔽的、内在的主观环境，那么你就必须凭借自己的力量同环境展开斗争。唯有在冲突和痛苦中，作为个体的你才能开始去洞悉价值观念的真正涵义。大部分人都害怕和痛苦发生关联，所以他们更愿意从智力层面去认识它们的涵义。于是他们便把行动的责任留给了大众，留给了这个模糊的、虚幻的实体，指望着大众将会奇迹般地改变他们的环境，从而给他们带来幸福。

若想深刻理解环境的潜在涵义，作为个体的你就得展开觉察，并且从那些局限性的环境下解放出来，无论它们是社会的、宗教的还是传统的环境。只有当心灵无所畏惧的时候——不是智力层面的无畏，而是处于彻底不安全状态下的无所畏惧——方能探明真理，方能发现实相之美。只有通过行动，你才可以认识这一切。

问：在我们的日常生活中，向伟大的神祈祷以寻求帮助，这么做有价值吗？

克：毫无价值。我将会解释一下我究竟是何意思。是什么导致了我们日常生活中的不幸、冲突和痛苦呢？是传统、自私的道德价值观、既得利益的强加、依附、贪欲：是这一切制造出了那些妨碍人类幸福的环境。当你通过自己的智慧便能够改变这可怕而混乱的一切时，还有必要向某个人去祈祷吗？我们不愿意去直面痛苦，于是便努力通过祈祷去逃避。你或许可以实现暂时的逃避，然而你的欲望的力量将会再一次维护自己的权力，让心灵陷入不幸和困惑之中。所以，重要的，不在于祈祷是否有价值，而在于去唤醒那一智慧，单单这智慧本身，便能够解决我们人类的诸多不幸。只有一个因为自身那些自我本位的恐惧而变得坚硬、变得局限的心灵，才会去祷告。可是如果真爱登场，那么你就能够让心灵摆脱它那些以自我为本位的恐惧，而这种自由本身便可以带来智慧与幸福的秩序。

问：摆脱了占有欲的真爱，难道不会导致生育的停止，从而使人类走向灭绝吗？这似乎并不明智，这难道不是某个信仰的结果吗？

克：我们必须首先理解我们当前的爱究竟是什么，尔后才可以去声称它是信仰的结果，因而是不明智的。我们现在的爱，只不过是占有，除了那些散发着爱的芬芳的罕见时刻以外。为了控制、为了占有，我们制定出了某些法则，即我们所说的道德。在我看来，只要存在着占有欲，真爱之花就无法绽放。你没有察觉到占有欲那所有隐蔽的强加和残酷，声称说："如果我们摆脱了占有欲，难道不会把爱也一起给解除掉吗？"若想探明是否会如此，你就得展开检验，而不可以仅仅是去断言。让心灵彻底走出依附和占有欲的泥沼，然后你便会知晓答案。

只有当我们因为占有欲而丧失真爱的时候，才会出现性的问题。我们希望将这一问题同其他的人类难题和困境脱离开来，孤立地去加以解决。你不可以把某个人类的问题孤立起来，单独地去应对。若想深刻认识性的问题，消除掉它的困境，我们就得知道自己是在哪里被阻挠、被控制的。经由经济环境，个体被变成了一部机器，他的工作并非是圆满，而是出于强迫。原本应当通过工作让自我表达释放出来，结果却是挫败；原本应当展开深刻而充分的思考，结果却是恐惧、强加与模仿。所以，性的问题就变得这样强烈、这样错综难解。我们认为自己可以孤立地解决它，然而这是不可能的。当工作真正表现了自我，当你不再因为恐惧而想要去依附那些信仰、传统、理想和宗教的时候，便会绽放出美丽、精致的真爱之花。只要真爱登场，就不会存在占有的意识。依附，意味着深深的挫败。

问：我们必须去改良由神自己创造出来的事物的秩序吗？

克：这是一种剥削者的态度，他希望让事情保持原样，给自己找到一个安全的位置。然而，去问一下身处痛苦中的人，问一下那个衣衫褴褛、住在陋屋中的人，然后你便会知道事情是否应当保持原样不变。穷人和富人都希望事情保持原样，穷人害怕失去他们仅有的，富人则害怕失去拥有的一切。所以，只要你害怕有所失、害怕不确定，你就会渴望不去干扰神或大自然创造出来的事物的秩序。

　　若想带来幸福的、文明的秩序，你们每个人的身上就必须发生深刻的、根本的变革。只要你不断地去适应生命、实相的运动，就永远不会感到恐惧。你们每个人都应该感受到强迫、权威和效仿是有害的。你们每个人都应该感受到，为了让思想和欲望发生彻底的、根本的转变，极有必要通过自身的痛苦去摆脱那潜在的对于替代物的寻求。尔后，你将会迎来人的真正的圆满。

问：如果痛苦对于我们灵魂的净化是必需的,那么为什么要通过认识痛苦的原因而将它消除呢?

克：痛苦不会净化灵魂。为何会有痛苦出现呢?当心灵停滞不前,被各种信仰麻醉而昏昏睡去,被各种局限束缚,被生命的运动唤醒,我们就会把这种唤醒叫做痛苦。只要生命的活动干扰到我们的安全,我们就把这个叫做痛苦。我们试图用它来获得某些其他的回报。你无法通过某个幻觉来达至实相。

痛苦,仅仅意味着局限和不完整。当一个人探明了痛苦的障碍,就不会将它当做一种净化的手段了。你必须摆脱它的束缚,你必须认识痛苦的原因及结果。倘若你把痛苦作为净化灵魂的手段,那么你就是暗暗地在从痛苦中寻求安全和慰藉。这么做,只会制造更多的障碍,只会妨碍智慧的觉醒。这诸多的障碍、这些自我防护的记忆,滋生出了"我"这一受限的意识。这个"我",便是痛苦的真正根源。

问：您难道不认为,您那些崇高的想法和观念,实际上根本不可能在那些因邪恶和疾病而退化的头脑里生根发芽吗?

克：当然,这是显而易见的。可罪恶是一种被培养起来的习性,通常来说,是一种逃避生活、逃避智慧的手段。

以酗酒的问题为例。既得利益集团出售酒精,政府予以支持。然后你便组建戒酒团体和宗教组织,想让人们醒悟到酗酒的残酷和愚蠢。一边,你有既得利益,另一边则是改革者,受害者成为了双方的玩偶。假如你想要去帮助世人,也就是你自己,那么你将发现,你不应该因为自己的愚蠢而受人剥削。这需要你去洞悉现存的价值观念,需要你认识它们真正的涵义。因为幻觉,因为愚蠢,人与人之间相互剥削和利用。我们用如此多的局限把自己团团围困住,这些局限,妨碍了人类的幸福与仁慈。于是我们认为，通过寻求更多的替代物就可以摆脱它们。由于你自己的贪欲，由于你的恐惧，你制造出幻觉，你还把你的邻居也困在了在这张幻觉的罗网之中。

问：如何理解神？他是一个人格化的存在，指引着全世界，还是一种宇宙的法则？

克：我能否问一下，你为什么想要知道这个呢？你要么是渴望进一步加强自己的信仰，要么你是想从我这里得到某种方法，以逃避痛苦和冲突。如果你寻求确认，就会有疑问，而疑问是不应该被减弱的。你从来不会去问别人自己是否坠入爱河。假如有人要去描述实相，那么它就不会再是真实的了。你如何能够向一个从未坠入爱河的人描述何谓爱情呢？

我认为，实相是存在的，它无法用言语来度量。如果你怀有恐惧，如果有那些破坏心智柔韧性的局限，你就无法认识实相。所以，你应当探明自己的心灵是否为恐惧所奴役——正是恐惧制造出了幻觉和局限——而不是去探寻什么是神。一旦心灵和头脑挣脱了这些自我施加的保护，那么，在圆满中，你就将认识到实相。

问：在您早些时候的一些演说中，您指出，冲突，只存在于谬误和谬误之间，永远不会存在于真与假之间。您能否解释一下这个呢？

克：光明同黑暗之间，不可能会有冲突。幻觉，滋生出了冲突，不是它自己与实相之间的冲突，而是它与自身的那些制造物之间的冲突。智慧和愚蠢之间，永远不会出现冲突。

问：请您解释一下何谓纯粹的行动。当生活呈现为解放的个体时，是否就会出现纯粹的行动呢？

克：让我们暂时把解放的个体搁置一旁，而去理解一下我们所说的行动吧。

心智，带着某些局限和偏见去迎接生活或经历。在这种死寂和鲜活的接触中，会有行动出现。欲望，寻求得到实现。当它实现的时候，它的行动中将会出现痛苦和欢愉，心灵把它们记录下来。在其他欲望的表现中会再次出现痛苦和欢愉，于是心灵再一次地将它们储存起来。于是，心灵变成了一座记忆的仓库，这些记忆发挥着警告的作用。结果，行动越来越受到这些记忆的控制和指挥，而这些记忆则是建立在痛苦和欢愉之上，建立在自我保护之上。行动源自于自我保护的记忆和欲望，因此不断地制造着局限与约束。存在着来自自我防护的记忆的行动，同时还存在着摆脱了这个自我施加的局限的中心的行动。

问：您的所知，是否对公众有所隐瞒呢？

克：在大多数人的心中，都会渴望唯我独尊，渴望通过知识、通过头衔、通过财富而把自己同其他人区分开来。这种隔离，加剧了他们的自大，也让他们那琐碎的空虚变得更加严重。我们的社会，俗世的社会和所谓的精神世界，都是建立在这种等级森严的唯我独尊、排他之上的。屈服于这种隔离，导致了许多或明显或隐蔽的剥削。

我并没有任何秘密的教义单独留给少数人。自然，有些人会希望对我的观点展开更为深入的探究，但如果他们唯我独尊，创立某个秘密的团体，那么他们就会被自己那排他的欲望去鼓励着如此行事。

问：您相信神吗？

克：你之所以提出这个问题，要么是出于好奇，想知道我是怎么看的，要么是希望弄清楚神是否存在。倘若你仅仅是感到好奇，自然不会有答案。但如果你是想要凭借自己的力量探明是否存在神，那么你就必须不带偏见地去展开这一探寻。你应该用一颗鲜活的心灵去面对这个问题,既不要相信,也不要怀疑。如果我说神是存在的,你就会把它视为一个信仰去接受,你会让现存的毫无生机的信仰又增加一个。又或者,假如我说没有神,那么这番言论就只是极为方便地支持了那些怀疑论者。

如果一个人真的渴望获得认知,那么让他不要去寻求实相、生命、神——这么做只不过是逃避痛苦、逃避冲突——而是应该让他去理解痛苦和冲突的原因。一旦心灵从这根源中解放出来,他便会实现认知。当心灵是自发的,当它丢开了一切支持和解释,当它处于赤裸的状态,便将认识到真理的极乐。

(在圣地亚哥的第二场演说,1935年9月7日)

权威对智慧产生了破坏性的影响

问：关于对待罪犯的问题，您是如何看的呢？

克：这完全得取决于你把谁叫做罪犯。一个患病的人不是罪犯，让他锒铛入狱是荒唐的，他需要医学上的照顾和治疗。一个故意行窃的人，通常会被称作是罪犯。除非他有病，否则，他之所以会偷窃，是因为他的生活必需品不足。因此，把他投入监狱，使其变成一个罪犯，这么做有什么道理呢？他是残酷、荒谬、剥削性的经济环境的产物。真正的罪犯，不是他，而是整个以获取、贪欲为特征的体制，正是这一体制制造出了剥削者。

还有一种人也被称作罪犯，他的理想是正确的，他的理想变得有些危险，于是你把他投入监狱，或者将其杀死，以便摆脱掉他。通过自身的行动，一个人要么制造出会产生所谓的罪犯环境，要么则会摧毁那些滋生出痛苦的局限。

问：据说您是英国政府的特务，您针对国家主义发表的反对言论，其实是某个庞大的宣传计划的一部分，目的是想让印度继续从属并听命于大英帝国。这是真的吗？

克：恐怕这并不是真的。当一个人表明自己的想法时，却被告知说他是为了某个事业或国家而充当特务，这实在是相当的荒谬。（笑声）在我看来，国家主义，无论是在智利、英国或是在印度，都是破坏性的。它把人类划分开来，引发了许多的罪恶。国家主义是一种丑陋的疾病。当我指出这一点的时候，那些来自其他国家，在这里或在不是其祖国的其他国家里有着既得利益的人，极其赞同这一点，而那些把国家主义当做一种剥削自己同胞的手段的人，则会格外地反对我的看法。毕竟，国家主义是一种错误的情绪，它是由那些既得利益集团煽动起来的，并且用来作为帝国主义和战争的手段。

问：您就国家主义所发表的反对言论，难道不会危害到那些小国的福祉吗？除非我们强烈地感受到国家主义的情绪，并且保护自己，以抵抗那些企图控制、支配我们的大国，否则的话，身在智利的我们，如何能够指望去维护自己国家的完整和福祉呢？

克：当你谈论维护祖国的完整和福祉的时候，你所指的是发展起自己的剥削阶级。（笑声）请不要从智利或任何其他国家的层面去思考问题，而是应该把全人类视为一个整体来对待。

昨天，我在这个国家散步，欣赏了一场美丽的日落。山峦与白雪都被镀上了一层红色，清晰而美丽。这时候，有一位衣衫褴褛的工人从旁边经过。有些人有足够的金钱，可以住得很舒适，可以享受生活的奢华和美好。其他一些人则不得不从早干到晚，从青春年少一直忙碌到白发苍苍，没有闲暇，没有希望。我们在每一个国家都认可着这种残酷与恐怖，我们已经失去了纤细、敏锐的感受力。因为恐惧、因为贪欲，我们受着重重的阻挠和挫败，将我们自己摧毁掉了。

显然，若想消除贫困，你们就必须作为人类去思考，而不是以某个国家公民的身份去想问题。只可以有仁慈、人性，不可以有残酷的种族划分以及幼稚而荒谬的国家主义。为什么无法带来这种充满智慧的幸福的状态呢？是谁在妨碍这一切呢？是你们每一个人——因为你们是从智利、英国、印度或其他国家的层面去思考问题的。正如信仰把人们隔离开来一样，你们让那一个个划分的国界破坏了人类的团结。若想实现人类的团结与幸福，就靠你们了，而不是去依靠某个被称为大众的模糊的事物。

问： 您似乎认为，所有的神职人员都是无赖。（笑声）在天主教的教会中，有许多伟大的、如圣徒般的人。您把这些人也称作剥削者吗？

克： 由于恐惧，一个人制造出了权威。屈从于权威，势必会带来剥削。所以，每个人都因为恐惧而制造出剥削者。通过你自己的欲望和恐惧，你创立了宗教及其教义和信条，还有它们全部的盛观和仪式。宗教，作为组织化的信仰及其既得利益，并不会带领人们达至实相，它们已经变成了剥削的机器。（掌声）然而，你要为它们的存在负上责任。心灵应该摆脱那些被恐惧制造出来的幻觉，摆脱那些看似实相的幻觉。当心灵处于简单、直接的状态，当它能够展开真正的思考，它就不会制造出剥削者来了。

问： 您关于家庭的教诲，在我看来，似乎显得有些冷漠和无情。家庭，难道不是人与人之间情感的最自然的产物吗？那么您为何要予以反对呢？

克： 如今的家庭是什么呢？它是建立在占有之上的，这种占有欲，摧毁了真爱。只要存在着占有的意识，就一定会出现剥削。一旦真爱登场，就不会有任何的强加或占有。可如果你去思考一下我们当前的道德，会发现，它的基础，是维系这种以占有为特征的人生观。由于我们那些自我本位的欲望，因此我们正在破坏生命的芬芳和美丽。只要有真爱，家庭就不会变成一个剥削的中心。

问：如果一个人的生活摆脱了酒精、烟草这类罪恶，如果他严格地恪守素食主义，这难道不会成为一个帮助他去理解您的教诲的重要因素吗？

克：请注意，给你带来觉知的，并不是那些你放入嘴里的东西。（笑声）能够让你获得觉知的，是直接、简单、真实地去面对生活。然而，仅仅放弃肉食和烟酒，并不能让你认识实相。许多人都放弃了这些东西，希望可以由此获得幸福。圆满，蕴含在觉知之中，而不是在于放弃。心灵，不可以沦为恐惧和幻觉的奴隶。首先应该去探明那些困住心智的障碍和局限，一旦你使自己挣脱了它们的束缚，便能迎来睿智的、合乎自然的生活。

问：除非出现一场群众性的运动，夺走那些资本主义剥削者手中的权力，否则怎么可能实现个体的幸福呢？显然，为了给受压迫者扫清道路，首先必须有群众运动，尔后才能迎来全人类平等的机会。

克：把个体的幸福或集体的行动置于首位，最终一定会妨碍人的圆满。真正的圆满，不仅会带来集体的福祉，也会带来个体的幸福。我们所谓的大众是什么意思呢？大众，就是你。倘若没有实现个体的觉知，就不可能出现真正的集体的行动。群众运动，实际上是源于每一个个体的清晰的思考与行动。如果你们每个人只是声称应当展开集体的行动，那么这样的行动永远都不会出现，因为你只是在逃避你的个人的行动责任。当一个人依赖大众的行动时，说明他自己实际上害怕去有所行动。

如果想要出现一场彻底的、根本性的变革，作为个体的你就必须醒悟到那些正在束缚你心智的局限。一旦你让自己摆脱了那些以自我为本位的、虚幻的希冀、野心和残酷，就将实现理性的协作，而不是强迫与剥削。

问：我有一个朋友是灵媒。当她进入恍惚状态的时候，许多伟大的灵魂会通过她来说话，包括拿破仑、柏拉图和耶稣。他们的建议对于精神生活大有裨益。您为什么不谈谈招魂术和灵媒的价值呢？

克：我一直都在谈论权威以及它对智慧产生的破坏性的影响，无论它是活着的权威还是死去的权威。它不会因为是属于过去的或死去的人就会变得更加神圣一些。权威、强制，破坏了圆满，不管它是由宗教施加的还是由社会或灵媒施加的。渴望获得指引，这背后蕴含的是什么呢？一个人担心，通过自己的行动会被痛苦所困，于是，为了躲避这个——事实上是为了不去真正地经验生活——他便说道："我必须去遵从，我必须接受指引。"只有当心灵不再为恐惧及其所有的幻觉所困，只有当它不再去寻求指引或接受指引，才能迎来真理的运动。这种独自不是排他的。一旦你洞悉了谬误和虚幻，便能做到这一点。

问：您指出，精神组织是毫无用处的。这是对所有人都如此呢，还是说仅仅针对那些已超越普通人精神水平的人呢？

克：当你认为我的话只对少数人适用的时候，你就把我变成了一个剥削者。你觉得，其他人需要组织化的信仰的幻觉。如果它是虚幻的，如果它对你来说是非精神的，那么它对所有人而言就都是非精神的、虚幻的。不存在相对的愚蠢。由于渴望展开直接的、清晰的思考，于是我们便声称智慧是一种渐进的事物，以此来抚慰自己。以贪欲为例，倘若你真的深入地去思考一下有关贪欲的问题，便会展开行动，便会感到痛苦。于是你说，摆脱贪欲，相对于认识贪欲来说便是进步。换言之，你根本就不确定贪欲是一种毒害。同样的，你也根本没有确知，宗教、宗派从本质上来说是愚蠢的。假若一个事物是谬误、是虚幻的，那么它对所有人、在任何情况下都会是如此。

问：如果个体永生的观念是虚幻的，那么人活着的目的又是什么呢？

克：要想认识有关人的永生的问题，你就得不带任何偏见地展开探究。正是对于永生的渴望，阻碍了深刻的觉知。若想深刻地理解这一点，心灵必须有能力去实现充分的洞察，而不是基于认同去做选择。我们的欲望是如此的强烈，我们那以自我为本位、自我保护的本能是如此的强大，以至于，正是我们的渴望让我们变得盲目。只要心存欲望，就不可能实现洞悉。真正的文明，是为了行动自身的美而去有所为，不去寻求任何的奖赏。

当你声称"我"的时候，你的意思是什么呢？你指的是某个形体、某个名字、某些未实现的欲望、某些特性以及防御性的反应，你把这些反应叫做是美德。所有这一切，构成了那个受限的意识，即我们所说的"我"。心灵用许多幻觉和局限的高墙把自己团团围住，一层层的记忆，制造了障碍、导致了挫败。你试图去做的，便是让这个挫败、这个"我"永续下去。幻觉，不可能获得不朽。生命即永恒，它始终处于一种"变成"的状态。若想深刻地探明这一点，心灵就必须使自己从一切制造阻碍、导致挫败的障碍中解放出来。通过展开充分的觉察，便会意识到所有隐蔽的、秘密的欲望、恐惧和追逐，唯有如此，才能够摆脱它们获得真正的自由。尔后，实相就会登场。

问：我有一个女儿，她以前非常用功，热爱她的音乐。可如今，她除了读您的书之外什么都不干了。您会建议她的母亲怎么办呢？（笑声）

克：我想知道，你的女儿为什么放弃她的音乐呢？或许是因为，她发现这并非是她真正的圆满，她正努力想要探明自己真正的生命的表达。但倘若她只是去阅读我的教诲，不展开充分的、完整的行动，那么我的话就会变成一种障碍。

我们经常认为，依照某种观念去生活，将唤醒智慧。真正唤醒智慧的是心无恐惧的行动，即你并惧怕不让自己去适应某个标准或理想。这就要求心灵具备相当敏锐的觉察力和柔韧性。

问：通过过去一系列的生活，您是否达至了实相呢？

克：你是在询问我，一个人是否可以通过积累经验而认识真理、生命或神。

经历，只不过教会我们狡猾地保护自我，教会我们去抗拒生命的运动。心灵在这个围栏里寻求庇护，越来越保护着自己去抵挡生活那不间断的"变成"。这些防御性的障碍，把生活的运动划分成过去的、现在的和未来的。正是这种划分，破坏了生活作为一个整体的连续性。由此产生出恐惧，它被幻觉、希冀掩盖起来。只要心智被困在这种划分之中，就无法实现对真理的认知。因为，尔后，经历会仅仅成为冲突和痛苦的根源，虽然它原本应当克服这些自我保护的障碍，从而解放心灵和头脑，让其投入生命的运动之流。

（在圣地亚哥的第三场演说，1935年9月8日）

PART 08

墨西哥1935年

靠清晰的思考和睿智的行动，穿越痛苦和悲伤的河流

朋友们：

由于报纸上许多关于我的报道都是不正确的，所以我希望在开始这场演说之前做一番纠正和澄清。我并不是神智学者。我也不属于任何教派、党派或某个宗教，因为宗教是一块妨碍人的圆满的巨大绊脚石。我也不想让你们去皈依某些虚幻的、荒谬的理论和结论。

你或许会问："那您想干吗呢？如果您不希望我们加入任何团体或是接受某些理论，那么您想做的是什么呢？"我的目的，是想帮助作为个体的你，通过深刻的、完整的圆满，去度过这片痛苦、困惑与冲突的河流。以自我为本位的自我表现，抑或强迫和局限，都无法带来圆满。只有通过清晰的思考、睿智的行动，我们才能穿越这片痛苦与悲伤的河流，而不是通过某些奇异的、荒诞的感想和结论。唯有依靠深刻的、真正的圆满，方能认识实相。

心灵必须首先让自己从传统、习性和成见的背景下解放出来，尔后我们才能理解圆满的丰富与美丽。例如，只要你从属于某个政治党派，那么你自然就会从该党派那狭隘、有限的观点出发去看待你所有政治上的考量。如果你是侵染在某个宗教的背景下被教育长大、被限定的，那么你便会通过它那偏见的面纱与黑暗去看待生活。传统的背景，妨碍了

我们去充分地认识生活，从而带来困惑和痛苦。我想恳请你们，在听我的演说时，至少在这期间，抛开自身成长的背景及其传统和偏见，然后对人类诸多的难题展开简单而直接的思考。

真正的批判精神，并不是指抱持反对的立场。我们大部分人都被训练着去予以反对，而不是富有判断能力。当一个人仅仅去反对的时候，通常表明他有某些想要去保护的既得利益。这种做法，并不是通过富有批判精神的审视来获得深刻的理解。真正的批判，在于努力去认识价值观念的全部涵义，摆脱那些防卫性反应的阻碍。

我们在世界的各个角落都目睹了极端的贫穷和富裕，一方面无数人正饥肠辘辘，与此同时却又有许多人正过着挥霍无度的生活。我们有阶级差别、种族仇恨、国家主义的愚行以及那令人惊骇的战争的残忍，有人与人之间的剥削。各个宗教及其既得利益，已经变成了剥削的手段，同时导致了人与人之间的隔阂。世界上充满了焦虑、混乱、无望和挫败。

我们目睹了这一切，它已经成为我们生活的一部分。当你被困在痛苦的车轮下无法动弹的时候，如果你想成为一个有思想的人、一个关怀他人的人，那么你就得问问自己怎样才能解决这些人类的难题。你要么去察觉世界的无序状态，要么沉沉睡去，活在一个虚幻的世界里。假若你想要实现觉察，那么你就必须同这些难题展开斗争。在试图去解决它们的过程中，有些人会去求助于那些专家，以便获得解决的方法，会遵循他们提出的观念和理论。于是他们渐渐地组成了一个排外的团体，结果便同其他的专家及其追随者们发生冲突，而个体也就只是沦为专家手里的一个工具。抑或你试图通过遵循某个体系来解决这些问题，倘若你仔细去审视一下该体系，会发现，这一体系只不过是另一种剥削个体的手段罢了。或者你认为，若想改变所有这些残酷和恐怖，就必须发动一场群众运动，必须展开集体的行动。

假如作为个体的你——其实你便是群众的一分子——并没有认识自

己真正的作用,那么,群众运动的观念就只会成为一句响亮的口号。只有当既是个体又是大众的你处于觉醒的状态,在没有任何强迫的情形下对你的行为负上完全的责任,才能迎来真正的集体的行动。请牢记,我并不是要向你提供某个你可以去盲目遵循的哲学体系,我要做的,是努力去唤醒你身上对于真正的、睿智的圆满的渴望。单单这种觉醒本身,就可以给世界带来幸福的秩序与和平。

只有当你醒悟过来,开始着手去挣脱幻觉的罗网——你因为恐惧而在自己周围制造出这许多的幻觉——世界上才会出现根本的、永久的转变,真爱之花才会绽放,睿智的圆满才会到来。当心灵摆脱这些障碍,当出现那一深刻的、内在的、自发的转变,唯有在这时,才能迎来真正的、持久的集体行动。在这行动中,没有丝毫的强迫。请认识到我是在向作为个体的你发表演说,而不是在对某个集体性的群体或党派讲话。只要你没有醒悟到自己的全部责任、没有意识到你的圆满,那么,你作为一个人在社会中就一定会遭遇挫败,受到局限,而痛苦就蕴含在其中。

所以,问题的实质在于:怎样才能够出现这种深刻的个体的革新?一旦个体实现了真正的、自发的变革,你就将为所有人创造出正确的环境,不会再有阶级或种族的差别。尔后,世界将迎来人类的真正的团结。作为个体的你,要如何去唤醒这一深刻的变革呢?我将要表达的观点并不复杂,而是很简单。由于它本身是极为简单的,所以我担心你们会认为我的教诲并不是正面的、积极的,于是加以排斥。你所谓的积极、正面,是指被给予某个明确的方案,被确切地告知该怎么做。可是如果你能够凭借自己的力量认识到那些使你无法达至深刻的、真正的圆满的障碍,那么你就不会变成一个单纯的遵循者,不会受到剥削和利用。一切遵从,都会损害人的完整。

要想实现这一深刻的转变,你必须充分意识到你在自己周围制造出来的并且正被困于其中的结构。也就是说,我们怀有某些价值观念、理想和信仰，它们犹如一张巨大的网将心灵绑缚起来。通过质疑，通过认识它们的全部涵义，我们就能领悟它们是如何产生出来的。你必须首先认识自己正生存其间的那座监牢以及它是如何被制造出来的，尔后你才可以展开充分的、真正的行动。一旦你摆脱了所有的自我保护而去对它加以审视，便能凭借你自己的力量探明它的真正涵义，其他任何人都无法将这个传递给你。通过自身智慧的觉醒，通过你自己的痛苦，你将发现达至真正的圆满的方法。

我们每个人，无论是在主观层面还是在客观层面，都在通过自我本位的思想和行动寻求着安全与确定。假若你去察觉自己的思想，会发现，你在外部和内部世界追逐着自身那以自我为本位的安全和确定性。事实上并不存在这种划分，即把生活划分为客观世界和主观世界，我之所以做出这样的区分，仅仅是为了方便起见。从客观层面来看，这种对于自我本位的安全与确定的寻求是通过家庭表现出来的。家庭，建立在获取之上，已经变成剥削的中心。只要你对此加以审视，会看到，你所谓的爱只不过是占有罢了。对安全的寻求，通过阶级划分再一次地表现出来，这种界分，发展成了愚蠢的国家主义和帝国主义，滋生出仇恨、种族敌对，最终则走向残忍的战争。因此，由于我们自身那些以自我为本位的欲望，我们制造出了一个由国家和相互斗争的拥有最高统治权的政府所构成的世界，它们的作用，便是为战争做准备，迫使人与人对抗。

尔后我们便通过所谓的宗教去寻求自我本位的安全和确定。你乐意去相信是那些神圣之人创立了这些组织化的信仰，即我们所说的宗教，殊不知其实是你自己为了自身的方便把它们制造出来的。经由岁月的洗礼，它们被神圣化，而你则沦为它们的奴仆。永远都不会出现理想的宗教，所以让我们不要浪费时间去讨论它们吧。它们只存在于理论中，而非现实里。让我们去探究一下，我们是如何制造出各个宗教，以及我们是以怎样的方式被它们所奴役的。一旦你深刻地去审视它们的本来面目，就会发现，它们只不过是组织化的信仰的既得利益，它们维系着、隔离着、剥削着人类。

正如你在客观层面去寻求安全一样，你在主观层面也寻求着另外一种安全与确定，即你所说的永生。你渴望自己能够在来世永续下去，你把这个称为永生。我会在稍后的演说中去解释一下在我看来何谓真正的永生。

当你寻求那种安全的时候，恐惧就滋生出来，结果你便让自己屈从于某个向你许诺这一永生的人。由于恐惧，你制造出了某个精神的权威，而为了执行、管理这一权威，于是便有了神职人员，他们通过信仰、教义、信条，通过盛观、仪式、庆典来利用你、剥削你，这便是全世界所谓的宗教。宗教，从本质上来说是建立在恐惧之上的，虽然你可能将其称作是对神或真理的热爱。假如你理性地去审视一下，就会知道，它不过是恐惧的产物，因此必然会变成剥削人类的手段之一。由于你渴望获得永生，由于你渴望自身能够永续下去，于是你便制造出这种幻觉，你把它叫做宗教，你有意或无意地被困在了其中。又或者，你可能并不从属于某个宗教，但你或许属于某个教派，该教派暗地里向你许诺了某种奖赏，许诺了你的自我在来世的扩张。抑或，你可能不属于任何团体或派别，但你的内心或许会有一种隐蔽的、潜藏的渴望，想要去寻求自身的不朽。只要你渴望任何形式的自我永续，就一定会心生恐惧，而恐惧只会制造出权威，由此使得一个人去顺从剥削，这种屈从是愚蠢和残忍的。这种剥削是如此的狡猾和隐蔽，如此的微妙，以至于一个人变得对它着了迷，把它称作是迈向完美的精神进步与提升。

作为个体的你，应该察觉到所有这些错综复杂的结构，察觉到恐惧的根源，同时愿意将其根除掉，不管结果如何。这意味着你必须独立地同现存的理想和价值观念展开斗争。当心灵摆脱了那些谬误与虚幻，就能为所有人创造出正确的环境来了。

你首先要关心的,是去察觉那座囚禁你的监牢,尔后你将看到,你的思想不断地试图去躲避与那座监牢的价值观念发生冲突。这种逃避制造出了理想,虽然这些理想十分美丽,但却只是幻觉罢了。它是心灵玩弄的一个把戏,以便逃进某个理想中去,因为,假如它不去逃避的话,那么它就一定会同那座监牢即环境发生直接的冲突。也就是说,心灵渴望躲进某个幻觉中,而不是去直面痛苦——当它开始去质疑监牢里的价值观念、道德和宗教的时候,不可避免地就会有痛苦袭来。

　　所以,真正重要的,是同那困住你的社会、宗教的传统与价值观展开斗争,而不是在智力层面通过某个理想去逃避。一旦你着手去质疑这些价值观念,你就能开始去唤醒真正的智慧,而单单这智慧本身便可以解决诸多人类的难题。只要心灵被困在这些错误的、虚幻的价值观念之中,那么它便无法达至圆满。完整本身,就可以揭示真理以及那永恒的生命运动。

　　　　　　　　(在墨西哥城的第一场演说,1935年10月20日)

唤醒智慧，就可以带来真正的幸福

朋友们：

每个人都渴望拥有幸福，渴望达至完整和圆满。实现圆满，目的在于可以消除空白、空虚，而使持续的充实得以深远丰富。人们把这称作是寻求真理或神，抑或给它起个别的名字，以表达对于实相的深切渴望。这种渴望，对大部分人来说，只不过是一种逃避，是逃离现实的冲突罢了。在我们身上以及周围存在着如此多的痛苦与混乱，以至于我们寻求一种假定的实相，将其作为逃避当下的手段。对于大多数人而言，他们所说的实相、神或幸福，仅仅是逃避痛苦，是逃避行动与觉知之间始终存在着的这种紧张状态。每个人都试图通过某个幻觉来逃避这一冲突，这种幻觉是由宗教或各种所谓的精神团体、教派提供的，又或者，他渴望让自己迷失在某种活动之中。

如果你仔细去探究一下这些团体提供了些什么——它们是围绕某种信仰的所有组织化的宗教和派别——那么你将发现，它们通过某个救赎者或大师、通过指引、通过遵从某些思想体系、理想及行为模式来提供安全和慰藉。所有这些行为模式、体系，都确保一种隐蔽的以自我为本位的安全，抗拒生活、抗拒困惑以保护自我，这种抗拒是由缺乏思考引起的。由于我们无法认识生活及其迅捷的运动，于是便去求助于某些体系来帮助我们解决这一困难，我们把这些称作是行为模式。结果，因为害怕困惑和痛苦，你便依靠自己的力量制造出某个权威，该权威向你保证安全，以抗拒实相的流动。

以想要去遵循某个理想或某种行为模式这一渴望为例。为什么需要去遵从某个理想、原则或是行为模式呢？你声称，你之所以需要某个理想，是因为你的身上和周围有着如此多的混乱与困惑。你声称，这一理想犹如一个向导，是一种指导性的力量，将会帮助你去穿越这片困惑、不确定和混乱。为了不为这种痛苦所困，你暗暗地通过某个理想去逃避，你把这个叫做是高尚地生活。也就是说，你不希望去直面和认识冲突本身，你不想去理解冲突的原因，你唯一关心的是去逃避痛苦。于是，理想、行为模式便提供了一种极为方便的逃避现实的方法。同样的道理，只要你去审视一下自己对于导师、救赎者的寻求，就会发现，这种寻求中蕴含着一种潜在的、隐蔽的渴望，那就是想要去逃避痛苦。当你谈论寻求真理、实相的时候，你实际上渴望的是彻底的自我保护，渴望的是此生的或来世的安全。你按照某种模式来塑造自己，该模式确保你免受痛苦。你把这种模式，称作为道德、信仰、教条。

所有这一切都表明，你内心有一种深层的、潜藏的恐惧，对于生活的恐惧，而这种恐惧自然就会制造出权威。所以，只要存在着某个理想、某种行为模式或某个人的权威，就一定会出现以自我为本位的对于安全的渴求。在这里面，没有一丝实相的火光闪耀。结果，你的行动就被理想塑型和控制了，总是处于不完整的状态，因为它们是基于抗拒生活和智慧的自我防卫。当你去遵循某个理想或某种行为模式的时候，抑或使自己屈从于某个权威，无论是宗教的、教派的权威还是社会的权威，那么你就无法实现真正的圆满。只有通过圆满，方能迎来真理的极乐。

由于我们所谓的道德与理想是基于抗拒生活的自我保护，因此我们没有察觉到它们实际上是一种障碍，使我们与生活的运动隔离开来。只有当我们依靠自身的努力和智慧彻底消除这些自我保护的障碍，才能达至充分的圆满。

如果你想要认识真理的极乐，那么你就必须充分察觉到这些自我保护的阻碍，并且通过自己自发的决心将它们消除掉。这需要你付出持久的、坚定不移的努力。大部分人都不愿意付出这种努力，他们宁愿被确切地告知该做什么，他们宁愿变成像机器一样，在宗教的迷信和习性的窠臼中活动。你应该去审视这些理想与道德的防卫性的障碍，并与其展开直接的斗争。除非作为个体的你自发地挣脱这些幻觉的束缚，否则将无法实现对于真理的认知。一旦心灵消除了这些自我保护的幻觉，便会认识到实相及其极乐。

问：有可能认识神吗？

克：就神是否存在这一问题展开推测，以及从智力层面得出结论，在我看来没有任何深刻的意义。你只有用自己的全部身心，才能知道神究竟是否存在，而不是仅仅依靠你的智力这一部分。你已经怀有某种坚定不移的信仰，要么是抱持有神论，要么是捍卫无神论。假若你用这种要么相信要么不信的态度去着手该问题，那么你就无法探明实相，因为你的心灵已经被成见所围了。

只有当你摧毁了这些自我保护的障碍，并且向生活彻底地敞开，处于完全赤裸的状态，你才能够弄清楚神究竟是否存在。这意味着会有痛苦袭来，而这痛苦本身便可以唤醒智慧，由此带来真正的洞悉。所以，我是否可以告诉你神存在与否，这又有什么价值呢？世界各地的宗教和派别，都充斥着僵死的、没有生机的信仰，当你询问我究竟信或不信神的时候，你只是希望我给那座信仰的博物馆增添一个死寂的新成员罢了。若想有所探明，你必须同各种你尚未察觉到的幻觉展开斗争，在这冲突中，假如你不去通过某个理想、权威或对某人的崇拜而展开逃避的话，那么你便将探明实相。

问：您究竟是不是通神学会的成员呢？

克：我不属于任何团体、教派或政党。我也不属于任何宗教，因为组织化的信仰是一个巨大的绊脚石，它把人们划分开来，使其相互敌对，并且破坏了人的智慧。这些团体和宗教，从根本上来说是建立在既得利益与剥削之上的。

问：我怎样才能不受性欲的驱使呢？性欲，妨碍了我的精神生活。

克：对于大多数人来说，生活并不是圆满的，而是持续不断的挫败。我们的职业，不过是一种谋生的手段罢了。在这里面，没有爱，有的只是强迫和挫败。结果，你的工作，原本应当是你真正的表现，如今却仅仅变成了去适应某种模式，这里面毫无圆满可言。你的思想与情感，被恐惧所局限和阻挠，于是行动便带来了自身的挫败。假如你真正去观察一下自己的生活，会发现，一方面是社会，一方面是整个的宗教结构，这二者都在迫使你按照某种基于自我保护和恐惧的模式去塑造你的思想与行为。因此，只要存在着这种不间断的挫败，性的问题自然就会变得压倒一切。除非心灵和头脑不再服从于环境，也就是说，除非它们通过行动洞悉了这里面的谬误和虚幻，否则，性将会成为一个日益严重、无法抵挡的难题。把性视为非精神层面的问题去对待，是极为荒谬的做法。

大部分人都为这一问题所困。若想真正地解决性的难题，你就得让自己那富有活力的思想和情感摆脱宗教的强加以及愚蠢的社会道德。（掌声）心灵，必须通过自身的努力去挣脱社会与宗教施加在它身上的那些错误价值观念的罗网，尔后便能迎来真正的圆满。在这圆满中，没有任何的难题。

问：您能否告诉我们怎样同死者的灵魂交流呢？我们如何能够确定自己没有受骗呢？

克：你知道，狂热地想要同逝者进行交流，这已经在全世界范围内大行其道。这是一种新的感觉，新的玩意儿。你为什么希望同死去的人交流呢？难道不是因为你想要获得指引吗？你再一次地希望抗拒生活以保护自我。你以为，一个死去的人会变得更加睿智，因此能够对你加以指引。对你来说，死去的要比活着的更加重要。真正重要的，不是你是否能同逝者进行交流，而是你应当无所畏惧，充分地、睿智地达至圆满。

要想深刻而充分地认识生活，就必须没有丝毫的恐惧，无论是对当下的惧怕，还是对来世的恐慌。假若你没有通过自己的能力和智慧去理解当下的环境，那么你自然就会躲进来世，或者寻求指引，从而避开了生活的美丽。由于这种环境是局限性的、剥削性的、残酷的，于是你便在来世、在对导师、大师、救赎者的寻求中找到解脱。除非你针对所有的人类问题展开充分的、完整的行动，否则你将怀有各种恐惧以及展开隐蔽的逃避。只要你心存恐惧，就一定会出现幻觉和无知。只有通过你自己的努力与智慧，才能将恐惧根除掉。

问：我的推断是，您在宣扬抬高个体，您反对大众。个人主义如何能够有助于协作和友爱呢？

克：我并没有在宣扬这个，我根本就没有在鼓吹个人主义。我的观点是，只有当智慧登场时，才能实现真正的协作。可是如果想要唤醒这种智慧，那么每个个体就必须对自己的努力和行动负起责任。只要你们每个人都依然被囚禁在这座自我保护的监牢中，就不会出现真正的群众运动。假如你们每个人都暗暗地去获取，保护自己，从而畏惧邻居，把自己归类、从属于某个宗教或信仰，抑或受到国家主义这一疾病的侵袭，那么怎么可能出现以谋取所有人的福祉为目标的集体行动呢？当你抱持着这些隐蔽的偏见和欲望的时候，如何能够展开睿智的协作呢？若想带来充满智慧的行动，就必须从你自己开始。单纯地发起一场群众运动，一定会导致剥削和残酷。一旦作为个体的你认识到相互联系的社会和宗教环境是何等的愚蠢和残忍，那么，通过你的智慧，便能带来没有剥削的集体行动。因此，重要的，不是去抬高个体或大众，而是去唤醒智慧。单单这种智慧本身，就可以带来人的真正的幸福。

问：来生，我会投胎到这个世界上吗？

克：我将简单地解释一下，通常所说的轮回转世究竟是什么意思。轮回的观念是指，人与实相之间存在着间隔，存在着不同，这种划分是时间上和认知上的区分。为了达至完美、达至神或真理，你必须经历各种体验，直到你累积了足够的知识，与实相相等的知识。只有通过不断的累积、学习——这种累积和学习的过程将会一世一世地继续下去，直到你达至完美——方能跨越无知与智慧之间的界分。现在你是不完美的，你将会变得完美，为此你得有时间和机会，这让重生成为必然。以上就是轮回转世说的简要理论。

当你谈论"我"的时候，你的意思是什么呢？你所指的是某个名字、某个形体、某些德行、特性、成见与记忆。换言之，这个"我"，仅仅是许多层的记忆、挫败的产物、被环境局限的行动，而这一切导致了不完整和痛苦。这许多层的记忆和挫败，成为那一被你称为"我"的受限的意识。于是你认为，这个"我"将会经由时间继续下去，将会日臻完美。然而，由于这个"我"只不过是挫败的产物，所以它怎么可能变得完美呢？"我"是一种局限，因此无法达至完美，它一定会始终处于局限的状态。心灵必须使自己摆脱挫败的原因，因为智慧就存在于当下。觉知，并不是在未来获得的。

这要求你展开审慎的思考。你希望我向你保证说你将有来生，然而这其中毫无幸福或智慧可言。通过轮回转世来寻求永生,从本质上来说是以自我为本位的,所以并不是真实的。你对于永生的渴求,只不过是以另外的形式反映出你想要让抗拒生活和智慧的自我保护永续下去。这样的欲望,只会走向幻觉。因此,真正重要的,并不是究竟是否存在着轮回,而是在当下实现彻底的圆满。只有当你的心灵和头脑不再去抗拒生活以保护自己,你才能在当下达至圆满。心灵的自我防护是如此的狡猾和隐蔽,它必须凭借自己的力量去探明自我保护那虚幻的本质。这意味着你必须以全新的姿态展开思考与行动,你必须让自己挣脱环境施加在你身上的那些虚幻的价值观念织成的罗网。你的心灵,必须处于彻底赤裸的状态,尔后你就将迎来永生和实相。

(在墨西哥城的第二场演说,1935年10月27日)

没有强制的自发的行动，才让人富有智慧

朋友们：

大部分人都认可这样一种观念：即人不过是环境的产物。我所说的环境，不仅是指社会的和宗教的背景，而且还包括过去。这种人仅为环境之产物的看法，尤其被那些自称宗教人士的人们所接受。如果你仔细审视一下，会发现，你们大多数人都基于他人的权威而认可了这一观点，抑或该看法是通过你自己的希冀或憧憬即你所谓的直觉被指示给了你。你们没有凭借自身的力量去探明自己是否不仅仅局限于某种社会的存在。由于发现周遭的生活是如此令人窒息与痛苦不堪，于是你们便渴望获得幸福，让自己屈从于某种建立在自我保护之上的行为模式。你相信人不单单是物质的存在，因为无数个世纪以来老师们都是如此宣称的，许多的宗教和教派也都是这样主张的。但倘若你让自己的心灵摆脱这些因希望而被制造出来的权威和幻觉，那么你必然就会得出这样的结论：你心里，对于这个问题并未怀有深深的确定性。

尔后便出现这样一些人，他们声称，人不过是环境的产物。他们认为，要想改变人，就必须完全地控制环境，人必须彻底地屈服于环境，如此一来才能够确定他将得到幸福。

有一种宗教观念主张说，唯有在来世方能获得永恒的幸福，而你在

今生是永远无法达至幸福的。由此发展出信仰、教义、信条、救赎者和大师们，以便带领你走向那永恒的幸福。于是我们便有了无数的逃避，而人正因为这种逃避遭受剥削。

所以，关于人的问题，你们有两种大相径庭的看法——至少它们看起来是这样——然而从根本上来说却并非如此。一种观点坚称，人不过犹如泥土，是被环境所限定的。另一种观点则认为，人通过某些信仰来规范自己，从而在来世拥有真正的智慧。一些人坚持认为，法律通过控制环境，可以使人变得理性起来；而各个宗教依靠威胁和恐惧许诺说，假如人能够让自己达到某些信仰和教义的要求，那么他便可以在来世获得神圣的幸福。倘若你去审视一下这两种观念，会发现，它们对于人的态度是一样的：一个认为人必须受到国家法律的控制，另一个主张人必须受到来世赏罚的支配。无论是宗教人士还是非宗教者，哪怕他们彼此憎恨对方，其实在本质上他们是一样的，因为这二者都主张对人的限定与控制。这便是已经发生的和正在发生的情形，蕴含在这里面的是这样一种观念：那就是控制人、强迫人去遵从某种模式。

由于这种强制，所以不可能会有任何真正的圆满。只有当不再有任何强迫的时候，只有当你自发地展开行动，而不再是受到这持续不断的、局限性的强迫时，才能迎来那富有活力的智慧与幸福。你必须察觉到置于你身上的无数强加，这些强加是你通过社会和宗教在寻求自身那以自我为本位的安全时制造出来的。一旦你自发地摆脱了这些自我中心的强迫，便能达至圆满。

如果是基于强迫，如果怀有这般的恐惧，那么怎么可能实现圆满呢？只要行动是基于自我本位的表现，就一定会有恐惧和强迫。当你的心灵和头脑从那些建立在剥削和宗教自我膨胀之上的价值观念下解放出来，就能实现真正的、睿智的圆满了。唯有自发的行动，方能一直让社会保持纯粹，让人富有智慧。

问：假若人即生命，而生命永远都是完美的，那么人为何必须要经历体验与悲伤呢？

克：这又是我们的一种宗教成见，即认为生命永远都是完美的。你对此其实一无所知。你所知道的全部，便是生命是一场永无休止的争斗，是无穷的痛苦，只在偶尔才会闪现出幸福、美与爱的火光。真正的问题在于：一定要有不间断的痛苦吗？经历的意义何在？

痛苦，不过表明心智处于局限之中。单纯的逃避痛苦以及寻求某种疗治之法，并不能够让心灵获得解放，并不能够唤醒它的智慧。如果心灵把经验当成进一步保护自我的手段，那么经验就会变成局限和障碍。我们从经验中学会了保护自己，变得越来越狡猾，以便不会再遭受痛苦。逃避痛苦，被美其名曰从经验中获得的知识。我们从经验中学会了保护自己、抗拒生命的活动。于是每个经历都留下一种自我防卫的记忆，我们带着这一记忆去体验下一段的经历，竖起又一道自我保护的高墙。结果障碍和局限也就与日俱增，当这一切与生命的运动接触时，就会有痛苦袭来。一旦心灵自发地通过觉知让自己摆脱了这些自我保护的障碍，便将迎来实相之流。

问：人的终极目标应当是什么呢？

克：永远都不会有某个目标或终点，因为生命是一种不断的"变成"，而"变成"即不朽。然而，人的欲望是拥有某种可以去依附、可以指引自己的确定的事物。他始终都在通过许多隐蔽的形式去寻求这种确定性，原因是他害怕处于不安全、不确定的状态。所以他声称："必须得有某个终极的目标或目的。"这其实是不可能的。你希望能够怀有某个去遵从的理想，因为生命是如此的混乱，充满了矛盾与悲伤，于是你说道："我必须拥有某个事物，它可以指引我，如此一来我便可以不再遭受痛苦。"

假如你去审视一下，就会发现，这只是一种潜在的欲望，想要去逃到某个幻觉中去。因此，你的理想、你的目标、你的完美，仅仅是一种逃避混乱和痛苦的手段罢了。

问：业数或因果，从本质上来说是否是事实呢？

克：梵文的"业"，意思是行为。只有当心智没有被局限所困的时候，你才能够展开深刻的、充分的行动。只要你心存恐惧，就一定会制造出幻觉和局限。这种局限，导致了行动的不完整、滋生出了痛苦。于是心灵便渴望通过某个幻觉、理想或信仰去逃避这种痛苦，但这么做只会给行动带来更大的局限，从而加剧痛苦，而心灵则被困在了这一恶性循环之中。

只要行动源于恐惧，源于自我中心，就一定会出现不完整。凡是来自一个封闭的心智的行动，都必然会制造出冲突和痛苦。我们的心灵充满了许多因恐惧而产生的挫败，所以必须要去醒悟到那些局限，心灵必须自发地通过行动来挣脱这些局限的束缚，尔后便能迎来行动的完整及圆满。

问：您对招魂说有何看法？

克：想要知道是否有灵魂存在，这一渴望中牵涉了许多问题。由于我们失去了某个挚爱之人，于是在巨大的痛苦中，我们便渴望弄清楚此人是否会以某种形式继续存活下去。然而，假设你知道生命将会在死后继续存在，那么就无法解决有关痛苦的问题。空虚依然存在，然而某些承诺所带来的暂时的快乐却并不能永远地掩盖我们的苦闷。不断地寻求慰藉，令我们的生活变得越来越空虚、肤浅、毫无价值。我们还渴望找到所谓的导师、权威。你之所以想要被指引，是因为你害怕生活，于是你便制造出了组织化的宗教中的剥削者。

因此，当你寻求慰藉的时候，你所做的其实是在摧毁你自己，让你的心灵和头脑落入空虚的境地。只要你渴望去遵从某个人或某种模式，就表明你心怀恐惧，表明你在保护自己、抗拒智慧、生活和实相。

（在墨西哥城的第三场演说，1935年10月30日）

教育，是训练孩子遵从模式，还是唤醒其智慧

问：我们怎样才能教育孩子，让他以最佳的方式去调整自己，以便达至您所说的圆满呢？

克：教育的实施，要么是让孩子去适应某种体系、模式，要么则是唤醒他身上的智慧，如此一来他便能够拥有完整而充实的生命。如果你想要按照某种确定的模式来对他进行塑造，那么你就必须首先去探究一下该模式的真正本质。男孩们和女孩们正在被训练着去遵从某种思想与行动的模式，该模式从本质上来说是建立在贪欲和恐惧之上的。那么，你希望你的孩子去适应这一模式吗？假如你不愿如此，你就必须用完全不同的视角去审视这一问题。也就是说，你必须思考一下人是否永远受到环境的塑造、控制与支配，是否始终会被恐惧限定和束缚，抑或，通过唤醒他的智慧，是否可以有助于他去冲破这种环境的局限，从而达至深刻的圆满。

若想实现圆满，你们就必须展开深刻的、清醒的思考与行动，因为你们的心灵深受权威的影响和控制，以至于你们认为孩子应该被强加、被塑造着去适应某种社会模式。当你想要一个人去适应某种行为模式的时候，这就表明存在着恐惧，而你的宗教和社会道德就是建立在这种恐惧之上的。在这一结构中，毫无圆满可言。请理解我所说的个体的圆满

是什么意思,我并不是指任何形式的自我本位的表现。一旦心灵和头脑自发地挣脱了那些被宗教与社会施加的自我防卫的价值观念,便将迎来真正的圆满。

所以,如果你想要真正地帮助孩子实现圆满,那么你就得认识社会中的个体的圆满。现在我无法去详细地探究或解释许多与其相关的潜在的观念,但只要心灵逼着自己去遵从某种行为模式、某种自我本位的自我防卫的模式,就一定总会存在恐惧,而这种恐惧将会把圆满挡在门外,并且让人变成一部模仿的机器。作为青年人,你们必须意识到这些自我防卫的价值观念的局限,并且带来真正的变革,而不是仅仅去反对权威。

问:您的目的是想建立起一个反对现存秩序的世界吗?

克:只要存在着权威,就不可能会有智慧。只要存在着强迫、强加,就一定会有反抗。反抗,来源于压迫和权威。只要存在着任何形式的强制和支配,就一定会燃起革命的火种。革命发生之后,则会再一次地出现既定的权威以及思想和道德的定型。从权威的强加到革命,从革命到再一次的强迫——这便是始终困住心灵的恶性循环。只有认识了权威本身的深层涵义,方能打破这一循环。

由于渴望获得今生及死后的慰藉、安全、充实和保护,于是我们便制造出了权威。基于这种欲望,产生出了既定的社会同宗教结构,这一结构必定会压迫、剥削其他人,结果便出现了对该结构的反抗。正是你制造了强迫,进而给他人和自己带来了不幸。如果你能够深刻察觉到它的危害,就不会再有恐惧。这种恐惧,表现为去依附理想、信仰、家庭,将其作为安全的手段。尔后便会迎来不断的"变成",迎来那永恒的生命的运动。

单纯地予以反抗,没有从根本上去探究权威,这么做只会建造起一座新的监牢,你的心灵和头脑将会再一次被困于其中。某个群体发起了一场革命，该群体是通过个体的思想和行动而形成的。但倘若个体仅仅有意或无意地去寻求自身的安全，那么就只会出现另外一个实施强迫、强加的群体。真正重要的是展开不断的觉察，以便让心智走出它那想要获得安全的欲望。当心灵真正摆脱了对于安全的渴望，当心灵真正处于不确定、不安全的状态，便将迎来生命的运动的极喜。仅仅展开革命或者去反抗权威，你是无法认识这一极喜的。

问：死亡的涵义是什么呢？

克：通过认识由死亡带来的不幸和苦闷，我们就能探明死亡的涵义。当死亡降临时，你会遭受强烈的打击，也就是我们所说的痛苦。你失去了某个深爱的人，某个你所依赖的人，某个让你获得充实的人。当痛苦袭来之时——痛苦其实表明内心的贫乏——我们便会去寻求某种疗治之法，宗教提供的疗治方法、全人类的最终团结以及与之相关的诸多理论。于是便有了降神论这种麻醉品，以及轮回说这一令人感到慰藉的药方。我们寻求各种办法来逃避因挚爱之人的逝去所引发的悲痛，这些逃避只不过是隐蔽的忘却自我的方法。我们关心的不是死者，而是我们自己的痛苦，但我们却把这个美其名曰对死者的爱。

如果你不去寻求慰藉，无论这种慰藉可能是多么的隐蔽，那么这种痛苦都会唤醒你真正的智慧。单单这种智慧，就将揭示出实相之流。我并不是在提出什么理论，我只是告诉你真实发生的情形。通过死亡，你意识到了自身的空虚、孤独，而这会带来痛苦，为了摆脱这悲伤，你寻求各种解决方法和安慰。你不过是在寻求鸦片来麻醉你的心灵，结果心灵就变成了理想、信仰的奴隶。探究轮回转世的观念，探究灵魂的世界，只会带来更多的屈从，所有这一切都表明了生命的贫瘠。为了将这贫乏掩盖起来，你寻找着导师、行为模式、思想体系，但你永远无法将它掩盖住。随便心灵怎样地努力去躲避它，或者说努力去逃避那种肤浅，它都会继续用各种方式表现出来。重要的是,心灵不能通过任何疗治之法去逃避,它要彻底直面自身的空虚。由于你们大部分人都并未彻底地正视自己的空虚,所以你们不会说,会有空无、会有更多的空虚存在。只有在检验之后,在以这种方式生活之后,你才能探明发生的情形。一旦实现了充分的觉察,你就会观察到心灵是怎样不断试图去躲避对痛苦之因的深刻认知的。在这种充分的觉察中,你将真正消除痛苦的根源。

当你仔细去掩盖空虚的原因,掩盖那隐蔽的、潜藏的自我本位,你会认为你已经解决了有关死亡的问题。痛苦,不过表明一个迟钝的、依附性的心灵,你不过是在寻求另外的麻醉品,好让心灵沉沉睡去,而不是去意识到这一切。结果我们的生活便是不断的觉醒——即所谓的痛苦,然后又沉沉睡去。

当痛苦袭来之时,请你意识到心灵因为安慰者及其解药而沉沉睡去。一旦心灵摆脱了自身自我本位的局限,就能迎来生命的运动。生命始终都处于一种"变成"的状态,在这里面,没有一丝死亡的阴影。

问:很明显,组织化的宗教无法让人变得完美。但它难道不会通过鼓励一种富有美德和无私的生活而使人更加接近神吗?

克:让我们彻底弄清楚我们所谓的宗教是什么意思吧。在我看来,组织化的宗教同伟大的导师们的主张毫无关系。那些导师们说过,不要杀戮,爱你的邻居,然而,代表既得利益集团的宗教却鼓励和支持人类间的相互屠杀。(掌声)通过鼓励国家主义,通过支持某个特殊的阶级及其所有组织化的信仰,宗教参与到了杀戮人类的行为中。全世界的宗教,不仅通过恐惧来进行剥削,而且还导致了人与人之间的隔离。这样的组织化的宗教,无法以任何方式去帮助人们认识真理。

这种组织化的信仰,即我们所说的宗教,是由我们创造的。它绝非是奇迹般形成的。我们创立宗教,是因为渴望获得安全以及将其作为一种自我保护的手段。我们出于恐惧而建立起了宗教,我们必须通过我们的思想和行动,使我们自己摆脱它那些虚幻的理想和价值观念。可如果我们仅仅去寻求更多的安全,那么它便会变成另一座囚禁心智的监牢。只要你寻求此生或来世的安全和自我保护,就永远无法实现对真理的认知,而这种觉知本身就可以让人类获得解放。

当你声称为了认识神你应该做到无私,这实际上表明了一种隐蔽的自我本位主义。意思便是,你说道:"为了找到幸福、神,我要热爱我的邻居。"那么你并不懂得何谓爱,你只不过是在寻找某种奖赏,而抱着交易的心态是不可能认识真理的。你并没有去感知行动本身所蕴含的美,你真正感兴趣的是该行动能够带给你何种回报。你培养美德,将其作为保护自我的手段。所谓的有德之人,并未领悟真理之美。只有当一个人的心灵和大脑处于彻底赤裸和自发的状态,方能理解何谓真理。大部分人都害怕向生活彻底地敞开,因此他们竖立起了一堵堵保护的高墙,将其称为美德。一旦你不再渴望去保护自己,一旦这种自我保护不再是必需的,极乐便将登场。

问:神是正义和良善的吗?如果是的话,那么为何他会允许世上有罪恶呢?

克:让我们把神从这个问题中撇开吧,因为实际上你并不知道神究竟是善的还是恶的。你被告知说神是爱,是正义的、良善的。假如你真的、深深地相信这个,那么你的整个生活就会变得不同。然而这一情形并未发生,所以就不要去关心神的问题了。

你想要知道为什么世上会有罪恶、不幸的情势与剥削,以及这一切究竟是怎样产生的。是我们制造出了这一切。由于每一个人都强烈地渴望获得安全与确定,于是他便建立起某个团体、某个宗教,在这里面寻求庇护和慰藉。所以说是作为个体的我们制造出了这一体制,那么,我

教育,是训练孩子遵从模式,还是唤醒其智慧　　435

们每个人都必须醒悟到自己制造出来的这一切，并且把其中谬误、虚幻的东西消灭掉。尔后，在这种自由中，将会迎来爱与真理。

你应当让主观世界和客观世界处于和谐的状态，而不是去逃避混乱、不幸的客观世界，躲进主观世界中去，你希望能够在那里面寻找到神。若想发现这种和谐，就不要去渴望它，而是应当察觉到不和谐的原因。一旦你认识到这种不和谐是怎样通过诸多形式的自我本位的表现而形成的，那么你自然就会达至那一永恒的、鲜活的和谐。

问：意识会进化吗？

克：许多人都认为，存在着一种宇宙的、世界的意识或是其他的名称，以及一种单独的、个体的意识。我们确切知道的是这种个体的、受限的意识。你问我说该意识是否是进化的、发展的。

你所谓的个体的意识是指什么呢？这一受限的意识，来自于欲望与环境之间的冲突，也就是说，来自于过去和现在之间的冲突。这种意识，源于心灵在寻求安全的过程中所屈从的各种强加、强迫，它还是诸多不完整的行动留下的印痕。"我"或者自我本位的意识，是由这些冲突、强迫以及一层一层的自我防卫的记忆构成的。心灵带着这一背景去体验某个经历，从中学到的只有更多的自我保护的手段。当你声称自己从经验中有所收获时，你的意思是指你在竖立起更加坚固、更为狡猾的自我防卫的高墙。所以，每个经历都在制造着更多的防卫、更多的障碍以抗拒生活。

你问我这一植根于自我保护之中的受限的意识是否会进化、发展。它怎么可能呢？它无法演进。哪怕它看上去是在进化，但它一定始终都是局限和挫败的中心。一种基于自我保护的记忆的意识，必定走向幻觉，而非实相。

问：您谈到真理，目前，真理超越了我们心智所能企及的范围。假如我们只是通过您来认识它的存在，那么，除非我们奉您为权威认可它，否则我们怎样才能努力地去获得真理呢？

克：正如我所解释过的，当我们寻求安全、慰藉和确定性的时候，便会去接受权威。假如你为了保护自己、抵挡生活的混乱和风暴而去寻求真理，那么你会找到能够带给你慰藉的权威。可是我并不会提供给你慰藉。依我之见，当心灵摆脱了强迫与幻觉的束缚，便能迎来实相的极乐。只要你寻求慰藉，就一定会出现自我本位的思想。最隐蔽形式的自我本位，有时候会被称做是寻求真理。追随、遵从他人，无法唤醒你的心灵，使其意识到实相。你应当去探明你身上以及周围的混乱与悲伤是如何被制造出来的，而不是躲进某个理想或是他人的真理中去。一旦你洞悉了那些虚幻的价值观念——心灵在它们之中寻求着庇护——便能领悟到实相。

我们觉得，饱含智慧的圆满就在于去遵从某个方法、某种戒律，于是我们便求助于他人，这使得我们的行动不完整并受到局限。我们试图逃避这种由制造新的权威所带来的肤浅和挫败，结果却令我们的局限变得更多。这些局限，是被我们自己那些基于奖赏、报偿，基于恐惧和强迫的行动制造出来的。我们应该去探明挫败的原因，也就是诸多隐蔽形式的自我本位，而不要试图变得完整。只要你按照某套错误的价值观念去生活，就一定会出现不完整和痛苦。只有你自己通过自身的努力与觉知，否则，没有人可以带领你走出这种状态。

（在墨西哥城的第四场演说，1935年11月3日）

克里希那穆提集（17 册）
The collected works of Krishnamurti

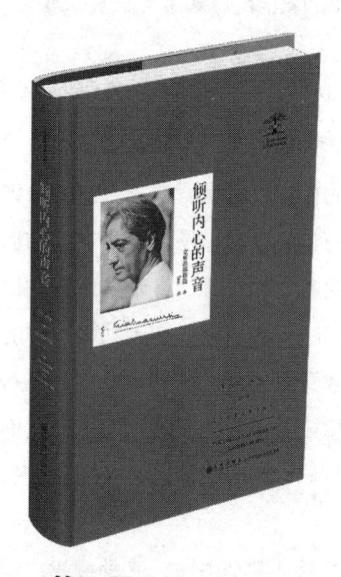

第 1 册 倾听内心的声音
（The art of listening）
译者 王晓霞（Sue）
2013 年 10 月出版

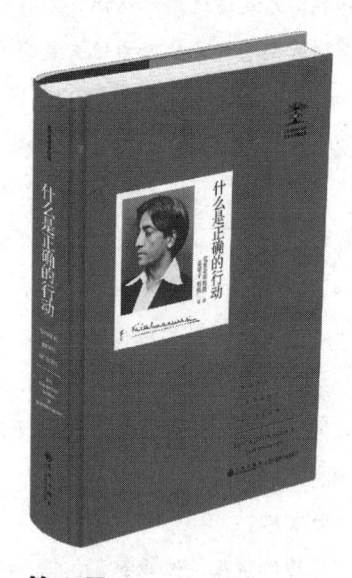

第 2 册 什么是正确的行动
（What is right action?）
译者 桑靖宇 程悦
2014 年 3 月出版

陆续推出中……

第 3 册 The mirror of relationship
第 4 册 The observer is the observed
第 5 册 Choiceless awareness
第 6 册 The origin of conflict
第 7 册 Tradition and creativity
第 8 册 What are you seeking?
第 9 册 The answer is in the problem
第 10 册 A light to yourself
第 11 册 Crisis in consciousness
第 12 册 There is no thinker, only thought
第 13 册 A psychological revolution
第 14 册 The new mind
第 15 册 The dignity of living
第 16 册 The beauty of death
第 17 册 Perennial questions